国家社科基金
GUOJIA SHEKE JIJIN HOUQI ZIZHU XIANGMU
后期资助项目

筛选、重组与蜕变：
失独者的人际关系变迁研究

SIFTING, RECOMBINATION AND
METAMORPHOSIS: A Study on the Changes of
Interpersonal Relationship of Shidu Parents

张必春 著

中国社会科学出版社

图书在版编目(CIP)数据

筛选、重组与蜕变：失独者的人际关系变迁研究 / 张必春著 . —北京：
中国社会科学出版社，2021.7
ISBN 978-7-5203-8064-5

Ⅰ.①筛…　Ⅱ.①张…　Ⅲ.①人际关系—研究　Ⅳ.①C912.11

中国版本图书馆 CIP 数据核字(2021)第 042289 号

出 版 人	赵剑英
责任编辑	任　明
责任校对	王佳玉
责任印制	王　超

出　　版	中国社会科学出版社
社　　址	北京鼓楼西大街甲 158 号
邮　　编	100720
网　　址	http://www.csspw.cn
发 行 部	010-84083685
门 市 部	010-84029450
经　　销	新华书店及其他书店

印　　刷	北京君升印刷有限公司
装　　订	廊坊市广阳区广增装订厂
版　　次	2021 年 7 月第 1 版
印　　次	2021 年 7 月第 1 次印刷

开　　本	710×1000　1/16
印　　张	22
插　　页	2
字　　数	383 千字
定　　价	128.00 元

凡购买中国社会科学出版社图书，如有质量问题请与本社营销中心联系调换
电话: 010-84083683

国家社科基金后期资助项目

出 版 说 明

后期资助项目是国家社科基金设立的一类重要项目，旨在鼓励广大社科研究者潜心治学，支持基础研究多出优秀成果。它是经过严格评审，从接近完成的科研成果中遴选立项的。为扩大后期资助项目的影响，更好地推动学术发展，促进成果转化，全国哲学社会科学规划办公室按照"统一设计、统一标识、统一版式、形成系列"的总体要求，组织出版国家社科基金后期资助项目成果。

全国哲学社会科学规划办公室

序　言

　　1982 年计划生育正式成为国策，转眼间近 40 年过去了。随着 2015 年和 2021 年分别实施"全面二孩"和"全面三孩"政策，标志着"计划生育"时代的结束。回顾历史，计划生育这一基本国策自制订以来，对中国的人口问题和发展问题的积极作用不可忽视，但是也带来了一些问题。独生子女死亡造成的失独群体，就是其中之一。"失独"除了给他们带来肉体和精神的创伤外，人际关系的调整也是十分重要的一个议题，并且和肉体、精神创伤形成一个螺旋式递增过程。目前，他们正迈入老年阶段，为了更加清楚地理解独生子女死亡给失独者生产生活、精神健康、人际关系带来的影响，进而采取系统性的应对措施，就显得十分重要。年轻学者张必春撰写的《筛选、重组与蜕变——失独者的人际关系变迁研究》一书契合了这一时代需求。细细读来，该书呈现以下几个特点：

　　一是分析了失独者的政策定位、历史定位和社会定位。作者首先从家庭结构变迁、生育政策实施、风险社会来临等方面分析失独问题的缘起，从失独问题的发生机制分析中国失独问题不同于西方失独现象的独特之处；然后从生产、生活、健康、人际交往、组织问题等方面分析失独者的生存现状，指出老年人群是社会中相对脆弱的群体，表现为经济脆弱、生理脆弱、心理脆弱，因此在现实生活中，他们面临着许多困难，失独者作为老年人中的特殊群体，他们的困难除了与空巢老人、丁克家庭、五保老人等无子女家庭具有共同的特征，还存在相对剥夺感较强、政策外部性影响等独特表现；最后从家庭结构变化、生命周期演变、人口学特质等方面分析失独群体结构的变化，最终指出失独家庭是一种非健康的家庭形态。

　　二是对失独者的人际关系进行全景式扫描。为了深挖独生子女死亡给失独者人际关系带来的影响，作者从"二个层次""五个方面"对失独者的人际关系变化展开深描。独生子女死亡后，失独父母的社会关系发生更新和重组，其中最显著的是新出现失独者和失独组织快速进入失独者人际关系的"内核"——失独者（同命人）进入他们差序格局的核心圈层，失独组织（自组织）作为新兴组织跃入失独父母社会关系的核心圈层；与此相反，亲属关系则退出核心圈层，被排挤到中间圈层；虚拟亲属关系则退出程度更远，甚至被排除在社交圈之外；而非亲属和他组织在差序格局中则被继续向外挤出，有时候甚至完全没有被纳入失独父母的人际交往范围，传统人际关系的差序格局"连续统"发生断裂，这种格局已经完全不同于一般社会关系中的"由远及近……越推越远……越推越薄"差序格局，因此将其命名为"非常态差序格局"。

三是分析了失独者人际关系的形成逻辑。作者首先从独生子女死亡，失独者的社会身份发生改变，在失独者的群体中逐渐出现"同命人概念"，并且失独者和一般人之间的群体边界开始形成；当失独问题在2000年以后被广泛知晓后，失独问题开始显性化，逐渐成为政府、慈善机构、学术机构的关注重点；与此同时，也出现了关照性歧视，随着越来越多的失独者相互联系起来，他们产生了各种集体利益诉求，部分人也因此被打上负面标签的烙印，结果他们融入社会的努力得到的是非对称性回应；失独者融入社会失败导致他们更加敏感，刺猬式的收缩并重组自己的人际关系圈，最终出现非常态差序格局。在这种变化的背后隐藏着失独者"三种认同的改变"。身份认同的改变：从"社会人"到"失独者"，群体身份标签从"同为失独者"到"同为同命人"；自我认同的改变：从积极乐观的"主流观念"到虚无主义的"边缘思维"；家庭目标的改变：从"家业兴旺"到"得过且过"；社会认同的改变，如社会分类标准从相似阶层到失独身份，社会比较态度从相对客观公正到倾向厚此薄彼，积极区分标准从"人际行为为主"到"群际行为为主"。在这三种认同相互影响、相互型塑的社会结构下，失独者发展出了"适应性调整机制"，以社会身份为基础，通过割断一批、亲近一批、疏远一批，形成了非常态化差序格局，这种人际关系格局既满足了失独者社会交往的需要，也满足了应激性心理障碍的特殊需要，照顾了失独者的特殊生命经历。最后，作者也提醒我们，失独者自我认同和社会认同的调整，引发其心理归属、参照对象等发生改变，会产生非同寻常的价值观念、思维方式，进而引发其互动规则、经济规则、流动规则的变迁。

总的来看，该书结构严谨，条理清晰，立足于扎实调研获得了大量有价值的田野资料，是一本有理论基础和应用价值的学术专著。失独者、失独群体和失独组织在中国是一个新事物，没有前人成熟的研究模式可以借鉴，作者敢于挑战，只身走进失独群体的日常生活中，在了解中关心、在关注中帮助，十多年的交往，结下了深厚友谊、成为知心朋友，体现了年

轻学者的社会关怀和人文关怀。"好饭不嫌晚",这本历时十年才面世的
著作正视历史、关注现实,具有重要的政策价值和学术意义,我觉得值得
大家一读。当然,新事物也意味着研究难度大、需要探索问题多、规律
多。作者是我的博士研究生,在学习期间就对失独问题研究产生浓厚兴
趣,工作以后一直关注该群体,连续完成两项以失独问题为主题的国家社
科基金课题,难能可贵。作者理论基础扎实、思维敏捷,具有吃苦精神,
期待其继续努力、持之以恒,将失独问题置于基层治理体系和治理现代化
的大背景中进行深入考察,取得更加丰硕的研究成果。

华中师范大学社会学院教授
博士生导师

2021 年 7 月

目　　录

第一章 绪论

从费孝通先生提出差序格局起，社会关系研究就成为中国社会学界最古老而传统的研究课题之一。中国的社会关系迥异于西方社会关系，且在社会转型加速期，它总是处于不断变迁的过程中。因此对中国社会关系的研究是实现"理论自觉"，把握学术话语权的实践行动，同时也是把握社会结构、分析社会行动的必然要求。鉴于此，一代又一代的社会学者，从梁漱溟、费孝通到折晓叶、杨善华、黄宗智等，都持续不断地对不同时期的社会关系结构进行总结概括，以期揭示社会关系结构的本来面貌。进入新世纪新阶段，新现象新问题层出不穷，这又是赋予社会关系研究者的一个契机。矛盾论表明矛盾普遍性和矛盾特殊性是辩证统一的关系，矛盾普遍性通过矛盾特殊性表现出来，因此对某一特殊现象的社会关系变迁进行解剖，可以窥见社会关系结构的变迁趋势。正是基于这一认识，本项研究以失独者为切入点，以全景式扫描的方法描述中国社会关系结构的变迁。

第一节 研究背景及问题提出

近年来，社会关系越来越成为学界关注的重点，尤其是新制度主义的兴起，社会关系在社会学分析中，尤其是对社会结构和社会行动分析的作用重新受到人们的关注。格兰诺维特（Granovetter）的"嵌入性"（embeddeness）理论的提出和广泛使用，使得对社会行动和社会制度的分析必须被重新置于对社会关系分析的基础之上。该理论的提出再一次印证了中国人的行为是被差序的人际关系所塑造的结论。[1] 在这种趋势下，对社会关系的类型和性质的研究，就成为理解社会中的很多重要现象的一个重

---

① 廉如鉴、戴烽：《差序格局与伦理本位之间的异同》，《学海》2010 年第 3 期。

要的基础，① 正因如此，在社会学研究领域中对社会关系的分析和探讨已经成为一个十分具有潜力的课题。社会关系除了对社会行动、社会制度的分析具有重要的意义外，还对人具有积极的作用。马克思曾一针见血地指出：人的本质"在其现实性上，它是一切社会关系的总和"。② 这就明确地告诉人们，社会关系是人本质属性的反映，同时社会关系也是社会的基本内在结构。综上所述，对社会关系进行研究是社会学研究中的一个既十分基础，又具有关键意义的工作。③

　　社会关系不是一个静态的概念，尤其是改革开放后，社会关系发生了巨大的变迁。传统社会中，差序格局式的乡村社会关系形态已经悄然无声地发生了变化。我国的诸多学者都对社会关系的变迁给予足够的关注，并提出了相应的变迁路径，如林聚任提出了差序格局的裂变，④ 周建国提出了人际关系的紧缩圈层结构论，⑤ 杨善华等提出了差序格局理性化趋势。⑥ 这些理论刻画了市场经济转型后，人际关系结构的变化都是随着市场经济转型而出现的变迁，理论构建结果增强了差序格局的适用性。⑦ 然而随着新现象新问题的不断涌现，社会关系究竟会发生什么样的变化呢？会不会一直能够用差序格局来概括呢？这是本书关注的问题。

　　由于关系是隐藏在行动背后的深层次逻辑，如果清楚地揭露关系就需要观察当事人社会行动的变迁，而最可能让行动者采取社会行动就是当其遭遇重大利益事件的时候，届时，日常生活中不易显露的各种隐藏的、潜在的关系都将逐渐浮出水面，最终，社会关系的结构也将暴露无遗。因此，通过重大利益事件而不是在平常生活事件考察社会关系状况是厘清社会关系本质的可行路径，同时在研究中，这种路径也逐渐成为大多数研究

①　Mark S. Granovetter, "Economic Action and Social Structure：The Problem of Embeddedness." *American Journal of Sociology*, Vol.91, No.3, 1985, pp.481-510.

②　《马克思恩格斯选集》第 1 卷，人民出版社 1972 年版，第 18 页。

③　Christophe Roux - Dufort, "Is Crisis Management (Only) a Management of Exceptions?" *Journal of Contingencies and Crisis Management*, Vol. 15, No. 2, June 2000, p. 32.

④　林聚任：《社会信任和社会资本重建：当前乡村社会关系研究》，山东人民出版社 2007 年版，第 121 页。

⑤　周建国：《紧缩圈层结构论：一项中国人际关系的结构与功能分析》，生活·读书·新知三联书店 2005 年版，第 101 页。

⑥　杨善华、侯红蕊：《血缘，姻缘，亲情与利益》，《宁夏社会科学》1999 年第 6 期。

⑦　徐晓军：《内核—外围：传统乡土社会关系结构的变动》，《社会学研究》2009 年第 1 期。

社会关系学者的最佳选择。独生子女死亡就是这样的一个重大利益事件，本书试图通过失独者的人际关系变迁揭示这一群体人际关系的结构，进而窥见弱势群体人际关系发展的可能趋势——这就是本书的理论关怀。

说到独生子女，计划生育政策是无法回避的话题。1980 年 9 月 25 日，中共中央发出了《关于控制我国人口增长问题致全体共产党员、共青团员的公开信》，从那时起，计划生育政策被严格执行，并成为对各级政府公共服务绩效考核的"硬指标"。在这种高压政策下，计划生育政策实行了 30 年，据估计，我国实际独生子女规模在 1 亿左右。虽然 2015 年 10 月 29 日中国共产党第十八届中央委员会第五次全体会议通过的《中共中央关于制定国民经济和社会发展第十三个五年规划的建议》，宣布"全面实施一对夫妇可生育两个孩子政策"，[①] 但是执行了 30 多年的计划生育政策还是影响了几代人，况且随着生育观念的改变，独生子女仍然会比较普遍。仅以武汉市为例，调查到的 1093 户单独家庭中，明确表示要生二孩的只占 22.8%，而实际二孩出生率低于这一数字。[②] 因此失独问题仍将成为一个重要的社会问题。穆光宗教授曾说"独生子女家庭本质上是风险家庭"，[③] 这种风险随着计划生育父母走到生命周期的后半段，以及车祸、疾病、溺水、自杀的增多而逐步被放大。在计划生育的前 20 年，如果发生独生子女意外死亡，父母尚可进行补救生育；可是近 10 年以来，最早的独生子女父母开始进入中老年，生育能力丧失，意外变故一旦发生就再也无法补救。但是这种无法扭转的悲惨景象正在随时间的推移变得更加严峻：一方面，独生子女的规模不断攀升，也就是存在风险的人群基数在增大，另一方面，独生子女的意外死亡率也在增加，有研究表明，8%—9%的独生子女会在 55 岁以前因患疾病或非正常原因而死亡。[④] 就这一群体而言，截至 2011 年 12 月湖北省共有独生子女家庭 517977 户，其中独生子女死亡家庭约 24000 户，占全省独生子女家庭总数的 4.63%（无法获取最近数据，所以无法更新）。"白发人送黑发人"是人间至哀至

---

① 中国共产党第十八届中央委员会第五次全体会议：《中共中央关于制定国民经济和社会发展第十三个五年规划的建议》中宣布"全面实施一对夫妇可生育两个孩子政策"，2015 年 10 月 26 日至 29 日。

② 牛亚东、张文斌、张栋等：《单独家庭生育二孩意愿的分析——基于武汉市 1093 户单独家庭的调查数据》，《人口与发展》2015 年第 23 卷第 3 期。

③ 穆光宗：《独生子女家庭本质上是风险家庭》，《人口研究》2004 年第 1 期。

④ 人口研究编辑部：《对成年独生子女意外伤亡家庭问题的深层思考》，《人口研究》2004 年第 1 期。

痛的惨事，然而这一人间惨剧却正在成为新时期出现的一个重要社会问题。笔者在调查的过程中发现，失独者中搬家的多、退休的多、将自己隔绝起来的多，有研究发现 76.9% 的失独者患有不同程度的抑郁症。① "人是一切社会关系的总和"，将人从社会关系中剥离出来肯定会出现这样或那样的问题。因此，对独生子女死亡后，失独者人际关系的变迁进行研究，并总结出相关变迁规律，为相关部门介入失独者问题提供基础性的研究资料——这也是本书的一个现实关怀。

第二节　文献回顾

失独者是近十年刚出现的新现象，国内对该群体研究得比较晚，最早的研究成果是 2001 年，迄今大概只有 20 年的历史，且大部分研究是在 2005 年之后进行的；相反，国外研究得比较早，从 20 世纪 60 年代就已经开始了。从研究内容来看，国内的研究倾向于使用结构主义的分析方法，从社会救助、国家责任的角度切入，而西方的研究倾向于使用个人主义的分析方法，从个人变迁、关系变迁的角度切入。综合而言，目前对失独者的研究主要有身体主义视角、夫妻关系视角、社会救助视角和政府责任视角四个研究视角。

一　人际关系变迁研究的主要视角

第一，身体主义视角。该视角以失独者的身心健康为切入点，注重独生子女死亡对父母（即失独者）身心健康的影响，大多数研究者发现，独生子女死亡后，他们遭受了精神与肉体的双重痛苦，解决的路径在于将其纳入医疗保障体系，并建立精神慰藉制度。

身体主义的研究视角秉承个体主义的分析路径，着重分析独生子女死亡对个人的影响，尤其是个人身体和心理的影响，指出独生子女死亡对父母身心健康影响的路径，通过对比指出独生子女死亡对父母健康的影响因素，并指出潜在的治疗路径。从研究策略上看，该视角着重分析了独生子女死亡对失独者的身体和精神的打击，并且注意分析身体影响和心理影响的交互作用，最后指出对失独者身心健康的扶助办法。

---

① 张必春、江立华：《丧失独生子女父母的三重困境及其扶助机制——以湖北省 8 市调查为例》，《人口与经济》2012 年第 5 期。

研究结果显示，独生子女死亡后，失独者出现不同程度的失眠、厌食状况，进而导致药物滥用，身体状况急转直下，[1] 慢性疾病一方面会对失独者的心理造成长期的负面影响，另一方面也会使其产生对于生活的无力感（由于无法正常行动），从而削弱其生命意义感。[2] 同时该视角认为独生子女死亡打破了正常的生命周期，影响了父母的世界观、人生观和价值观，加上独生子女死亡后，巨大的悲痛、深刻的怀念、无望的未来使得父母承受了极重的心理压力，导致精神抑郁，这种身心打击迅速而且严重摧毁了失独者的身体健康，使他们遭受了精神与肉体的双重痛苦。[3] 面对着这种双重痛苦，失独者往往不在乎国家给予多少经济补偿，而在乎精神层面的慰藉和满足，[4] 因此应该将失独者纳入养老保障和医疗保障范围，使他们能够享受到社会保障，[5] 同时应该注意他们的精神慰藉诉求，建立一个失独者之间倾诉、交流的平台，再造一个没有自卑、没有歧视，互相搀扶、互相安慰的精神家园。[6]

从研究效果的角度看，该视角向读者描述了独生子女死亡后，失独者真实的物质生活现状和精神生活现状，巨大的反差、悲惨的现状引发关于人性的反思，提醒人们注意社会特殊群体，从这一点来看，该视角具有积极的意义。然而该视角仅仅从个案角度切入，忽略了独生子女死亡对家庭、人际关系、社会结构的影响，这是该视角的不足之处。

第二，夫妻关系视角。该视角从三角形的结构稳定性（两点地位的固定得靠第三点的存在）指出，独生子女是家庭基本三角中子代一角的

---

① Oliver, Luis, E., "Effects of a Child's Death on the Marital Relationship: A Review." *Omega*, Vol. 39, No. 3, 1999, pp. 197-227.

② 赵佳林、张宇莲、张静等：《失独父母生命意义感的影响因素分析，兼论个人应对方式的作用》，《人口与发展》2016 年第 22 卷第 6 期。

③ 汪孝宗：《再造"精神家园"——独生子女夭亡家庭生存状况调查》，《中国经济周刊》2009 年第 21 期。

④ 北京大学人口学教授乔晓春认为："事实上，大多数这类家庭要求更多的是精神方面的关注与诉求，他们往往不在乎国家给予经济补偿的多少，因为这些钱实际上对他们起不了多大作用，他们渴望精神层面的交流与抚慰，以缓解精神上的孤独、封闭与自卑。"转引自汪孝宗《再造"精神家园"——独生子女夭亡家庭生存状况调查》，《中国经济周刊》2009 年第 21 期。

⑤ 刘岚：《独生子女伤残死亡家庭扶助与社会保障》，《人口与发展》2008 年第 6 期。

⑥ 汪孝宗：《再造"精神家园"——独生子女夭亡家庭生存状况调查》，《中国经济周刊》2009 年第 21 期。

唯一支点,① 围绕这一支点,家庭内部形成夫妻关系和亲子关系,其中夫妇关系以亲子关系为前提,亲子关系也以夫妇关系为必要条件。② 然后,独生子女死亡后,家庭这个"唯一支点"的失去,意味着整个家庭要素的缺损和"两条边"的无着落,即亲子关系消失,同时夫妻关系也受到极大的影响,因此家庭基本三角结构解体。③ 从研究策略上看,该视角首先从生命周期角度出发分析独生子女死亡的特殊性,然后从家庭结构和家庭功能的角度出发,指出子女尤其是独生子女在家庭中的重要性,进而通过对比指出独生子女死亡对于夫妻日常生活的影响,最后分析这种影响对夫妻关系结构变迁的作用机制。从研究方法上看,该视角一般采取定性分析和定量分析相结合的研究方法,一方面,通过定性方法推演出独生子女死亡对夫妻关系影响的作用路径,另一方面,通过定量的方法分析夫妻关系受到独生子女死亡的影响程度,还有其他哪些因素是影响夫妻关系变迁的因素。通过这两种方法将这些影响因素串联起来,形成系统的结构图,以便较好地解释独生子女死亡后夫妻关系的变迁路径。

研究结论表明,独生子女死亡对个人价值观、生活结构、婚姻功能和夫妻沟通具有极大的负面影响。④ 独生子女死亡后,随着年龄的增长和经济条件的变化,夫妻双方的相互照顾每况愈下,⑤ 夫妻之间往往会因为孩子的事互相指责或埋怨对方,丈夫埋怨妻子不注意自己的身体,妻子埋怨丈夫冷漠,⑥ 致使夫妻面临严重的婚姻压力,⑦ 导致他们之间的沟通话题消失,沟通频次减少,进而引发矛盾和冲突,极端的情况下,会导致离婚,⑧ 这无论对于城市还是农村失独者的生活和精神负担来说,无疑是雪

---

① 费孝通:《乡土中国》,商务印书馆 1999 年版,第 107 页。

② 费孝通:《乡土中国》,商务印书馆 1999 年版,第 107 页。

③ 赵仲杰:《城市独生子女伤残、死亡给其父母带来的困境及对策——以北京市宣武区调查数据为依据》,《南京人口管理干部学院学报》2009 年第 2 期。

④ Oliver, Luis, E., "Effects of a Child's Death on the Marital Relationship: A Review." *Omega*, Vol. 39, No. 3, 1999, pp. 197-227.

⑤ 刘雪明:《城市失独家庭精神慰藉关爱体系构建及政策选择》,《甘肃社会科学》2017 年第 1 期。

⑥ Schwab, Reiko, "Effects of a Child's Death on the Marital Relationship: A Preliminary Study." *Death Studies*, Vol. 16, No. 2, 1992, pp. 141-154.

⑦ 赵仲杰:《城市独生子女伤残、死亡给其父母带来的困境及对策——以北京市宣武区调查数据为依据》,《南京人口管理干部学院学报》2009 年第 2 期。

⑧ Oliver, Luis, E., "Effects of a Child's Death on the Marital Relationship: A Review." *Omega*, Vol. 39, No. 3, 1999, pp. 197-227.

上加霜，使他们更加孤独无助，老无所依，对未来生活失去了希望。[1] 但是也有部分夫妻在独生子女死亡后关系变得更加亲密，但由于抱有极大的内疚感，夫妻之间往往不包括性亲密，同时夫妻还会因为性生活发生争执。[2] 甚至独生子女死亡后，一些失独父母的夫妻关系出现形式化、空心化和躯壳化的趋势——虽有夫妻关系的"名"，但夫妻关系的"实"已荡然无存。此外，这种形式化的趋势还容易导致他们形成失望型家庭价值观，也促使个体易出现原子化倾向及离婚率升高。[3] 因此很多夫妻在独生子女死亡后都会进行夫妻一致性、夫妻凝聚力、夫妻亲密度调整。[4] 除此之外，该视角还采取对比的方式，分析独生子女死亡父母、非独生子女死亡父母以及丁克家庭的夫妻关系的变迁，研究认为和独生子女死亡的父母相比，丁克家庭和非独生子女死亡的父母具有更高层次的夫妻调适性。[5] 失独者的未来出路在于重整家庭结构。

该视角对夫妻关系的研究强调了个人行动选择的重要性，显示了研究者的微观关怀，但是这种视角忽略了社会结构、社会政策对夫妻关系的影响，这也是未来的研究需要克服的不足之处。

第三，社会救助的视角。该视角认为对失独者的社会救助具有道义和经济基础，且还具有"还账"和"优抚"，因此需要改变目前的救助思想，建立针对失独者的民生关怀体系。从研究策略上看，该视角首先分析独生子女死亡父母的数量，以及失独者的生存状况，然后梳理目前的失独者的救助内容和方式，指出现在救助存在针对性不足、导向作用丧失、救助方式单一等局限，并提出社会救助方式的未来取向，最后指出对失独者进行社会救助的特征以及特殊意义。

就目前的研究成果看，该视角认为目前对失独者的社会救助仍然处于初级阶段。从救助标准来看，仅仅有每个月每人给 100 元的特别扶助制

---

[1]　刘雪明：《城市失独家庭精神慰藉关爱体系构建及政策选择》，《甘肃社会科学》2017年第 1 期。

[2]　Oliver, Luis, E., "Effects of a Child's Death on the Marital Relationship: A Review." *Omega*, Vol. 39, No. 3, 1999, pp. 197-227.

[3]　张必春、刘敏华：《绝望与挣扎：失独父母夫妻关系的演变及其干预路径——独生子女死亡对夫妻关系影响的案例分析》，《社会科学研究》2014 年第 4 期。

[4]　Houseknecht, S. K., "Childlessness and Marital Adjustment." *Childlessness and Marital Adjustment*, Vol. 41, No. 2, 1979, pp. 259-265 .

[5]　Daniel I. Denga, "Childlessness and Marital Adjustment in Northern Nigeria." *Journal of Marriage and Family*, Vol. 44, No. 3, 1982, pp. 799-802.

度，并没建立起物价联动机制，① 此外，失独家庭扶助金标准是否合理尤为重要，当前多数省份实行的城乡统一的失独家庭扶助金标准是一种形式上的公平，应当实行城乡适度有别的失独家庭扶助金标准，让城镇失独父母和农村失独父母享有基本一致的保障水平，从形式公平走向实质公平。② 从救助内容来看，该视角往往就事论事，仅仅根据失独者的物质需求满足他们的利益诉求，并没有对他们的精神慰藉需求进行很好的安排；③ 从养老救助来看，随着养老方式的转变，传统家庭养老模式已不能满足当前的现实需求。研究结论认为目前的社会救助体系并不能解决失独者的实际问题，表明当前社会尚未构建起对失独者的民生关怀体系。④

研究结论建议建立起对失独者的民生关怀体系。在指导思想上，建立以"精神关怀、生育关怀和老年关怀"为主要内容的家庭关怀理论，以及以"政府主导、计生牵头、部门联动、社会参与、全程关怀"为主要内容的特殊家庭关怀方针；⑤ 在救助方式上，主张以情感关爱和精神慰藉为主，构建城市失独家庭精神慰藉关爱体系，包括建立政府主导的心理救助机制；健全以社区为依托、社会各界共同参与的精神关怀机制；创新综合干预、动态跟踪的服务机制，⑥ 消除失独者的悲伤感和孤独感，帮助失独者增强自身的"造血"功能；在救助主体上，政府相关部门应及时上门给予关心和慰问，并动员、协调非政府组织和社会团体参与，⑦ 特别是充分发挥基层计划生育工作人员和基层计划生育协会会员参与，充分利用这些组织和个人对失独者的熟悉性、邻近性、高信任性，为独生子女死亡

① 北京大学人口所课题组：《计划生育无后家庭民生关怀体系研究——以辽宁省辽阳市调研为例》，《中国延安干部学院学报》2011 年第 5 期。

② 谢永才：《由形式公平走向实质公平：失独家庭扶助制度的理性选择》，《江淮论坛》2016 年第 3 期。

③ 李兰永、王秀银：《重视独生子女意外死亡家庭的精神慰藉需求》，《人口与发展》2008 年第 6 期。

④ 北京大学人口所课题组：《计划生育无后家庭民生关怀体系研究——以辽宁省辽阳市调研为例》，《中国延安干部学院学报》2011 年第 5 期。

⑤ 北京大学人口所课题组：《计划生育无后家庭民生关怀体系研究——以辽宁省辽阳市调研为例》，《中国延安干部学院学报》2011 年第 5 期。

⑥ 刘雪明：《城市失独家庭精神慰藉关爱体系构建及政策选择》，《甘肃社会科学》2017 年第 1 期。

⑦ 查波、李冬梅：《上海市郊区独生子女死亡情况调查》，《人口与计划生育》2005 年第 8 期。

家庭提供精神慰藉和应急性的照料和帮助;① 在养老方式上建立集社会养老、居家养老、互助养老、回乡养老、以房养老、工作养老的模式于一体的立体化养老体系;② 最后还指出在对失独者进行经济扶助时,需要建立独生子女死亡家庭特别扶助金的长效保值机制,分别按照每年城乡居民消费品物价指数的上升幅度相应调整特别扶助金的发放标准,并考虑随着今后经济发展和财政收入水平的提高,逐步增加对独生子女死亡家庭特别扶助金的实际值。

此外,社会救助视角的研究者提示我们,对计划失独者进行保护和补偿具有充分的道义和经济基础,因为以失独者为代表的计划生育特殊困境家庭在生育上做出的生育牺牲已经产生了巨大的经济效益和社会效益,③ 因此对丧失子女父母的救助不同于扶贫济危等慈善行动,而是带有"补偿"、"还账"和"优抚"的性质。④

该视角分析了对失独者进行社会救助的独特性质,发现当前社会救助的主体和内容存在缺失和错位的情况,并指出未来的改变方向。该视角将失独者看成一个被动接受的客体,救助过程仅仅考虑到物的变化(如提供物资、救助金等),没有考虑到人的内在复原,对失独者自身的主体性因素重视不够。

第四,政府责任的视角。该视角认为独生子女普及是国家强制力推进的结果,现如今独生子女死亡家庭面临的各种风险不应由独生子女死亡家庭独立承担,而应该由政府、社会和家庭共同分担,且以政府为主,因为政府作为政策制定者,应该对政策后果负责,而不应当仅由家庭单独承受。在研究起点上,该视角从计划生育政策实施开始论述,认为我国独生子女产生的机制与西方国家有着本质的区别,我国是强制计划生育,而西方是自愿生育,正因如此,对独生子女死亡父母的研究要重视他们与政府的关系,⑤ 这就必须研究政府责任。对于失独者而言,政府的责任主要体

---

① 洪娜:《独生子女不幸死亡家庭特征对完善计生工作的启示——以苏州市吴中区为例》,《南方人口》2011 年第 1 期。

② 赵鹤玲:《城市独生子女死亡家庭父母的养老模式探究》,《学理论》2011 年第 34 期。

③ 王秀银、胡丽君、于增强:《一个值得关注的社会问题——大龄独生子女意外伤亡》,《中国人口科学》2001 年第 6 期。

④ 王秀银、胡丽君、于增强:《一个值得关注的社会问题——大龄独生子女意外伤亡》,《中国人口科学》2001 年第 6 期。

⑤ 王秀银、胡丽君、于增强:《一个值得关注的社会问题——大龄独生子女意外伤亡》,《中国人口科学》2001 年第 6 期。

现在社会保障上。在研究策略上，该视角从计划生育政策的出台分析政府承担责任的法理基础，随后评析了政府承担责任的现状，政府目前对失独者的帮扶存在定位错误、政策低效、内容单一的不足，最后认为政府负有建立计划生育补偿机制和法律援助机制的责任。①

研究结论显示，独生子女死亡后，父母原先唯一的养老支持丧失，即使有退休金的父母也失去了生活照料者和精神慰藉者，家庭养老支持从此丧失或濒临丧失，② 导致老年生活质量没有保障。然而，在失独群体的养老保障中，由于存在法制规范不健全、中央政府财政责任缺位、养老模式缺乏顶层设计以及责任主体关系趋于紧张等政府责任缺位问题，导致失独群体的养老保障面临严峻挑战。③ 目前我国养老保障和医疗保障的覆盖面还比较小，社会救助体系尚未建立，很多失独者群体并没有享受到社会保障，或者享受到的社会救助标准也远远低于当地的平均收入水平或最低生活保障水平。④

研究结论建议政府应该加快建立健全以政府为主、社会补充的人口和计划生育利益导向政策体系，⑤ 首先，在制度设计上建立物质扶助制度，无偿法律援助制度，恢复生产、工作的制度，生活、养老困难帮扶制度，精神抚慰机制，⑥ 同时要加强社区服务网络建设，充分发挥社会工作人员的作用，形成专门工作机制，切实加大对这一群体的生活关怀力度和亲情关怀力度；⑦ 其次，拓宽筹资渠道，探索建立独生子女家庭的保险机制⑧和意外风险公积金制度，⑨ 让那些健全的独生子女家庭向独生子女死亡家庭提供资金帮助，这样一方面可以减轻政府的负担，另一方面也可以

---

① 徐继敏：《成年独生子女死残的困境与政府责任》，《重庆行政》2007 年第 3 期。

② 赵仲杰：《城市独生子女伤残、死亡给其父母带来的困境及对策——以北京市宣武区调查数据为依据》，《南京人口管理干部学院学报》2009 年第 2 期。

③ 谢勇才、潘锦棠：《从缺位到归位：失独群体养老保障政府责任的厘定》，《甘肃社会科学》2015 年第 2 期。

④ 刘岚：《独生子女伤残死亡家庭扶助与社会保障》，《人口与发展》2008 年第 6 期。

⑤ 包蕾萍：《中国计划生育政策 50 年评估及未来方向》，《社会科学》2009 年第 6 期。

⑥ 赵仲杰：《城市独生子女伤残、死亡给其父母带来的困境及对策——以北京市宣武区调查数据为依据》，《南京人口管理干部学院学报》2009 年第 2 期。

⑦ 赵仲杰：《城市独生子女伤残、死亡给其父母带来的困境及对策——以北京市宣武区调查数据为依据》，《南京人口管理干部学院学报》2009 年第 2 期。

⑧ 刘岚：《独生子女伤残死亡家庭扶助与社会保障》，《人口与发展》2008 年第 6 期。

⑨ 沈亚芳：《独生子女意外伤亡家庭救助金运行机制研究——以常熟市为例》，硕士学位论文，上海交通大学，2008 年。

帮助独生子女死亡家庭摆脱生活困境;最后,将独生子女死亡家庭扶助制度纳入社会救助制度,在现有的普惠型福祉制度(主要为低保制度、养老保险制度、医疗保险)的基础上增加专门针对失独家庭中经济较困难的目标对象,这样既可以解决失独家庭的特殊困难,同时也逐步扩大社会保障覆盖面,更好地彰显社会公平。①

该视角还指出,独生子女死亡父母的安抚、赡养工作对坚持我国现行的"稳定低生育水平"的计划生育政策具有十分重要的战略意义。"如果对已经发生的事件处理不好,势必影响计划生育成果的巩固和发展,不利于稳定来之不易的低生育水平,不利于和谐社会的构建"。② 该视角是从政府本位出发,目的在于体现政府责任的同时也为继续推行计划生育政策打好基础。这一视角具有天然的缺陷,因为该视角没有从失独者的需求出发,而是从政府的执政需要出发。

但是从目前已有的相关社会政策内容和实施效果来看,很难从根本上系统解决失独老人的社会保障和心理困境。山东社科院崔树义的调查表明:50%的"失独家庭"经济困难,20%的"失独家庭"靠低保生活;在"失独父母"中,有50%的人患有慢性疾病,15%的人患有重大疾病,60%以上的人患有不同程度的抑郁症。"如果政府和社会不能对他们进行积极有效的帮助,这些人很容易成为弱势群体中的最弱者",成为"求助无门、维权无据、病无所医、老无所养"的"四无"群体,处于被边缘化的最弱势群体。③

因此,谢永才试图构建政府、社会与市场互补衔接的多元责任框架,在福利与服务供给问题上实现政府主导和多方参与,目的在于增强福利主体的责任意识、减轻国家财政负担以及保持适度健康的福利水平,进而促进福利国家的可持续发展。失独群体的养老是其理应享有的一种福利,这一福利的提供涉及各相关责任主体。故而,福利多元主义对于我们正确认识并解决失独群体的养老问题具有重要意义。④ 此外,徐晓军、胡倩认为失独群体对政府的价值期望水平较高且呈持续上升趋势,而政府回应的能

① 刘岚:《独生子女伤残死亡家庭扶助与社会保障》,《人口与发展》2008年第6期。

② 查波、李冬梅:《上海市郊区独生子女死亡情况调查》,《人口与计划生育》2005年第8期。

③ 方曙光:《断裂、社会支持与社区融合:失独老人社会生活的重建》,《云南师范大学学报》(哲学社会科学版)2013年第45卷第5期。

④ 谢勇才:《福利多元视域下的失独群体养老困境与出路研究》,《社会保障研究》2015年第2期。

力水平较低且呈缓慢增长趋势，二者之间的差距正日益扩大，可能导致失独群体产生强烈的相对剥夺感，进而积累较高的集体行动风险。因此，只有降低失独群体对政府的价值期望，提升政府回应失独群体的价值能力，才能降低失独群体的相对剥夺感及集体行动风险。①

二 当前人际关系研究视角的述评

总的来看，上述研究视角凸显出当前失独者研究中的两种倾向，国内的研究倾向于使用结构主义的视角，从社会救助、国家责任的角度切入，而西方的研究倾向于使用个人主义的视角，从个人变迁、关系变迁的角度切入。这两种视角虽然从两个不同的侧面对失独者群体进行了立体透视，但是却明显表现出两种局限：首先，目前的研究成果中大量存在"只描述具体现实，缺少深入的理论关注和分析"的不足，使得目前的研究仅仅停留在就事论事的层面，既没有提出解决失独者问题的一揽子政策措施，在理论提升上也没有任何建树。其次，当前的研究有结构主义倾向，对失独者的主体性因素重视不够。具体而言，当前的研究对社会结构和制度因素的作用有详细的分析，将失独者看成社会结构变迁的代价，看到了宏观结构对个体因素的影响，但是忽略了行动对社会结构的影响。在论述方式上仅限于对个体层面的描述，对行动者的主体性关注很少。再次，十八届五中全会公报中提出，促进人口均衡发展，坚持计划生育的基本国策，完善人口发展战略，全面实施一对夫妇可生育两个孩子政策，积极开展应对人口老龄化行动。2015 年的《人口与计划生育修正案》中也明确指出，国家提倡一对夫妻生育两个子女。符合法律法规规定条件的，可以要求安排再生育子女。新政策的出现对失独父母产生的实际影响效果有待研究。最后，目前的研究存在将问题简单化的倾向。当前对失独者进行研究的身体主义视角、夫妻关系视角、社会救助视角和社会责任视角都忽略了一个基本的事情，那就是这些经验现象的本质是失独者人际关系的变迁，因为这种变迁导致他们封闭自己，出现精神抑郁，进而借助药物调理，导致药物滥用，进而导致体质下降，同时这种封闭，也导致他们退出工作岗位，收入减少，生存出现问题，最终引发社会救助。所以说，当前的视角存在"头疼医头、脚疼医脚"的问题，并没有触及问题的本质。

---

① 徐晓军、胡倩：《论失独群体的相对剥夺感及其集体行动风险》，《华中师范大学学报》（人文社会科学版）2016 年第 55 卷第 4 期。

第三节　研究设计

一　研究目标

理论目标：（1）失独者问题是我国特有的现象，对该群体的研究有助于回答我国社会发展中的重大理论问题，为我国现代化建设提供理论解释和理论支持。（2）当前的很多研究认为社会关系选择过程依据伦理标准、利益标准或是制度理性。这些都是针对一般社会成员的研究路径，本书的研究对象是失独者。对这种特殊弱势人群而言，他们的人际关系会发生什么样的变迁，背后又会隐藏着什么不为人知的深层次逻辑，这是目前的研究所没有注意到的，所以本书的理论意义就是探讨特殊人群社会关系变迁的逻辑，丰富当今的社会关系研究成果。

实践目标：（1）失独者为近十年新出现的弱势群体，该群体人数增长迅速，且很多人都与社会隔离，并且大部分失独者都患有不同程度的抑郁症，这都是社会关系变迁的结果。本研究刻画失独者丧子后社会关系的动态变化、社会支持诉求和社会关系重构的真实状态，为政府、社会和专业社会工作者的介入提供经验材料；（2）本研究分析了从根本上帮助失独者重新融入社会，治愈抑郁症，让他们恢复正常生活的路径，对独生子女死亡后，失独者的人际关系变迁过程进行全面的分析与解读，找出对其人际关系进行干预的最佳路径。

二　研究内容

本书从"两个层次"、"五个方面"对失独者的人际关系展开研究。人际关系是社会中人与人之间关系的总称。从关系双方地位来讲，人际关系包括个人之间的关系、个人与集体之间的关系、个人与国家之间的关系。本书中的集体是个范畴，小到民间组织，大到国家政党，都包含在集体的范畴内，进行同类项合并后，人际关系就包括个人之间的关系和个人与集体之间的关系。也就是说，失独者人际关系包括两个层次：个人与个人的关系，个人与组织的关系。

首先，就个人与个人之间的关系而言，依据关系性质的不同，可以分为个人和亲属（成员）之间的关系、个人和虚拟亲属（成员）之间的关系、个人和非亲属（成员）之间的关系；其次，就个人和组织关系而言，

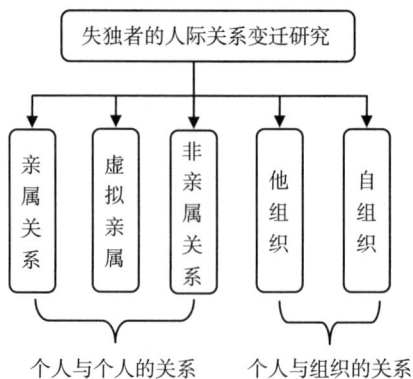

图 1　本书的研究内容示意

按照组织的性质及失独者在组织中作用的不同，可以分为个人与他组织成员的关系，以及个人与自组织成员的关系。

三　研究意义

（一）理论意义

第一，提出社会身份研究视角。社会身份视角不同于从前的伦理视角和制度主义视角仅仅扣住社会结构对个体的约束作用，也不同于利益视角片面强调个人的主体能动性，社会身份视角将社会身份作为分析社会结构和社会行动的中介变量，认为社会身份是人类自我概念社会化过程的，是个体在情境中所获得的一种意义，同时社会身份也会影响行动者的社会行动，即在同一社会结构中拥有不用社会身份的个体的社会行动会不同，而且当个体的社会身份发生变迁时，社会行动也会随之变化。因此社会身份视角是一种能够调和"结构—行动"矛盾的"第三条道路"，也是对社会关系进行研究的有效路径。

第二，提出失独者社会关系"非常态变迁"的思想。以前的社会关系变迁都是沿袭的差序格局的路径，无论人际关系选择机制是依据伦理，还是依据价值，人际关系都呈现以行动者为中心的同心圆格局；然而失独者在人际关系选择机制变迁的同时，对人际关系进行重组，使人际关系同心圆模式呈现断裂的危机，出现内群体和外群体两极分化的情形。

第三，以知识带理论，深化对弱势群体社会关系研究的理论性。目前关于弱势群体的社会关系研究一直被学界所忽视。以失独者的人际关系变迁为切入点，把握住弱势群体社会关系变迁的客观规律，找出与一般人际关系变迁的差异，丰富学界有关社会关系变迁研究的理论。

（二）实践意义

第一，由于交通意外事故的频发、社会职业多样化带来的安全事故、环境污染引发的疾病和独生子女心理耐受差导致自杀等原因，大龄独生子女以及成年独生子女的死亡比例存在逐年升高的趋势。本书从社会关系角度出发展现这一群体的真实生存全貌，具有一定的紧迫性和必要性。

第二，失独家庭是计划生育政策的外部性后果，对这一群体的研究可以为国家人口和计划生育委员会拟定相关的"配套政策"提供政策依据和可行建议。虽然失独者问题越来越严重，但是到目前为止，无论是学界还是政府部门尚没有对该群体的系统研究，更缺乏对对计划生育政策的有效反思。因此本研究从计划生育政策利益受损者的角度出发，对计划生育政策的外部性进行分析，从而为相关部门拟定计划生育政策的"配套政策"提供事实依据和相关建议。

第三，对建立失独者的社会扶助机制和维护社会稳定具有积极的现实意义。失独家庭问题是我国社会变迁、走向现代化的历史代价，作为社会发展进步的牺牲品，全社会理应对该群体负责，因此如何构建失独者的社会扶助机制，使这一群体从文化、心理上重新融入社会，重返正常生活，是当前计划生育、民政、老龄委等相关政府部门迫切需要解决的问题，可为相关部门提出可实际操作的对策建议，这也是维护社会稳定、践行和谐社会建设的应有之义。

四　研究视角

社会身份是人类自我概念社会化过程的产物，同时又是个体在情境中所获得的一种意义，它可以较好地解释行动者自我概念和社会行动选择之间的观念。正因如此，社会身份的分析路径可以克服结构主义和个人主义二元对立的局面。遗憾的是社会身份和社会行动之间的关系一直没有得到系统的梳理。本书就立足尝试运用社会身份视角对中国社会关系结构的变迁进行分析。

社会身份视角是西方学者在消费社会学领域中提出的分析视角，该视角"强调消费者的自我概念在指导购买决策时的重要作用，在分析的过程中验证了社会身份、社会影响、价值观、判断和态度在形成购买决策和消费行为时是如何相互反应的"[1]。对社会行动研究而言，这一视角同样

---

[1]　Reed，Americus，*When What I Think Depends on Who I am the Role of Social Identity in Consumer Attitude Formation*，Florida：University of Florida，2000.

具有借鉴意义。失独者就是一种新的社会身份，这种身份的形成主要包括三个步骤：首先，可及性。由于失独者的身份具有高聚焦性，因此他们能够感知到自我凸显的社会身份，并据此调整自己在处理人际关系中的态度和行为。其次，可诊断性。可诊断性是指通过社会关系的调节能够帮助失独者做出更加健康、积极的社会身份判断，为和谐人际关系的建立指明方向。最后，内化。该步骤指的是对社会身份的反复确认从而将身份内化为自我概念的一部分。简单地说，失独者社会身份的形成指的是感知到凸显的社会身份（可及性），进而对社会身份进行诊断和判别（可诊断性），反复确认最终内化为自我概念的一部分（内化）。就对社会关系的影响而言，这三个步骤的演化过程之间的逻辑关系越紧密、过渡得越合理、越有承前启后的恰当提升，失独者的社会身份认识改变就越大，社会行动的变迁也越剧烈。

由此可见，社会身份视角可以解释社会政策调整与社会身份转变、社会身份转变与社会行为调整、社会行为调整与社会关系结构变迁之间的内在关联，因此笔者认为社会身份视角是研究社会关系结构变迁的有效而且意义重大的研究视角。基于社会身份的社会关系选择机制提出了在独生子女死亡情景下，社会关系的选择过程本质上是失独者建构社会身份的过程，从而将社会身份视角扩展到社会关系研究领域，为相关部门介入失独者问题提供指导性框架。

五　研究方法和资料获取

(一) 研究方法

在社会科学领域，选择某一种研究方法是与所回答的特定问题密切相关的，因为每一种方法都有其强项和弱项，每种方法只有在针对某一类问题时，其解释力才是最强的，[①] 换句话说，定量和定性的研究方法不能被抽象地选择，而必须与特定的研究问题和研究对象结合起来。[②] 在实际操作时，选择哪一种研究方法往往要考虑三个方面的要素——研究问题的内容、调查者对调查对象的控制能力、关注的问题是当代的还是历史的。"当研究的问题是'如何'或'为什么'这种问题时，调查者对事件的发

---

① George, A. L and A. Bennet, *Case Studies and Theory Development in the Social Sciences*, Massachusetts: MIT Press, 2005.

② [美] 马茨·艾尔维森、卡伊·舍尔德贝里:《质性研究的理论视角：一种反身性的方法论》, 陈仁仁译, 重庆大学出版社 2009 年版, 第 5 页。

生又没有什么控制能力时，或者研究者关注的焦点是当代现象并有着真实的生活背景的时候，个案研究就成为一种优先选择的战略。"[1]

基于上述考虑，笔者选择"个案研究"作为本书的主要方法；然而本研究还不能简单地划归个案研究，各位学者研究对象是若干个失独家庭，按照斯泰克将个案研究分为本质性个案研究、工具性个案研究和集合性个案研究的划分，[2] 最科学的类型划分是将本书划归"集合性个案研究"，即通过某几个个案反映一群人的状况。

提到个案研究，就容易引起解释力抑或推广度问题。很多人认为个案研究只是针对少数案例进行分析，因此所得结论不具有普遍性意义，不能推广到其他群体，所以他们认为有关特殊性个案的本质性个案研究没有那些关于个案总体的普遍性研究重要；[3][4][5][6] 但我们必须认识到，个案研究不具有总体代表性，不在于提高个案研究中样本的数量，而在于界定"个案究竟要代表什么"。我们承认个案研究的结论不能推广到异质总体，因为它们没有总体的代表性，然而它却可以向那些与所研究个案具有同质性或同类特征的其他个案进行外推，就叫作"类型代表性"。事实上，对于这一问题西方学者已有回答，他们认为对特殊事例的研究，只要它有助于理解和解释重大问题就是合理的，[7] 本质性个案研究不管它多么特殊，

---

① Robert K. Y, *Case Study Research*：*Design and Methods*，London：Sage Publications，2003.

② 斯泰克将个案研究分为三种类型：一是本质性个案研究（intrinsic case study），即研究者的目的是更好地理解特殊的个案，仅此而已；二是工具性个案研究（Instrumental Case Study），研究者的目的是通过案例研究给人们提供一个问题的认识或重新得到一个推论，个案的意义则是次要的，只是起到一个辅助性的作用，有助于人们对其他事物的理解；三是集合性个案研究（Collective Case Study），即将工具性个案研究延伸到几个个案，研究者连带观察大量个案一起研究一个现象、一群人或总的状况。参见罗伯特·E. 斯泰克《个案研究》，载诺曼·K. 邓津、伊冯娜·S. 林肯主编《定性研究：策略与艺术》（第2卷），风笑天译，重庆大学出版社2007年版。

③ Denzin, N. K., *The Research Act*：*A Theoretical Introduction to Sociological Methods*，Englewood Cliffs，NJ：Prentice Hall，1989.

④ Glaser，B. G. and Strauss，A. L.，*The Discovery of Grounded Theory*：*Strategies for Qualitative Research*，Chicago：Aldine，1967.

⑤ Herriott，R. E. and W. A. Firestone，"Multisite Qualitative Policy Research：Optimizing Description and Generalizability." *Educational Researcher*，Vol. 12，No. 2，1983，pp. 14-19.

⑥ Yin，R. K.，*Case Study Research*：*Design and Methods*，Newbury Park，CA：Sage，1989.

⑦ Ragin，C.C.，"Case of 'What Is A Case?'"，in Ragin，C.C.and H.S.Becker，eds.*What is Case*? *Exploring the Foundations of Social Inquiry*，Cambridge：Cambridge University Press，1992.

这样的个案研究本身就有重要的意义,① 也可以被视为获得最后结论的一个步骤。②③

因此,从失独家庭"极端的例子中学到的经验教训可以用来为一般情况服务,就研究目的而言,对这种独特现象的揭示有可能比一个典型现象更加具有说服力"(陈向明,2000:105)。④ 本书所选取的个案是失独家庭,从字面上看就知道这类家庭的与众不同,它们是残缺家庭,而且是残缺家庭中的特例——绝后家庭。因为它们是计划生育政策的产物,而政府是计划生育政策的推动者,所以这种家庭与政府之间的那种"藕断丝连"的关系,是该群体不同于其他群体的特别之处,也正因如此,它才进入笔者的视野,并最终成为本书的研究对象。

(二)资料获取

研究方法决定了资料收集方法,笔者所使用的资料收集方法主要有访谈法、观察法和文献法,这也是考虑到群体性研究的特征,以及针对所讨论的问题而做出的方法选择;另外,还需要说明的是本研究借助湖北省计划生育协会的调查网络,因此前期有对失独者的详细的问卷调查,其中详细展示了失独者的生产、生活、工作、心理状态、诉求内容以及对政策的评价。组织是由个体行动者所构成,这种对失独者全面的、基础性的调查不仅能够帮助我们更好地把握失独者的行动选择、行动效果,也让我们对失独者的组织宗旨、组织章程、组织目标有更加深刻的认识。

1. 访谈法

访谈法是定性研究,或者说是个案研究中最主要的研究方法,由于这种方法运用面广,能够简单而详细地收集多方面的工作分析资料,因而深受人们的青睐。从定义上看,访谈法指的是研究者通过与受访者面对面交谈,从而了解受访者的心理和行为的状态和变化,考虑到研究问题的性质、目的或对象的不同,访谈进程的标准化程度不同,访谈法又具有不同的形式,大体可将它分为结构型访谈和非结构型访谈,前者是要求访谈过

---

①　Stake, R. E., "Case Study", in Denzin, N. K. and Lincoln, Y. S, eds. *Handbook of Qualitative Research. Thousand Oaks*, California: Sage Publications, 2000.

②　Campbell, D. T., "Degree of Freedom and Case Study." *Comparative Political Studies*, Vol. 8, No. 2, 1975, pp. 178-193.

③　Vaughan, D., "Theory Elaboration: The Heuristics of Case Analysis", in Ragin, C. C. and H. S. Becker, eds. What is Case? *Exploring the Foundations of Social Inquiry*, Cambridge: Cambridge University Press, 1992.

④　陈向明:《质的研究方法与社会科学研究》,教育科学出版社2000年版,第105页。

程、访谈内容、访谈方式等各方面都尽可能统一，力求做到标准化，而后者并不要求研究者依据事先设计的问卷和固定的程度，而只是有个访谈的主题或范围，由访谈员与被访者围绕这个主体或范围进行比较自由的交谈。①

本书综合采用访谈法这两种子类型，结构式访谈主要用来收集组织层面的资料，由于到目前为止，武汉市的草根型失独者组织数量已经达到三个，其中每个组织又设置了很多部门，所以结构式访谈主要是针对这些组织中的工作人员，目的是使得收集的材料具备可比性；而非结构式访谈则是针对个别特殊人群使用的方式，这些人要么参与了失独者组织组建的全部过程，要么对失独者组织有独到的见解，对他们的访谈有助于笔者挖掘失独者组织的发展脉络，更加深入地了解失独者组织内部的发展变化；从效果上看，结构式访谈给我们了解不同的失独者组织的内部状况提供了帮助，而非结构式访谈对了解武汉市所有失独者组织的萌芽、发展、成熟具有显著的作用。

2. 观察法

观察法是一切科学研究的基本方法之一，同时也是实地研究中常常采用的研究方法。使用这种方法的研究者根据自己的研究目的，用感官和辅助工具直接、有针对性地了解正在发生、发展和变化的现象；但是由于人的感觉器官具有一定的局限性，观察者往往要借助照相机、录音机、显微录像机等现代化的仪器和手段来辅助观察。除此之外，这种方法还要求观察者的活动具有系统性、计划性和目的性，而且要求观察者对所观察到的事情做出实质性和规律性的解释。

本研究主要利用这一方法观察了失独者组织的群体内部活动、失独者家庭的生活状况、失独者组织和政府的互动，同时也借助现代化的记录手段，取得了大量的音像材料。笔者不否认笔者的介入会对研究场景造成破坏，但是笔者也注意到失独者组织对年轻人的宽容和爱护，他们都把笔者当成自己的孩子，当在观察场景中遇到困难的时候，他们会主动帮助笔者解围；可以说，在历时两年的调研过程中，笔者已经完全融入了失独者组织，而且和他们中间的部分人建立了良好的个人友谊。可以说，通过观察法，笔者已经能够将失独者形象刻画得更加生动，同时也更加能够设身处地地理解失独者组织的各种行为，也能够对他们的组织行为、组织目标等因素做出合理的解释。

---

① 风笑天：《社会学研究方法》，中国人民大学出版社2001年版，第254页。

3. 文献法

文献法也称历史文献法，指的是搜集、整理、分析、研究各种现存文献资料，从中选取有用信息，以达到研究目的的方法。这种方法主要帮助研究者在浩如烟海的文献群中选取对研究课题有用的资料，并对这些资料进行恰当分析和使用。根据文献具体形式和来源的不同，文献研究法又被分为个人文献、官方文献、大众传媒媒介三大类。

就本研究而言，笔者所收集到的文献也无外乎这三个方面，只是第一个文献来源稍有变化，即将个人文献推广成失独者和失独者组织文献。具体而言，第一种是通过个人和组织获得的文献，主要包括失独者组织的内部管理性文件、活动记录文件、人事安排文件、诉求内容文件以及失独者组织撰写的公开信，甚至还包括全国人大代表在 2010 年和 2011 年全国两会上提出的关于"失独者"问题的提案；第二个来源是通过政府管理部门获得的文件，前文已经说过，本研究是借助湖北省计划生育协会的课题《湖北省独生子女伤残死亡家庭扶助机制研究》而展开调查，因此获得了关于武汉市，乃至湖北省所有失独者信息及失独者组织信息；第三个来源是网络，就失独者组织问题，全国的各大新闻媒体，如中央电视台、东方卫视、凤凰网、光明日报、经济日报，湖北省的新闻媒体，如楚天都市报、楚天金报、长江日报等都做了大量的宣传报道。总而言之，通过这些资料来源，笔者对失独者组织获得了一个立体性认识，既了解到他们脆弱的一面，也了解到他们智慧坚强的一面，从而能够准确把握他们的行动。

六 特色和创新之处

(一) 分析框架的创新

本书在"结构—身份—行动"的分析框架下对失独者的人际关系进行分析，这种分析框架的使用既是基于研究对象特征的考虑，也是对目前人际关系研究方法的反思的结果。身份包括"生物性身份"和"社会性身份"两种。首先，计划生育政策实施，家庭结构出现变化，独生子女家庭普及；其次，独生子女死亡后，失独者生物性身份发生变化：从一般父母到失独者，紧接着，他们在社会情境中的自我身份也发生改变，因此他们的社会身份也出现变迁——这就是失独者深层次的自我观念的变化；最后，在自我观念变化的情况下，失独者调整自己的社会行动，以适应新的社会身份，这时，在新的社会行动模式经过不断地重复固化之后，新型的社会关系结构就会出现。这就是本书所采用的"结构—身份—行动"分析框架。该框架的使用调和了方法论结构主义和个人主义的矛盾，同时在分析的时候既能考虑到社会结构的约束作用，又能考虑到个体的能动性。

（二）研究对象的创新

截至目前，无论是行政部门还是学术研究机构都没有对失独者这一群体展开系统的研究，仅从这一点看，本研究选择这一研究对象就是一种创新——特殊的研究对象预示着特殊的研究方法，以及特殊的研究发现。本书调查对象的特殊之处在于身份的隐秘性、居住的分散性、思维的敏感性和现状的特殊性，这些因素一方面极大地增加了研究的难度，无论是研究进入还是资料收集，都面临研究伦理道德问题——既要获取"真实"、"鲜活"的资料，又要照顾到被研究者的感受与利益，不给失独者带来新的创伤，另一方面敏感地把握住该群体不同于其他群体的典型特殊，如失独者存在"丧子"和"养老"这两种因素的叠加效应，不同于"空巢老人"、"孤寡老人"。这些都是失独者带给我们的独特体验，需要在研究过程中加以把握。

（三）研究内容方面的创新

"人是一切社会关系的总和"，弱势群体之所以弱势，社会关系缺陷是不能够忽略的问题。本研究放弃目前进行的大量有关弱势群体社会支持体系、社会环境构建以及文化规范等宏观角度的研究。而是采取重心下移的方式，聚焦失独者的人际关系。试图通过内涵挖掘和对比分析找出这类群体不同于其他群体的独特之处，进而提出一种新的关系结构。就具体内容而言，首先通过田野调查，系统解读该类型家庭内部关系调整、外部关系重构的过程和规律；然后通过比较，找出该群体人际关系结构与一般群体人际关系结构的差异，这种差异的发现丰富了当前的社会关系研究内容，同时也从学理上对弱势群体的扶助策略进行了探讨。

第四节　研究对象及其相关概念的界定

一　研究对象的界定

"失独者"是本研究为了表述方便而提起的概念，如此命名的本意是尽可能"以词表意"，并且力求做到没有歧义。截至目前，该概念没有得到官方的认可。对此人群而言，2007 年官方口径是"独生子女死亡家庭"

（此概念是在 2007 年《中共中央　国务院关于全面加强人口和计划生育工作统筹解决人口问题的决定》① 中首次提出），指的是严格执行了国家计划生育政策，并且持有独生子女证的家庭，需要指出的是，独生子女死亡家庭也包括独生子女伤残家庭；2010 年 3 月全国政协委员、武钢高级工程师袁伟霞在京提交提案中称这种家庭为"独生子女夭亡家庭",② 2011 年 3 月全国政协委员、辽宁省营口市副市长车竞在提案中称这种家庭为"计划生育特殊家庭",③ 2011 年 8 月湖北省委政策研究办公室在给这类家庭的回复中称这类家庭为"失独家庭"。由此可见，目前政府各部门没有对这一群体的统一表述。出于研究的需要，同时兼顾到可理解性、通俗性、流畅性，本书采取湖北省委政策研究室的定义，称本书的研究对象为"失独者"。

　　本书对失独者的界定来源于《全国独生子女伤残死亡家庭扶助制度试点方案》中对"独生子女伤残死亡家庭扶助对象"的界定,④ 并对其进行进一步限定以排除伤残家庭，经过调整后，本书的研究对象是"我国城镇和农村独生子女死亡后未再生育或收养子女家庭的夫妻"。扶助对象应同时符合以下条件：第一，1933 年 1 月 1 日以后出生；第二，女方年满 49 周岁；第三，只生育一个子女或合法收养一个子女；第四，现无存活子女。对研究对象进行如上限制主要是基于以下几点考虑：首先，通过女方年龄的限制将研究对象限定在"纯粹、完全"的失独家庭，从而排除那些女方尚未达到 49 周岁，还具有生育能力，未来还可能有孩子的家庭。其次，将研究对象尽量限制在因为计划生育政策而仅仅生育一个，进而成为本书的研究对象。将并没有执行计划生育政策的多子女家庭，且目前无子女的家庭排除在外（当然从道义上讲这类群体更加悲惨，但是考虑到本书的研究主题，不得不忍痛剔除）。最后，将研究对象限制在曾经有存活子女，而目前无存活子女家庭上，从而将空巢家庭（现在仍然有子女）、丁克家庭（一直无子女，和计划生育政策没有关系）和光棍家庭

①　中共中央、国务院：《中共中央　国务院关于全面加强人口和计划生育工作统筹解决人口问题的决定》（中发〔2006〕22 号）。

②　新华网：《袁伟霞呼吁让"空心家庭"老有所养》，http：//www. hb. xinhuanet. com/zhuanti/2010-03/10/content_ 19207524. htm.

③　人民网：《车竞委员：计划生育特殊家庭需"特扶"》，http：//2011lianghui.people.com.cn/GB/214383/14125673.html.

④　国家人口和计划生育委员会、财政部：《全国独生子女伤残死亡家庭扶助制度试点方案的通知》（国人口发〔2007〕78 号）。

（从来没有结婚也没有子女）排除在外。通过上述限定，本书的研究对象就是：执行了计划生育政策而只生一个子女，然而目前子女已经不存在，且不可能继续生育的家庭。

二 研究对象的出现过程及其发展趋势

1980 年 9 月 25 日，中共中央发出了《关于控制我国人口增长问题致全体共产党员、共青团员的公开信》，开启了人口和计划生育工作 30 年光荣而辉煌的历程。这 30 年间全国人口少生 4 亿左右，减轻了负担，促进了发展，然而在这 30 年中也一直存在独生子女家庭风险问题，前 20 年尚有补救生育，可是近 10 年以来，最早的独生子女父母开始进入中老年，生育能力丧失，意外变故一旦发生就再也无法补救——于是独生子女死亡的父母开始出现。

这一群体在武汉浮出水面是由于 2006 年 5 月 7 日 WZB 在《楚天金报》刊登电话，希望"大家能够走到一起，互助互帮"。[1] 很快就有WWA、ZCX 等 12 户联系上 WZB，并计划筹建温馨港湾。[2] 到 2007 年 3月 24 日"WXGW"正式挂牌成立时已拥有 80 多户成员，另外，武汉青山区又在 2007 年 9 月 21 日成立"LXJY"，该群体成员家庭又有 80 多户，一年后就发展到 260 多户，这些只是通过失独家庭反映该群体的浮现过程。然而不得不指出的是，这种统计方式仅仅集中在能够走出丧子困境，参与外界活动的研究对象。

对全体失独者数量的关注要到 2007 年年底，随着国家人口和计划生育委员会、财政部颁布了《全国独生子女伤残死亡家庭扶助制度试点方案的通知》（国人口发〔2007〕78 号文件），从那以后该群体的规模才有据可查。[3] 就武汉市而言，目前每年意外死亡人数为 400 多人（其中还不包括疾病、自杀等其他原因，如把这些统计在内，数字还会更大），从这个角度看，目前武汉市平均每天都要产生一个独生子女死亡家庭，两个失独者。[4] 从全国形势来看，目前全国共有独生子女死亡家

---

① 黄鹏程、邹斌：《饱受老年丧子之痛 WZB 老人欲建"温馨苑"》，《楚天金报》2006 年5 月 7 日。

② 张剑：《武汉成立"温馨港湾"帮助丧子家庭》，《武汉晨报》2007 年 3 月 25 日。

③ 2017 年湖北省最新人口数量统计，http://www.daneiedu.net/HuKouZhengCe/623926.html.

④ 数据来源：湖北省人口和计划生育委员会，数据截止时间为 2010 年 8 月 30 日。

庭 30 多万，根据国家人口计生委课题组统计，"十一五"末期，全国 49 岁以上曾生一孩现无孩人数已增加到 50 万，据估计到 2020 年，这一数字将达到 110 多万；考虑到交通事故、安全事故、环境污染、疾病、自杀等原因，未来年轻人死亡的概率将会更高，届时我国的失独者的形势将更加严峻。

2016 年 1 月 1 日，我国全面二孩政策正式实施。长达 30 多年的计划生育政策使得我国出现了一大批以独生子女夫妇为核心的"四二一"结构群体[①]，因其倒金字塔结构被学术界认为存在巨大的养老风险，也是失独家庭面临困境的重要原因之一。但是，单独"二胎"启动实施两年以来，并未像预期那样出现狂热生子的景象。据统计，目前我国符合单独"二胎"政策的夫妻约为 1000 万对，最终选择生育的仅有 47 万对，4.7% 的生育比例。根据湖北省全员人口库数据，实施"全面二孩"政策，湖北涉及政策调整的目标人群（政策放开时已育一孩且不包括"双独"、"单独"和农村独女户）为 436.7 万个家庭。[②] 但是 2017 年湖北省人口数据统计显示，与 2010 年第六次全国人口普查相比，平均每个家庭户减少 0.1 人。可见当前育龄夫妇的生育观还是趋于保守的。但是失独老人的处境，成为家庭伦理问题的一个缩影之后，让公众有更多的生育选择权就显得尤为重要。

三 关系的界定

近百年来，社会科学家逐渐认识到了人际关系（既包括人与人的关系，也包括人与组织的关系）的重要性，很多学科开始对社会关系展开研究，并且从各自学科的角度对人际关系进行界定。社会学将人际关系定义为人们在生产或生活活动过程中所建立的一种社会关系，心理学将人际关系定义为人与人在交往中建立的直接的心理上的联系。本书的人际关系兼有社会学和心理学定义上的特征，既包括他们之间空间上的联系，也包括彼此之间心理上的联系。简单地说，人际关系主要指的是人与人交往关系的总称，根据关系对象的不同，可以分为两个层次，即个人和个人，以

---

① 宋健：《"四二一"结构群体的养老能力与养老风险——兼论群体安全与和谐社会构建》，《中国人民大学学报》2013 年第 5 期。

② 湖北省人民政府门户网站专题解读《湖北实施全面二孩生育政策》，http://www.hubei.gov.cn/zwgk/zcsd/ztjd/zhuantijiedu/02daodu/201601/t20160113_776414.shtml.

及个人和组织之间的联系；其中个人和个人又包括个人和亲属、个人和虚拟亲属以及个人和非亲属之间的关系，个人和组织之间的关系又包括个人和他组织以及个人和自组织之间的关系。笔者这样划分是为了对人际关系有个立体的定义和考察。

第二章 失独者——一种特殊的弱势群体

家庭成员的死亡是所有家庭会面临到的危机，而这也被认为是家庭所面临最有压力的人生事件,[①] 其中子女死亡是最痛苦的体验，因为相对于所预期的发展过程，这一经历将一个人推入边缘的社会角色，且有不清楚之角色期待。[②] 独生子女死亡更是如此，而且其影响程度远远高于西方国家的子女死亡（西方往往是多子女家庭）所引发的家庭震动。一方面是独生子女死亡的"唯一性"。因为独生子女是家庭结构三角中的第三角，具有唯一性，这种唯一性的丧失直接将家庭推向社会的边缘，而且也会直接颠覆家庭成员的角色期待，而不仅仅是影响角色预期。另一方面是独生子女死亡的"年轻性"。这种年轻人死亡和老人死亡不同，因为后者符合家庭成员的死亡的顺序逻辑，给家庭震撼较小。从死亡影响上看，老一辈的死亡会加快家庭成员结构的更新，而不会伤及家庭成员结构的根基，影响家庭年轻一代成员的发展；然而年轻人的死亡，将会直接影响家庭未来发展后劲，威胁家庭结构完整。

由此可见，从唯一性和年轻性上可以看出，独生子女死亡不同于西方的子女死亡，也不同于我国的老人死亡，因此独生子女死亡是一种特殊的死亡类型。社会互动论和民族方法学认为任何人都担负了一个复杂的现实构建过程，其中重要互动对象的改变会导致行动者对自我社会地位认知的重构，进而影响行动者家庭地位认知的重构。独生子女在家庭内部是重要的，甚至处于中心的互动对象，他们的缺失无疑将会影响父母双方对社会地位的重构，并且导致原先由父母子女构成的家庭地位的重构，进而引起他们社会关系的调适。

[①] Dohrenwend, B. S. and B. P. Dohrenwend, *Stressful Life Events: Their Nature and Effects*, New York: John Wiley, 1974.

[②] Mckenry P. C., *Families and Change: Coping with Stressful Events and Transitions*, 五南图书出版股份有限公司2004年版，第135页。

　　本书正是从这些角度出发提出失独者是一种特殊的弱势群体，本节的任务就是从历史渊源上厘清失独者由来，以及该群体简单的人口学特征。

第一节　失独者的缘起——多因素交互作用的结果

　　家庭结构变迁与生育政策实施从家庭组成的质和量两个方面反映了家庭构成小型化的趋势，这属于必然性过程，而风险社会来临则是在上述变迁过程中的随机事件，并且这种随机事件对家庭结构变迁的影响属于偶然事件。但是正是这种偶尔性和必然性的交互作用产生了失独者。

一　家庭结构的变迁：小型化趋势

　　传统家庭是大家庭，20世纪以来，全球家庭开始出现少子化的趋势，[①]并最终导致家庭的小型化，家庭的平均人口正在减少。为了说明现代家庭人口状况，笔者先从古代家庭说起。

　　（一）传统社会的大家庭结构

　　在人类初期的对偶家庭中，人类从群婚状况开始发展成某种或长或短时期内的成对配偶制，即一个男子在许多妻子中有一个主妻，对这个女子来说，该男子也是他的许多丈夫中的一个主夫。由于这种带有群婚特征的婚姻形态，使当时的家庭包括了多对配偶及其子女，家庭的人数自然很多。[②]南斯拉夫的扎德鲁加（即大家庭）就是最好的例子，该家庭中包括一个父亲所生的数代子孙和他们的妻子，他们住在一起，共同耕种田地，衣食都是出自共同的存储，共同占有生育产品。[③]

　　在中国也有对过去传统大家庭的推断与假说。从定性的角度看，早在新中国成立前，言心哲就指出中国素有"大家庭"制度，这种大家庭的人口必须从横向和纵向两个方面来概括：纵的方面，上有祖父母、伯叔祖父母、父母，下有子女侄孙等；横的方面，有兄弟姊妹、堂兄弟姊妹、姒

---

① 陆建强、陆林森：《独生父母——中国第一代独生父母调查》，上海辞书出版社2006年版，第23页。

② 潘允康：《社会变迁中的家庭——家庭社会学》，天津社会科学院出版社2002年版，第179页。

③ 潘允康：《社会变迁中的家庭——家庭社会学》，天津社会科学院出版社2002年版，第179页。

姬等,[①] 同时他还指出这种大家庭在中国乡村尤为普遍。[②] 乔启明认为,我国传统农村家庭中,联合家庭（Joint Family）居多,因为一方面,父母均与其子女同居,即使子女婚嫁以后,大多仍旧同居;另一方面,虽有人迁徙异乡,但仍被视为家人,不与家庭脱离关系,这种家庭凝聚力直接形成了联合家庭。[③] 李景汉通过定县农村的社会调查也印证了言心哲和乔启明的论断,他又一次指出,农村的家庭组织是大家庭制度。已婚子女仍与父母共同生活,结婚的弟兄亦很少分家。因此家庭内的亲属关系颇为复杂,尤其是人口众多的家庭。[④] 这些宏观层面的论述已经能够使我们对我国传统家庭结构有一个大概的了解。

从定量的角度看,有学者认为,在漫长的封建社会中,中国的家庭人口主要在4—7人,尤其集中在5—6人。据统计,在4—7人的有55次,占总数的77.46%,其中5—6人的有31次,占43.66%,直到1911年,全国家庭人口平均数仍为5.17人,甚至还有人认为直到20世纪30年代,中国"现时大多数人仍未摆脱宗法社会的大家庭子制度"。[⑤] 从家庭人口数来看,据史学界考证,从西汉元始二年（2）到清宣统三年（1911）的1900多年中,家庭人口平均数4.95人,标准差为1.61。

除此之外,其他研究者还分析了能够保持大家庭的核心因素。首先,传统社会中父母在世会对分家起到约束作用,从而成为"大家庭"形成的主要因素。王跃生通过对从中国第一历史档案馆所藏刑科题本"婚姻家庭类"档案查阅中所珍藏的个案（约2500余件）,研究后发现18世纪中后期（从乾隆四十六年至乾隆五十六年,1781—1791）,父母在世特别是父亲在世与否,对兄弟分家会起到很大的制约作用;[⑥] 其次,我国传统文化中对"几代同居家庭"的弘扬也是传统家庭能保持"大家庭"的深层次原因。在传统文化中,对四世同堂、五世同堂等几代同居家庭总是充满难以言表的羡慕,历史上也称之为"义门",这种家庭往往被传为美

---

① 言心哲:《中国乡村人口问题之分析》,商务印书馆1928年版,第13页。

② 言心哲:《农村社会学概论》,商务印书馆1924年版,第331页。

③ 乔启明:《中国农村社会经济学》,商务印书馆1946年版,第271页。

④ 李景汉:《定线社会状况调查》,上海人民出版社2005年版,第139页。

⑤ 陈长蘅:《我国土地与人口问题之初步比较研究及国民经济建设之政策商榷》,转引自潘允康《社会变迁中的家庭——家庭社会学》,天津社会科学院出版社2002年版,第180页。

⑥ 王跃生:《社会变革与婚姻家庭变动——20世纪30—90年代的冀南农村》,生活·读书·新知三联书店2006年版,第197页。

谈；最后，中国历史上的大家庭符合当时劳动密集型的生产方式。这些研究都从侧面印证了我国传统大家庭存在的缘由。

（二）20 世纪以来家庭的小型化趋势

由于历史上的各种原因，传统的大家庭没有成为普遍的模式，20 世纪以来的家庭出现了小型化①的趋势，这种趋势横扫全球。我国也不例外，社会学家潘光旦在《中国之家庭问题》一书中，分析研究了中国城市的婚姻家庭问题，他通过调查统计资料证实了中国人家庭观念正在发生变化，开始接受小家庭的观念，并指出中国的家庭出现了越来越多的由传统大家庭向现代小家庭过渡的折中家庭模式。②

为了说明这种全球性的家庭变迁，笔者将分别就发达国家和发展中国家展开论述。从发达国家看，他们国家的认可规模呈现持续减少的趋势，如美国 1930 年时全国每户平均人数是 4.11 人，1970 年下降为 2.75 人；日本，1955 年平均每户人数是 4.97 人，1960 年后就降到 4.54 人，平均每年减少超过 0.4 人，1970 年平均户规模已降到 3.69 人，1985 年降到 3.11 人③；从中国的数据来看，我国五城市家庭调查的数据显示（1982年），现在家庭平均人口数为 4.08 人（标准差为 1.54，中位数为 4，下四分位值为 3，上四分位值为 5，最小值为 1，最大值为 15，纵数为 4，异众比率为 72.36），与他们上一代的家庭规模相比，平均值减少 1.3（中位值减少 1，下四分位值减少 2，最小值减少 1，最大值减少 15），从家庭人口数的分布来看，1937 年以前结婚的调查对象，结婚时娘家家庭人口数为 8 人以上的最多，其次是 5 人，而现在的家庭规模以 3—5 人的占绝大多数，占 72.89%，其中 4 口之家所占的比例最大，为 27.62%，3 口之家其次，为 26.14%，这说明目前家庭人口已经减少到以 3—4 口之家为主。④

（三）家庭规模小型化的社会原因

家庭结构小型化随着城市化和现代化的推进而出现。首先，现代化是

---

① 这里的小型化趋势是相对于传统家庭而言的，意指虽然学界在传统家庭是否为大家庭这一问题上仍然存在争议，但我们暂且搁置这一争议。仅仅从家庭人口上看，传统的家庭规模比现在要大很多，所以说目前的家庭存在小型化的趋势。

② 潘允康：《社会变迁中的家庭——家庭社会学》，天津社会科学院出版社 2002 年版，第 40 页。

③ 潘允康：《家庭社会学》，重庆出版社 1986 年版，第 111 页。

④ 潘允康：《社会变迁中的家庭——家庭社会学》，天津社会科学院出版社 2002 年版，第 183 页。

家庭结构小型化的社会背景。现代化改变了人们的生活方式，造成了人口的社会流动，而实践证明，只有小家庭才能适应这种快速的流动，而大家庭是难以维持的，因此现代化是家庭结构小型化的社会背景。其次，生育率降低是家庭结构小型化的直接原因。进入 21 世纪以来，随着人力资本的提高，教育费用的增加，大家意识到教育的重要性和必要性，因此为了子女在学业和事业上的成功，提高生活质量，改变生活方式，普遍减少了生育子女的数量，这是家庭规模小型化的直接原因。最后，离婚率的提高也是家庭规模小型化的重要因素。随着自由主义思潮的出现，离婚率持续攀升，如 "中国民政部发布的 2009 年民政事业发展统计公报显示，去年共有一百七十多万对夫妻办理离婚登记，比上年同期增长 10% 以上。从绝对离婚对数的数据可以看到，中国的离婚率正在呈加速攀升的态势"。① 离婚率的增高，使家庭分裂和解体，一定程度上导致了家庭规模小型化。

二 生育政策的实施：独生子女家庭的普及

（一）计划生育政策的演变

我国对人口问题经历了数十年的思想调整，第一阶段是计划生育政策提出时的严峻形势（1949—1953），当时战争时期，毛泽东出于战略地位考虑，倾向于鼓励生育。如 1949 年 9 月 17 日《人民日报》发表毛泽东《六评白皮书》，指出 "中国人口广大是一件极大的好事……世间一切事物中，人是第一个可宝贵的。在共产党的领导下，只要有了人，什么人间奇迹也可以造出来"。② 第二个阶段是计划生育政策提出的思想准备（1954—1961）。当时新中国刚刚成立，国民经济还比较薄弱，这种人口的快速增加凸显了自然条件的紧张。那时城市住房已开始有些紧张，青少年升学受到校舍的限制。学界和国家领导人已经意识到人口问题的重要性。③ 第三阶段是限制人口增殖生育政策的提出及其在部分市、县的试行

---

① 联合早报：《也谈中国离婚率问题》（2010-02-09）http：//www. zaobao. com/forum/pa-ges2/forum_ lx100209. shtml.

② 孙沐寒：《中国计划生育纪事》，红旗出版社 1987 年版，第 1 页。

③ 1954 年 5 月 25—30 日，马寅初通过对浙江省黄岩、乐清、永嘉、温州市郊调查发现，浙江各地的人口增殖率都偏高，每年增长 22‰，甚至达到 30‰，每年净增人口 1300 万，他意识到当前人口增长太快与国民经济不相适应。因为现在的国家还比较穷，不可能一下子就建设起来，如果人口不控制一下，将来国家负担很重。参见马寅初《浙江温州区视察报告》，http：//news. xinhuanet. com/politics/2011-02/18/c_ 121097776. htm.

（1962—1969）。1962 年 12 月以中共中央和国务院的名义发出关于认真提倡计划生育的批示，认为"在城市和人口稠密的农村提倡节制生育，适当控制人口自然增长率，使生育问题由毫无计划的状态逐渐走向有计划的状态"。① 第四个阶段是限制人口增殖生育政策的逐步形成和全面推行（1970—1980）。中央 1978 年 10 月在批转《关于国务院计划生育领导小组第一次会议的报告》，进一步明确了"晚、稀、少"的内涵，并要求"城市住房和农村口粮、自留地分配等社会经济政策和其他一些规定，都要有利于计划生育工作的开展"。② 第五个阶段是限制人口增殖政策在生育数量上的进一步收紧（1980—1984）。国务院在 1980 年 9 月召开的第五届全国人民代表大会第三次会议上指出："国务院经过认真研究，认为在今后二、三十年内，必须在人口问题上采取一个坚决的措施，就是除了在人口稀少的少数民族地区以外，要普遍提倡一对夫妇只生育一个孩子，以便把人口增长率尽快控制住，争取全国总人口在本世纪末不超过十二亿。"③ 同年 9 月 25 日，中共中央发表《关于控制我国人口增长问题致全体共产党员、共青团员的公开信》，号召党团员带头执行新的计划生育政策。1982 年年初中共中央、国务院又发布了关于进一步做好计划生育工作的指示，规定："国家干部和职工、城镇居民，除特殊情况经过批准者外，一对夫妇只生育一个孩子；农村普遍提倡一对夫妇只生育一个孩子，某些群众确有实际困难要求生二胎的，经过审批可以有计划地安排。不论哪一种情况都不能生三胎；对于少数民族，也要提倡计划生育，在要求上可适当放宽一些。计划生育工作要继续提倡晚婚、晚育、少生、优生。既要控制人口数量，又要提高人口素质。"④ 同年 10 月，中共中央办公厅和国务院办公厅转发《全国计划生育工作会议纪要》时指出："实行计划生

---

① 中共中央、国务院：《中共中央　国务院关于认真提倡计划生育的指示》（中发〔62〕698 号），载彭珮云主编《中国计划生育全书》，中国人口出版社 1997 年版，第 4 页。

② 中共中央、国务院：《中央批转关于国务院计划生育领导小组第一次会议的报告的通知》（中发〔1978〕69 号），载彭珮云主编《中国计划生育全书》，中国人口出版社 1997 年版，第 13—14 页。

③ 1980 年 9 月召开的第五届全国人民代表大会第三次会议。

④ 中共中央、国务院：《中共中央　国务院关于进一步做好计划生育工作的指示》（中发〔1982〕11 号），载彭珮云主编《中国计划生育全书》，中国人口出版社 1997 年版，第 18—20 页。

育，是我们国家的一项基本国策，是一项长期的战略任务。"① 由此可见，计划生育政策在全国各地得到普遍执行，并成为一项长期执行的基本国策。

（二）家庭户规模的缩小

计划生育政策的实施直接导致了人口出生率的下降，进而导致了家庭户规模的缩小。从家庭户规模来看，据统计，1949 年我国家庭平均人口为 5.35 人，20 世纪 50 年代、60 年代、70 年代都大体稳定在 4.5—5.05人。80 年代后期至 90 年代初，随着计划生育的推行和家庭意识的变化，独生子女增多，家庭平均人口逐渐下降，家庭构成呈现小型化趋势。1980年平均每个家庭的人口为 4.61 人，2016 年为 3.11 人，35 年间家庭平均人口减少了 1.5 人，下降幅度高达 32.32%，详细趋势见表 1。

表 1 我国家庭户人口规模（1949—2017）

年份	1949	1955	1960	1965	1970	1975	1980	1985	1990	1995	2000	2005	2009
户均人口数	5.35	4.74	4.5	4.55	4.74	5.05	4.61	4.34	3.97	3.7	3.6	3.13	3.15

年份	2010	2011	2012	2013	2014	2015	2016	2017
户均人口数	3.10	3.02	3.02	2.98	2.97	3.10	3.11	3.03

资料来源：1. 石宝琴：《论家庭变迁与人口的生育行为》，《人口学刊》2003 年第 2 期。

2. 2010—2017 年《中国统计年鉴》。

3. 由于 2019 年《中国统计年鉴》暂未出版，故表格未更新 2018 年数据。

（三）独生子女家庭的普及

从 1979 年我国政府提倡一对夫妇只生育一个孩子的政策，到 1990年，国家总人口从 9 亿 7500 多万增加到 11 亿 3300 多万，净增加人口达 1亿 5800 多万，而在这一时期中，我国已领证的独生子女人数也从 1979 年的 610 万猛增到 1988 年的 3415 万，足足是十年前的 5.6 倍。②

1980 年以来，由于计划生育政策的实施，家庭户规模的缩小，独生子女出现了持续攀升的势头，独生子女家庭正逐步成为中国社会的主流家庭形态。从经济条件比较好的地方看，那里的独生子女家庭状况更为普遍，根据江苏省人口计划委的统计数据，2002 年，该省独生子女领证率

---

① 中共中央办公厅、国务院办公厅：中共中央办公厅、国务院办公厅转发《全国计划生育工作会议纪要》（中办发〔1982〕37 号），载彭珮云主编《中国计划生育全书》，中国人口出版社 1997 年版，第 21 页。

② 风笑天：《独生子女——他们的家庭、教育和未来》，社会科学文献出版社 1992 年版，第 7 页。

达到 43.84%，城市中只生一个孩子的家庭超过 90%；[1] 另据上海市计划生育管理部门的统计数据，该市在 2002 年独生子女领证率达到 59%。[2]

就全国状况而言，目前我国对"独生子女"以及"独生子女户"规模的估计，没有一个公认的说法。王广州使用 1990 年人口普查数据对全国独生子女总量结构的未来发展趋势进行了推断，2008—2020 年 0—18 岁独生子女总量的增长态势会处在一个比较稳定的状态，大体上在 1.1—1.2。[3] 具体数据见表 2。

表2	全国18岁及以下独生子女总量的结构统计		单位：万人
年份	农业	非农业	合计
2008	6652.39	4428.78	11081.17
2009	6741.38	4469.63	11211.01
2010	6928.51	4533.79	11462.30
2011	7110.37	4623.64	11734.01
2012	6516.39	4292.70	10809.09
2013	6621.64	4392.69	11014.33
2014	6665.63	4487.09	11152.72
2015	6659.10	4566.65	11225.75
2016	6615.26	4626.55	11241.81
2017	6543.11	4670.40	11213.51
2018	6451.84	4704.99	11156.83
2019	6349.88	4735.99	11085.87
2020	6243.31	4769.81	11013.12

除独生子女数量的增加外，我国独生子女家庭占全部家庭的比重也有一个大体的提高。目前公认我国的家庭户规模为 3.15 人，而目前我国的人口总数为 13.3474 亿，[4] 那么目前的家庭总数为 4.2372 亿户，而学界估算的独生子女家庭已达到 1.1 亿至 1.2 亿户，也就是说全国已有 28%

---

①　根据江苏省人口和计划生育委员会 2002 年度统计资料整理而成。

②　根据上海市人口和计划生育委员会 2002 年度计划生育情况统计资料整理而成。

③　王广州：《中国独生子女总量结构及未来发展趋势估计》，《人口研究》2009 年第 1 期。

④　中华人民共和国国家统计局编：《中国统计年鉴 2010》，中国统计出版社 2011 年版。

的家庭是独生子女家庭，或者说约 3 个家庭中就有一个独生子女家庭。而且这只是全国平均数据，如果考虑老少边地区、民族地区、城乡差异等因素对这一数据的均衡作用，那么现实生活中，独生子女家庭的比率远远超过 30%，这说明，独生子女家庭已经成为一个庞大的家庭群体，特别是大力推行独生子女政策的地区，独生子女家庭已经成为主流家庭。

三　风险社会的来临：意外死亡的增多

（一）风险社会的来临

风险与人类是共存的，从某种意义上说，人类社会的发展史也是一部人类社会不断战胜各种风险的历史。在社会的发展历程中，人类先后经过了三个风险阶段，即自然风险、工业风险和风险社会，其中自然风险指的是在不发达的传统农业社会里，人类面临的地震、洪灾、干旱、瘟疫等风险；工业风险指的是人类进入工业社会，在不断创造大量物质财富时出现的意外情况，如交通事故、海难、矿难、失业等；风险社会指的是在全球化发展背景下，由于科学技术的高度发展和人类实践能力的增强，产生了很多不利于人类的障碍和风险，其中对人类存在形成了根本性威胁的风险占据主导地位的社会发展阶段就是风险社会。这里的风险指的是贝克所说的风险，即"完全逃离人类感知能力的放射性、空气、水和食物中的毒素和污染物，以及相伴随的短期的和长期的对植物、动物和人的影响，他们会引致系统的、常常是不可逆的伤害，而且这些伤害一般是不可见的"。[1]

德国著名社会学家乌苏里尔·贝克认为在经济全球化的背景下，我们已经进入风险社会，在这里，各种自然和人为的事故与灾难频繁发生，自然灾害、核事故、传染病、恐怖主义袭击等使人类越发觉得自己的头上高悬着一把把"达摩克利斯之剑"。风险社会具有不同于自然风险和工业风险的典型特征：首先，灾难性事件产生的结果多样性，如生态风险、生物基因风险、核风险、经济风险、社会风险和政治风险等，而且风险的严重程度往往超出了预警检测和事后处理的能力，因此风险社会经常产生无法弥补的破坏性后果，经济赔偿也往往无法实现；其次，风险具有高度不确定性和不可预测性，没有任何专家或专家系统可以将这种不确定性转化为确定性，并且提出相应的预测和解决方案，如 2011 年的日本福岛核事故，

---

① 　[德] 乌尔里希·贝克：《风险社会》，何博闻译，译林出版社 2004 年版，第 20 页。

它发生概率极小，但是损害极高；再次，风险后果的延展性，会超过民族国家的地域疆界。贝克认为，在风险社会里"危险成为超越国界的存在"，① 也就是说风险造成的灾难不再局限在发生地；最后，风险的无责任性主体性。现行的社会体制及对技术产生的后果难以预测，难以判断使风险制造者不必对技术产生的风险承担责任。

（二）意外死亡的增多

贝克认为，风险社会是现代社会发展的一个阶段，在这个发展阶段里，由于工业化过程中所出现的一些问题，导致全球性风险开始出现，使人类日益"生活在文明的火山口上"，② 或者说风险社会概念的提出标志着传统社会的终结，人类进入一个充满不确定的时代，其重要特征是充满不确定性因素，社会的、政治的、经济的和个人的风险日益趋向于脱离工业社会建立的风险预防和监督机制。就人口学而言，风险社会的到来意味着人们遭受意外伤害、意外损失和意外死亡的概率大大增加。其表现形式为：近年来一些领域和部分地区安全生产事故隐患较多，特别是重大、特大事故呈上升的趋势。其中，首当其冲的是交通运输、民爆器材加工存储、高危化工品贮运及公众聚集场所的事故多发，伤亡人数大幅上升；其次是采矿领域重特大事故、恶性事故时有发生，伤亡惨重；最后是县、乡地区，个体、私营企业安全生产事故居多。

从统计数据上看，笔者通过查找国家安全生产监督总局网站，20 世纪 90 年代后，国家安全生产事故数量和死亡数量都呈上升趋势，到 21 世纪初，即 2001 年事故总数超过 100 万起，死亡数量超过 13 万人；从 2011 年开始国家加强了安全监管监察，提升了应急救援能力，使得近十年来我国的安全生产事故数和死亡数呈下降趋势，2012 年已经分别达到 302300 起和 71983 人。详细数据见表 3。

表 3　　　　2001—2014 年全国安全生产事故数和死亡数统计

年份	2001	2002	2003	2004	2005	2006	2007	2008	2009	2010
事故总计（起）	1000629	1073434	963976	729823	727945	627158	506208	413752	—	363383
死亡人数（人）	130491	139393	136340	136755	126760	112822	101480	91172	83196	79552

年份	2011	2012	2013	2014	2015
事故总计（起）	330000	302300	201719	—	—

① ［德］乌尔里希·贝克：《风险社会》，何博闻译，译林出版社 2004 年版，第 7 页。
② ［德］乌尔里希·贝克：《风险社会》，何博闻译，译林出版社 2004 年版，第 13 页。

续表

年份	2011	2012	2013	2014	2015			
死亡人数（人）	75572	71983	69434	68061	66182			

资料来源：1. 根据国家安全生产监督总局网站，路径为：首页>安全分析>年度统计分析。

《十年来安全生产形势数据统计》，2016 年 12 月 22 日，http：//www. 360doc. com/content/16/1222/20/179598_ 616905645. shtml。

2. 因为 2017 年数据统计年鉴还没有出来，因此统计表没有更新到 2017 年。

虽然说，目前安全产生事故总数呈下降趋势，但是笔者不得不指出的是目前这一数据仍然是极为庞大的，将它分解到每一天，得到的结果将是十分惊人的。就拿统计量最小的 2010 年分析：从事故数量上看，当年我国共发生安全生产事故 363383 起，平均每天近 1000 起，每分钟就有 0.7 起事故发生；从死亡人数上看，当年我国共死亡 79552 人，平均每天近 218 人，分散各个单位时间后发现，每小时有近 10 人死亡。

诚然，上文中的列举显得过于抽象，而且其数据也因为没有纳入救治无效死亡的人而稍显保守。为此笔者还通过查找国家统计局的数据库发现历年火灾事故和交通事故的死亡数量，以期弥补这一不足。据国家统计局的数据显示自 2000 年以来，我国的交通意外事故造成的死亡呈现出高位运行状态，年均保持在 5 万人以上，这其中只是交通事故中直接致死的统计数据，还没有包括抢救无效后死亡人数的统计，如果加上后者统计数字将更为庞大，有研究人员仅就 2007 年的统计做过如下加工，根据他们的统计方法，2007 年我国交通事故多达 327209 起，死亡人数为 61632 人，受伤人数为 380442 人，由此可见，表 4 中的只是非常保守的数据，事实上的数据将更加庞大。

表 4 部分意外事故（火灾和交通）死亡人数年度统计

（地区：全国 单位：人）

	2000 年	2001 年	2002 年	2003 年	2004 年	2005 年	2006 年	2007 年	2008 年	2009 年
火灾事故	3021	2334	2393	2482	2558	2496	1517	1617	1521	1236
交通事故	71326	81674	84566	79861	81344	74626	67690	61632	54977	50566
	2010 年	2011 年	2012 年	2013 年	2014 年	2015 年	2016 年	2017 年		
火灾事故	1205	1108	1028	—	—	—	—	—		
交通事故	65225	62387	59997	58539	58523	58022	63093	63772		

注：1. 数据库中火灾事故为直接获取，且数据库火灾死亡人数数据只更新到 2012 年，而数据库中交通事故呈现的是分省数据，所以表中的数据为笔者根据分省数据整理而成。2. 因为数据库尚未更新到 2018 年数据，因此表中暂无 2018 年数据。

资料来源：中华人民共和国国家统计局国家统计数据库。

除了上述统计数据外，可以获得的统计数据还包括自杀、职业病等意外死亡。据中国心理协会资料显示，2000 年以来，我国每年有 28.7 万人自杀，年均自杀率为十万分之二十三，[①] 另据劳动和社会保障部统计，截至 2018 年年底，我国累计报告职业病 97.5 万例，[②] 而接触职业病危害因素的总人数超过 2 亿。[③]

类似的统计数据还有很多，然而这些数据的共同点都是官方统计口径公布的数据，笔者通过在百度上查找发现一段触目惊心的统计数据："不分类别统计，中国每年非正常死亡人数超过 320 万：单项统计：每年因自杀死亡者高达 28.7 万，中国每年约有 20 万人死于药物不良反应，每年医疗事故死亡 20 万人（估算），中国每年死于尘肺病约 5000 人（估算），每年约有 13 万人死于结核病，2005 年全国共报告甲、乙类传染病 3508114 例，死亡 13185 人，中国每年道路交通事故死亡约 10 万，全国每年因装修污染引起的死亡人数已达 11.1 万人，中国目前每年工伤事故死亡约 13 万多人，每年触电死亡约 8000 人，我国火灾年平均损失近 200 亿元，并有 2300 多民众伤亡，全国每年 1.6 万中小学生、3000 大学生非正常死亡，中国每年死刑执行近万宗，各类刑事案件死亡年均近 7 万人，广州每年产生约 1200 具无主尸体，中国每年因使用不当导致农药中毒的死亡人数达上万人，每年食物中毒死亡数万，1986 年因酒精中毒死亡 9830 人，我国每年过劳死人数达 60 万，每年因大气污染死亡 38.5 万！"[④] 在此，笔者的目的不在于考察该数据是否真实可靠，上述数据至少告诉我们一个事实，我国存在近 20 个意外死亡频发的领域，而且这些领域每年的人口死亡都在数万人至数十万人之间。这足以说明，在风险社会中，意外死亡呈现上升的势头。

四　失独者：多因素共同作用的后果

失独者是上述几个因素共同作用的结果。首先，家庭结构的变迁与核心家庭的普及。家庭结构的变迁使核心家庭成为最普遍的家庭形态，

① 何增科主编：《中国社会管理体制改革路线图》，国家行政学院出版社 2009 年版，第 4 页。
② 数据来源于健康中国行动推进委员会办公室于 2019 年 7 月 30 日召开的新闻发布会。
③ 何增科主编：《中国社会管理体制改革路线图》，国家行政学院出版社 2009 年版，第 3 页。
④ 资料来源：人民网"强国论坛"，http://bbs1.people.com.cn/postDetail.do? id = 108514068.

在日本和联邦德国等非计划生育国家，家庭结构都自然呈现出小型化的形态，我国也有史料表明在咸丰十一年（1862）核心家庭也是主要的家庭形态，由此可见，随着社会的变迁，核心家庭将是家庭结构的主要形态。其次，计划生育政策实施与独生子女家庭的普及。我国在《公开信》发表后，计划生育政策成为基本国策的 30 年里，我国的出生率持续下降，全国平均户规模持续缩小，并保持稍微大于"3"的水平，在家庭结构小型化和计划生育政策强有力的影响下，我国的独生子女家庭迅速普及，并且已经超过一亿户。最后，风险社会的来临与意外死亡的增多。在独生子女家庭成为主流家庭形态的同时，风险社会正在席卷全球，各种自然和人为的事故与灾难频繁发生，既包括人类可以感知到的灾害形式，也包括完全逃离人类感知能力的灾害，这些都在直接和间接地制造死亡，而如果这些死亡发生的独生子女家庭中，尤其是发生在独生子女家庭中的子女身上，那么父母就变成失独者，这就是我们常说的"孤老""绝后"人群。

自 2002 年开始，北京大学人口研究所教授穆光宗多次称："独生子女家庭本质上是风险家庭。"① 瞭望东方周刊专题文章《独生子女家庭的五种风险》中首先提到的是"孩子的成长风险"，主要是夭折、重病的风险。据统计，每 1000 个出生婴儿中约有 5.4% 的人在 25 岁之前死亡，12.1% 的人在 55 岁之前死亡。另据于学军博士对 2000 年第五次全国人口普查数据的开发，结论表明农村独生子女夭折率为 0.8%。② 或许有人会认为这一比例并不高，但是由于我国的人口基数大，自 1980 年中央公开信发表以来领取"独生子女证"的人数又很多，因此独生子女死亡数量仍然很大。中国人民大学翟振武教授根据 1990 年的全国生命表（两性合计），推算出该年 8000 万全国独生子女家庭中至少有 432 万家庭的孩子在 25 岁前夭折，有 968 万家庭的孩子在 55 岁前夭亡。随着独生子女家庭总数攀升到一亿以上，那么失独者的数量将继续攀升到 20%，25 岁前夭折的家庭将达到 500 多万，1000 多万家庭的孩子在 55 岁前夭亡。由此可见，在未来数十年中，失独者规模将持续扩大。

① 穆光宗：《独生子女家庭本质上是风险家庭》，《人口研究》2004 年第 1 期。
② 瞭望东方周刊：《中国独生子女家庭面临五大风险》，http://news.xinhuanet.com/life/2006-09/15/content_5094245.htm.

第二节 失独者的生存现状

一般来讲，老年人群是社会中相对脆弱的群体，表现为经济脆弱、生理脆弱、心理脆弱，因此在现实生活中，他们面临着许多困难，失独者作为老年人中的特殊群体，他们的困难除了与空巢老人、丁克家庭、五保老人等无子女家庭具有共同的特征外，还具有自己的独特性。

一 生产：工作缺乏积极性，提前退休现象普遍

目前我国关于退休的政策规定，不管是工人还是干部，男 60 岁，女 55 岁为法定退休年龄，提前退休也仅仅限于工作岗位的危害性，或者企业岗位不足、工作者的身体健康等客观原因，而失独者却普遍存在主动提前退休的现象。

统计数据表明，[①] 除了农民以外的就业状况比较模糊，无法准确统计外，城镇失独者中只有 7.3% 的人还在工作，近 70% 的失独者都主动离开工作岗位：要么离退休、要么提前退休、要么长期病休；究其原因来看，工作动力丧失是根本原因。本次调查中发现 73.3% 的失独者认为生活没有意义，74.1% 的父母对未来没有希望；从定性角度看，一位丧子母亲的经历或许具有一定的代表性："我原来是单位的会计，孩子走后，人变得迟钝，经常找错钱，后来只能提前退休。老公原来是单位的司机，司机这种职业，一分神，他就容易出事，后来单位就给调配个工作。调换工作后，他还是受不了，完全无法与人沟通，说句话就嘴巴哆嗦，手也哆嗦，完全就是控制不了自己，做不了事情。"[②]这样的例子还有很多，但是归根结底，都反映出失独者退出了生产活动的现实。

二 生活：经济状况恶化，生活出现困难

绝大部分空巢老人经济上能够自立，有研究发现九成以上（94.1%）的

① 本研究按照 PPS 抽样方法，在湖北省选取 8 市（武汉、宜昌、黄石、十堰、荆门、孝感、黄冈、咸宁），32 个乡镇街道，128 个村居进行调研，共回收有效问卷 307 份。未经特别说明，本书中所有的统计数据均为此次调查的数据。

② 资料来源：20101025SXR 访谈录音，另考虑到当事人隐私，本书中的人名以及注释中的人名均做学术化处理。

空巢老人有离退休金或工作收入，且有 78.6% 的老人反映，在支付了日常开支后，有较多结余或稍有结余。[1] 然而，失独家庭的状况截然不同。子女死亡后，很多失独家庭出现经济困难，生活难以维持，这一点在子女经过抢救治疗后病故的失独家庭身上表现得尤为明显。统计数据表明 49.3% 的失独家庭对子女进行了长短不一的治疗，为此，这些家庭中，多的背负了十几万元债务，少的也有几千上万元。宜昌市一位失独者告诉笔者："我儿子患了大肠癌，治疗几个月花去 8 万多，他们夫妻俩省吃俭用一年只能还八九千，还债三年，现在还剩五万多的债务。"[2]

在失独家庭中，原先身体状况较差的工薪家庭也极易出现生活困难。因为这些家庭本来就没有什么储蓄，随着独生子女死亡，父母的身体健康水平下降，医疗费用随即攀升。统计发现，有 56.5% 的失独者认为目前生活最大的困境是医疗。物价上涨也是失独者经济出现困境的因素之一。与支出增加相反，独生子女死亡后家庭的收入呈现减少的趋向。这主要是因为家庭失去了子女的收入来源，而且他们自己也已经退出工作岗位（前文已述），没有工资收入。这样家庭的收入来源就主要依靠政府救济。从收入数量上看，有 72.8% 的受访者月收入在 1500 元以下。综上所述，独生子女死亡后，失独者的支出增加，收入减少，从而出现支出大于收入的情况，进而出现生活困难。

表 5　　　　　　　　　　家庭收入来源状况分析

收入来源	频次	占回答者百分比（%）	占接受调查者百分比（%）
低保补助金	91	10.60	19.90
退休金	205	23.80	44.80
工资性收入	48	5.60	10.50
独生子女伤残或死亡补助金	312	36.30	68.10
亲友资助	11	1.30	2.40
社会团体资助	0	0	0
打临工	55	6.40	12.00
农业收入	107	12.40	23.40

---

[1]　赵芳、许芸：《城市空巢老人生活状况和社会支持体系分析》，《南京师大学报》（社会科学版）2003 年第 3 期。

[2]　资料来源：20101210MSY 访谈录音。

续表

收入来源	频次	占回答者百分比（%）	占接受调查者百分比（%）
其他	31	3.60	6.80
合　计	860	100.00	187.80

三　健康：体质下降，精神抑郁比较普遍

　　独生子女是父母的感情寄托和家庭的希望，独生子女的死亡在瞬间剥夺了父母的感情寄托，毁灭了家庭的期望，也赔上了父母的未来，导致独生子女父母出现精神抑郁状况；病由心生，巨大的精神压力让他们变得消极、颓废、自责，普遍出现了饮食不规律、失眠等作息问题，导致体质的下降，身体健康出现问题。与此相比，空巢老人一般只出现精神健康问题，且这种问题主要来自与子女的交流频次，不会引起身体健康状况下降这一系列连锁反应。

　　生活没有规律是失独者面临的最大问题，调研已经进行一年多，迄今为止，几乎没有发现能将生活规律恢复到丧子前状态的受访者。荆门市一位丧子母亲说"孩子去世后，我们也没有那个心情做饭，每天我们都感觉不到饿，随便糊弄点吃了就算了"。① 这种长期的不规律生活，导致了失独者健康状况的下降，统计结果表明，66.4%的受访者都存在或大或小的病患，此外，湖北省委政策研究室也发现失独者"身体垮掉的多"——除了患有一般老年人常见的高血压、心脏病等疾病外，癌症的患病率也较普通人高得多。②

表6　　　　　　　　　　被调查者的精神状态　　　　　　　　单位：%

情况描述	从无或偶尔有	很少有	经常有	总是如此
我无故感到疲劳	10.4	28.3	55	6.3
我的头脑像往常一样清楚	10.0	42.5	42.2	5.3
我做事像平时一样不感到困难	17.3	53.5	25.5	3.6
我坐卧不安，难以保持平静	13.0	42.4	39.6	5.0
我对未来感到有希望	25.0	49.1	23.0	3.0

---

① 资料来源：20101218WYR访谈录音。

② 中共湖北省委政策研究室：《"真空"老人需要真情关爱——一封群众来信引起的调查》，2009年8月12日。

续表

情况描述	从无或偶尔有	很少有	经常有	总是如此
我的生活很有意义	24.2	49.1	22.4	4.3

就精神健康的表现而言，有些家庭，子女去世几年了，仍然把孩子的骨灰盒放在家里，天天和孩子说话。还有些失独者天天到孩子的墓地去陪孩子，怕孩子一个人孤单。这一现象还可以通过统计数据加以证实。根据仲氏抑郁症量表对接受访问的家庭进行心理测量发现：无抑郁状况的受访者仅占12.7%，轻度抑郁受访者占49.5%，中度抑郁受访者占34.9%，重度抑郁受访者占2.9%（需要说明的是本统计数据中还有11.7%的个体拒绝填答），换句话说，失独者中有近90%的人存在精神抑郁症状。

表7　　　　　　　　父母的自我认同性分析

序号	情况描述	符合（%）	不符合（%）
1	邻居和朋友关心我的生活现状时，我认为他们是在嘲笑我	20.0	80.0
2	亲戚朋友不问候我时，我觉得他们不关心我	28.3	71.7
3	生活没有活力，意志消沉	53.8	46.2
4	总是认为自己和别人截然不同	57.7	42.3
5	经常一个人沉思默想	62.1	37.9

四　人际交往：敏感自卑，不愿意进行人际交流

失去孩子，对于失独者来说，无异于失去整个世界。失独者变得敏感、多疑、自卑，变得不愿意和以前认识的人打招呼，或者搬家，或者不愿意出门，或者低着头进出家门。总之，他们的人际交往出了问题；而空巢老人没有这种心理状况的变化过程，他们能够正常地进行人际交往，所以说人际交往困境是失独者的独特表现。

在访谈中发现，很多失独者非常敏感，只要稍微涉及子女的话题，他们就联想到自己的处境，如看到其他孩子考上大学、过生日、结婚生子等喜事，他们就顾影自怜，陷入无尽的痛苦之中，甚至朋友、邻居一句礼貌性的问候"最近还好吧"，都会再次揭开他们的伤疤；另外，失独者普遍感觉到自卑，丧失自信，有些失独者甚至听信迷信，认为自己"命中无子"，属于"苦命人"。还有些丧子母亲表示"孩子走后，我总像感觉做了错事一样，走路都静悄悄的，说话也不敢大声"。

下面是武汉市温馨港湾某被调查者的一段访谈记录：

> ……到现在我这里还有几个家庭都不跟社会上联系，跟社会还是脱节的，他不跟他们（政府）说，也不领这个 100 块钱，150 块钱一个月，一年 1800，他也不要。我们这里有个人，他在北京，是搞房地产的，他在那年薪也是蛮多钱的，当时他的孩子出车祸以后，他马上从北京回来以后，他那里工资什么，年薪什么的，他全部都不要了，就这样，拿着一个身份证以后，然后就回来了，到现在他根本就，与同事，连电话，与同事就，全部都，都，全部都……（不联系了）你看我搬家以后，我就把我的座机手机全部都换了，我当时，我根本就不联系了，我的同学、同事，都不联系了，因为我不想让他们知道。

在这种敏感和自卑心态的影响下，失独者害怕与人交流时扯上涉及子女的话题，害怕自己被定义为孤老，害怕被人发现自己没有后代，害怕别人异样的眼光，在这种思维的指引下，他们选择主动封闭自己，进而导致人际交往出现问题。调查中发现，失独家庭中有 63.3% 的人表示"不愿意出门"，有 50.2% 的人表示"不愿意与以前认识的人打招呼"，还有 30% 的人因为不希望见到熟人而选择搬家。

表8　　　　　　　　　被调查者的社会交往状况

交往对象	非常多	比较多	比较少	很少	没有接触	不适用	总计
父母	47 10.5%	55 12.3%	18 4.0%	27 6.0%	17 3.8%	284 63.4%	448 100%
兄弟姐妹	49 10.8%	144 31.2%	81 17.9%	101 22.3%	27 6.0%	51 11.3%	453 100%
其他亲戚	18 4.0%	78 17.5%	93 20.9%	156 33.8%	79 17.8%	21 4.7%	445 100%
朋友	15 3.3%	86 19.2%	82 18.3%	141 31.4%	69 15.4%	56 12.5%	449 100%
同事	14 3.1%	66 14.6%	67 14.9%	110 24.4%	76 16.5%	118 26.2%	451 100%
邻居	33 7.3%	178 39.4%	83 18.4%	110 24.3%	44 9.7%	4 0.9%	452 100%
其他伤残死亡家庭	18 4.0%	59 13.1%	19 4.2%	71 15.8%	241 53.6%	42 9.3%	450 100%
志愿者	5 1.1%	12 2.7%	11 2.5%	40 9.0%	248 55.6%	130 29.1%	446 100%

续表

交往对象	非常多	比较多	比较少	很少	没有接触	不适用	总计
居委会	23 5.1%	91 20.2%	65 14.4%	196 43.5%	64 14.2%	12 2.7%	451 100%

五　组织问题：自发成立组织，但尚未合法化

在失独者中的精英组织下，目前全省出现了数个失独家庭组织，并由此引出了组织合法化问题，相比之下，空巢老人等其他特殊群体没有出现精英分子，也就不存在成立组织，以及随后的组织合法化问题。

在失独者精英的组织下，目前全省出现了数个失独家庭组织，他们都拥有健全的组织体系。如温馨港湾的领导干部就设有会长、副会长、秘书长、办公室主任，直属部门也设有会员部、宣传部、公益活动部、后勤部、媒体联络部和公关部，而且各部门都以书面形式规定了岗位职责;[1] 并且这些组织都定期开展群体活动，用失独者自己的话形容他们成立这些组织的目的是"跨越苦难，自助助人"，从这个角度讲，这些失独组织对失独者的生活起到了不小的帮助作用。

表9 　　　　　调查对象认为组织存在的意义情况　　　　单位:%

主要意义	频次	占回答者%	占接受调查者%
没有存在的价值，没必要存在	5	0.90	1.90
同样的家庭互相慰藉，得到精神上的理解和支持	158	28.30	58.70
可以找到更多的朋友	92	16.50	34.20
争取集中养老	68	12.20	25.30
参加公益活动	27	4.80	10.00
外出旅游	12	2.10	4.50
可以通过团体的力量解决生活中的困难	34	6.10	12.60
可以得到更多的信息，如政策等	39	7.00	14.50
可以充实自己的业余生活	52	9.30	19.30
其他	9	1.60	3.30
不知道	63	11.30	23.40
合计	559	100.00	207.80

---

①　参见《武汉 WXGW 关爱服务中心部门分工职责图》。

　　然而按照《社会团体登记管理条例》规定成立一个正式的社会团体需要找一个挂靠单位，但是他们至今尚未找到，因此从法律上讲，这些组织仍然属于民间自发组织——既没有在民政部门登记注册，也没有得到政府提供的活动场所和活动经费。所以说目前失独者组织遭遇了"合法性尴尬"——"具备了行动合法性，却没有具备组织合法性"。

第三节　失独者的特征

　　未成年人死亡尤其是未成年独生子女死亡是最痛苦的经历：首先，独生子女死亡的"非自然性"。一般而言，死亡往往是年老后自然发生的事情，发生在生命早期则往往被认为是"非自然"（Unnatural）和"非公平"（Unfair）的事件。其次，未成年人死亡的"年轻性"。这是因为未成年人死亡与家庭预期的发展过程相反，这一过程将独生子女父母推入边缘的社会角色。最后，独生子女的"唯一性"。独生子女是家庭三角中子代一角的唯一代表，他是家庭的希望和未来的载体，他/她的死亡不同于多子女家庭中未成年人的死亡。综上所述，独生子女死亡是一种特殊的死亡类型，失独者也因此成了一种特殊的弱势群体，既不同于常说的孤寡老人，也不同于空巢老人。

一　失独者是一个巨大压力载体：源于子女夭亡时间及其外部影响

　　这种压力来源主要来源于两个方面：独生子女的夭亡时间和外部舆论环境。独生子女夭亡性质是指独生子女非正常死亡，并且这种死亡带来家庭内部压力。Ponzetti 和 Johnson（1991）通过研究指出如果实际死亡时间比预期早或短，或死亡过程不同于预期过程，皆会发生问题。① 外部舆论环境指的是社会上对死亡者本人或者死亡原因的负面或恶性评价，从而给父母带来压力。

　　（一）独生子女死亡本身所带来的压力

　　未成年死亡对于父母而言，确实是具有压力性的事件，一方面是因为他们死亡时间的"非预期性"；另一方面是他们死亡影响的"剧烈性"。

　　1. 死亡的时间。独生子女死亡比预期的死亡时间大大提前，因此这

---

① Ponzetti, J. J., M. A. Johnson, "The Forgetten Greievers: Grandparents' Reactions to the Death of Grandchildren", *Death Studies*, Vol. 15, No. 2, 1991, pp. 157-167.

种死亡往往会成为家庭的压力来源。这种压力来源的时间因素可以分为独生子女死亡时间和父母等家庭成员对这一时间的感知。就前者而言，Ponzetti 和 Johnson（1991）指出如果实际死亡时间比预期的时间早或短，或者死亡过程不同于预期都会发生问题：老年人死亡一般会被认为是合时宜的死亡，早期失去父母，年轻配偶去世，子女、孙子女的英年早逝都被认为是悲剧。[①] 这种悲剧将会成为失独家庭的压力来源；就家庭成员而言，"白发人送黑发人"无形中给父母带来巨大的心理压力。因为按照自然规律，父母是应该先于子女去世的，而子女先于父母去世则是明显违背自然规律的事情，这就使得父母处于特别窘迫的情境，他们会质疑为什么自己还活着，而子女却已经死去；[②] 此外，他们还会寻求子女夭亡的解释，而对这种事情解释往往是苍白无力的，所以子女的夭亡会给家庭内部带来压力；[③] 最后，他们担心子女的夭亡会给父母（即死亡之独生子女的祖父母和外祖父母）的心情造成极大的打击，并间接引起疾病的发生，体质的衰退，所以独生子女父母处于一种双重压力处境中。类似压力在独生子女的祖父母和外祖父母的身上表现得尤其明显，有研究指出，（外）祖父母对（外）孙子（女）的哀伤有三重内涵：对（外）孙子（女）夭亡的哀伤、对子女（即孙子女的父母）哀伤、对自己的哀伤，[④⑤⑥] 这三种哀伤构成了（外）祖父母的压力来源。从时间角度看，独生子女死亡给父母和（外）祖父母带来了复合压力。

2. 死亡的影响。独生子女死亡外部影响的两个主要因素是死亡时间的"突然性"和死亡方式的"非预期性"。一方面，独生子女死亡时间的"突然性"增加了死亡对家庭影响的程度，有研究指出面对突然或非预期死亡的哀伤反应是比较强烈的，[⑦] 生存者会经历正常生活的粉碎，一连串

① Ponzetti, J. J. , M. A. Johnson, "The Forgetten Greievers: Grandparents' Reactions to the Death of Grandchildren", *Death Studies*, Vol. 15, No. 2, 1991, pp. 157-167.

② Gerner, M. , *Grandparental grief*, Unpublished Manuscript, 1987.

③ Mckenry, P. C. and S. J. Price, *Families and Change: Coping with Stressful Event and Transitions*, 五南出版股份有限公司 2008 年版，第 128 页。

④ Gyulay, J. , "The Forgotten Grievers", *American Journal of Nursing*, Vol. 75, No. 6, 1975, pp. 1476-1479.

⑤ Hamilton, J. , "Grandparents as Grievers", in O. J. Sahler, ed. *The Child and Death*, St. Louis: Mosby, 1978, pp. 219-225.

⑥ Rando, T. , ed. , *Parental Loss of a Child. Champaign*, IL: Research Press, 1986.

⑦ Bowlby, J. , *Attachment and Loss: Sadness and Depression*, New York: Basic Books, 1980.

并存的压力源以及次级失落。[①] 在这里影响家庭压力的死亡本质主要有独生子女死亡的"突然性",也可以称之为"非预期性"。老人应该先于年轻人去世,从这一点看,独生子女死亡绝对属于非预期死亡,甚至父母和祖父母在得到独生子女死亡消息时往往表现出"难以置信"。[②] 对于这种情绪体验,西方学者总结出了父母针对子女死亡经历的三个阶段,即回避阶段、直面阶段、重构阶段。在第一阶段,父母和(外)祖父母会出现震惊、惊慌、否认、麻木等压力表现方式,第二阶段父母在已经接受了独生子女死亡的情况下,会出现思恋死者,寻找死亡遗物并出现失眠等压力表现方式,而到第三阶段,压力下降并逐步内化;[③] 另一方面,独生子女的死亡方式的"突然性"考验了家庭资源的承受能力,甚至摧毁了家庭资源系统。有研究者指出,由于疾病而死亡的家庭会特别有压力,[④] 因为面对致命的疾病,家庭会努力救治,因而会经历一系列的压力源,如照顾时间增加、经济负担加重、情绪透支、工作和家庭生活受到干扰、社会孤立感、丧失个人时间等。[⑤]

独生子女死亡的"突然性"和"非预期性",使得独生子女的死亡完全不同于其他人群的死亡,尤其是老年人的死亡,这就是独生子女死亡的本质,具体而言,"突然性"导致父母情感的极大震荡,并导致他们自我认知、他人认知和环境认知的改变,在这种认知改变的过程中,后两者的认知又会加强他们自我认知的重组,进而导致自我认知的固化和负面化,这就是失独者的本质特征之一;此外,"非预期性"导致父母资源结构的急剧调适。家庭系统理论认为家庭各个子系统之间是相互关联的,家庭成员之间互动的结果不仅影响该次系统,而且也可能影响到未介入互动的次

---

① Doka, K. J., "Commentary", in Kenneth J. Ed Doka, ed. *Living with Grief after Sudden Loss: Suicide, Homicide, Accident, Heart Attack, Stroke. Bristol*, PA: Taylor and Francis, 1996, pp. 11-15.

② Hamilton, J., "Grandparents as Grievers", in O. J. Sahler, ed. *The Child and Death.* St. Louis: Mosby, 1978, pp. 219-225.

③ Rando, T., *Grieving: How to Go on Living When Someone You Love Dies*, Lexington, MA: Lexington Books, 1988.

④ Mckenry, P. C. and S. J Price, *Families and Change: Coping with Stressful Event and Transitions*, 五南出版股份有限公司 2008 年版, 第 129 页。

⑤ McCubbin, M. A. and H. I. McCubbin, "Theoretical Orientation to Family Stress and Coping", in C. R. Figley, ed. *Treating Stress in Families*, New York: Brunner/Mazel, 1989, pp. 3-43.

系统，由此可见，独生子女的死亡会影响家庭全部的次系统，包括未被波及的次系统，如亲子系统［夭亡独生子的（外）祖父母和父母］和兄弟姐妹次系统，等等，进而导致家庭系统的混乱，最终改变家庭的系统结构，由此可见，独生子女死亡改变了家庭的本质，使得家庭的本质呈现出新的面貌。

（二）外部环境所带来的压力：处罚或天谴

独生子女死亡的外部影响指的是社会上对死亡者本人或者死亡原因的负面或恶性评价。西方研究者称之为"死亡污名化"，[1] 而且他们通过研究发现，很多哀伤的人都相信自己的哀伤已经被污名化了[2][3]——社会往往认为该家庭成员的非正常死亡是因为个人不道德的行为而遭受的处罚或天谴，[4] 在这种情况下，家庭成员首先要做的不是哀伤，而是该如何对死亡原因进行变更或者采取保密方式加以掩盖，而这些做法都将给家庭带来巨大的压力，一旦变更被识破，保密以失败告终，家庭将面临更多的责备，家庭成员感受到的压力会进一步加大。

在众多的死亡原因中，艾滋病、自杀、刑事案件等对家庭而言是最具压力的死亡类型，遭遇这种死亡的家庭往往不会被家族所认同，反而会遭遇到责备、孤立，使得获得社会支持减少，甚至仪式主持、遗体安葬等方面都遭遇一定的限制，其中因艾滋病死亡对家庭而言是最痛苦的经历。如有研究者指出因为艾滋病而去世的人是不能进家族的祖坟山的，因为在许多社会里，艾滋病被认为是与人们的不道德行为相联系的，所以家族会认为这种"不干净"的死亡会把家族祖坟的风水给搞坏了，是对祖先的侮辱，因而不允许进祖坟山。[5] 这对讲究"落叶归根"的中国人而言，是最为严厉的惩罚，经历这种事情的家长轻则会被认为是"教子无方"，重则会被认为是"因果报应""遭遇天谴"，无论哪种观点占据上风，失独者都背负巨大的社会舆论压力。

① Mckenry, P. C. and S. J Price, *Families and Change: Coping with Stressful Event and Transitions*, 五南出版股份有限公司 2008 年版，第 130 页。

② Froman, P. K., *After You Say Goodbye: When Someone You Love Dies of AIDS*, San Francisco: Chronic Books, 1992.

③ Schiff, H., *The Bereaved Parent*, New York: Crown, 1977.

④ Shapiro, E. R., *Grief as a Family Process: A Development Approach to Clinical Practice*, New York: Guiford, 1994.

⑤ 徐晓军：《断裂、重构与新生——鄂东艾滋病人的村庄社会关系研究》，中国社会科学出版社 2010 年版，第 71 页。

综上所述，失独者是一个压力载体，一方面是因为独生子女死亡本身带来的压力，这种压力包括两个内容，第一，独生子女死亡的时间颠倒了常规的死亡次序——子女先于父母而亡给尚存活的父母带来巨大压力，因此很多父母质疑"为什么自己还活着，而子女却已经死去"；第二，独生子女死亡的突然性和非预期性，这时失独者会出现正常生活的粉碎。另一方面是因为社会环境对死亡本人或者死亡原因产生的负面评价，进而导致"死亡污名化"，① 从而给失独者带来巨大的社会压力。

二 失独者产生巨大相对剥夺感：基于横向和纵向的比较

死者在家庭中的功能与地位越高，其家庭感受到的相对剥夺感越大。Brown（1989）② 和 Shapiro（1994）通过研究指出，死者的功能角色以及家庭对个人的情绪依赖会影响调适。③ "相对剥夺"（relative deprivation）最早是由美国社会学家斯托弗（S. A. Stouffer）首先提出来的，后来社会学家 R. K. 默顿（R. K. Merton）运用"参照群体"具体阐释这一概念。进而由斯托弗（S. A. Stouffer）在 1945 年出版的《美国士兵》一书中通过对比空军官兵和宪兵官兵的晋升现状后提出"相对剥夺感"这一概念，他认为："相对剥夺感是当人们将自己的处境与某种标准或某种参照物相比较后发现自己处于劣势时所产生的受剥夺感，这种感觉会产生消极情绪，可以表现为愤怒、怨恨或不满。"④ 默顿（Merton）从参照群体的角度对概念进行了深化，他认为相对剥夺感中的比较不是当事人与某一绝对的或永恒的标准相比，而是与某一变量相比——这个变量可以是其他人、其他群体，也可以是自己的过去。由此可见，这种比较是相对的，因此剥夺也是相对的，所以这种剥夺感简称为相对剥夺感。

就失独者而言，他们也同样存在两个参照群体：一是其他同龄的非失

① 在中国社会文化环境中，由于缺失对公民的死亡教育，使得人们囿于传统，不仅忌讳死亡，而且将死亡污名化。参见陆杰华《健康中国背景下老龄健康及其公共政策应对》，《河北学刊》2018 年第 3 期。

② Brown, F. H., "The Impact of Death and Serious Illness on the Family Life Cycle", in B. Carter and M. McGoldrick, eds. *The Changing Family Life Cycle*（2nd ed）, Needham Heights, MA：Allyn and Bacon, 1989.

③ Shapiro, E. R., *Grief as a Family Process：A Development Approach to Clinical Practice*, New York：Guiford, 1994.

④ Gurr, Ted., *Why Men Rebel*, Princeton, NJ.：Princeton University Press, 1970, pp. 22-29.

独者，二是自己的过去生活经验。由此可见，相对剥夺感是相对的，人们即使对其处境感到怨恨或不满，也未必是绝对意义上的被剥夺，而仅仅是与某些标准相比，从而感到被剥夺了——这就是"相对剥夺感"概念的基本思想。简单地说，所谓相对剥夺感是指社会中的个体将自己的地位与境遇和其他处境相同的类别和地位的人做对比后，在心理上产生的一种落寞的情绪感受。根据参照群体的不同，相对剥夺感理论有很多不同的理论表达形式，如朗西曼（1966）的 ABX 相对剥夺理论，[1] 格尔（1970）的下降型相对剥夺、上涨型相对剥夺和发展障碍型相对剥夺，[2] 赫希曼（1981）的相对剥夺隧道理论，[3] 以及将自己与自己过去的情况相比的剥夺理论。在相对剥夺感理论众多的理论形式中，朗西曼的 ABX 相对剥夺理论，和将自己与自己过去状况比较（即参照对象是自己过去的情况）的相对剥夺理论，正好与独生子女死亡父母的横向比较和纵向比较相吻合。

具体而言，朗西曼（1966）的"ABX 相对剥夺理论"指：A、B 分别代表两个不同的人，X 代表财富或其他资源。假如 A 拥有 X，B 不拥有 X，那么当符合下列三个条件时，即（1）B 发现 A 现在拥有 X；（2）B 现在想要 X；（3）B 认为自己应该拥有 X，这时，B 就会产生相对剥夺感。否则，如果 B 不知道 A 现在拥有 X，或 B 现在不想要 X，或 B 不认为自己应该拥有 X，那么 B 都不会产生相对剥夺感。就失独者而言，A 就是和失独者年龄相当的其他非失独者，B 就是失独者，X 就相当于独生子女，并且他们完全符合相对剥夺感的三个条件：（1）由于生活在一个城市甚至同一个社区，失独者知道其他同龄人的孩子非常健康，而且有的已经参加工作，甚至结婚生子；（2）失独者现在膝下无子，非常渴望孩子能够回到自己身边，考虑到"孩子不可能再回来了，我们再也不可能再生一个孩子，想领养一个孤儿"[4]，可见失独者还是非常想要一个孩子的；（3）几乎所有的失独者都认为，如果不是计划生育，自己肯定会不只生

---

[1]　W. Runciman, *Relative Deprivation and Social Justice*, Berkeley：University of California Press，1966.

[2]　Gurr, Ted., *Why Men Rebel*, Princeton, NJ.：Princeton University Press，1970，pp. 22－29.

[3]　Albert. S. and O. Hirschman, *Essays in Trespassing：Economics to Politics and Beyond*, California：Cambridge University of California Press，1981.

[4]　资料来源：20101125SXR 访谈录音（注：在本次调查中，访谈录音的编码方式为：20101210 代表时间，MSY 代表受访者姓名的首字母——特此说明）。

育一个子女，因为政府的计划生育政策才没有继续生育，受访者 MSY 曾说"在我们村里和我差多不大的人，最少都生了两个，但是由于当时我是队长，镇长就让我带头执行计划生育……到现在老婆还怨我，都怪我去当什么队长"①，从这一话语中可以发现，失独者如果不是因为计划生育政策，都会生育两个以上子女的，所以他们认为他们本应该有其他子女存在。由此可见，这种横向比较使得失独者产生极强的相对剥夺感。

除此之外，失独者还有一种"参照对象是自己过去情况"的相对剥夺感，失独者和从未结婚生子的孤寡老人不同，后者的生命中没有子女存在，因而没有一个拥有子女的阶段作为参照对象，因此他们不存在这种类型的相对剥夺感；然而对失独者而言，拥有子女的经历是他们生命中永远珍藏的美好回忆，这种记忆除了作为心灵深处的财富外，也构成了失独者进行对照的标准（见下面的材料）。在这些材料的对比之下，当事人产生相对剥夺感。

×××的儿子生前曾是南航的飞行员，儿子遭遇车祸去世时，她随身带着儿子的照片，遇到人就拿出照片和其他人讲述他生前的点点滴滴……讲述他们的学习，他的相貌，他的恋爱，他的参军，他的工作，等等。在过去情况的对比下，丧失独生子女往往会陷入极大的痛苦中，产生极大的相对剥夺感。如武昌区梨园路就有一户独生子女死亡父母因为陷入对子女的思恋，在子女死亡后的一年内便因病去世。（资料来源：访谈 LCQ20101128。以下只标注缩写及日期）

我儿子的面做得特别好，他过去的愿望就是开一家拉面店，我现在就退休了，正着手完成儿子的遗愿，开一家拉面店。(HXX20101128)

还有一种情况也会产生相对剥夺感，"在这种情况中，某一群体本身的处境已有所改善，但改善的程度低于其他参照群体的改善程度，这时候相对剥夺感也会产生。从后果上看，相对剥夺感会影响个人或群体的态度和行为，进而造成多种后果，其中包括压抑、自卑，引起集体的暴力行动，甚至革命"。② "相对剥夺感"一旦产生，往往决定着当事人以后的行

---

① 资料来源：20101210MSY 访谈录音。

② ［美］罗伯特·K. 默顿：《社会理论和社会结构》，刘少杰等译，译林出版社 2006 年版，第 390 页。

动，如果这种负面心理感觉无法得到有效的消除，反而被逐渐积累、增加，那么这种相对剥夺感很容易外化为违法行为，极端情况下，甚至会发展为群体性事件。

三　失独者的家庭伦理受到质疑和挑战：源于血脉继嗣的中断

Shapiro（1994）指出死亡污名化是存在的，持这些观点的人认为死亡是因为个人扰乱或不道德的行为。① 死亡污名化带来两个方面的伦理压力：血脉继嗣的中断和死亡的污名化。其中血脉继嗣直接涉及宗族的延续。"昏礼者，将合二姓之好，上以事宗庙，而下以继后世。"② 可见，在我国的传统观念中，祖先祭祀和家族延续是紧密联系的。瞿同祖认为，前者的重要性似乎更加重于后者，因为我可以说为了使祖先能永享血食，故必使家族永远延续不辍，由此可见，祖先崇拜是第一目的。这样的话，在日常生活实践中，长大成人、结婚生子，就是子孙对祖先的神圣义务，并且已经上升为一种伦理宗教。从反向思考，就可以发现独生或无子嗣就会被认为是一种愧对祖先的行为。③

宗族是由一个共同祖先延承下来的父系群体，家庭是构成宗族的最小单位。一个宗族要生存发展，就需要人丁兴旺，其构成的最小单位家庭也需要儿孙满堂——这就产生了血脉继嗣。丹尼尔·克雷格认为，继嗣就是把人们的身体和精神的某个方面在后代中保存下来，④ 同时继嗣也是存在权益关系的制度，通过继嗣，继承人就承担了不同的责任、权利和特权，如一个人的姓名、家庭、住所、等级、财产、民族地位和国民地位。

就继嗣规则而言，传统意义上使用的父系继嗣规则，即只通过男性在追溯那条上溯和下溯的系谱线，而且从一辈传到另一辈时，只有男性才与继嗣有关，而女性以及女性的孩子责任继嗣计算中被排除了，如果一个家庭没有男性子嗣时，就会求助于继嗣群——一种比家庭大得多的社会文化群体，⑤ 它是根据某种特定的继嗣规则，强调了与一部分亲属的联系，而不考虑跟其他一部分亲属的联系，因此继嗣实际上是对血亲范围的"有

---

① Shapiro, E. R., *Grief as a Family Process: A Development Approach to Clinical Practice*, New York: Guiford, 1994.

② 《礼记正义》卷61，《十三经注疏》（下），中华书局1980年影印本，第1680页。

③ 瞿同祖：《中国法律与中国社会》，中国政法大学出版社1998年版，第8页。

④ ［美］丹尼尔·克雷格：《通过亲属关系的不朽：物质和象征地的垂直传播》，转引自［美］马文·哈里斯《文化人类学》，李培茱等译，东方出版社1988年版。

⑤ 朱炳祥：《社会人类学》，武汉大学出版社2004年版，第98页。

限的选择"，简单地说，继嗣群是"以是否是一个现实的或虚构的特定祖先的直系后裔作为成员资格的标准，从继嗣群中过继其他家庭的男性充当该家庭的子嗣，完成继嗣任务"①。

到了近代，尤其是新中国成立后，"为了构建更大范围的阶级认同和强烈的民族主义，族群认同和身份认同遭到了国家政权的排斥和打击"，② 宗族组织逐渐招致瓦解，有研究者指出，"它对乡村社会的整合功能也随之弱化，村民对家族的依赖性也越来越小"。③ 在宗族观念极其深刻的农村尚且如此，遑论城市居民。在宗族组织和文化形态的普遍衰退的背景下，现代意义上的继嗣几乎都在本家庭内部完成，这或许能部分解释为什么新中国成立初期仍然有相当一部分人千方百计也要生一个男孩的原因。

然而随着计划生育政策的实施，"无论男女，只许一个"的独生子女政策使得很多家庭没有男性子嗣，面对这一现象，社会也衍生出了一种调节性的措施，即在父系社会中由女性完成继嗣任务，通过女性子嗣和其他男子联合繁衍后代。然而，纵然是这种"退守"策略也遭遇到前所未有的危机，独生子女死亡后，家庭面临血脉继嗣的中断，在传统文化中这就是不孝的行为。事情并非仅仅停留在"孝道"的探讨之上，同时"孝"还有更深层次的内涵，即家庭伦理。在我国的传统社会中，人际关系有君臣、父子、夫妇、兄弟、朋友等"五伦"，其中家庭伦理包括其中父子、夫妇、兄弟等"三伦"，在这"三伦"中又以"父子"为重，这是由于中国传统的家庭结构以"纵向"为主，强调祭天敬祖、爱敬父母、悦亲顺亲、生儿育女、光宗耀祖，强调的是宗族、血脉的延续，而子女尤其是独生子女就被认为是连接过去、现在和未来的关键一环，所以家庭伦理尤其看重父子关系，而"孝"正是"父子"关系中的最基本的原则，因此理所当然成了家庭伦理的核心准则。

相反，"不孝"意味着父子关系的断裂，宗族、血脉延续的中断，这也是家庭理论中极力回避的事情。《孟子·离娄上》中"不孝有三，无后为大"指的就是这个意思。然而在计划生育时代，独生子女死亡确实发生了——丧失独生子女意味着断子绝孙，血脉继嗣的中断；对独生子女父

---

① ［美］W. A. 哈维兰：《当代人类学》，王铭铭等译，上海人民出版社 1987 年版，第389 页。

② ［美］李侃如：《治理中国从革命到改革》，中国社会科学出版社 2010 年版，第 69 页。

③ 邱国良：《宗族认同、政治信任与公共参与——宗族政治视阈下的农民政治信任》，《国家行政学院学报》2011 年第 3 期。

母而言，他们自己常说绝了"老×家"的香火，无颜面对列祖列宗，无法"下去"向祖先汇报，这意味着他们是最不孝的人；对家族伦理而言，意味着后继无人，家族源断流竭，一蹶不振；对祖先而言，他们会遗恨九泉。在这里，家庭伦理中的核心准则"孝"被明显地违背了。除此之外，家庭伦理强调父慈子孝、尊老爱幼，[1] 而失独家庭中"子"和"幼"的角色同时丧失，家庭伦理成了空洞的词汇。

第四节　失独者群体的结构

"计划生育"是一种针对家庭的政策，它的实施必定会产生一定的后果，给计划生育父母带来影响，其中有些影响是必须通过家庭整体加以解释的，有些必须通过人口学的特征加以解释。因此本节将既对丧失独生子女的家庭结构（包括家庭规模和家庭生命周期）进行分析，也对失独者的人口学特征加以分析。

一　失独家庭的家庭规模

家族规模主要是指家庭中所含人口数的多少以及人口构成。家庭类型、家庭户人口数和家庭户内代数分布是衡量家庭人口规模的三个重要指标。这三个指标相互衔接，构成了家庭人口规模的人口学评价体系。家庭类型主要有核心家庭、主干家庭、联合家庭和其他家庭，他们都有相应的代际关系：核心家庭属于两代人的小家庭，主干家庭属于三代人的中型家庭，联合家庭属于两代或三代以上的大家庭。一般而言，家庭代数规模、家庭类型的复杂程度与家庭户人口数量成正比的关系，即家庭户人口越多，家庭类型越复杂，家庭代数规模越大，越有可能成为大家庭。我们仅以 2010 年华中师范大学联合湖北省人口和计划生育委员会进行的课题《湖北省失独家庭扶助机制研究》[2] 中的调研数据探讨湖北失独家庭的

---

① 杨菊华、李路路：《代际互动与家庭凝聚力——东亚国家和地区比较研究》，《社会学研究》2009 年第 3 期。

② 本课题采取定性研究和定量研究相结合的方式，按照 PPS 抽样方法，在湖北省选取 8 市（武汉、宜昌、黄石、十堰、荆门、孝感、黄冈、咸宁），32 个乡镇街道，128 个村居进行调研，共回收有效问卷 307 份。未经特别说明，本书中所有的统计数据均为此次调查的数据。

规模。

（一）家庭户内代数分布

家庭户内代数分布，指的是家庭成员分布在一代、两代、三代还是多代，如果家庭成员分布在一代内，那就称该家庭为"一代户"，分布在两代内就称为"二代户"，依次类推分别有"三代户""四代户"，等等，目前的统计口径一般包括"一代户、二代户、三代户、四代户、五代户及以上"。在人口学中常常使用百分比来表示某一时期的家庭户类型构成。

根据我国历次全国人口普查的数据看，在任何历史时期，我国的家庭户类型几乎都是"二代户"最多，其次是"三代户"和"一代户"（尽管在不同时期，"三代户"和"一代户"的排序不同，如2000年以前，"三代户"比"一代户"多，而2000年以后"一代户"就比"三代户"多），而且"二代户"的比例几乎占据一大半，如1982年"二代户"的比例为67.46%，1990年"二代户"的比例为68.02%，2000年"二代户"的比例为59.32%。具体数据详见表10。

综述所述，在"一代户""二代户"和"三代户"中，"二代户"是目前的家庭户类型构成中占绝对比重的家庭户类型。

表10　　　　　　全国人口普查按户内代数分类的家庭户比例　　　　单位:%

户类型	1982 年	1990 年	2000 年	2010 年
一代户	13.77	13.53	21.70	34.18
二代户	67.46	68.02	59.32	47.83
三代户	18.76	18.45	18.98	17.31
合计	99.99	100.00	100.00	99.32

注：数据来源于中国2010年第六次全国人口普查，第七次全国人口普查尚未进行，因此没有全国数据。

资料来源：路遇主编《新中国人口五十年》，中国人口出版社2004年版，第700页。

然而《湖北省独生子女死亡家庭扶助机制研究》的数据表明，目前该省失独家庭的户内代数分布却与全国人口普查中的户内代数分布存在极大的差异：首先，质的差异。在失独家庭的户内代际分布中，"一代户"占据绝对的比重，而不是像一般家庭一样，"二代户"占据绝对的比重。其次，量的差异。"一代户"在失独家庭的户内代数分布中占70.9%，远远超过任何时期"二代户"在全国家庭户内代数分布中所占据的比重，如1982年的67.46%，1990年的68.02%。具体数据见表11。

表 11　　　　湖北省失独家庭的户内代数分布分析（%）

家庭户内代数	一代户	二代户	三代户	四代户	其他	总计
户数（户）	207	38	24	12	11	292
百分比（%）	70.9	13.0	8.2	4.1	3.8	100.0

资料来源：华中师范大学、湖北省人口和计划生育委员会进行的课题《湖北省失独家庭扶助机制研究》。

综上所述，失独者的家庭户代数分布不同于一般家庭的户内代数分布，因此可以认定失独者的家庭是目前的家庭户类型中所没有涵盖的家庭类型，这表明失独者的家庭是一种新的家庭类型。

（二）家庭户人口数

家庭户人口数是人口统计学的概念，其中家庭户是指以家庭成员关系为主、居住一处共同生活的人组成的户，所以家庭户人口数就指以家庭成员关系为主，居住一处共同生活的人的数量。

正如本章第一节所交代的那样，从新中国成立初期到现在，60年的时间里，我国的家庭户人口数从1949年的5.35减少到2009年的3.15，共计减少了2.2，从2016年实行二孩政策起，家庭户人口规模有所回升。见表12。

表 12　　　　我国家庭户人口规模（1949—2017）

年份	1949	1955	1960	1965	1970	1975	1980
户均人口数	5.35	4.74	4.5	4.55	4.74	5.05	4.61
年份	1985	1990	1995	2000	2005	2009	2010
户均人口数	4.34	3.97	3.7	3.6	3.13	3.15	3.10
年份	2011	2012	2013	2014	2015	2016	2017
户均人口数	3.02	3.02	2.98	2.97	3.10	3.11	3.03

注：《中国统计年鉴》尚未公布2018年的数据。

资料来源：石宝琴：《论家庭变迁与人口的生育行为》，《人口学刊》2003年第2期。2010—2017年《中国统计年鉴》。

这一判断得到了文献资料的支持，如潘鸿雁在《家庭与国家的互构》一书中指出翟城村平均家庭人口数为3.89人，[1] 四川省统计局发布《2009年四川人口形势及面临的问题》也提到2009年该省平均家庭户规模为3.01人；同时这一判断也得到学理的支持，考虑到家庭结构、家庭

[1]　潘鸿雁：《国家与家庭互构——河北翟城村的调查》，上海人民出版社2008年版。

教育、家庭人口再生产、意外死亡的因素，正常的家庭规模应该大于等于3，中国人民大学社会与人口学院教授翟振武则更加准确地指出健康的家庭规模应在3.5—4人。[①]

然而通过统计研究发现，失独家庭的平均人口数为2.02人，标准差为0.883，从分类统计量来看，最多的是"2人户"，占56.7%，其次是"1人户"，占24.8%，3人户及以上者才占17%左右（具体数据见表13），由此可见，失独家庭的家庭户人口规模突破了健康家庭的底线，且保持在远低于传统的家庭规模。从这一点看，失独家庭属于非健康家庭。

表13   湖北省失独家庭户的人口规模

家庭人口数	1	2	3	4	5	6	总计
户 数（户）	75	174	33	12	7	1	302
百分比（%）	24.8	57.6	10.9	4.0	2.3	0.3	99.9

资料来源：华中师范大学、湖北省人口和计划生育委员会进行的课题《湖北省失独家庭扶助机制研究》。

综上所述，失独家庭的家庭户人口数与正常的家庭户人口数完全不同，且保持在相当低的水平，这已经违背人口学理论中关于人口再生产的要求。而这种现象的存在不仅仅表明，失独家庭是一种非健康家庭，更重要的是这种家庭类型是目前的家庭类型所无法涵盖的。因此从家庭户人口数这一指标来看，失独家庭是一种新的家庭类型，失独者是一种特殊的群体。

二 失独家庭的生命周期

家庭生命周期指从一对夫妇形成家庭开始，经历扩充、扩充完成、收缩、收缩完成等阶段，直至消亡的动态发展过程。任何一个家庭都有这样一个从建立、发展、解体到消亡的过程，其间所有家庭成员的状态都在发生相应的变化，从而构成了每个家庭成员的家庭生活经历，影响着他们的人生历程。因此我们可以通过考察家庭生命周期，尤其是从家庭成员状况的角度考察家庭生命周期，来更好地理解失独者。

家庭生命周期研究强调家庭随时间而发生的各种变化，在社会科学界

---

① 凤凰网：《统计显示内地仅3省份家庭健康规模达标 逾九成不健康》，http://news.ifeng.com/mainland/detail_2011_08/21/8567891_0.shtml?_from_ralated.

常用来解释家庭在不同发展阶段上的任务和需求，如王官诚从家庭生命周期的角度来看消费心理，[①] 徐安琪从家庭生命周期角度研究夫妻冲突。[②] 但是，对家庭生命周期，学界存在不同的划分，杜瓦尔（Duvall）就以孩子为主线，对美国的家庭生命周期提出八阶段论，[③] 罗杰斯（R. Rodgers）同样以子女为线索甚至把家庭生命周期划分为 24 个阶段（罗杰斯，1973），[④] 最有典型性的是格里克（P. Glick），他将家庭生命周期和家庭人口事件联系起来，将家庭生命周期划分为形成、扩展、稳定、收缩、空巢与解体六个阶段，[⑤] 详见表 14。

表 14　　　　　　　　一般家庭的生命周期与人口事件

序号	阶段	起始	结束
1	形成	结婚	第一个孩子出生
2	扩展	第一个孩子出生	最后一个孩子出生
3	稳定	最后一个孩子出生	第一个孩子离开父母家
4	收缩	第一个孩子离开父母家	最后一个孩子离开父母家
5	空巢	最后一个孩子离开父母家	配偶一方死亡
6	解体	配偶一方死亡	配偶另一方死亡

因为本书考察的是失独家庭的生命周期，所以笔者比较倾向于使用格里克按照人口事件对家庭生命周期的六阶段划分：一是家庭形成阶段，即从夫妻结婚组建家庭开始到第一个孩子出生之前；二是家庭扩展阶段，即从第一个孩子出生后到最后一个孩子出生为止，这是家庭人口再生产的集中阶段，这一阶段也称为消费人口增长阶段，这一阶段的长度在没有计划生育政策以前通常是由家庭主妇的生育能力决定的，因此这一时期也称为

① 王官诚：《消费心理学》，电子工业出版社 2004 年版，第 119 页。
② 徐安琪：《中国婚姻研究报告》，中国社会科学出版社 2002 年版，第 339 页。
③ 即第一阶段：新婚夫妇；第二阶段：生育孩子的家庭；第三阶段：有学龄前儿童的家庭；第四阶段：有在学孩子的家庭；第五阶段：有青少年子女的家庭；第六阶段：子女出走的家庭；第七阶段：空巢至退休家庭；第八阶段：老年家庭。可见杜瓦尔的概念主要侧重于家庭是否住有孩子的不同阶段，参见 Durall, E M., *Family Development* (4th), Philadelphia：J. B, Lippincott, 1971。
④ ［美］R. 罗杰斯：《家庭互动与交易：发展论观点》，转引自［美］J. 罗斯·埃什尔曼《家庭导论》，潘允康等译，中国社会科学出版社 1991 年版。
⑤ ［荷］约翰·邦戈茨等：《家庭人口学：模型及应用》，曾毅等译，北京大学出版社 1994 年版，第 84—85 页。

家庭主妇生育阶段；三是家庭扩展完成阶段，即最后一个孩子出生到第一个孩子结婚，这里的结婚意味着该子女离家重新组成新的家庭，这一阶段的长度取决于子女结婚另立家庭的时间，如果子女婚后不分居另立家庭，则一般核心家庭发展为主干家庭，家庭人口增多；四是收缩阶段，即从第一个子女结婚离家到最后一个子女结婚离家，这时家庭的人口会持续减少，直至仅剩夫妻二人，同理，如果子女结婚后不离家，那么家庭就成为联合家庭，家庭人口增多；五是空巢阶段，即子女均已结婚另立家庭，家庭仅余老夫老妻，这时候家庭就称为空巢家庭，这一阶段的长度取决于老夫妻寿命的长短；六是解体阶段，即从老夫妻一人死亡到两人都死亡，这是家庭的消失阶段，这一阶段的长短取决于老夫妻中后死者的寿命长短。

　　而这种家庭阶段划分只适用于理想家庭的发展模式，而现实生活中家庭结构是多元的：无孩家庭、单亲家庭、再婚家庭等特殊家庭很难进行上述划分。事实上，家庭生命周期的变动受到多种因素的影响，如经济文化发展所带来的生活方式、生育观念变化，国家制定的人口政策，以及人口自身发展变动，等等。本书就主要讨论计划生育政策作用下失独家庭的家庭生命周期，我国计划生育政策的基本方针是"晚、稀、少"，① 这些号召都对家庭生命周期存在影响，其中"晚"强调晚婚晚育中的"晚育"就使上表中的第一阶段，即家庭形成阶段变长，"稀"强调两胎之间的生育间隔要隔4年左右，这就使上表中的第二阶段，即家庭的扩展阶段延长，"少"指一对夫妇只生一个孩子，这同样也使上表中的扩展阶段变短。然而，这些不是本书关心的问题，暂且搁置。本书的研究对象失独家庭也表现出截然不同的家庭生命周期，笔者通过对格里克家庭生命周期的重新加工，整理出失独家庭生命周期，详见表15。

表15　　　　　　　　失独家庭的生命周期与人口事件

序号	阶段	起始	结束
1	形成	结婚	独生子女出生
2	稳定	独生子女出生	独生子女死亡
3	丧子	独生子女死亡	配偶一方死亡
4	解体	配偶一方死亡	配偶另一方死亡

　　从理论上讲，失独家庭与一般家庭的不同之处主要表现在两个方面：

---

① 孙沐寒：《中国计划生育史稿》，北方妇女儿童出版社1987年版，第367页。

第一，独生子女，即家庭只有一个子女，所以该家庭没有"扩展阶段"和"收缩阶段"，因为这两个阶段都是以多个子女为前提，具体而言，以第一个子女为开端，最后一个子女为收尾；第二，独生子女过早的死亡，这一特殊之处，使得丧失独生子女的家庭没有"空巢阶段"，取而代之的是"丧子阶段"。

如果说没有"扩展阶段"和"收缩阶段"是计划生育家庭的一般特征的话，那么"丧子阶段"是失独家庭的不同于其他计划生育家庭的典型特征。"丧子阶段"的长短取决于子女死亡年龄和配偶一方死亡年龄，如果独生子女死亡较早，配偶一方死亡较晚，那么该家庭的丧子阶段就比较长；如果独生子女死亡较晚，配偶一方死亡较早，那么该家庭的丧子阶段就比较短；由此可见，"丧子阶段"是失独家庭的特殊性质。其次，失独家庭的"丧子阶段"也不同于一般家庭的"空巢阶段"，空巢阶段的家庭即使没有子女在身边，但仍然还有子女存在，偶尔这些子女也会回来，研究表明，空巢家庭或多或少都得到了子女不同形式的资助，[①] 而失独家庭在"丧子阶段"就无法得到子女的看望，更无法得到子女的资助。

通过比较可以发现，失独家庭的家庭生命周期不同于一般家庭，后者为正常家庭所拥有，而丧失独生子女的家庭生命周期仅仅为这一特殊家庭所拥有，其典型特征表现为家庭生命周期中"丧子阶段"的存在，以及"丧子阶段"背后失独者的生存现状。

三 失独者的人口学特征

人口学特征是人口学中对人进行描述的基本内容，包括性别、年龄、婚姻状况、文化程度等，失独者作为一个新兴的弱势群体，社会公众对他们还处于一知半解的状态，因此对他们的人口学特征加以分析，尤其是对失独者和其他一般人群的人口学特征进行对比，能够更有助于把握独生子女死亡的父母的本质。

（一）失独者的性别年龄分布

根据人口计生委和财政部制定的《全国独生子女伤残死亡家庭扶助制度试点方案》（国人口发〔2007〕78号）、《人口计生委关于计划生育家庭特别扶助对象具体确认条件的通知》（国人口发〔2007〕95号）和《湖北省人口计生委关于印发（湖北省计划生育家庭特别扶助对象具体确认条件

---

① 赵芳、许芸：《城市空巢老人生活状况和社会支持体系分析》，《南京师大学报》（社会科学版）2003年第3期。

的政策性解释）的通知》（鄂人口政〔2008〕9号）中的要求，失独家庭扶助对象应是湖北省城镇和农村居民，并同时符合以下条件的合法夫妻：第一，1933年1月1日以后出生，第二，女方年满49周岁，第三，只生育一个子女或合法收养一个子女，第四，现无存活子女。由此可见，失独者的年龄应该在49岁到77岁之间，笔者通过对《湖北省失独家庭扶助机制研究》课题中的失独者年龄的整理后，计算出失独者年龄的统计量，见表16。

表16　　　　　　　　　　　　失独者的年龄统计量

	均值	标准差	中数	众数
受访者本人年龄	59.48	6.07	58.00	60.00
配偶年龄	58.96	5.75	58.00	58.00

　　从上表中可见，失独者的年龄均值均在59岁左右，其中受访者一方的年龄均值为59.48岁，标准差6.07，中数为58，众数为60，其配偶的年龄均值为58.96，标准差为5.75，中数为58，众数也为58。为了更加鲜明地展示出失独者群体的年龄结构，笔者将失独者的年龄进行划分，经过处理后发现，丧子独生子女父母的年龄呈现出一个金字塔的形状，其中"57—60"岁这个年龄段的丧子独生子女父母所占据的比例最高，其次是"53—56"岁年龄段的失独者，再次是"61—64"岁年龄段的失独者。详见图2。

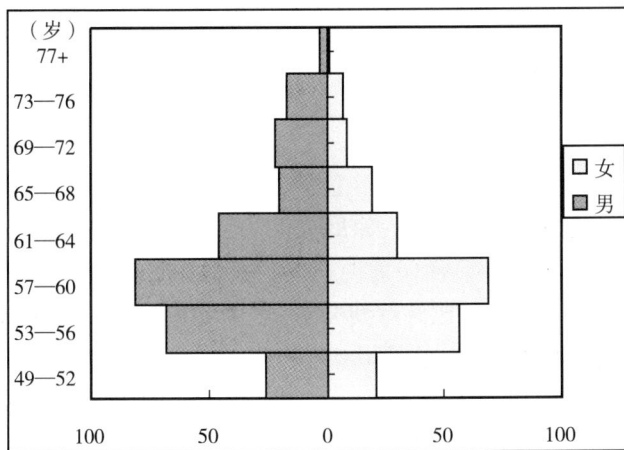

图2　失独家庭的性别年龄金字塔

　　通过上图可以说明几个问题：第一，图中"57—60"岁这一阶段的长度最长，表明在所有的失独者中，57 岁至 60 岁的人最多；第二，年龄"61—64"岁的长度比年龄"57—60"岁的长度突然短了很多，这说明很多失独者在"61—64"这个年龄阶段去世，这与目前我国的平均预期寿命（2000 年我国平均预期寿命为 71.4 岁）①相比，明显减少了近 10 年；第三，"49—52"岁的长度比较短，而年龄"53—56"岁的长度突然增长了很多，这说明超过了 49 岁以后，很多家庭是在"53—56"这个年龄阶段失去独生子女，而这一阶段独生子女父母已经失去了生育能力，子女一旦去世，失独者就永远成为失独者，不可能改变。

（二）失独者的婚姻状态

费孝通先生在《乡土中国》中指出，"父、母、子"是社会结构中的基本三角，"三角形的完成是子女的出生"，只有子女出生了，家庭稳定的三角才能够形成，② 此外还有很多学者形象地将子女比喻成"夫妻纽带"，由此可见，子女在家庭中的重要地位学界已经形成了共识，那么独生子女去世后，家庭的夫妻关系又是什么样的呢？我们还是以湖北省的调查数据为例，来探讨失独家庭的婚姻关系。

表 17　　　　　　　　　　失独者的婚姻状况分析　　　　　　　　单位:%

婚姻状况	频 次	百分比	累计百分比
已婚	184	88.5	88.5
分居未离婚	1	0.5	88.9
离婚	6	2.8	91.6
丧偶	17	8.2	100.0
合计	208	100.0	

从上表可以看出，失独家庭，仍然在维持正常夫妻关系（由于统计数据的特性，笔者无法深入探讨家庭夫妻关系的变迁，关于这部分的研究详见第三章）占 88.5%，换句话说在失独家庭中，有 11.5%的家庭已经没有夫妻关系，其中丧偶比例达到 8.2%。由此可见，在失独家庭中，大部分家庭的婚姻状况还处于健康状态。

（三）失独者的文化程度

文化程度是衡量一个国家、一个民族人口素质的重要指标，它标志着

---

① 数据来源：中华人民共和国国家统计局网站之"国家统计数据库"。

② 费孝通：《乡土中国》，上海世纪出版集团 2007 年版，第 480 页。

一个国家的文化教育普及和发展程度。在社会科学研究中常常将文化程度作为一个重要的分析指标，用来分析文化程度与收入的关系，文化程度对社会行动的影响等，[①] 因此考察丧失独生女子父母的文化程度对分析失独者的社会行动具有十分重要的意义。

表18　　　　　　　　　　失独者的文化程度　　　　　　　单位:%

文化程度	文盲	小学	初中	高中/中专	大专及以上
失独者	14.6	22.2	32.1	24.5	6.6

　　总的来说，失独者的文化程度比较高，初中及以上文化程度者占63.2%，小学以下文化程度者仅占36.8%，具体而言，文盲占14.6%，小学文化程度者占22.2%，初中文化程度者占32.1%，高中/中专文化程度者占24.5%，大专文化程度者占5.2%，本科及以上文化程度者占1.4%。

表19　　　　　　　全国各种文化程度人口占总人口的比重　　　　　单位:%

年份	文盲、半文盲	小学	初中	高中/中专	大专及以上
1990	12.89	43.07	18.86	8.96	2.46
2000	5.89	34.22	34.57	13.35	4.95
2016	5.70	26.61	38.84	16.91	12.94

注：本表为1990年、2000年、2016年的人口普查资料。

　　通过与1990年、2000年、2016年全国各种文化程度人口占总人口的比重对比后发现，失独者的文化程度呈现两极分化的现象，其中文化程度高的比例超过全国平均水平，但文盲的比重也超过全国平均水平。如失独者中高中/中专以上的比例达到31.1%，超过全国在1990年的11.42%和2000年的18.3%和2016年的16.91%，同时较低文化程度的比例也较高，达到14.6%，甚至超过1990年的12.89%。

（四）失独者的居住安排

　　老人居住安排是西方家庭社会学讨论的一个重要主题，他们一般从微观层次上讨论居住安排变迁和老人年龄变化之间的关系，从宏观层面

---

① 刘绍彬、汪孟、刘丽：《文化程度对初产妇分娩镇痛时经产道试产依从性的影响》，《中国循证医学杂志》2011年第7期。

上讨论居住安排和社会经济发展状况之间的关系，并且使用社会学理论，[①] 如家庭价值观、[②] 社会交换理论[③]等，对居住安排进行社会学分析。就我国而言，老人居住安排最基本的分类就是"与子女同住"和"不与子女同住"。[④] 然而对于失独者而言，由于他们没有子女，所以他们最基本的居住安排不再是"是否与子女同住"，详见表20。

表20	失独家庭的居住安排	单位：%
居住安排类型	频次	百分比
独居	75	21.31
与配偶居住	201	57.10
与（岳）父母同住	19	5.40
已逝子女的配偶	19	5.40
隔代同住	24	6.82
与兄弟姐妹同住	6	1.70
与其他人同住	8	2.27
小计	352	100.00

从上表中可以看出，在失独者中，大部分人都是和配偶居住，即夫妻居住，或者独居。具体数据如下，比例最高的是夫妻居住，占57.1%；其次就是独居，占21.31%；隔代同住即与已逝子女的子女（即孙子女，外孙子女）居住的比例达6.82%；与父母、岳父母居住的比例和与已逝子女的配偶居住的比例相同，均只有5.4%；与兄弟姐妹同住的比例达1.7%。

综上所述，失独者的家庭居住安排以独居和夫妻二人居住为主，这种状况与一般家庭中以"与子女同住"和"不与子女同住"的二元划分方法存在极大的差异。

---

① 张桂霖、张金鹗：《老人居住安排与居住偏好之转换：家庭价值与交换理论观点的探讨》，*Journal of Population Studies*，No. 40，June 2010，pp. 41-90。

② Zimmer, Z., "Health and Living Arrangement Transitions among China's Oldest-Old", *Research on Aging*, Vol. 27, No. 5, 2005, pp. 526-555.

③ Elman, C., "Intergenerational Household Structure and Economic Change at the Turn of the Twentieth Century", *Journal of Family History*, Vol. 23, No. 4, 1998, pp. 417-440.

④ Yi, Z. and L. K. George, "Extremely Rapid Aging and the Living Arrangements of the Elderly: The Case of China", *Population Bulletin of the United Nations*, Vol. 42, No. 43, 2001, pp. 255-287.

四　小结：失独者的性质——特殊的弱势群体

费孝通先生在《乡土中国》中运用结构学上"两点地位的固定靠第三点的存在"这一原理，指出社会团体中"两人间的关系靠第三者的存在而得到固定"，[①] 具体而言，家庭中也存在这种基本三角，三角形的三点分别是"父""母""子/女"。从社会关系角度看，一个正常的家庭里必然缔结两种相连的社会关系——夫妻关系和亲子关系，而且这两种关系不能分别独立，具体而言，夫妻关系以亲子关系为前提，亲子关系也以夫妻关系为必要条件。用结构学的语言来讲，夫妻关系和亲子关系是三角形的三边，不能短缺。[②] 由此可见，亲子关系与夫妻关系对家庭结构都具有十分重要的意义。

然而，失独家庭中独生子女的去世，预示着这类家庭的亲子关系丧失，这一现象明显违背了费孝通所说的家庭中"稳定三角"的原理——三角形的三边中失去了作为"前提"和"必要条件"的亲子关系，仅剩下了夫妻关系。这是新时期出现的新问题，也是笔者之所以选择这一研究对象的原因。

行文至此，我们都知道失独者不同于一般父母。那么失独者到底是一个什么样的群体呢？这无论对于笔者从整体上对研究对象进行把握，还是读者对研究对象进行理解都具有重要的意义。

目前我国将特殊老年人一般分为空巢老人、孤寡老人、残疾老人等，这是一般意义上的划分，也是一种常规的分类。然而失独者却是上述分类所不能概括的：首先，失独者不是空巢老人。空巢老人指的是子女离家后的中老年夫妇，而失独者的子女已经死亡，永远不可能出现再回家的现象。其次，失独者不是孤寡老人。孤寡老人是指无配偶，无子女，没人照顾，年纪超过 60 周岁，且丧失劳动能力的人。但从失独者的代数分布和居住安排中可以看出，失独者群体中最主要的居住方式是独居和与配偶居住，这表明他们是有配偶的，同时他们年龄大于 49 岁，但是不一定会超过 60 岁，且不一定丧失劳动能力。由此可见，失独者不是孤寡老人，孤寡老人只是丧失子女父母中的小部分。最后，失独者不是残疾老人。人口学认为，残疾老人是一种身心状态，处于这种状态的人，由于躯体功能障碍或精神心理障碍，不能或难以适应正常社会的生活和工作。用这种标准

---

①　费孝通：《乡土中国》，上海世纪出版集团 2007 年版，第 476 页。

②　费孝通：《乡土中国》，上海世纪出版集团 2007 年版，第 476 页。

考察失独者可以发现，他们虽然有抑郁状况，但是也绝对称不上精神障碍，同时他们的躯体也一般是健全的。由此可见，失独父母也不是残疾老人。综上所述，失独者是目前弱势群体概念划分中没有涵盖的类型。

失独者的特殊性表现在：首先，失独者是对费孝通先生"从结婚到生孩子"婚姻关系逐步稳定的反动。费孝通先生曾说"夫妻间共同的生活要到生了孩子之后才正式开始，在他们看来结婚到生孩子之间的一段时间是实现夫妻关系的准备"，"没有孩子的夫妻关系是预备性质，还没有到条件具备的程度，这种关系是不稳固的"，① 丧失独生子女的夫妻和费孝通先生所说的"夫妻从结婚到生孩子"的情况一样，都是没有孩子的两口子，不同之处在于，本书是先有孩子，后无孩子，而费老所说的情况是先无孩子后有孩子。这种变化给失独者夫妻关系带来深刻的变化，这也反映了本书的特殊之处。第二，失独者夫妻关系的脆弱性。费孝通先生说"在夫妻关系没有完成，或是已婚的妇女尚没有取得她的社会地位之前，独立的家庭是不易建立起来的"。② 失独者的夫妻关系已经通过生育独生子女而完成，因此独立的家庭已经建立，但是现在他们的独生子女已经死亡，因此他们的夫妻关系存在变数，独立的家庭也岌岌可危。第三，失独者特殊的家庭生命周期。失独家庭将一般家庭生命周期的六个阶段压缩为四个阶段，并且增加了一个"丧子阶段"，同时失独者在丧子阶段的独特社会行为也是这类父母和其他父母不同的突出表现。第四，失独者特殊的家庭规模。人口学的家庭规模主要有代数分布和人口数，从代数分布上看，失独者家庭主要为一代户，一般家庭都为两代户，从家庭人口数上来看，大部分失独者家庭的人口数是 2.02 人，属于非健康家庭，由此可见，失独者家庭过早地处于收缩阶段。第五，失独者特殊的人口学特征。这些人口学特征主要表现在年龄和居住安排上，从年龄上看，失独者的年龄主要集中在 57—60 岁，这时候他们都处于晚年期，不同于一般群体的年龄分布，其次，失独者的居住安排主要是独居和夫妻同住，其中独居的比例严重偏高，这也不同于一般家庭的居住安排。总体而言，从表面上看，失独者的这些不同于其他群体的特征构成了失独者的独特性，从深层次影响看，失独者的存在反映了时代的变迁，同时也对目前我国的弱势群体研究提出了新的课题。

---

① 费孝通：《乡土中国》，上海世纪出版集团 2007 年版，第 477 页。

② 费孝通：《乡土中国》，上海世纪出版集团 2007 年版，第 478 页。

第三章　失独者与亲属成员关系

亲属关系是基于血缘、婚姻而形成的社会关系，这种关系具有先赋性、高信任性、责任性、排他性和资源供给性等特点。由此可见，亲属关系具有其他关系类型不具备的特征。费孝通先生在"差序格局"的同心圆结构中将亲属排列在最接近圆心的部分，表明亲属关系是行动者最亲密的关系类型。独生子女死亡后，亲属的悲痛程度仅次于失独者，同时亲属也是最先调整和失独者互动策略的人群。因此对亲属和失独者之间关系变迁的分析，对于考察失独者人际关系的变迁而言，具有十分重要的意义。

研究表明，独生子女死亡后，失独者的夫妻关系出现形式化的趋势，表现为两性分工界限的消失、夫妻权力意识的淡薄、夫妻感情与性的疏远；直系亲属关系也出现稀疏化的现象，表现为反馈模式的转变——"低水平反馈模式"和"逆向反馈模式的出现"，和赡养结构的变化——"赡养义务的弱化"和"赡养频次的稀疏"；旁系亲属关系出现貌合神离的现象，表现为行动上亲密、心理距离变远的状况。种种迹象表明，失独者的亲属关系出现"形式化"的趋势。

第一节　亲属关系的定义、特征与类型

一　亲属关系的定义

亲属是基于婚姻、血缘和法律拟制而形成的社会关系，这种关系的产生和缔结因结婚、出生、收养发生并维系。从内涵上来讲亲属有狭义和广义之分，狭义的亲属仅仅包括血亲和姻亲，不包括配偶；广义上的亲属包括血亲、姻亲和配偶。新中国对亲属的分类采取的是广义的划分方法，认为亲属包括三个子类：配偶，血亲（其中包括自然血亲和拟制血亲）、姻亲（其中包括血亲的配偶、配偶的血亲和配偶血亲的配偶）。本书也采取

这种广义的划分方法，因此就失独者而言，他们的亲属也包括配偶、血亲和姻亲。

正如谚语"一表三千里"所说，血亲和姻亲关系十分广袤。因此仅仅使用血亲和姻亲的概念仍然无法表示关系的强度差异。由于本书是对失独者的人际关系变迁进行分析，因此变迁前的关系强度将是考察关系变迁的重要变量。基于这种考量，笔者对血亲和姻亲按照关系的亲密程度重新分为直系亲属和旁系亲属。其中，直系亲属包括父母、子女、兄弟姊妹、祖父母和外祖父母、孙子女和外孙子女、儿媳和公婆、女婿和岳父母，这些关系中除了兄弟姐妹外几乎都属于两代人之间的关系，同时结合研究对象的客观需要，本书仅分析直系血亲中的代际关系；旁系血亲包括伯、叔、姑、舅、姨、侄子女、甥子女、堂兄弟姊妹、表兄弟姊妹等。因此按照上述的分析，失独者的亲属关系分类如图 3 所示。

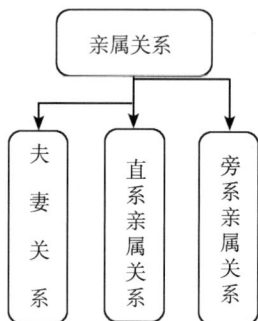

图 3 失独者亲属关系分类

二 亲属关系的特征

1. 亲属关系是一种强信任关系，具有很强的稳定性。美籍日本人弗朗西斯·福山在分析现代工业经济时认为中国文化中信任度低，人们普遍不信任与自己没有亲属关系的人，[①] 换句话说，弗朗西斯·福山认为在中国文化中，亲属之间还是可以相互信任的。因此对中国人来说，即使两个人彼此之间没有交往，但只要有天然的血缘和地缘关系存在就可以义务性地和复制性地确保他们之间的亲密和信任关系。

① [美]弗朗西斯·福山：《信任：社会美德与创造经济繁荣》，彭志华译，海南出版社2001年版，第86页。

2. 亲属关系中的个体互动所遵循的是以责任为主，人情为辅，利益淡化的原则。亲属关系中与个体关系最紧密的是家人，包括父母、子女、兄弟、姐妹及其他家人。个体在与家人互动时，责任与义务处于第一位，遇到任何事情都要全力保护（甚至包庇）家人，尤其是在家族以外的场合，对家人问题优先考虑，对家人的困难总是努力关心；此外，人情是讲求礼尚往来，这也不是亲属之间交往的原则；同时，亲属关系之间的互动还有另外一项原则，就是尽量不讲利益，因为讲利益是"伤感情"的事。

3. 一般说来，由于亲属关系是资源提供网，个人能够从亲属关系网络中所获取的社会支持是全方位的；但从对个人支持的难易程度上来说，亲属关系在情感支持和资金支持方面最能体现出亲属间的亲情感和信任感。刘军在《法村社会支持网络：一个整体研究的视角》中指出：情感支持主要来自夫妻之间以及两个家庭的同性亲属之间；而在资金支持方面，虽然朋友关系和亲属关系都具有重要作用，但较之于朋友关系来说，亲属所借的数目要更大，借期要更长，可见亲属关系"除了人情的关照以外，更多的是出于亲族的情感和道义的责任"。

亲属关系对于个体是极其重要的，因为亲属关系是一个人的社会感、归属感、关爱感、荣辱感、责任感和安全感的发源地。

三　亲属关系的分类

正如前文所说，本书将亲属关系分为夫妻关系、直系亲属关系和旁系亲属关系。这三个子概念的相关定义如下：

（一）夫妻关系

夫妻是男女双方因结婚而走到一起，以永久共同生活为目的而依法结合的伴侣。夫妻关系是受法律保护的一种亲属关系，这种关系是现代家庭关系的核心，是建立和睦美好家庭的基础，因为夫妻在家庭中起着承上启下、养老育幼的作用。夫妻关系的性质主要包括以下几点：第一，夫妻是男女两性合法的结合，两性间的非法结合不是夫妻；第二，夫妻须以永久共同生活为目的；第三，夫妻是共同生活的伴侣，同时还承担着生育和抚育子女、赡养老人等责任；第四，少年夫妻老来伴，伴你走过人生的最后一站的，很可能是你朝夕相处的老伴。

（二）直系亲属关系

直系亲属指的是相互之间有一脉相承血缘关系的上下各代亲属，一般分为直系血亲和直系姻亲两种。其中直系血亲是指彼此之间有直接血缘联系的亲属，包括"己身所从出"和"从己身所出"的两部分组成，前者

是指生育自己的各代血亲成员，如父母、祖父母、外祖父母等；后者是指
自己所生育的后代，如子女、孙子女、外孙子女等。由此可见，直系血亲
主要指代际关系；直系姻亲也指的是彼此之间有直接血缘联系的亲属，只
不过这一血缘的参照标准是配偶，简单地说直系姻亲指的是配偶的直系血
亲。由此可见，直系亲属是由血缘关系连接起来的亲属。相比较其他亲属
而言，直系亲属的亲缘系数（relationship coefficient）较高。①

就失独者而言，独生子女死亡意味着他们直系亲属关系中"从己身
所出"部分已经不存在，只有"己身所从出"部分，一般只剩下父母，
祖父母尚在人世的情况微乎其微；同样的道理，失独者的姻亲也一般仅仅
剩下外祖父母这一代。由此可见，失独者的直系亲属关系一般仅仅剩下失
独者和他们父母的关系，由于这种关系发生在两代之间，为了和夫妻关系
加以区分，笔者称之为"代际关系"。

（三）旁系亲属关系

旁系亲属指的是具有间接血缘关系的亲属，即非直系血亲，但是在
血缘上又是自己同出一源的亲属。简单地说，旁系亲属是指除直系亲属
以外在血统上和自己以及配偶存在同出渊源的人，一般也可以分为旁系
血亲和旁系姻亲。其中旁系血亲指的是自己家族内部除直系血亲外，和
自己在血统上有同一源出的人，如兄、弟、姐、妹、伯父、叔父、伯
母、婶母，以及他们的子女等，旁系姻亲指的是配偶家族内部除直系血
亲外的，和配偶在血统上有同一源出的人，如舅父、姨母、表兄弟姊
妹，以及他们的子女等。需要注意的是旁系血亲的称谓后面一般也带有
"父"或"母"的字样，但是前面一般都加上"叔"或者"婶"，以与
直系血亲相区别。

就失独者的人际关系而言，除了父母、岳父母外，他们的亲属一般都
是兄弟姐妹、叔叔、伯伯、姑姑、婶婶，以及他们的子女等。而这些亲属
都是人口学中常说的旁系亲属，由此可见，旁系亲属的分析是失独者人际
关系变迁分析中的重要内容。相比较直系亲属之间的亲缘系数而言，旁系
亲属的血缘关系较远，因此他们的亲缘系数较低，但是这种亲缘系数又远
高于他们与其他没有任何血缘关系的人，所以旁系血亲关系是一个居于中
间地位的关系类型。

---

① 亲缘系数用以表示两个个体之间的遗传相关或亲缘相关，表示两个个体拥有来自共同祖
先的同一基因的概率，用以说明两个个体间亲缘关系的远近或者遗传相关程度。

四 亲属关系的重要性

随着社会的变迁，人际关系变得淡化和庸俗化，[①] 能值得信任的人所剩无几。这时候，"血浓于水"的亲属关系才能得到更好的彰显，血缘成为人们精神依托的最后堡垒。对自己所属的亲属关系，只能永远地拥有，不能抛弃。因为亲属关系具有其他社会关系所不具备的功能。

第一，亲属关系是抵抗社会变迁的维稳机制。亲属关系是稳定的社会关系，即使社会关系发生这样或那样的变化，但是由于亲属关系是先赋的，基于血缘和姻缘连接而成，所以这种关系不会因个人的意志而转移。作为亲属关系的成员，一般具有较强的"内团体"意识和归属感，相互认同，有时候被戏称为"隔肚兄弟"，这种亲属关系迎合人们社会心理较低层次的需要，即安全和归属的需要，特别是在社会整体控制体制松动的情况下，社会成员的这种安全和归属需要更为强烈，因此亲属关系能够克服社会关系动荡带来的影响。

第二，亲属关系是社会关系的重要组成部分。亲属关系是稳定的社会关系，它作为地域社会关系的重要组成部分，对农村社区的政治生活、经济生活和社会秩序产生重要的影响。虽然，在现代企业制度得到提倡的今天，非人格成为企业的关键特征，一些经济或政治性质的群体并不是按照纯亲属关系来结合的，但是他们在很大程度上也还是靠亲属关系来加强效力，特别是一些所谓的"简单社会"，其组织的基本元素往往是一群有血缘关系的人。[②]

第三，亲属关系是克服个人困境的重要力量。人类学的研究表明，两性之间的婚姻关系以及父母和子女的关系是人在解决其所面临的问题时互相合作的起点。[③] 这是因为亲属关系具有增强社会资源的功能，在现代社会中，各种关系错综复杂，个人的发展和成才除了其自身的努力勤奋之外，与"社会资源"的多寡也有绝对的相关性，在社会资源相对不太丰富的今天，亲属关系内部若蕴藏的资源能够为亲属关系成员所使用，就能增强他们解决个人问题的能力，丰富其解决问题的手段。因此，亲属关系是化解个人困境的重要力量。

[①] 麻美英：《我国人际关系的现状与对策》，《浙江大学学报》（人文科学版）1999 年第 5 期。

[②] 朱炳祥：《社会人类学》，武汉大学出版社 2009 年版，第 87 页。

[③] 朱炳祥：《社会人类学》，武汉大学出版社 2009 年版，第 87 页。

第四，亲属关系内部成员之间的互动具有权利和义务性。亲属关系是指因婚姻、血缘而产生的关系，彼此之间具有法律所赋予的权利义务的社会关系，[①] 这种关系一经法律调整，便在具有亲属身份的法律主体之间形成一种法律关系。这种法律关系规定了亲属间特定的权利义务关系。就夫妻关系之间的权利和义务而言，主要有夫妻财产权、相互抚养权、遗产继承权等。[②] 就直系亲属（主要指亲子关系）而言，主要有父母对未成年子女或不能独立生活子女的抚养义务，子女对年老体弱、丧失劳动能力或生活困难的父母有赡养义务。换言之，未成年子女或不能独立生活的子女有要求父母进行抚养的权利，年老体弱、丧失劳动能力或者生活困难的父母有要求子女赡养的权利。就旁系亲属而言，亲属之间除了法律规定的要件，如第一顺序继承人、第二顺序继承人外，亲属还有更多的权利义务关系。

第二节　失独者亲属关系的变迁

孩子是维系夫妻关系的纽带。我们都经历过或听说过这样的话 "如果不是看到孩子可怜或者是看在孩子的分上，我早就和你离婚了"，事实上夫妻一方说出这种话的时候，往往是为孩子考虑，想给孩子一个完整的家庭。由此可见，子女是夫妻关系的 "安全阀"。然而，凡事皆有两面性，子女也可能是摧毁家庭的 "爆发点"，尤其对曾经拥有孩子的失独父母而言，由于经历了子女 "从有到无" 的过程，他们在心理上会产生相对被剥夺感，轻则影响夫妻关系的和谐，重则影响家庭稳定，甚至导致家庭解体。由此可见，独生子女死亡对夫妻关系和家庭稳定会产生巨大影响。鉴于此，笔者将探讨独生子女死亡对失独父母夫妻关系的影响。

一　夫妻关系形式化

随着社会的演变，夫妻关系成了家庭的主轴，然而独生子女死亡，夫妻关系遭受了前所未有的创伤。随着人本主义等价值观的传播，现在的婚姻已不单单是为满足性需要、养育儿女以及经济需要，而今的夫妻更追求

---

① 资料来源：《中国大百科全书》（法学卷），中国大百科全书出版社 1984 年版，第 476 页。

② 资料来源：《中华人民共和国婚姻法》第 17 条、第 20 条等相关规定。

心理满足、感情支持以及平等的权利和义务。鉴于此，笔者从婚姻生活中两性分工、感情和性、权力③意识等三个方面来研究独生子女死亡对夫妻关系的影响。

（一）两性分工界限的消失

性别分工即指男女依据性别特征不同而在某些活动上的专门化，以发挥不同的职能。马克思、恩格斯认为：最初的分工是男女之间为了生育子女而发生的分工，基于性别的劳动分工，起码和人类社会劳动分工的历史一样古老。就当前社会而言，两性分工几乎无处不在，就家庭两性分工的理论研究而言，经济学通过经济绩效加以解释，社会学通过文化规范加以理解，政治学通过女权主义加以把握，等等。由此可见，家庭两性分工几乎是一个不争的事实，然而具体到失独家庭而言，该类型家庭中的两性分工又呈现出另外一番景象。

1. 失独父母两性分工的现状

独生子女死亡后，失独者不再需要进行两性分工以完成独生子女的抚育任务。此外，独生子女死亡还影响了失独者在生产资料中的两性分工。

（1）子女抚育中两性分工的消失

子女抚育中的两性分工，是基于两性之间的生理差异，并通过长时间进化，最后通过社会化过程加以固定的。这种两性分工既提高了子女抚育的效果，同时也提高了子女抚育的效率。"皮之不存毛将焉附"，独生子女死亡后，失独家庭何来抚育功能，失独者何来抚育责任，更遑论在这种责任中的两性分工。这时候父母在家庭中更主要的任务不是抚育子女，而是应对独生子女夭折后的哀伤。

> 以前女儿还在的时候，上学离家比较远，她的成绩一直出类拔萃，不但在学校名列前茅，而且还被评为区的"三好学生"。老师同学们都觉得她会考上一个好的大学。为了更好地照顾她，我在学校边上租了个房子，照顾她的生活起居，洗洗衣服，做做饭，给孩子加强营养，学习很累呀，晚上下自习后到学校门后接她回来……家里田土就让邻居帮忙照顾一下，农忙的时候，我就回去十几天，把收割播种等农活干完再过来，这期间她自己一个住……这孩子挺懂事的，也知道家庭的情况，哪儿也不去玩，回来就学习；他爸爸就在外面打工，那时候工资也不高，挣的钱刚好够过日子，但是想着要她考个好点的大学，我就只能先牺牲这两年，等她上了大学再找点事情做。

（20101025LXH）

从上述个案中可以发现，该个案中的独生女儿处于上学阶段，为了供女儿上学，父母进行了分工，父亲外出打工，挣钱养家糊口，供应妻子和女儿的生活费、学费、家庭日常开支，妻子则负责照顾女儿的生活学习，农田收割播种等家务劳动。这表明在 LXH 的家中也存在一定的分工，即"男性外出打工、挣钱养家糊口，女性照料家庭照顾孩子"。然而独生子女死亡后，他们的家庭状况变化了。

> 女儿走了以后，我彻底傻了，大脑转不动了，说话的时候嘴都在哆嗦，手也发抖，到现在都不知道怎么过来，就和他爸爸在一起哭……孩子的后事都是她叔叔婶婶、我的弟弟弟媳操办的……从那以后，他爸爸就不上班，不是不想上，是上不了，孩子的事对他打击太大了，他曾经去干过一段时间，但是发现和以前的人实在沟通不了，让拿个东西也会分神，人家和他说话，他都听不到，后来想想还是算了，就回来吧……现在我们两个人就靠点口粮田生活，国家每年给我们两千块钱补助，我们自己再种点东西，亲戚再贴补贴补，也差不多了……现在就是挨日子。（20101025LXH）

从材料可以知道，女儿去世后，LXH 的丈夫由于遭受巨大的精神打击，没有办法从痛苦中解放出来，言语行为都受到极大的限制，因此失去部分沟通能力、思维能力，这样他就没有办法继续工作，只能回到家里和妻子一起务工，这样原先在子女抚育中"男子外出打工，女子照料家庭"的两性分工消失了。

通过上述材料可以发现，独生子女死亡后，失独父母并没有遵照以前的女性为主的两性分工模式，而是出现自由化分工的状态，双方或是本着自愿的原则，或是情势所迫……总之，他们已经不重视从前的分工，而且很自然地打破了从前的分工，由此可见，独生子女死亡后，失独父母在子女抚育生产中的两性分工趋于淡化。

（2）生活资料生产中的两性分工淡化

随着社会的发展，生活水平的提高，生活资料已经不仅仅局限于狩猎社会的猎物和蔬果的采集，农业社会的粮食作物耕种和棉布的纺织与加工，现代生活资料的概念也随之进行了扩展，指的是用来满足人们物质和文化生活需要的那部分社会产品；按满足人们的需求层次，可将生活资料分为生存资料（如衣、食、住、用方面的基本消费品）、发展资料（如用于发展体力、智力的体育、文化用品等）、享受资料（如高级营养品、华丽服饰、艺术珍藏品等）。对于一般人而言，尤其是失独者而言，无论在独生子女去世前，还是独生子女去世后，他们的生活资料一般都局限在前两种，即生存资料和发展资料；同时随着社会化大分工的发展，大部分生存资料、发展资料也不是家庭能制造出来的，还依赖于社会交换。如此一来，失独者就必须利用自己的劳动成果换取生活所必需的生存资料和发展资料，而在货币化时代，劳动价值量都可以用社会平均劳动价值计量为货币金额，这样失独者就必须挣得与所有生存资料和发展资料相等价的货币价值量。

在独生子女死亡以前，父母在挣取货币价值量的时候，都存在一定的两性分工。一般而言，男性的工作内容一般是重体力的，富有挑战性的，责任重大的事情，其岗位一般都是责任比较重大、环境比较艰苦、工作强度比较大、风险比较高；而女性都从事比较长久的、需要细心的、但比较轻的工作，他们的岗位一般都是时间比较长，环境比较宽松，工作强度不太大，风险比较小。因为这些差异，男性的货币挣取能力一般比女性强。如 GBC 是著名大型文学杂志《当代》的资深编辑，妻子 LXZ 在某绣花厂工作，她性格开朗活泼，贤惠能干，从这一点来看，他们之间在货币挣取能力上存在一定的分工，丈夫的责任比较大，妻子的比较小；此外在家务承担上，妻子承担的比较多，如受访者 GBC 告诉我们：

> 访问者：她以前的身体怎么样？
> 受访者：可硬朗了！
> 受访者：以前家里的什么活都是她干，就连单位分东西都是她去扛回家的，哪儿用得着我呀？（资料来源：杨晓升《只有一个孩子》未刊版，第 17 页）

这表明，在家务承担上是妻子承担得多，丈夫承担得少。从货币挣取能力和家务分担上，可以看出 GBC 的家在独生子女死亡以前存在明确的两性分工，丈夫负责货币挣取，以换取足够的生活资料和发展资料，而妻子主要负责家庭劳动。但是独生子女死亡以后，他们夫妇二人的工作状况完全改变了。下面这段关于 GBC 的情况描述文字来自他的朋友。因为关于失独者的状况，当事者往往无法形容，只有朋友才看得更真，俗话说"当局者迷"。

> 那年 GBC 55 岁，远未到退休年龄，可他痛不欲生，精神恍惚，

已无法上班，单位领导考虑到他的实际情况，同意他提前退休。

那年，他的妻子 LXZ 也 55 岁，刚好退休，原本她开朗的性格、硬朗的身体，她打算再找份工作做，而突如其来的打击，却无情地将她美好的期望彻底粉碎。她一病不起，身体出现半身不遂，而且终日以泪洗面，时至今日，日夜唠叨着要见女儿……（资料来源：杨晓升《只有一个孩子》未刊版，第 17 页）

由此可见，独生子女死亡后，GBC 不再从事以前的编辑工作，提前退休在家，只拿基本的工资，妻子恰好退休，也只拿基本工资。这表明，女儿去世后，他们夫妻二人均已经退出工作岗位，或者我们可以由此说，他们在家庭外部工作上没有任何分工现象。然而这时候他们的家务分工已经完全不同了，下面是 GBC 家独生子女死亡后，家务劳动状况。

……（续上文）可现在，她的身体完全垮了，右手都不能动，买菜，做饭洗洗涮涮的，全倒过来了，都得靠我。（资料来源：杨晓升《只有一个孩子》未刊版，第 17 页）

笔者在访谈中看到 GBC 老伴 LXZ 的身影，那是一副面容虽不憔悴、却满脸皱褶与愁容的老太太，她身体微胖，却浑身乏力，走起路来一瘸一拐的，其中一直手还随着挪步的节奏不时地画圈。在这种情况下，GBC 不得不承担起照顾老伴的责任。这样，他们家完全改变了先前的劳动分工状况——妻子不再负担以前的家庭劳动，转而完全由丈夫承担。或许读者会说，那是因为她的身体不好，才会出现这种状况。在此笔者再列举其他受访者关于家庭一日三餐分工的安排情况。

现在也不固定是我做饭了，我也想让他动，不然就老年痴呆了。（资料来源：20110111ZLX）

我们家庭现在是谁想做，谁就做，要是两个人都不想做，那就坐着发呆……人家吃饭是为了享受，而我们吃饭就为了活命……（20101025SXR）

孩子走后，我们再也没有去过一家大型的商场或超市。就在小区的小超市里购买一点必需的日用品，吃的是方便面、速冻水饺、汤圆等。我们哪里还能有心情去切片、切丝，去炒、去炖啊。此时，食物

不再是享受，仿佛只是为了维持生命。（资料来源：《中国经济周刊》2009-06-01）

通过这些材料可以发现，独生子女死亡后，失独者并没有遵守以前的女性为主的两性分工模式，而是出现自由化分工的状态，双方或是本着自愿的原则，或是情势所逼迫……总之，他们已经不重视从前的分工，而且很自然地打破了从前的分工，由此可见，独生子女死亡后，失独者在生活资料的换取中的两性分工趋于淡化。

2. 失独家庭两性分工界限的消失

从前面几个部分的分析中，我们可以看到，家庭两性分工，是从原始狩猎社会，到农业社会，再到工业社会中一直延续下来的男女分工格局，这种分工格局首先是基于两性之间的生理差异，而后又在生产生活实践中得到强化，到最后形成了一系列固定化的分工模式，如狩猎社会的"男子狩猎女子采集"；农业社会的"男子耕种女子纺织"；工业社会的"男主外，女主内"。就家庭而言，也存在两性分工，比如在生活资料的生产和人的生产这两种生产过程中一直存在着两性分工，正是因为两性分工的存在，才使得家庭能够进行生活资料的再生产和人的再生产。

然而独生子女死亡后，家庭中子女抚育和生活资料生产中的两性分工不存在了。就失独家庭子女抚育中两性分工的消失而言，这一分工习俗是继承夫妻在"人的生产"中的两性分工，这类家庭中没有独生子女，母亲不再需要照料子女的生活起居，读书写字，娶媳妇生子，而父亲也不再需要为妻子和子女的衣食住行、学习费用等挣得足够的经济资源，因此在独生子女死亡后，失独者在子女抚育中已经不存在任何两性分工——这种变化是直接的，也是自然而然的；其次，独生子女死亡后，大部分失独者都退出工作岗位，[①] 这时候从前在生活资料挣取上男性为主女性为辅的两性分工也消失了。城市居民离开原先工作单位，提前退休在家，靠基本的退休工资生活，收入虽有多有少，但也是外力（原单位效应）造成，不是家庭两性分工使然；农村居民由于没有基本保障，只能回家种地，以地养老，这时候他们的收入是共同获取的，没有主次之分，更何谈两性分工。此外，他们在生活资料的加工，即家务劳动中，也不像从前主要由女

---

①　独生子女死亡后，大部分失独者都退出工作岗位——关于这部分的论述笔者在前文中已做了详细的交代，这里不再赘述。

性承担，这时候的分工，更多的是基于双方身体状况的权宜选择或者基于双方的自愿。这表明，在家务承担上，失独者也没有了从前的两性分工。

综上所述，独生子女死亡后，原先家庭在子女抚育中和生活资料生产中的两性分工都趋于淡化，甚至完全消失，这不仅是一两个失独家庭出现的现象，而是所有失独家庭都会出现的现象。

（二）夫妻权力意识淡薄

夫妻的权力地位是夫妻关系中的一个重要方面，传统社会中一般遵循的"男主外，女主内"性别分工和"男尊女卑"性别权力地位，这表明，传统社会中夫妻之间的权力地位不是均衡的；然而随着现代化、女权主义的发展，妇女的家庭地位获得一定程度的提升，这从侧面又表明，虽然家庭权力是家庭中自发权衡的结构，但是从社会发展趋势上看，家庭权力地位仍然是夫妻争取的资源。然而对失独者而言，由于家庭结构出现了重大改变，丈夫不再专注于家庭发展大计，妻子也不再顾及家庭生活琐事，表现出夫妻权力意识淡薄化趋势。

1. 一般家庭中夫妻对权力地位的关注

目前的研究大部分指出夫妻之间的关系其实处于一种不平衡的状态，传统社会中是男性主导，而随着男女平等意识的提高，女性权力逐渐上升，甚至在有些地方超过男性。无论在哪一个发展阶段，夫妻之间总有一方处于权力优势地位。

（1）传统社会中夫妻之间"男尊女卑"的权力地位格局

就传统社会而言，权力分配模式是男性在异性恋中占主导地位，对所有重要的事情发号施令，相反，一旦女性拥有更多的发号施令的权力，那么她们反而会对自己拥有的权力感到紧张。① 社会学对家庭权力的研究主要有两种思路：权力资源理论和权力规范理论。权力资源理论起源于社会交换论，该理论认为社会经济资源尤其重要，② 家庭中拥有更多社会经济资源的人对家庭的各项事务有更大的影响，此后以该理论为指导的研究发现多数传统家庭中通常是丈夫比妻子挣的钱多，所以丈夫比妻子拥有更大的权力，推而广之，拥有较多社会经济资源的丈夫比拥有较少社会经济资

---

① ［美］莎伦·布雷姆等：《亲密关系》，郭辉、肖斌、刘煜译，人民邮电出版社 2005 年版，第 253、257 页。

② Blood, R. O. and D. M. Wolf, *Husbands and Wives: The Dynamics of Married Living*, Free Press, 1960.

源的丈夫有更大的权力。①

然而对于权力资源理论，罗德曼进行了补充，他认为权力资源只有在对权力应该如何分配的看法不明确的文化中才能起作用。当文化或亚文化对权力以及谁拥有权力的规范已经很清晰的时候，就是规范在起作用了，资源就变得不太重要了，这就是权力规范理论。② 在权力分配方式上，权力规范理论强调的是文化。事实上，传统文化也是将更大的权力赋予男性，在这种文化中男性就是权力的基础，这其实就是男权制的文化，这种文化认为男性本身的这种性别属性就比其他资源都重要，从而形成了吉莱斯皮称为"种姓/阶层"的男性主导体系。

综上所述，虽然权力资源理论和权力规范理论是论述了两种不同的夫妻之间权力分配的规则。然而这仅仅是解释过程的不同，最终的权力分配模式都是男性拥有更多的权力，占据主导地位，而女性拥有较少的权力，处于从属地位，"在做重大决定时，丈夫的权力上升，而妻子的权力下降，并且妻子的权力看起来是被丈夫授予的，而且仅限于琐碎的日常决定"。有研究者如是概括，其实这两种理论的解释仍然具有一定的相通之处，如资源文化理论认为男性比女性拥有更多的专家权力和合法权力，换句话说，男性被认为更有能力、更有专门知识，因此也更有资格对其他的人施加影响，而这些被认为拥有更多能力和专门知识的男性常常会获得更多的金钱回报，进而增加男性获得社会经济资源的途径，同时这种文化也认为女性更有人情味、更循循善诱、更招人喜欢，这就给予男性更大的托付权力——家庭决定权交给丈夫（Garli，1999），③ 这种解释方式初期使用的权力规范理论，后来又转向权力资源理论，也许更准确的表达应该是权力资源理论和权力规范理论都表明传统社会中夫妻之间的权力分配模式是男性的权力地位高于女性的权力地位。

（2）改革开放以来夫妻之间的权力地位变迁

随着现代化的变迁、女权主义发展，妇女的家庭地位获得了一定程度的提升。这一转变首先从妇女解放理论开始，该理论秉承这样的思想，认

① ［美］莎伦·布雷姆等：《亲密关系》，郭辉、肖斌、刘煜译，人民邮电出版社 2005 年版，第 253、256 页。

② Rodman, H. "Marital Power and the Theory of Resources in Cultural Context", *Journal of Contemporary Family Studies*, Vol. 3, No. 1, 1972, pp. 50-69.

③ ［美］莎伦·布雷姆等：《亲密关系》，郭辉、肖斌、刘煜译，人民邮电出版社 2005 年版，第 253、257 页。

为妇女在劳动力市场的从属地位和在家庭中的从属地位是相辅相成的，如哈特曼指出："……妇女在劳动力市场的从属地位加剧了她们在家庭内的从属地位，在家里的从属性反过来又加剧了她们在劳动力市场的从属地位。"① 鉴于这种情况，女权主义主张"……女性普遍走出家庭，从事社会生产，同时将家务劳动与儿童抚育社会化，只有这样，妇女被压迫的地位才会改变"，②"妇女要得到解放，必须走出家门，参加社会生产，参加工人运动和社会主义运动"。③ 这些观点表明，妇女家庭地位问题已经得到理论界的关注，而且研究者指出了未来的方向。

从社会实践来看，新中国成立后，国家通过立法来确立男女平等的原则和保护妇女权利的措施，营造男女平等的社会氛围，建构男女平等的主流话语。从立法上看，新中国成立后制定的第一部法律《婚姻法》就从法律层面，就婚姻问题确立了男女平等的原则，1953 年通过的《选举法》又从法律层面规定男女公民都具有同样的选举权和被选举权，特别是 1954 年颁布的第一部《宪法》更加明确规定妇女在政治、经济、文化、社会和家庭生活方面享有同男性平等的权利；从措施上看，1951 年的《劳动保护条例》规定了女工和男工享有同样的劳动保护，并对妇女产前、产后做了特殊的规定；在社会氛围营造上，通过集体化模式和自上而下宣传发动让妇女走出家庭，走向社会，开展各项社会主义建设，从而使得过去不从事生产的妇女，同男子一样，成为"社会财富的创造者"，拥有资源，获得了过去从未有过的自信和成就感，她们的政治地位和家庭地位都获得了提高；从话语上看，"生男生女都一样""女儿是父母的小棉袄"，这样对女性褒扬的话语已经出现，并广为流传，甚至连"儿子是建设银行，女儿是招商银行"这样的话语都出现了。这些男性平等政策、话语、氛围的出现极大地改善了家庭中夫妻权力地位的格局。

然而这种改善没有完全扭转家庭男尊女卑的夫妻权力分配格局，在家庭内，仍然是传统的性别角色决定，妇女的社会地位虽然提高了，但还是要承担更多的家庭琐事。这正如杨善华所说："随着妇女参与经济发展和父系父权制家庭制度的逐渐瓦解，妇女在家庭中的地位提高和对其作用的

---

① 段忠桥：《当代国外社会思潮》，中国人民大学出版社 1999 年版，第 296—299 页。

② 孙戎：《妇女地位变迁研究的理论思路》，《妇女研究论丛》1997 年第 4 期。

③ 段忠桥：《当代国外社会思潮》，中国人民大学出版社 1999 年版，第 289—290 页。

认识逐渐明晰"，① 李银河也有过类似的表达："21 世纪，中国女性会更加活跃地参加家庭外的生产活动，女性的家庭地位会因此而有所提高。"② 然而这并不是我们关注的重点，笔者只是想借此说明，无论在传统社会还是在现代社会，家庭权力地位仍然是夫妻之间争夺的对象之一；虽然在家庭个体中，夫妻之间的权力地位是通过自然协商和让渡完成的，我们无法看出夫妻之间就权力地位进行争夺的踪影，然而向前推一步，从整个社会的变迁中，就可以发现夫妻之间就权力进行争夺的痕迹。

2. 失独者权力意识淡薄化趋势

就家庭结构变化与家庭权力关系变迁而言，目前能够搜索到的文献主要有三种取向：第一，研究家庭架构从传统联合家庭到核心家庭转变时，家庭权力关系的变迁；第二，研究单亲家庭权力关系的变迁；第三，研究非常规核心家庭（夫妻一方外出务工，夫妻长期分居家庭）中夫妻权力关系的变迁。具体而言，第一种取向主要关注家庭结构从传统联合家庭到核心家庭的转变中，家庭权力的变化，如王金玲在《家庭权力的性别格局：不平等还是多维度网状分布？》中指出："传统家庭因'父母权'更倾向于父权而是'父权制家庭'的话，那么，在某种程度上可以说，当今家庭因'夫妻权'更倾向于'夫权'而更多的是一种'夫权制家庭'，丈夫是家庭中最具权力者。"③ 第二种取向主要研究从一般家庭到单亲家庭转变的过程中，家庭内部权力关系的改变，如台湾学者的论文《从结构派家族治疗看单亲家庭权力关系的改变》，谈论了单亲家庭中的权力转移、父母权威下降、子女权力跃升到权力关系改变，从而出现父母化小孩（parental child）的现象。第三种取向是研究外出务工家庭中，丈夫协议将家庭的权力让渡给妻子，从而提高了妇女在家庭中权力地位的现象。④

虽然关于单亲家庭权力关系的论述属于残缺家庭之列，这点和失独家庭相一致，然而失独家庭的结构和单亲家庭的结构又是完全不一样的。结构影响关系，可以肯定的是失独家庭内部权力关系的变化应该迥异于单亲家庭，这也就是本节需要说明的问题。很多研究都已经证明，家庭是一个

① 杨善华、沈崇麟：《城乡家庭——市场经济与非农化背景下的变迁》，浙江人民出版社2000年版，第46页。

② 李银河：《两性关系》，华东师范大学出版社2005年版。

③ 王金玲：《家庭权力的性别格局：不平等还是多维度网状分布？》，《华中科技大学学报》（社会科学版）2009年第2期。

④ 潘鸿雁：《国家与家庭互构——河北翟城村的调查》，上海人民出版社2008年版，第67—80页。

由若干子系统（subsystem）所组成的系统，这些子系统包括夫妻子系统、亲子子系统、手足子系统，同时次系统之间有界限（boundary）存在；家庭的功能是通过家庭子系统而得以实现，包括生产功能、抚育和赡养功能、教育功能、消费功能、体育和娱乐功能等。[①] 就失独家庭系统而言，独生子女角色的缺席使得依附于独生子女角色上的亲子系统缺失，同时由于家庭结构的核心化，手足子系统也不复存在。如此一来，失独家庭只剩下夫妻子系统了。在这种家庭系统中，家庭的权力地位呈现出前所未有的状态——家庭功能、夫妻互动、角色地位都呈现出新的面貌。这时，家庭有两种发展趋势：家庭解体或家庭调适。就事实情况而言，如果失独家庭没有解体的话，那么他们必须在家庭内部寻找新的平衡点，必须在现有的家庭人力与资源下寻求角色功能的重新定位或者角色功能的替补，进而创造出新的家庭分工，从而使得家庭呈现出新的权力分配格局。

（1）权力资源理论与夫妻权力地位的下降

为了清楚地说明失独家庭分工的变化，作者从传统家庭的分工开始论述。在传统婚姻模式中，男女的分工模式为男性提供了更大的权力：首先，在外上班可以使得男性获得想要资源的替代选择，而女性却没有这方面的机会（Levinger，1976）；[②] 其次，由于资源获得能力、社会交际能力的差异，未成年子女在金钱和社会关系上对丈夫尤为依赖（Law，1971），[③] 因为丈夫的经济收入是家庭的经济支柱，子女的抚育、教育、上学、盖/购房、娶媳妇等都要依赖他，而妻子没有这样的能力，这时丈夫就具有不可替代的作用，因此丈夫就拥有权力。然而独生子女死亡后，家庭的状况完全不同。这类家庭中父母已经进入老年期，且大部分已经退出工作岗位，所以丈夫不具备资源获取能力，因而权力资源理论对他们不适用，或者说资源获得差异并不能为男性失独者带来权力；此外，独生子女的死亡，意味着家庭已经没有必要为他们准备教育花费、盖/购房资金、娶媳妇费用，而这时丈夫高于妻子的资源获取能力也没有了用武之地，妻子也不会再因为考虑到为子女资源储蓄而听命于丈夫，并让渡管理自己的权力给丈夫。

---

① 邓伟志：《家庭社会学导论》，上海大学出版社 2006 年版。

② ［美］莎伦·布雷姆等：《亲密关系》，郭辉、肖斌、刘煜译，人民邮电出版社 2005 年版，第 255 页。

③ ［美］莎伦·布雷姆等：《亲密关系》，郭辉、肖斌、刘煜译，人民邮电出版社 2005 年版，第 255 页。

对上述现状进行理论分析也许更能展现失独家庭中丈夫的权力变迁。社会交换理论认为权利的获取是对有价值资源的控制，对男性失独者而言，如果他的资源获取能力是家庭所需要的，也是妻子愿意看到的，那么妻子就会因为家庭的原因，子女成家立业的考虑，遵从丈夫的意愿以获取丈夫带来的资源，从而使得丈夫拥有权力。但是从目前的状况看，失独者之间的这种"需求与被需求"的关系无法成立，所以说丈夫并没有因为自己的资源获取能力而在家庭中取得相应的权力。由此可见，失独家庭中的丈夫再一次失去了权力资源理论给他们带来的获取权力的机会。

> 现在孩子都没有了，我们要那么多钱干什么呀？我留给谁呀？我现在的愿望就是在我有生之年将我挣到的钱都花了，所以现在每年都要出去旅游几次，马尔代夫、泰国、新加坡等国家我都去过。（20110112CDB）

这段资料表明，男性失独者已经不再看重资源获取能力，对他们而言，资源已经失去了原先的效用。因此通过资源获取而得到家庭权力的逻辑在失独家庭中是失效的。

那么独生子女死亡后，失独家庭中的母亲的权力地位出现什么变迁呢？事实告诉我们，独生子女死亡后，妻子的权力地位并没有因为丈夫权力的降低而得到改变。因为权力资源理论认为，权力地位的获得必须掌握对方所需要的资源，而对于失独母亲来说，她们没有外部资源，或许仅有的资源也是女性抚育子女时所特有的温柔、细腻、更富有感情、更循循善诱，然而独生子女的死亡，使得她们这仅有的资源也失去了作用的对象，此其一。其二，在一般家庭中，丈夫由于性别特征的限定，需要依赖妻子抚育子女，料理家务。从这一点来看，妻子掌握了丈夫所需要的资源，然而独生子女死亡后，丈夫也不再需要妻子照顾子女、料理家务，因此妻子也没有掌握丈夫所需要的资源。其三，这也是最重要的资源——生育能力资源。我国传统文化中一般遵循的是父系继嗣（patrilineal descent），即从父系的血统来追溯祖先的继嗣方式，[1] 因此家庭的丈夫尤其看重家庭血脉继嗣。独生子女死亡后，他们最看重的资源也就是"替代性子女"（replacement child），然而这时候的妻子已经失去了生育能力，也就是说她们并没有掌握丈夫所需资源——"替代性子女"的能力。

---

① 周大鸣：《文化人类学概论》，中山大学出版社 2009 年版，第 150 页。

他出去找（年轻配偶），你能说什么，说的不好还要离婚，那么这个家就彻底完了……有本事你也给他生一个呀……不能生，那还说什么，还不让他想办法生……算了都这么一大把年纪了，只要他不带到家里来就行……如果他们真的带一个孩子回来，还会帮他照顾的。（资料来源：根据若干受访者的叙述整理而成）

从材料中可以发现，独生子女死亡后，妻子不具备生育能力，没有掌握丈夫所需要的资源。这时候她们忍气吞声，甚至不惜牺牲自己的利益维护丈夫的家族利益。这同时表明，独生子女死亡后，妻子没有因为丈夫权力地位的下降而改善自己在家庭中的权力地位。

综上所述，独生子女死亡后，家庭面临着一系列的变故，如家庭资源获取能力的丧失、家庭资源效用的改变、夫妻双方资源获得能力的下降、资源利用能力的缺失等，无论是丈夫还是妻子都没有掌握对方所不具备的而且是对方特别需要的资源，因而导致双方权力地位同时下降。

（2）权力动机理论与夫妻权力意识的淡薄

中国人存在一种"恋权情节"，其本质是对权力的崇拜和趋从，这就是原始的权力动机。[①] 那么应该如何测量人的权力动机呢？温特（Winter，1973）认为："权力动机是对坚强、有活力行为的兴趣，一种给人带来强烈感情冲击的渴望，一种对声望和地位的关注。"[②] 对核心家庭而言，独生子女的成长、成才、娶妻、生子，最后达到儿孙满堂就是他们的兴趣、渴望和关注所在。换句话说，这是因为关注于子女的未来发展，他们才表现出对坚强的兴趣、感情的渴望、声望和地位的关注，正是因为如此父亲才意识到在家庭中的责任和权力。从权力动机理论来看，拥有完整家庭夫妻的权力动机都非常明确：一切为了家庭、一切为了子女。

人格理论认为，人们的权力动机是不同的，有些人的权力动机比较强烈，而有些人的权力动机相对较弱。对失独家庭而言，他们权力动机的基础——独生子女已经夭亡，因此他们的权力动机也应该会发生相应的变化，但是由于存在性别分工的差异，失独者之间的权力动机变迁拥有不同的路径。

就失独父母而言，和传统多子女家庭相比，由于只有一个孩子，子女

---

① 朱永新：《论中国人的恋权情节》，《本土心理学研究》1993 年第 1 期。

② ［美］莎伦·布雷姆等：《亲密关系》，郭辉、肖斌、刘煜译，人民邮电出版社 2005 年版，第 267 页。

的角色不可能由多人同时分担，家长们将在传统社会中应该由多位子女共同完成一切任务、扮演的一切角色，都寄托在这"唯一人选"身上；同时他们对子女的情感无法分散在多位子女身上，必须全部集中在这"唯一人选"身上，在这个孩子身上倾注了全部的爱，寄予了全部的希望。然而，独生子女的死亡将他们在子女身上的感情联系割裂，从而使他/她们经历了感情的巨大创伤，丧失了对强烈感情的渴望；独生子女的死亡使得家庭失去了繁荣的根基，自己成为"绝后"家庭，这种"断子绝孙"的伤痛摧毁了他们过去的声望和地位，同时也使得他们对未来的声望和地位不再关注——这种对强烈渴望的消失，对声望和地位关注的停滞，使得他们丧失了对当前家庭的信心，看不到家庭的未来。而对强烈的感情的渴望，对声望地位的关注是权力动机的主要测量指标，当这些指标都"归零"的时候，建立其上的权力动机也将随之消失。由此可见，独生子女死亡后，失独家庭的父亲的权力动机已经不复存在。

都说母子连心，独生子女死亡后，母亲的感情寄托没有了——从"十月怀胎"到"一朝分娩"，从"咿呀学语"到"蹒跚学步"，从"读书写字"到"识理做人"，无不凝聚了母亲一生的心血和汗水，其中既饱含着母亲的酸甜苦辣，也饱含母亲对子女的期盼，甚至从情感上看，在子女未成年期，母亲和子女之间的感情超过了丈夫和子女之间的感情。从这一点看，失独母亲的权力主要依赖于子女给其带来的感情冲击的渴望（至于声望和地位的关注，笔者认为更应该是父亲权力的来源，当然个别案例除外），而独生子女死亡后，当前权力的支撑点已经不复存在了。针对母亲的权力测量指标"强烈感情冲击的渴望"已经不可能继续存在了，失独者也没有了权力动机。

综上所述，独生子女死亡后，原本家庭中存在的对坚强、有活力行为的兴趣，强烈感情冲击的渴望，对声望和地位的关注等权力动机都失去了存在的根基。这时候，失独者没有了从前的权力动机，失独家庭中，夫妻之间出现了权力意识淡薄的状态。

（3）替代选择理论与丈夫权力意识的旁落

除此之外，部分失独家庭中丈夫的替代选择也影响了家庭中的权力关系。社会交换理论认为关系中的替代性选择（CL_{alt}）会影响个体对现存关系的承诺和投入，[①] 在当前的关系中几乎没有什么替代性选择的人

① ［美］莎伦·布雷姆等：《亲密关系》，郭辉、肖斌、刘煜译，人民邮电出版社 2005 年版，第 255 页。

（CL$_{alt}$低）与替代性选择比较高的人（CL$_{alt}$高）相比，会对关系更加投入；在没有其他选择的情况下，个体会更依赖于现存的关系，"对关系越有依赖性就意味着个体拥有的权力越小"。失独者的关系中，由于存在婚姻年龄梯度挤压效应，[①] 而且丈夫在四五十岁时仍然具备生育能力，而妻子这时候几乎不具备生育能力。所以无论从婚育文化，还是从血脉继嗣的角度看，男性存在寻找更加年轻配偶的可能，而妻子的可能性几乎为零。按照社会交换理论中的替代选择原理，这时候丈夫对关系的依赖性就很弱，那么他拥有的权力就越大；然而在实际生活中，丈夫并不看重这种权力，他们仅仅将家看成一具没有精神的、没有未来的"躯壳"，他们将更多的精力放在替代性选择的寻找上。

> 大部分女性在不幸发生时，均已过了采取生育补救措施的年龄，而男性尚存生育的基础和条件，有的为求续宗嗣、繁衍后代，不惜抛家别妻，另觅能够生育的女子重新组成家庭。（资料来源：中共湖北省委政策研究室《"真空"老人需要真情关爱》2009 年 8 月 12 日）

从这份材料可以发现，独生子女死亡后，部分丧子父亲并不看重家里的权力，他们更多的是在家庭系统之外，寻找新的配偶；而妻子考虑到家庭的处境、种族的延续，一般是睁一只眼闭一只眼，甚至还愿意抚养"非婚生子女"。

由此可见，独生子女死亡后，丈夫虽然拥有替代选择给自己带来的权力，但是他们不看重这种权力，而是在家庭之外寻找更年轻配偶，以寻求"替代性子女"，这就造成了权力意识的旁落。此外，还有一种现象存在，即经济收入越高的男性，越不看重家庭的权力，主要体现在男性对家庭的大事的决定权上显得没有以前上心；而女性在其传统的领域——家庭内部琐事管理也没有以前上心。

综上所述，独生子女死亡后，夫妻双方对家庭失去了希望、失去了感情、失去了对家庭声望和地位的关注，所以他们又失去了权力动机，最终导致失独家庭中夫妻权力冷漠的状态。

---

① 婚姻梯度挤压效应：婚姻低度挤压指的是由于男女比例失调，同龄适婚女性短缺，剩男就从低龄女性中择偶，挤压到一定程度，就去其他相对落后地区择偶的现象，比如常说的"老夫少妻""城里哥找乡下妹""越南新娘"等都是婚姻梯度挤压的结果。

（三）夫妻情感与性的疏远：从抱怨到疏离

随着社会的变迁，现在家庭关系中，传统社会中受到压抑的感情和性已经得到正确的对待：夫妻感情已经超越家庭利益成为维系家庭的主要因素，"性生活"也走出从前被歪曲被压抑的时代，成为决定婚姻质量最重要的指标之一。这表明"感情"和"性"是夫妻关系的重要组成部分。然而，即使在这种"强调人性""强调自由"的时代，独生子女的死亡也在顷刻间扭转了夫妻对感情的膜拜、对性的幻想。这说明独生子女死亡的作用超越了现代化对人性自由的鼓吹，导致失独者情感与性的疏远。

1. 失独者之间感情的疏远

夫妻感情关系是夫妻关系的心理要素，它同思想关系一起，构成夫妻生活的交往形式。夫妻感情关系源于人的生理因素和多种社会因素，其中共同的思想文化素质，共同的价值取向和生活追求是最基本的社会因素。夫妻感情是维系婚姻关系的纽带，夫妻感情是否破裂是衡量婚姻关系的唯一标准。

（1）感情是现代夫妻关系维系的纽带

一般而言，传统家庭的夫妻感情较为淡薄，夫妻之间只有劳动中的分工协作关系和日常生活中的谦恭礼让关系，那时人们不太重视夫妻间感情的培养与交流，同时感情对多数夫妻而言，是既陌生又无足轻重的，这一方面是因为传统社会夫妻关系的建立并非基于感情，另一方面是因为，传统社会的亲子关系是家庭中的主要关系，夫妻关系处于次要地位。就夫妻关系的建立而言，无外乎是父母之命、媒妁之言，在这种情况下婚前完全陌生的一对男女被以夫妻的名义强行拴在一起，甚至结婚之前也未曾见面，在这种情况下的婚姻是毫无感情可言，当然也没有产生感情的可能性与机会，如果要说有感情的话，那也是产生在婚后，通过家庭培养起来的；其次，家庭中亲子关系重于夫妻关系，如刘备说"妻子如衣服"就说明在传统社会妻子的地位较低，费孝通也先生曾说，"夫妻间的共同生活要到生了孩子之后才正式开始，在他们看来从结婚到生育之间的一段时间是实现夫妻关系的预备"，"夫妻关系以亲子关系为前提"，[1] 在这种文化背景下，夫妻关系更多地体现为合作关系——在社会公认之下，约定以永久共处的方式来共同担负抚育子女的责任。[2]

---

[1]　费孝通：《乡土中国》，上海世纪出版集团 2007 年版，第 477 页。

[2]　费孝通：《乡土中国》，上海世纪出版集团 2007 年版，第 444 页。

这表明，传统社会中人们把家庭的需要和利益放在"首要位置"，把个人的感情追求置于"从属位置"，正如恩格斯所说："古代所仅有的那一点夫妻之爱，并不是主观的爱好，而是客观的义务；不是婚姻基础，而是婚姻的附属物。"① 这种责任性和义务性的感情关系，决定了婚姻的低感情性。直到今天，这种无感情基础的婚姻在农村地区以及一些不发达地区还比较普遍。国内一项调查显示，"在甘肃农村地区，被调查者对婚姻幸福的自我评价较低，他们中因爱情而结合仅占 10.4%，婚前互不了解没有任何感情的占 58.3%"。② 除了感情基础外，传统社会的感情表达也是十分含蓄的。那时备受推崇的夫妻关系是"相敬如宾、举案齐眉"，也就是说丈夫对妻子要客客气气、妻子对丈夫要恭恭敬敬——这简直就是上下级关系，何谈乐趣。对于这种情形，费孝通先生在《乡土中国》中也有论述，他指出："中国人的情感生活是相当含蓄的，在两性交往方面，夫妻之间总是把自己的情感披上一层厚厚的幕布，即使彼此间感情十分强烈，也用厚厚的外罩罩住它，行为相当规矩，这被称为'暖水瓶式'的内热外冷情感方式。直到 20 世纪 40 年代，乡下夫妇大多还是'用不着说话'，'实在没有什么话可说的'。"③

总之在传统婚姻中，夫妻之间"礼多于情，义多于爱，生育重于一切"，同时夫妇之间处于一种既不平等也不正常的关系之中，丈夫不会去疼妻子，妻子也不能爱丈夫，夫妻双方只能例行公事，不能产生私情。

随着人类社会的进步，社会化大分工的开始，家庭的功能逐步社会化，如家庭的教育功能由学校承担，家庭的生产功能由工厂承担。这种转变使得家庭生活的中心不再是家庭经济和生产、不再是孩子的抚育和培养，从而使得夫妻有更多的时间、经历和兴趣放到两人的情感世界的营造中，两性之爱因此获得更多发展的可能和空间。有学者如是总结这种变化："随着物质生活条件改善，经济发展程度提高，夫妻感情关系在家庭中越被人们所重视，家庭作为满足两性感情需求的功能也就越凸显。"这表明随着社会的发展进步，思想文化素质的不断提高，爱情关系已在夫妻生活中由"从属位置"上升为"首要位置"，并成为婚姻的基础，尽管人们对爱情的理解不同，追求层次也各不相同，但多数人向往着那种彼此能

---

① 　中共中央编译局：《马克思恩格斯选集》第四卷，人民出版社 1982 年版，第 72—73 页。

② 　徐安琪：《世纪之交中国人的爱情和婚姻》，中国社会科学出版社 1997 年版，第 69 页。

③ 　费孝通：《乡土中国》，上海世纪出版集团 2007 年版，第 444 页。

够为对方着想的无私爱情，这使夫妻感情步入高情感阶段。①

（2）独生子女死亡夫妻之间感情的疏远

独生子女的死亡，父母失去了他们生命中最重要的部分，同时也失去了自己的未来。这种损失是巨大的，但是究竟给夫妻关系带来了什么样的影响？目前的研究还比较有限，Nixon 和 Pearn（1977）通过调查 29 个子女因溺水而死亡的受访者发现，7 个受访者在子女死亡后出现分居状况，② 这表明，在西方文献中夫妻关系确实受到子女死亡的影响。就我国的情况而言，笔者实地调研后也发现失独者中很多人之间的夫妻关系亲密度出现下降的趋势。

很多受访者说，子女死亡后，他们非常痛苦，精神处于压抑的状态，言语身体都不听自己使唤，以至将自己封闭起来，不能和外界进行交流，包括自己的配偶。如一位父亲说，"突然，所有的东西都不一样了，世界变得一团糟，人总是恍恍惚惚的，甚至有时候人站在你面前也没有注意到"；笔者通过调查发现，"当孩子刚去世时，失独者中的一方试图和对方进行交流时，往往会引起对方的哭泣，最终导致令人不安的沉默。夫妻之间经过几天的观察后发现，这时候即使不谈及子女，勉强与对方进行其他方面的交流都会给对方带来悲伤。这时候为了避免引起双方的悲伤情绪，最好的办法是面对对方的时候强颜欢笑，将悲伤藏起来，等到只有一个人时再发泄"。访谈中，有受访者如果表达当时的心情，"我担心如果提起不该提的事情，会让对方情绪有波动……感觉我们就像在冰上行走，生怕说错一个字让对方号啕大哭"。总而言之，丧失独生子女后，夫妻双方的悲痛情绪，加上避免对方再次陷入悲伤的考虑，导致了夫妻之间交流的中断，并且这种中断或长或短，短的延续几天，长的甚至要延续几年。这种交流中断的情况，让夫妇双方觉得像是生活在两个世界的人。③

---

① "高情感"指的是一个允许人们把自己多样化与多层次的情感表现出来、发泄出来，这意味着高情感不仅在内涵上是一种高层次的情感，也是一种能充分宣泄和表达的情感。参见潘鸿雁《国家与家庭互构——河北翟城村的调查》，上海人民出版社 2008 年版，第 82 页。

② Nixon, J. and J. Pearn, "Emotional Sequelae of Parents and Sibs Following the Drowning or Near-drowning of a Child." *Australian and New Zealand Journal of Psychiatry*, Vol. 11, No. 4, 1977, pp. 265-268.

③ Schwab, R., "Effects of a Child's Death on the Marital Relationship: A Preliminary Study." *Death Studies*, Vol. 16, No. 2, 1992, p. 148.

女儿死后的头两三个月里，我们没有说话，感觉我们之间的关系中断了……然而我们仍然一起做事……几个月之后，我们开始说话——一天晚上，我们睡得很晚，我哭了，抱在一起哭三四个小时，从那时起，我又开始说话了。［资料来源：Schwab, R.（1992）. Effects of a child's death on the marital relationship: A preliminary study. Death studies, 16, 148］

老两口常常一天也说不上两句话，以前最喜欢谈论的话题是女儿，最重要的话题也是女儿。而现在想说，不能说，谁也不愿意去触及心中那个巨大的痛。（资料来源：《中国经济周刊》2009-06-01）

但是有时候他脾气又不好，说吵就吵，说闹就闹，一下子闹起来就不讲道理的，摔东西，打东西，但是过了那一会，一转眼一下子就好了，一下子就好像就，就就就，就什么都没有了。哎老婆老婆我对不起啊，是我不好，但是那会就是控制不了，然后就瞎搞。还不是，就是那次把一个电扇一下子打到我手上去了，我一避，我一避没打到我脑袋，就打到我腿上去，搞得一个疤，到现在我腿上的疤都消不掉，一下子砸下去，搞掉血淋淋一大块皮。（20101125SXR）

由此可见，文献资料和经验材料都表明子女死亡后，夫妻关系变得紧张，有时候导致分居甚至离婚。就其原因而言，主要有以下几点：

首先，夫妻一方对另一方行为的责备。如果夫妇中一个人在子女的夭亡中负有一定的责任，他们之间的夫妻关系将会呈现出极为紧张的状态。在这种情况下，一方会责备另一方因为某些行为直接导致子女死亡，或者由于疏忽大意间接导致死亡，[1][2] 而另一方也会因为自己的可能（因为很多父母进行很多假设，认为如果不是因为自己……孩子就不会走）行为，而内疚、自责，甚至部分失独者要去"陪孩子"（意思是和子女一起去阴间），因此走上了"不归路"。在这种家庭里，子女死亡原因成了夫妻之间绕不过去的心结，自卑与自责成了夫妻关系的主旋律，任何一方都无法

---

[1] Baptiste, D., "Time-elapsed Marital and Family Therapy with Sudden Infant Death Syndrome families." *Family Systems Medicine*, Vol. 1, No. 3, 1983, pp. 47-60.

[2] De Frain, J., "Learning about Grief from Normal Families: SIDS, Stillbirth, and Miscarriage." *Journal of Marital and Family Therapy*, Vol. 17, No. 3, 1991, pp. 215-223.

回避这一责任归因。夫妻关系也就只能长期保持在高度紧张的状态。

> 我们这里有一个姓党的，从小就是孤儿，后来就找了一个爱人生了一个姑娘，特别好，后来就在梨园医院里头出了事故，医疗事故。本身她就是一个肾结石什么的还是胆结石！简单一个小手术，哎，后来就把孩子的命就给丧掉了。后来男的就很悲伤很痛苦，因为当时呢妈妈是说呢到同济去看爸爸就说到梨园医院，因为梨园是对口医院，一个小手术嘛，一下子就做了，想不到一下子就把命给丧了……后来这个男的呢就觉得很自责，就好像因为他把孩子命丧了，就很自责，后来好像就是，两个好像都是，比如说是孩子好像是三月份走的吧，第二年的四月，他爸爸就走了！两个人相差不到一年！两个人都走了。（20101125SXR）

其次，夫妻双方过度敏感。独生子女死亡后，由于过度悲伤，失独父母会非常敏感。这种高度敏感性会使得他们将简单的事情复杂化，从而给夫妻关系带来更多的摩擦。Oliver 认为敏感（irritability）是正常哀伤过程中的一部分，这种情绪无法避免的。[1] 在实地调研中，笔者发现，这种过度敏感主要集中在女性身上，表现为他们对丈夫的抱怨，对其他人的言语行为过多关注，最终导致了他们憎恨自己的配偶。比如有的失独母亲会因为丈夫记不得子女的生日和忌日等特殊的节日而生气，并认为他不是一个合格的父亲，没有给子女足够的爱和帮助，甚至借此将结婚这么多年来丈夫的种种不是都翻出来，一一数落。这种时候，虽然夫妻之间正常沟通会被打乱，但如果丈夫比较宽容，能够理解妻子，并且加以安慰，那么夫妻关系还可以保持下去；然而如果丈夫也非常敏感，反驳妻子的责备，这时候就导致夫妻之间的冲突，严重的时候会演化成夫妻之间的暴力冲突。[2]

> 访问者：叔叔看上去有点内向那种，他平时参加你们的活动（WX 港湾举行的失独者的联谊会，时间为一月一次）吗？

---

[1] Oliver, L., "Effects of a Child's Death on the Marital Relationship: A Review." *Omega*, Vol. 39, No. 3, 1999, pp. 197–227.

[2] De Frain, J., "Learning about Grief from Normal Families: SIDS, Stillbirth, and Miscarriage." *Journal of Marital and Family Therapy*, Vol. 17, No. 3, 1991, pp. 215–223.

受访者：他呢，他有时候参加，有时候他不肯参加……就在家里多做一点家务事情，关键他就是比较孤独比较内向，他不愿意跟人沟通……但是有时候他脾气又不好，说吵就吵，说闹就闹，一下子闹起来就不讲道理的，摔东西，打东西。其他家庭也经常这样子的打闹，吵闹，气不过，经常这种情况，那怎么办呢？（20101202SXR）

你看我有事情就去做，没有事情我就到处乱逛，我每天没事就跑到菜场转一圈，我又不买菜，实际上有时候，我就是这里瞄瞄，那里瞄瞄。好像因为他有时候跟我吵架，我心情就烦，我就烦，就躲，没得地方躲，那么我就到菜场或是商店那里溜达一下子，等心情好点了，我再回来。回避一下这个矛盾。这样的矛盾就会越来越大，搞的就是家庭解体噻。（20101202SXR）

他这样的人还是蛮多，蛮无聊。蛮无聊，然后就发泄，两个人就扯皮，然后是冷战，然后就是十天半月的不讲一句话，谁也不理谁。（20101202SXR）

再次，丈夫自身角色冲突。这里有两种冲突影响着夫妻关系：丈夫自身的冲突，夫妻之间的冲突。就丈夫自身的冲突而言，从医学上讲，为了身体的健康最好将自己的痛苦、悲伤说出来，从社会角色期待上看，丈夫作为家里的主心骨，要在逆境中选择坚强，因而不能公开表达自己的悲伤；就夫妻之间的冲突而言，子女死亡后，父亲认为自己是家庭的主心骨，因此应该坚强起来，鼓励妻子和其他家庭成员，因此他们会努力控制自己的情感，只有在没人的时候，尤其是妻子不在的时候才会放声痛哭将自己的悲伤释放出来，而正是因为这个妻子才抱怨他们是冷血动物，对子女的死亡既不悲伤也不和她们交流失去子女的痛苦。

最后，夫妻之间对哀伤情绪表达渠道的差异。在我国的传统文化中，丈夫作为一家之主，负担着家庭的责任。独生子女死亡后，丈夫要从家庭出发，要恢复家庭的正常生活，必须让妻子走出悲伤，所以他们的努力都集中在如何走出哀伤上；而妻子却对丈夫的行为十分失望，她们认为丈夫不和自己一样悲伤是因为对孩子没有感情，因此双方出现矛盾。具体而言，一方面，丈夫想让妻子走出哀伤。他们（丈夫）认为应该理智地应对悲伤，比如重新参加工作，回归正常生活；然而，他们的妻子总是长时间地沉浸在悲伤和抑郁之中，什么事情也不做。看着这种状况，丈夫非常着急，想要帮助他们解脱出来，但是却没有办法——很多研究认为子女死亡后,他们最感到棘手的问题之一,就是妻子的悲伤①——他们感到应该做点事情帮助妻子走出当前的困境,但是不知道该怎么做,这样就逐渐导致婚姻中的紧张和压力。

有些男性受访者说:那时我的压力很大——孤单、孩子的遗留问题、工作压力、经济压力、妻子的持续悲伤,等等,全集中在我身上。面对这一切我束手无策,甚至感觉到婚姻都到瓦解的边缘。[资料来源:Schwab,R.(1992).Effects of a child's death on the marital relationship:A preliminary study. Death studies,16,141-154.]

另一方面,妻子对于丈夫不能和她一起哀伤感到愤怒。很多妻子对丈夫不能和他们一起对子女去世表达哀悼,感到压抑、愤怒和失望。他们由此认为丈夫一点也不关心自己的孩子,不关心自己,并联系到自己现在的处境:没有孩子,丈夫也这么"冷血"。妻子的这种思想,加上失去子女的悲伤,使得夫妻关系呈现一种紧张状态。

他总是尽量避免谈及女儿的事情,但是我太伤心了,想和他聊聊女儿的事情。然而他总是回避……这样让我觉得就像只有我还记得女儿,他却忘记了。(20101208HXX)

女儿去世后,我快疯了。我不仅数落他照顾女儿时候的过失,而且也数落他现在的沉默寡言。对他的表现我十分恼火,甚至我都在想当初我为什么要嫁给他呀。(20101208XHZ)

其实这主要是丈夫和妻子在对待哀伤的方式上的差异,丈夫为了避免谈到子女这一伤心的话题,往往通过喝酒、工作或其他方法让自己不停下来。只是很多妻子由于太过悲伤,并没有察觉这一点,只是想着丈夫应该和自己采取同样的哀伤方式怀念孩子。

2. 失独者之间性生活的下降甚至中断

(1)性在夫妻生活中的重要作用

夫妻性生活是情感的载体,是指一对夫妻间所发生的性关系,以及与性有密切关系的心理、情调、行为和习惯等。在封建社会,性欲被当成罪

---

① Oliver,L.,"Effects of a Child's Death on the Marital Relationship:A Review." *Omega*,Vol. 39,No. 3,1999,pp. 197-227.

恶，要求人们必须抑制，性行为仅仅是为了"后嗣"，为了传宗接代——"性即罪恶""性即淫秽"，成了这一时期道德的主旋律。那时的性和爱是分开的，或者说根本就没有爱，那时的性只是为了延续生命——男性主要是为了延续自己的基因，而女性主要是为了传宗接代。任何人公开谈论"性"通常都会遭到异样的有色眼光，男性会被怀疑"放纵"，女性则被认为"轻浮"。总之封建社会实行的是"性禁欲主义"，性道德观念可概括为——"性欲为恶，禁欲为善"。

随着西方自由主义思想的深入，以及中国女性解放的深入和女性主义的抬头及女性学研究的展开，"性"逐步走下"神坛"，成了可以自由讨论的普通事物。学术界对"性生活"的内涵和外延才进行深入的挖掘，其中有关性生活与婚姻的关系是学界讨论的主要领域。西方国家的研究表明，性生活是否和谐是影响夫妻关系的重要因素，性生活不协调，会导致夫妻关系冲突，甚至离婚；与此同时，国内也有许多研究表明，性满足与婚姻美满程度是联系在一起的，虽然绝大部分人承认性生活不是婚姻的全部，但确实是对婚姻感到满足的最重要条件之一。① 具体而言，男性的性满足可以进一步提高婚姻的满足，也就是说男性的性满足能够导致爱情，对女性而言，婚姻不满足就谈不上性满足。这表明，爱情与性生活虽然是两种不同的概念，只有把爱情与性生活两者完美地结合在一起，才是获得美满婚姻的根本保证。就性生活对婚姻的影响而言，有研究者指出："性生活和谐融洽会使得夫妻感情得到升华，产生一种特别的亲密感和信任感；反之，如果性生活不和谐，双方得不到快感，会使得感情发生隔阂，产生矛盾甚至冲突，甚至会导致婚姻的破裂。"其中，性满足是指性快感体验、性感受交流、性抚爱时间、性生活频率、感情交流和日常的性亲昵等六大要素，其中夫妻间的亲密感情既是灵肉交融的基础和前提，也是美好性生活的必然结果，对性满意度的影响甚至超过性频次、性快感等性互动方式和生理体验。②

（2）失独家庭中夫妻之间性生活的下降甚至中断

独生子女死亡后，父母的生活出现了很大的变故，其中性生活的下降最为明显。Lang 和 Gottlieb（1991，1993）通过研究发现失独父母和非失独父母在婚姻亲密度、婚姻满意度指标上没有显著的差异，然而在

① 严炬新、黄静洁：《现代人际关系》，重庆出版社1988年版，第141页。
② 徐安琪：《性生活满意度中国人的自我评价及其影响因素》，《社会学研究》1999年第3期。

性亲密度上面却表现了极大的差异，失独父母在子女夭亡后的性生活明显减少。①

就研究现状而言，我国对子女死亡的研究比较少，更不用说是独生子女死亡父母的性生活研究。在这一点上，西方学术研究已经走在我们前面。就西方的文献而言，很多研究都指出子女死亡对父母的性生活存在极大的影响。Oliver（1999）发现独生子女的死亡对夫妻性生活产生极大的影响，主要表现在性生活的质量下降、频次降低，甚至没有性生活。②Johnson（1984—1985）通过访谈 14 个子女去世一年的父母发现，竟然有12 对夫妻在子女去世后一段时期内都没有性生活，这个时期有长有短，短的有几个月，长的直到现在也没有。③

同时研究也发现，对于男性和女性而言，子女死亡后他们对性生活存在不同的态度和需求。就态度而言，男性希望通过性生活得到身心的放松，与妻子保持亲密关系，而女性则对任何形式的身体接触尤其是性生活失去兴趣；就需求而言，男性的性需要比女性要高很多。④⑤ 这时候，如果一方需要从性生活中得到放松和安慰，而另一方认为在这种时候都无法克制自己，还有心情过性生活，真是无法容忍，存在这种思维差异的夫妻极有可能出现性中断。⑥ 需要说明的是，这种态度和需求的差异并非个别，已经成了一种普遍现象，Fish（1986）通过研究指出，失独者中60%的母亲和40%的丈夫在独生子女死亡后，存在严重的"性压力"，妻子因

---

① Lang, A. , and L. Gottlieb, "Marital Intimacy in Bereaved and Nonbereaved Couples: A Comparative Study", in D. Papadatou and C. Papadatos, eds. *Children and Death*, New York: Hemisphere Publishing Corporation, 1991, pp. 267 - 275. 或者参见 Lang, A. and L. Gottlieb, "Parental Grief Reactions and Marital Intimacy Following Infant Death." *Death Studies*, Vol. 17, No. 3, 1993, pp. 233-255。

② Oliver, L. , "Effects of A Child's Death on the Marital Relationship: A Review." *Omega*, Vol. 39, No. （3）, 1999, pp. 197-227.

③ Johnson, S. （1984-1985）. Sexual Intimacy and Replacement Children after the Death of a Child. *Omega*, 15, 109-118.

④ Lang, A. and L. Gottlieb, "Marital Intimacy in Bereaved and Nonbereaved Couples: A Comparative Study", in D. Papadatou and C. Papadatos, eds. *Children and Death*, New York: Hemisphere Publishing Corporation, 1991, pp. 267-275.

⑤ Schwab, R. , "Effects of a Child's Death on the Marital Relationship: A Preliminary Study." *Death Studies*, Vol. 16, No. 2, 1992, pp. 141-154.

⑥ Schwab, R. , "Effects of a Child's Death on the Marital Relationship: A Preliminary Study." *Death Studies*, Vol. 16, No. 2, 1992, pp. 141-154.

为抱怨而缺乏"性趣",丈夫则抱怨性关系减少。[①]

很多研究者发现,子女死亡后,父母性生活的下降主要是由于以下几种原因:第一,在这种悲伤的时候不能过性生活。Johnson（1984—1985）通过研究发现,很多人在子女死亡后非常需要性生活,然而一想到死去的子女,就会为自己的这种"龌龊想法"而内疚。还有一些受访者认为既然孩子死得这么早,这么痛苦,我们也不应该再享受快乐,否则就是对不起孩子。第二,性生活让他们想起夭亡子女,感到内疚。这是因为性生活和生育是联系在一起的,而生育和子女又是联系在一起的。子女夭亡给他们带来空虚、怀念、失望和悲伤等令人不安的情绪,通过上述联想的转换,他们在性生活中也难免会浮现上述不安的情绪,进而无法进行性生活。[②] 第三,经历丧子的巨大悲伤之后,父母对未来子女能否存活都表示怀疑。他们不想再经历丧子的悲伤,所以就不想再生育子女,因此也就不想再过性生活。[③] 第四,对子女的"内疚感"。还有一些失独父母认为子女死亡是代他们受罪去了,这是除了悲伤外,父母性生活降低的另外一个重要原因。[④][⑤]

就我国的独生子女死亡的父母而言,他们的性生活状况更加糟糕,他们性生活的空白期更长,内疚感更高,笔者在访谈中也发现了类似个案。

> 不瞒你说,这事情都快过去四年了,我们都未过夫妻生活,为什么? 因为根本没有心情,你想想,他有时候想做,但是我马上就会想起 MW（夭折儿子的名字）,到最后也只好不了了之。（资料来源: 杨晓升《只有一个孩子——中国独生子女意外伤害悲情报告》,未出版,第 31 页）

儿子去世后一年多的时间里,老公都没有睡到床上过,天天蜷在

①　Fish, W., "Differences of Grief Intensity in Bereaved Parents", in T. Rando, ed. *Parental loss of a child*, Champaign, IL: Research Press Company, 1986, pp. 415-428.

②　Schwab, R., "Effects of a Child's Death on the Marital Relationship: A Preliminary Study." *Death Studies*, Vol. 16, No. 2, 1992, pp. 141-154.

③　Schwab, R., "Effects of a Child's Death on the Marital Relationship: A Preliminary Study." *Death Studies*, Vol. 16, No. 2, 1992, pp. 141-154.

④　Fish, W., "Differences of Grief Intensity in Bereaved Parents", in T. Rando, ed. *Parental Loss of a Child*, Champaign, IL: Research Press Company, 1986, pp. 415-428.

⑤　Johnson, S., "Sexual Intimacy and Replacement Children after the Death of a Child." *Omega*, Vol. 15, No. 2, 1984, pp. 109-118.

沙发上睡觉（你看，一米八的个子缩在那么小的沙发睡觉多难受呀）……那事（性生活）……根本没有，他每天借酒消愁，哪有那份心情呀。（20110111ZLX）

如果说上述访谈资料属于个案材料，不具备推广性的话，那么下文中针对湖北省失独者的调查可能就能说明问题。问卷设计的思路是将失独者的性生活现状和以前独生子女健在时进行对比，调研结果如下：

表 21　　　　　　　　　失独者的性生活现状分析

	频次	百分比（%）	累计百分比（%）
从无或偶尔有	90	31.14	31.14
很少有	132	45.67	76.82
经常有	62	21.45	98.27
总是如此	5	1.73	
合计	289	100.00	100.00

从上表中可以看出，失独者中，目前从无、偶然有或者很少有性生活的比例高达 76.82%，这表明大部分失独者性生活已经大不如从前，具体而言，目前从无或很少有性生活的比例达到 31.14%，目前很少有性生活的比例达到 45.67%，只有 1.73% 的人反映独生子女死亡后，他们的性生活没有变化。

夫妻性生活的中断必然会促使婚姻在其他方面的压力产生，[1] 在访谈过程中，一位丈夫这样描述自己的经历，"女儿去世后，我们的性生活完全中断了，我感到夫妻关系已经逐渐趋向封闭并被束之高阁"。从理论分析的角度看，夫妻男女双方对性的不同态度会导致性生活的中断，乃至夫妻关系陷入危机。

二　直系亲属关系稀疏化

直系亲属包括"己身所从出"和"从己身所出"两部分，主要包括父母、祖父母、外祖父母、子女、孙子女、外孙子女。对于失独者而言，他的"从己身所出"部分，即子女、孙子女、外孙子女不复存在，仅剩

---

[1]　Schwab, R., "Effects of a Child's Death on the Marital Relationship: A Preliminary Study." *Death Studies*, Vol. 16, No. 2, 1992, pp. 141-154.

下父母、祖父母和外祖父母，同时由于本书的研究对象是失独者，由于年龄的原因，他们的祖父母、外祖父母大部分已经不在世，因此对于独生子女父母而言，仅有他们自己和父母在世。由此可见，失独者的"直系亲属关系"可以简称为代际关系。

独生子女的死亡不仅仅影响夫妻关系，而且还对代际关系造成一定的影响。西方学者的研究表明：悲伤不仅仅局限在一两代身上，事实上悲伤有一个跨代的作用机制，西方学界称之为"多代传递效应"（multigenerational ripple effect）。[①] 这种悲伤的代际传播机制影响了失独者的代际关系。

（一）直系亲属关系：失独者的安全网

正如上文所述，直系亲属是指相互之间有一脉相承血缘关系的上下各代亲属，包括祖父母、外祖父母、父母、夫妻、子女及其配偶、孙子女及其配偶、外孙子女及其配偶等。自古以来，亲属之间就是相互支持的。卢作孚认为家庭生活是中国人第一重的社会生活，潘允康认为若干个亲属家庭构成"家庭网"，该家庭网解决了现代家庭生活方式变革中所面临的风险和危机。[②] 既然一般亲属都具有风险分担机制，那么直系亲属之间更是如此。与一般亲属相比，直系亲属之间的很多资源都是共享的——由于我国传统的资源向后代传递的积攒习俗，祖辈的财富都会传承给父辈，进而再向子辈传承，因此代际之间形成了一荣俱荣一损俱损、休戚与共的共存关系。

独生子女的死亡，不仅仅是失独父母心中的伤痛，而且也是孩子爷爷奶奶外公外婆（祖父母或外祖父母）心中挥之不去的痛，尤其是对于年迈的老人而言，白发人送黑发人的痛苦更是刻骨铭心。由此可见，除去失独者自己之外，其他直系亲属，如爷爷奶奶外公外婆，也都是当事人，他们心中的痛也不可小觑。从家庭安全的角度来讲，失独者的直系亲属应该是最可靠的安全网。

（二）反馈模式转变："低水平反馈模式"和"逆向反馈模式"的出现

费孝通先生把中西家庭模式总结为西方的"接力模式"和中国的"反馈模式"，在接力模式下，上一代有抚育下一代的责任，下一代却无赡养上一代的义务，一代代只向下承担责任，就像接力跑步一样；而在反馈模式下，每一代在抚育下一代的同时，都承担赡养上一代的义务。反馈

---

① Dermer. C. M. and J. W. Lamberti, "Family grief." *Death Studies*, Vol. 15, 1991, pp. 363-374.

② 潘允康：《家庭网和现代家庭生活方式》，《社会学研究》1988 年第 2 期。

模式符合儒家思想，"父子"关系成为儒家"五伦"中仅次于"君臣"的重要伦理要求。由于这种反馈模式的思想深入人心，所以"养儿防老"成为普通中国人首选的养老方式。潘鸿雁通过对华北农村的研究表明，农村上代的给予和下代的还予大致均衡。① 因此中国人在代际反馈模式中遵守均衡原则。然而西方研究表明，独生子女死亡后，44%的父母和36%的（外）祖父母感觉到双方的互动模式发生变化。② 这表明，子女死亡会重塑代际关系，更何况是独生子女死亡。

1. 低水平反馈模式

对于失独者而言，由于独生子女具有唯一性，独生子女死亡对家庭产生的动荡应该远远大于西方多子女家庭。具体到中国的代际关系而言，代际反馈主要指对其父母的家庭赡养，主要包括资源供应即提供老人衣食等生活资源，生活照料即照顾老人的日常生活，精神慰藉即给老人精神上的安慰和关心。研究表明，独生子女死亡后，失独者对父辈的资源供给、生活照料和精神慰藉都不同程度地减少。

> 材料一：我们原来是和父母一起住的，但是孩子走了（死亡）后，我就搬出来了，不想让老人看到我们总是唉声叹气的样子……父母都是姐姐她们照顾，我们逢年过节过去看看他们。（20110909WZB）
>
> 材料二：我丈夫家有兄弟四个，就数我的儿子最有出息，考上军校，当了飞行员；但是孩子走了，孩子的（外）祖父母接受不了，几个人在家就天天哭呀闹呀，后来，爱人的弟弟把父母接走了……老人一看到我们就流泪，我们也尽量少去……现在都是弟弟在照顾老人，弟弟说以后爸妈就他们照顾，我们管好自己就行了。（20110101WMS）
>
> 材料三：我爸爸是武汉市有名的骨科医生，家里6姊妹，哥哥继承了爸爸的手艺开了一个骨科医院，妹妹他们也做些和骨科相关的生意，他们的家庭经济条件总体上还是不错的……我的儿子去世后，母亲（现在已经去世）常常过来看我，母亲已经没有经济来源了，在

---

① 潘鸿雁：《国家与家庭互构——河北翟城村的调查》，上海人民出版社 2008 年版，第 102 页。

② James, J. J., "Bereaved Families: a Comparison of Parents' and Grandparents' Reactions to the Death of a Child." *Omega*, Vol. 25, 1992, pp. 63-71.

家里遇到困难的时候，总是让其他兄弟来帮我，比如孩子的丧葬费，就是母亲让哥哥带来的，当时我们家的条件确实很难很难……母亲临终前说，最放心不下的就是我。（20110112ZLX）

"白发人送黑发人"不仅仅是父母的痛，也给（外）祖父母带来肝胆俱碎的体验。这时候对于（外）祖父母最好的精神慰藉就是有关孙辈夭亡的宽慰。而失独者这时候仍然沉浸在丧子的悲痛之中，同样的悲痛体验使得子代很难给（外）祖父母进行有效的精神慰藉，相反，由于中国的传统文化中存在"折寿"① 的观念，这反而会加重（外）祖父母的精神负担，因此失独者对（外）祖父母的精神慰藉处于空白状态。同时空间距离的延长也使得失独者对（外）祖父母的精神慰藉几乎难以进行。这是因为独生子女死亡后，（外）祖父母几乎已经不再和失独者住在一起，因此后者已经无法对（外）祖父母进行精神慰藉。

除了精神慰藉外，研究表明失独者对（外）祖父母的资源供应和生活照料也在减少。这并不是失独者故意为之，其中（外）祖父母在这种反馈模式形成过程中起到了至关重要的作用。西方研究表明父母哀伤主要集中在独生子女死亡身上，而（外）祖父母的哀伤主要集中在他们的子代即死亡孩子的父母身上，② 这种哀伤主体的变化决定（外）祖父母对子女关注程度的提高，正如材料三中所说，独生孙辈死亡后，该孙辈的父母永远是（外）祖父母最放心不下的子女，因此养老时也会尽量减少对该子女的依靠；同时这种依靠减少不会影响他们的生活质量，因为失独者几乎都是五六十年代出生的人，那时的家庭并没有计划生育，一般家庭都有几个孩子，这种多子女性为（外）祖父母的养老保障提供了选择性。当某一孙辈夭亡时，（外）祖父母便会更换赡养主体（见材料二），以减少对丧子子代的依靠，降低丧子子代的负担。这表明，独生子女死亡后，子代对（外）祖父母资源供应和生活照料的减少。由此可见，独生子女死亡后，亲子之间的反馈模式呈现出低水平反馈的趋势。

2. 逆向反馈模式

费孝通先生认为中国家庭是反馈模式，指的就是上一代具有抚育下一

---

① 折寿：封建迷信认为人的寿命是一定的，家庭内部老人的寿命越长，就可能会折了年轻人的寿命，导致年轻人夭亡。

② James, J. J., "Bereaved Families: a Comparison of Parents' and Grandparents' Reactions to the Death of a Child." *Omega*, Vol. 25, 1992, pp. 63-71.

代的责任，就是下一代具有赡养上一代的义务。尤其是到了（外）祖父母晚年的时候，子代更加应该履行赡养上一代的义务，如果在（外）祖父母年老体衰的时候仍然是（外）祖父母抚育子代，那就没有遵从反馈模式，笔者称之为逆向反馈。独生子女死亡后，对（外）祖父母而言，有两种逆向反馈：第一，由（外）祖父母向子代提供生活资料、生活照料和精神慰藉；第二，有（外）祖父母动员其他子女向遭受丧子的子代提供生活资料、生活照料和精神慰藉。

俗话说"十个手指头伸出来还有长短呢"，对（外）祖父母来说，孙辈死亡的这个子女何止是短了一截，简直就是"断指"之痛，"手心手背"都是肉，面对遭受如此灾难的子女，（外）祖父母怎能无动于衷。

> 材料四：他妈妈身体还好，年前还给我们拿了些腊肉、香肠过来……孙子走了，再也没有看到爸妈爷爷奶奶笑过，他们可疼这个孙子了……老了老了，孙子还走了……现在还放心不下我们，能动就过来看看，不能动就让那个其他兄弟过来看看……香肠，其实我姐姐也给我们准备了，但是，那是老人关心我们，有什么东西都给我们准备一份。（20110113ZLX）

西方研究表明，孙辈去世后，53%（外）祖父母会改变对子女的情感。[①] 笔者认为这种改变使得他们重新评估该子女的人生历程，重新将该子女看成未成年人，再次认识到自己的责任，因此在生活中不仅不要求该子女对自己尽赡养的义务，而且仍然不遗余力地帮助该子女，如材料四所述，逢年过节，父母不仅没有给（外）祖父母准备年货，反而是（外）祖父母主动给父母准备年货，这就是资源供应反馈。老人的力量毕竟有限，除了（外）祖父母的直接反馈外，（外）祖父母还动员他们的其他子女，即失独者的其他兄弟姐妹，对遭遇丧子之痛的子女进行救助。这就形成了一种以（外）祖父母为中心，其他子女参与的，针对失独者的逆向反馈机制。

（三）赡养结构转变：赡养义务弱化，赡养频次稀疏

"抚育与赡养"其实是每个人在人生不同阶段应尽的责任与义务，其中"赡养"是父母年迈后，子女必须履行的义务，但是对于失独者而言，

---

① James, J. J., "Bereaved Families: a Comparison of Parents' and Grandparents' Reactions to the Death of a Child." *Omega*, Vol. 25, 1992, pp. 63-71.

独生子女死亡后，他们对父母的赡养义务呈现弱化的趋势，对父母的赡养频次出现稀疏的走势。

1. 赡养义务弱化

《老年人权益保障法》第 11 条规定："赡养人应当履行对老年人经济上供养、生活上照料和精神上慰藉的义务，照顾老年人的特殊需要。"①《婚姻法》第 21 条规定："子女对父母有赡养扶助的义务。子女不履行赡养义务时，无劳动能力的或生活困难的父母，有要求子女给付赡养费的权利。"② 同时，儿子和女儿都对老人负有赡养义务。由此可见，赡养老人是子女的义务，老人有要求子女赡养的权利。

然而在独生子女死亡后，失独者对自己父母的赡养义务出现弱化的趋势，而且这种趋势似乎已经形成共识，赡养人和被赡养者，包括替代赡养人都没有提出异议。由于大多数失独者都有若干个兄弟姐妹，同时《婚姻法》第 21 条规定的"问题明确"中指出："父母有多个子女的，应共同承担赡养扶助父母的义务；每位子女承担义务的多少，应当根据各个子女的生活、经济条件进行协商。"因此老人的赡养义务是由多子女共同承担的，同时也给赡养义务的增减带来契机。

> 材料一：孩子的爷爷奶奶身体还好，还能种几亩地，家里的米、菜、油都是自己种的，所以也不用多少钱……孩子去世后，他爷爷也非常难过……他要我们再抱一个，说以后我们不要你们管了，我们自己能管活自己，老了不能动了，就让 XH（老公的妹妹）照顾我们。（20101012MSY）

> 材料二：我妹夫是公司的经理，妹妹也心疼我，就和妹夫商量好了，把老人接到他们那里去住，同时也给我们花几万块钱买了个保险，这样我们老了不能动了以后每个月可领到几百块钱，能保证基本生活。（20111224ZM）

"手足"常用来比喻兄弟，兄弟姐妹之间的感情可以用"手足之情"来衡量。独生女子死亡后，不仅仅是一家的损失，失独者的兄弟姐妹也感

---

① 　参见《中华人民共和国老年人权益保障法》（1996 年 8 月 29 日第八届全国人民代表大会常务委员会第二十一次会议通过）。

② 　参见《中华人民共和国婚姻法》（1980 年 9 月 10 日第五届全国人民代表大会第三次会议通过）。

同身受。原先兄弟共同分担的赡养责任也会进行调整，即其他子女正常的家庭主动多承担赡养老人的责任，子女死亡的家庭相应少承担一些赡养老人的责任（材料二）。这种共识的形成就弱化了失独者的老人赡养责任。除此之外，考虑到该子女家庭的遭遇，（外）祖父母也会尽量自我照顾，力求不麻烦该失独者，给他们增加负担（材料一）。无论是（外）祖父母主动减少失独者的赡养义务还是其他子女分担了原本属于他们的赡养义务，结果都表明，独生子女死亡后，失独者赡养义务出现弱化的趋势。

2. 赡养频次稀疏

既然大部分失独者都不和（外）祖父母住一起，因此这时候他们之间的赡养关系不再是连续的，而是由若干个赡养事件构成，每一个赡养事件就是一个赡养行为。单位时间内发生的赡养行为数量就是赡养频次。除了用赡养义务来衡量外，还可以用赡养频次对代际关系间的赡养关系进行描述。对老年人的赡养而言主要包括资源供应、生活照料、精神慰藉等，因此对代际之间赡养频次的描述也可以主要从这三个方面出发加以描述。

　　材料三：父母在弟弟那里，他们照顾得挺好的。孩子出事后，老人总是唉声叹气的……所以，我们一般也不过去，免得他们看到我们这个样子心里更难受，何况我们这个样子不能带给他们什么。偶尔过去一趟，妈妈还说"现在我还有你们来看，等你们老了以后，谁来看你们呀"，老人要我们不要在他们身上花钱，攒点钱，留着以后老了去养老院。（20111112JXD）

由上述材料可见，（外）祖父母出于对失独者（即他们的子女）的关爱，主动要求他们不要对自己进行资源供应，而是要求他们尽量节约，为下半生的无后生活多做准备。因此失独者对亲代在物质资源赡养方面几乎是空白的；其次，代际之间的生活照料频次也十分稀疏，这是由于（外）祖父母和失独者一般不住在一起，以及（外）祖父母出于心疼子女的考虑，降低了失独者的赡养义务；最后，代际之间的精神慰藉也比较乏力。这是因为独生子女死亡不仅仅是失独者的悲痛体验，（外）祖父母也感同身受，同样的悲痛感受，使得失独者很难对老人进行有效的精神慰藉。

（四）稀疏化：失独者直系亲属关系的变迁趋势

改革开放后，我们传统的家庭养老制度发生了嬗变，但是家庭养老仍然占主要地位，① 家庭养老无非就是子女对老人的赡养，但是独生子女死亡后，失独家庭的代际关系进行了一定的调整，他们之间的赡养关系呈现出稀疏化的趋势。而这种变迁似乎已经成为一种共识，代际双方都表示默认，从而塑造了新型的直系亲属关系。

虽然直系亲属关系是失独者人际关系的安全网，但是由于直系亲属关系太过亲密，独生子女死亡后，直系亲属往往成了另外一个主要的哀伤主体。同时由于我国在传统家庭养老中老年人一直存在利他主义思维，② 尤其是当子女受到独生子女死亡这种切肤之痛时，他们会更多地为子女考虑；虽然对他们而言，子女已经成年，但是这之后仍然会激发他们的爱子（女）之心。在利他主义思维之下，失独者的反馈模式出现低水平反馈和逆向反馈趋势，赡养结构出现赡养义务弱化和赡养频次稀疏的趋势。

三　旁系亲属关系貌合神离

（一）家庭网是旁系亲属之间的主要体现形式

卢作孚对中国人际关系做过剖析，认为"家庭生活是中国人第一重的社会生活，亲戚邻里朋友等关系是中国人的第二重社会生活。在这两重社会生活中，集中了中国人的要求，规范了中国人的活动，规定了其社会的道德条件和政治上的法律制度"。③ 按照费孝通先生"差序格局"的说法，在中国的人际关系中，亲属关系是以己为中心向外推的过程中离自己最近的一层关系，因而格外重要。④ 中国人建立的日常交往便是建立在"亲情"基础之上，以情感为纽带的"人情"关系。

亲属关系包括由生育带来的血亲群体和由婚配带来的姻亲群体，在社会结构中属于传统的先赋关系范畴，它包括母亲系和父亲系。其中，父亲系是指以父亲的血缘关系为中介相互联系的亲属，包括曾祖父母、祖父母、伯伯、叔叔、姑姑、堂兄弟姐妹，母亲系是以母亲的血缘关系为中介相互联系的亲属，包括外曾祖父母、外祖父母、舅舅、姨、舅表兄弟、姨表兄弟等，这些人是构成行动者的整个社会人情关系网的基础和模本，是描述和证明社会文化变迁的重要指标之一。近年来对亲属关系的研究集中

---

① 李云智：《改革开放以来我国传统家庭养老制度的嬗变》，《学术交流》2006 年第 7 期。

② 毕文章、马新龙：《利他主义视角下的中国传统家庭养老在社会转型情境中的代际关系转变》，《高等教育与学术研究》2009 年第 4 期。

③ 费孝通：《乡土中国》，上海世纪出版集团 2007 年版，第 23—29 页。

④ 费孝通：《乡土中国》，上海世纪出版集团 2007 年版，第 23—29 页。

体现在对家庭网的研究上。潘允康认为，"家庭网一般是指有亲属关系的家庭之间所组成的社会网络，就多数情况而言，它是由可能组成联合家庭的几个独立核心家庭之间所组成的一种特殊社会组织，具有特殊的结构和功能。家庭网作为'社会网'的一种，源于亲属关系，而区别于其他社会网，其成员之间具有较密切的关系和较强的内凝聚力。"① 它最大的特点是相对独立性——也就是说"处于家庭网中的各个家庭是相对独立的，他们在保持各自独立生活方式的前提下，以日常生活中的频繁交流和相互救援为其主要特征"②。就家庭网的组成成分而言，包括父母家庭、已婚的兄弟姐妹家庭、亲家家庭、姑、叔、姨、舅家庭，以及其他血亲、姻亲关系家庭。潘允康认为，中国家庭在现代化的过程中正在经历一个小型化的过程，核心家庭已经成为家庭的主要模式，③ 然而核心家庭过度小型化，不能满足人们抵抗风险的诉求，而"家庭网为现代人提供了一种扩大的家庭形式，它类似家庭，但不是家庭，其特殊的结构功能使它存优去劣，既灵活地适应了现代生活方式的要求，又在一定程度上解决了现代家庭生活方式变革中所面临的风险和危机"④。可见家庭网是小中有大，大中有小，以小为主，它的出现迎合了现代人的家庭观念。

在从传统走向现代化的过程中，核心家庭成了当今社会家庭的普遍形态，然而并没有削弱家庭成员和亲戚之间的在伦理、感情、互助等方面的紧密联系，反而人们对亲属的依赖性更趋强烈。如阎云翔通过对黑龙江省下岬村的调查发现，"该村自 80 年代以来，中国农村分家的时间已大为提前，系列分家已经成为家之再生产的主要形式；然而这两大变化使得80 年后新建立的核心家庭缺乏独立性，同时比较脆弱，在实际生活中迫切需要外来的支持和帮助，而夫妇双方的父母则是最直接最可靠的帮助来源，所以在母家庭与子家庭（新分家的核心家庭）之间很自然地有一种紧密关系；此外，分家之后的子家庭，由于越来越多的男性青年到大城市寻求工作，他们的妻子不得不承担起生产与家务双重担子，这时候子家庭之间（包括分家单过的兄弟家庭，也包括已婚并单过的姐妹家庭）也形

---

① 潘允康：《家庭网和现代家庭生活方式》，《社会学研究》1988 年第 2 期。

② 潘允康：《家庭网和现代家庭生活方式》，《社会学研究》1988 年第 2 期。

③ 潘允康：《中国家庭网的现状和未来》，《社会学研究》1990 年第 5 期。

④ 潘允康：《家庭网和现代家庭生活方式》，《社会学研究》1988 年第 2 期。

成了相互支持与合作"。① 潘鸿雁在翟城村的研究中发现,"当非常规核心家庭中的男性外出打工后,在日常生活和家户交往中,亲属关系是家庭留守妇女的重要支持和依托"②,彭希哲、梁鸿通过对苏南的研究提出了家庭网生活圈的概念,将亲属关系与其他社会关系视为家庭的不同层级的生活圈,其中近亲构成了家庭生活的一级生活圈;③ 郭虹认为,由亲子关系延伸而形成的(父)母家庭与子(女)家庭的联系也备受重视,几乎每个核心家庭事实上成为以母家庭为核心的网络家庭中的一员。④ 其实抛开这些文献研究,我们从内心也能感觉到从前兄弟姐妹之间的血浓于水的亲情,在 20 世纪五六十年代,大部分家庭都是多子女家庭,那时的城市家庭中,一般父母都要上班,农村家庭中父母也要按照劳动力挣取"公分",以争取足够的口粮养家糊口,所以那时的父母一般都比较忙。以大带小,是最常见的,很多时候,姐姐在给弟弟喂饭,还要吹一下,以免烫伤——这就是亲密无间的兄弟姐妹,血浓于水的亲情。

由此可见,随着家庭结构的小型化,以及传统社会向现代工业社会的转变,家庭核心化趋势并没有削弱由父亲家庭、母亲家庭、兄弟家庭和姐妹家庭组成的家庭网,同时也没有削弱家庭成员之间在伦理、感情、互助等方面的紧密联系,使得人们对亲属的依赖性更趋强烈。

(二)旁系亲属形式上对遭遇不幸的兄妹更加关注

正如彭希哲提出"家庭常常是人们生活中唯一的保障来源。这种保障形式以家庭为核心,以血缘关系、亲属关系和其他社会关系为纽带,相互联接和支撑,构成了家庭保障的社会基础和表现形式"。⑤这种家庭保护网由四层组成,第一层家庭保护网由生活紧密型家庭组成,一旦某一家庭面临生活风险时,首先依靠家庭成员的共同力量来抵御、承担和分摊,如果这种家庭仍然力量不够,就动用第二层家庭保护网,该层是由家庭的近

---

① 阎云翔:《家庭政治中的金钱与道义:北方农村分家模式的人类学分析》,《社会学研究》1998 年第 6 期。

② 潘鸿雁:《对非常规核心家庭实践的亲属关系的考察——以翟城村为例》,《新疆大学学报》(哲学人文社会科学版)2006 年第 6 期。

③ 彭希哲、梁鸿:《家庭规模缩小对家庭经济保障能力的影响:苏南实例》,《人口与经济》2002 年第 1 期。

④ 郭虹:《亲子网络家庭——中国农村现代化变迁中的一种家庭类型》,《浙江学刊》1994 年第 6 期。

⑤ 彭希哲、梁鸿:《家庭规模缩小对家庭经济保障能力的影响:苏南实例》,《人口与经济》2002 年第 1 期。

亲和好友组成，是家庭生活的一级生活圈。在这一圈层中，互相帮助不仅仅是基本的行为准则，而且负有道义上的责任，因此旁系亲属是家庭保障的重要补充力量。

就失独家庭而言，这种撕心裂肺的伤痛已经远远超过第一层保护网络，即他们家庭成员所能承受的范围，这时失独者已经悲痛欲绝，丧失了思维能力，手足无措。独生子女死亡后，按照中国的传统习惯，需要举行葬礼，而葬礼礼仪是中华五千年传承下来的一种特殊文化，主要包括安葬、殡仪、举哀等，这些又牵涉了经济安排、场地安排、人员安排、墓地选择等，此外，如果是意外死亡，那么还涉及现场勘查、刑事诉讼等一系列复杂的事故处理过程，这些事务都需要一个专门的人（俗称"主事"）进行统一安排，统一调度。而这时的失独者，无论从感情上，还是体力上，都已经不具备这方面的能力，这时往往旁系亲属帮助失独者操持家庭重大活动。

> 我儿子走的后事，包括到外地去（处理车祸），都是她的弟弟，她的亲戚，她的姐夫和侄女儿（姐姐的女儿），专门赶到现场去办的，一直把遗体，按道理遗体不允许，遗体运输的，想办法弄到武汉来安葬的，这个，整个都是他们办的……（20111104GSR）

> 我儿子走了之后，我们连安葬的钱都没有，后来是我哥哥和我弟弟带了五千块钱来，一共一万块钱，才把我儿子安葬了。（20111104ZLX）

独生子女安葬后，兄弟姐妹也感同身受，非常悲伤，他/她们心疼自己的外甥/侄儿子/侄女儿英年早逝，心疼自己的兄弟姐妹遭受了这个大的罪，因此他们加强了与该不幸兄弟姐妹家庭的来往；还鼓动自己的孩子过来和姑姑、叔叔（即失独者）说说话，试图让他们（失独者）感觉自己好像还有一个孩子在身边；甚至有的亲戚因为心疼自己的妹妹、姐姐（即失独者）而采取过继或者"两头过"（孩子是两家共用）方式将自己的孩子"送"给对方，就是想让对方继续有个念想，有个指望。

> 丧失了孩子，侄儿子侄女儿，兄弟姐妹的这样的关系都是有来往的，他们都格外安慰我们，你比如说我们两个家庭（父母双方的母家庭）的侄儿子侄女儿逢年过节基本上都要到我们这里来，有时候三不时（武汉方言，隔三岔五的意思），大哥电话来问问啦，逢年过

节买点东西来，看望我们。（20111104GSR）

像我的妹妹，我妹妹是银行的一个领导，一个办事的小领导，是吧，她银行的工作特别忙，以前孩子没有出事的时候，我们之间打电话都少啊，现在孩子出了事之后呢，有时候因公外出，车子到了我这儿呢，她还跑上来，坐一坐，说两句话，怕我寂寞，怕我思想有些过不去，她就来，平常，三不时，就想到了，要到我这儿来坐一坐，看一看。（20111104GSR）

我的大姐和三姐都抱着我哭，说"我的妹妹命怎么这些苦呀，受穷就受穷了，现在还连孩子弄丢了"，她们这是在心疼我。（20111104ZLX）

孩子走了以后，我哥哥嫂子非常心疼我，就把他们的孩子（姓名：CJ）过继给我了，现在孩子户口都在我们家，每年逢年过节我们两家都是一起过的，尤其是年三十，我们都是一起吃年饭，然后孩子在我家，哥哥嫂子再回家。（20120225CGF）

事实上，通过笔者的访谈知道，在孩子出了事之后，常情下，他们的兄弟姐妹都会格外注意都安慰他们，会更加亲热，比从前接触的更加多，逢年过节也绝对不会落下他们。这表明，独生子女死亡后，失独者的亲属，包括兄弟姐妹、姨兄弟、姨姐妹、表兄弟、表姐妹都会对他们更加关心，即使从前联系不多的亲属，也会更多地与该失独者保持密切交往，以期望能够给对方带来温暖，带来安慰。

（三）失独者与旁系亲属之间疏离感的形成

人际关系就是人们在生产或生活过程中所建立的一种社会关系。这种关系会对人们的心理产生影响，会在人的心理上形成某种距离感。人际关系的形成和维护不是关系中的某一方所能左右的，需要互动双方的投入与关注，这就涉及人际交往中的平衡问题。所谓人际关系平衡是指交往双方的需要和这种需要的满足程度以及人际吸引的程度保持平衡。如果我吸引你，你也吸引我，并且这种吸引程度相当，那么彼此之间的人际关系就容易保持；反之，如果只有一方吸引，而另一方排斥，或者双方吸引的程度相差太大，那么他们之间的关系平衡就会被打破，他们之间的关系就会慢慢疏远。

兄弟姐妹之间的关系也属于人际关系，从血缘、姻缘关系上讲，相互之间有相互帮助的道义、责任和义务；从感情上讲，他们从小一起长大，具有手足之间的亲情。因而他们之中的某一独生子女死亡，他们都会采取某种方式表达对死者的哀悼，对该兄弟姐妹表示同情、安慰和关心。然而就失独者而言，他们认为，他们心领了兄弟姐妹的这份好意，但是他们之间存在难以逾越的鸿沟，这种鸿沟的存在使得他们之间沟通的话题日渐稀少，沟通的程度难以深入，安慰难以触及他们的伤痛之处。

1. 共同话题消失，亲属互动趋于中断

社会互动必须发生在两个人或两个以上的人/群体之间，在众多互动的形式当中，语言沟通是一种最常见的社会互动。就这种互动方式而言，寻找共同的话题是沟通的关键，俗话说"见什么人说什么话"，"话题选得好，沟通无烦恼"，① 谈话是一种心理沟通，也是思想和感情的交流，好的谈话有利于解决问题、推动工作、增进了解、发展友谊，从而令人心情愉快。事实证明，选话题要注意对方的需要，比如在生活中，同病人谈治病强身，同家长谈培养子女，同青年谈发展方向，同主妇谈家庭生活，同学生谈如何提高成绩……这些话题无疑都是比较轻松愉快的。② 按照这种规则，对于老年兄弟姐妹而言，他们之间谈的话题无外乎孩子和家庭，然而这也是失独家庭的伤心之处，这就使得他们之间沟通的话题逐渐减少。

> 尽管兄弟姐妹们，在我们孩子出了事之后，一般的常情下，都会更加亲热，比从前接触得多，但是说什么呢，无非是身体好不好，几句话就完了，工作又谈不上去，她做她的工作，我做我的工作，以前呢，更多的是在一起谈谈孩子，你谈你的孩子，我谈我的孩子，是吧，我们明显地感觉到坐在一起，几句话，寒暄的话完了后，就没有话说了，这是我们最大的问题。(20111104GSR)

对于失独者而言，孩子是他们话题选择中的"地雷区"，然而孩子又是处于这个年龄段人的最主要的共同话题，这样，失独者和他们的兄弟姐妹就没有什么共同话题可言了，比如工作、健康、天气等都不足以作为持久沟通的共同话题，正如受访者 GSR 所说"能和他的妹妹说什么呢，她做她的工作，我做我的工作，我们根本对对方的工作不了解，也不感兴趣；也不能总是盯着对方谈身体健康呀"。结果导致兄弟姐妹之间见面，寒暄了几句之后，就没有什么话可以说的了。社会学理论认为"只有当

---

① 吴晶：《办事办到位》，新世界出版社 2008 年版，第 95 页。
② 吴晶：《办事办到位》，新世界出版社 2008 年版，第 96 页。

一方的社会行动促动了另一方的社会行动，社会行动在两者之间发生了往来，也就是说双方产生了作用与反作用，才是社会互动，严格地说，单方面无私的馈赠算不上社会互动"，① 在这里，失独者的兄弟姐妹对他们的关照、安慰就类似于这种单方面的馈赠，但这绝对不是互动。总之，独生子女死亡后，失独者和他们的兄弟姐妹之间的共同话题消失，社会互动趋于中断。

2. 互动难以深入，仅停留在寒暄层面

按照常理来说，独生子女死亡后，亲戚朋友一般都会加强与该失独者的联系，用社会学的话语来说，就是增加相互之间的互动。然而互动的参与者会在不同的环境里产生不同的行为。对于失独者与兄弟姐妹等亲属之间的沟通而言，这时的氛围就是哀伤，这时候如果他们的亲属提起有关"孩子""死亡"的话题，势必会影响失独者的心情，并将互动带入更为尴尬、更为悲凉的境地，因为失独者会根据互动的具体情景来理解对方发出的信息，并做出相应的回应，可以预见的是这种回应终究是凄凉、悲伤之类的主旋律。

然而对于失独者而言，独生子女死亡是他们心中永远的痛，如果要安慰对方就需要对症下药。对独生子女父母而言，对他们的安慰应该围绕"孩子""死亡"之类的话题，然而这些是他们的亲属极力回避的话题，他们认为说起这个话题就会勾起当事兄弟姐妹的回忆，触到他们的伤心之处，因此在和当事兄弟姐妹交流的时候总是避实就虚地绕开"死亡""孩子"之类的有关独生子女死亡的敏感话题，而这正是失独者需要的话题，这种话题的偏离就导致他们之间的互动难以深入。

> 像我妹妹是比较敏感，很聪明的，她尽量不谈孩子，她不谈，但是有时候我都要问问，儿子这段时间怎么样呀，学习怎么样，谈的肯定……说内心话，谈了两三句，就不可能深入了，一谈到，我必然会，头脑里必然会联系到自己的孩子。(20111104GSR)
>
> 我们跟我们的亲戚当中兄弟姐妹说实话也沟通不了，用他们的话说就是他们的孩子呢他们的孩子怎么、怎么幸福、怎么幸福、怎么找到好工作，不管是国内还是出国呀！都是谈一些这么高兴的事情，知道吧！所以我们听到他们讲这些高兴的事情！知道吧！所以我们听到这些高兴的事情！他们越高兴，我们心里想着无意中就伤害了我们。

---

① 李斌：《社会学》，武汉大学出版社 2009 年版，第 61 页。

（20101125SXR）

　　就是我的亲哥哥，他就住在教学设备处，我嫂子现在还住在那儿，她孙女高中毕业后到美国读书去了，他就叫他的孙女经常在网上和我来交流，叫我爷爷了，他就想告诉我们（儿子不在了）还有个孙女在，让我们也有这种感觉……他孙女（即我的侄孙女）也是觉得没有多少话聊。嫂子每次都跟我说，你这段时间和这个 LH（侄孙女的名字）说话没有，网上说话没有，我就说我打了，没有打通，老是这样说，从内心来说，通了之后，也没有多少话说……不想跟他们聊，也没有什么好聊的。跟他们谈，确实没有话说，感觉没有话说，就是这样的，特别是和自己兄弟姐妹们在一起，也是没有话说。

（20111104GSR）

　　因为要回避有关"孩子""死亡"之类的话题，失独者的亲属见面，包括其亲属的主动上门慰问，也只能停留在寒暄的层面——问问对方身体怎么样，吃饭情况，睡觉状况，有没有需要帮助，类似的话语和口气，就连当事人都觉得他们之间没有话说，如上文中的 GSR 就告诉我们"说实话，说了两三句，就不可能深入了"，往往形成一种"别扭"的感觉。意识到这种情况之后，亲属会动员更广泛的人和失独者联系，其中最多的是安排孩子来沟通，一方面考虑对方失去的正是孩子，让孩子过去和老人沟通，可以弥补对方没有孩子的缺憾，说不定还能重新捡起天伦之乐；另一方面，孩子作为社会互动的角色之一，可以免去自己去陪当事人时面临的尴尬。然而事实证明，失独者表示"和孩子也没有话说"，比如有位失独者告诉我们"我妹妹就经常叫他儿子一个人到这儿来看我们，他来了又说不上几句话，因为他还不习惯于和老人拉家常，也没有多少话说"。

　　由此可见，亲属之间对敏感话题的回避，从而将沟通局限于寒暄层面，使得失独者和他们亲属的沟通只停留在表面，无法进行更深入的沟通，同时更换孩子作为互动对象，虽然想让对方有一种"孩子还在"的感觉，但是孩子并不太擅长和老人谈话，因此这样的沟通也只能以善意开始，以草草收场结束。上述分析表明，失独者和兄弟姐妹等亲属之间由于对敏感话题的回避，只能停留在寒暄层面，难以深入。

　　3. 精神慰藉的乏力，亲情关照勾起伤痛

　　"孩子"是老年人一起聊天常见的话题，关于孩子的孝敬、忤逆、结婚、生子，都是喜闻乐见的聊天内容。"孩子问题"既是老年人聊天的主要内容，同时也是他们之间的最大差异之处：就失独者而言，他们认为即使兄弟姐妹对他们很好，加强了对他们的关心、照顾和慰问，但是失去独生子女那种撕心裂肺的伤痛，是他们所体会不到的，丧子处境也是他们所体会不到的，因此他们是"局外人"，并没有了解他们心里真正的痛苦，所以他们的精神慰藉也是徒劳的，或者是事倍功半的，用一位受访者GSR的话说"他们（兄弟姐妹等亲属）的关爱是亲情上，有一定的道义和责任，谈不上精神慰藉"。甚至有些人还认为，他们的到来虽然是一种亲情，但是这种亲情容易勾起我们对儿子的思念，反而加重了我们的伤痛。

> 但是我们最大的顾忌是什么，看不得，不能看到他们的孩子，我们在一起谈话的过程当中，尽管他们有时候也很警觉，但是有时候，或多或少，不自觉的时候就会谈到孩子，因为现在老人们，像我们这样的年纪，都很大了，兄弟姐妹都差不多大了，谈起来都是谈孩子的事情，是吧，孩子呢，怎么样啦……一谈到孩子，我们就没有话说了……一谈到孩子本来谈得很好，一下就没有话说了，我们谈什么呢，这就是我们最大的顾忌，所以从我们内心来说，我们不情愿多跟自己兄弟姐妹打交道，一打交道就谈到自己的孩子，最近我们有个网名叫冬云的，她的这个姐姐弟弟，兄弟几个，一个在西安，一个在上海，有一个在南京，就约她去玩的，去年还约她到上海、南京、西安去玩了的，姐姐哥哥到那里去玩，今年她的姐姐哥哥们又邀她到南京上海一起玩，家里的条件比较好，据说她的哥哥还是上海什么大学的校长，但是她一到那儿呢，就和我们说浑身不自在，去的时候呢就和我们说，我玩得不好，马上就回来的呢，怕什么呢，怕看到人家的孩子，怕看到哥哥妹妹的孩子，他们谈着就谈到孩子怎么不听话，谈到孩子怎么对他们好啊，有时候谈到不听话之类的话，你说（她）说什么呢？你说，你要处在我们这个位置上，我们该说什么话。（20111104GSR）
>
> 所以我们这群人都是这样的，相对来说，兄弟姐妹，包括亲朋好友，他一定会在我们的孩子出了事以后，一定会加强与我们的联系，对我们的关心，一般的常理都是这样的，一般的人都懂得这样的常理，但是咧，在我们内心感觉到的呢，更是一种伤痛，和他们交流没有话说，还往往形成一种别扭，虽然我们还是感觉到这是一种亲情，但是这种亲情容易勾起我们对儿子的思念，还更加重了我的伤痛。（20150501XYZ）

从上述材料中可以发现，独生子女死亡，失独者和他们的兄弟姐妹等亲属之间沟通最大的障碍还是"孩子"，不是因为自己没有孩子，而是会触景生情——"可看到人家的孩子，顾影自怜，想起自己的孩子，想起自己的处境"，甚至当亲戚回避孩子话题的时候，他们出于本能也会自然而然地问到对方孩子的状况，然而挑起这个话题之后，又发现自己无话可说。这其实是失独者的一个矛盾思想，既想在与亲戚的交谈中谈到孩子，又害怕谈到孩子。这就使得孩子成为他们和兄弟姐妹等亲属之间沟通的障碍。

换一种角度继续进行思考，失独者认为，自己的处境是独特的，自己的伤痛是撕心裂肺的，这种伤痛和处境是其他人甚至是自己一胞所生的兄弟姐妹也无法理解的。纵然他们的亲戚会持续过来安慰、探望，但他们认为这是亲情伦理、道义责任使然；其实在多次安慰、探望的过程中双方都刻意回避"孩子"问题，结果大家都发现，简单的寒暄之后，双方就无话可说；由此可见，亲属的安慰，不能够深入失独者的心田，达到精神慰藉的应然效果。

（四）貌合神离：失独者旁系亲属关系的变迁趋势

由兄弟姐妹家庭构成的家庭网具有较密切的关系和较强的凝聚力，它是现代家庭面临风险和危机的应对方式，并且这种家庭形式并没有随着个人主义、自由主义的发展而式微，反而在核心家庭普遍化的当今社会越发显得重要。当家庭网中某一家庭的独生子女死亡后，该家庭网中的其他家庭一般都是出现在第一现场，参与甚至主持料理后事，慰藉不幸家庭成员，并且在以后的生活中，一定会格外注意加强和该家庭的交往，会比以前他们之间的交往更加亲热、接触机会更多，以彰显亲情的力量。

然而在失独者认为，虽然兄弟姐妹们努力提高和自己的亲密度，提高对自己的关怀程度，这些他们的确都感觉到了，并且很感谢他们。尽管兄弟姐妹们做了这么多，他们还是感觉自己和兄弟姐妹之间越来越没有话说：首先，他们之间共同的话题消失了。人老了，兄弟姐妹的年龄都很大了，在一起谈的话题无非就是孩子和家庭。在家庭网中所有家庭的孩子还在时，他们在一起还谈一谈孩子，谈一谈孩子工作、学习、娶妻、生子，等等，然而现在其中某个家庭的孩子不在了，那么他们当着这个家庭成员（身为失独者的兄弟姐妹）的面，这个话题不能说了。然而对于老年人而言，不说这个，他们之间就没有什么话题可说了。其次，亲属之间的互动难以深入。大部分人都会认为在对方哀伤之后，最好不要提起这个话题，免得揭开对方的伤疤，让对方更加伤心。然而失独者认为，"孩子"问题才是他们最根本的痛，无论亲属说什么安慰的话都无济于事，这样他们之间的沟通也就浮于表面，没有涉及独生子女问题，这也就无法敲开失独者的心扉，因此也就达不到一定的深度。最后，亲属之间精神慰藉的乏力。失独者认为：有孩子的人是无法理解他们这群人的真实思想情感。虽然兄弟姐妹加强和自己的交往，努力安慰我们，但是他们这样做是出于亲情关爱；此外，兄弟姐妹还有家庭，有孩子，所以他们是无法理解我们的处境和思维。所有失独者认为亲属对他们的精神慰藉是乏力的，也是事倍功半的。

这些分析都表明，独生子女死亡后，失独者和他们的兄弟姐妹家庭处于貌合神离的关系：一方面，兄弟姐妹家庭想尽量安慰、关照失独者，另一方面，失独者认为他们和兄弟姐妹在沟通的时候刻意回避"孩子"话题，使他们之间的沟通难以深入，同时兄弟姐妹拥有健全的家庭，不能理解他们的真情实感，所以他们的精神慰藉也是徒劳的。笔者认为失独家庭事实上和他们兄弟姐妹家庭之间是一种"表里不一，貌合神离"的关系：表面上很关心对方，但心底里（失独者）认为这种关心意义不大。

第三节　失独者亲属关系的变迁逻辑

通过调查可以发现，失独者在亲属选择过程中血缘关系的作用大于姻缘关系，同时他们在姻缘关系调适的作用中使用利己主义，而在血缘关系调适的过程中使用利他主义，最后在亲属关系维持的过程中，交替使用心理距离和空间距离管理方法，最终使得失独者与亲属之间关系的亲密程度有所降低。

一　亲属关系的选择机制：血缘关系作用大于姻缘关系

"孩子是联系夫妻的纽带"，"血缘是联系家族的纽带"，孩子可能夭亡，但是血缘却会永远延续下去；日常生活经验也告诉我们，断绝父子关系的案例远远少于离婚的案例；由此可见，和家族成员关系相比，夫妻关系显得不太稳定。对于失独者而言，独生子女死亡后，他们对亲属关系进行重新选择的依据是血缘关系重于姻缘关系。

姻缘关系具有易解除性且替代选择收益很高的特点。独生子女死亡后，当事人在重新梳理人际关系时，夫妻关系很容易发生变故：从一方面看，姻缘关系具有易解除性，就构成要件来讲，夫妻关系双方在婚姻中的身份、地位、人格等多个方面的权利义务关系都以婚姻为要件，而婚姻是男娶女嫁的过程，换句话说，夫妻关系是通过男娶女嫁才完成的；夫妻关系完成后再通过"孩子"加以固定。① 然而，对于失独者而言，独生子女死亡，夫妻双方失去联系纽带，这时候夫妻二人就像断了线的风筝，如果没有足够的吸引力，很难再到一起。当前我国的离婚率不断攀升，传统家庭价值观受到强烈冲击，离婚者不再背负沉重的道德负担，这种文化约束机制的缺失也降低了失独者解除婚姻的成本；从另一方面来看，婚姻关系的高替代性。失独者，由于男性在婚姻解除后，可以重新寻找年轻的配偶，进而可以生儿育女，延续血脉。因此独生子女死亡后，男性配偶替代性选择的比较水平（CLalt）② 较高。因此在高收益低成本的权衡下，男性失独者在亲属关系选择过程中会倾向于放弃原有的婚姻关系。

和婚姻关系相反，血缘关系是稳定的社会关系。血缘关系是与生俱来的关系，在人类社会产生之初就已存在，是最早形成的一种社会关系。血缘关系的维持对个人具有极大的作用：首先，血缘关系的继承性。我国传统文化中一般遵循的是父系继嗣（patrilineal descent），即从父系的血统来追溯祖先的继嗣方式，③ 因此家庭的丈夫尤其看重家庭血脉继嗣。其次，血缘关系的功能性。人类学认为血缘关系是人在解决其所面临的问题时互相合作的起点，④ 因为血缘关系能够扩大当事人的资源网。再次，血缘关系难以解除性。由于血缘关系的先赋性，人为中断血缘关系会遭受巨大的伦理道德压力。何况血缘关系的中断一般不会给当事人带来任何替代性选择。最后，血缘关系是氏族社会基础，因为中国古代的政治制度也是由男权占主导地位的家族制度中派生出来的，而男权派生体系则主要是血缘关系为主。⑤ 由此可见，对血缘关系的倚重是我国的传统习俗，也是失独者的选择依据。

综上所述，由于姻缘关系的高替代性和易解除性，以及血缘关系的传承性、功能性、难以解除性等，失独者在亲属关系选择中，遵循的是血缘关系重于姻缘关系的逻辑，倾向于重视血缘关系而轻视姻缘关系。

---

① 比如费孝通先生在生育制度中就指出，云南花篮瑶族的婚姻关系是在孩子出生后才算正式缔结。

② ［美］莎伦·布雷姆等：《亲密关系》，郭辉、肖斌、刘煜译，人民邮电出版社 2005 年版，第 255 页。

③ 周大鸣：《文化人类学概论》，中山大学出版社 2009 年版，第 150 页。

④ 朱炳祥：《社会人类学》，武汉大学出版社 2009 年版，第 87 页。

⑤ 陈炎：《多维视野中的儒家文化》，山东教育出版社 2006 年版，第 35 页。

二 亲属关系的调适机制：利己主义和利他主义共同作用

利己主义和利他主义是行动者采取社会行动时所秉承的动机。就失独者而言，他们在亲属关系调适的过程中同时使用了利己主义和利他主义原则，尤其是在针对特定"利益"时，这种利己主义和利他主义原则就表现得越发明显。

> 失独者 ZQ 和哥哥嫂子对自有房产的争夺。ZQ 是在学校里面当幼儿园的老师，工资也挺高的，也 4000 多块钱呐，有一套 130 多个平方（米的房子）吧。她当时因为小孩一出事，她受不了，她有糖尿病知道吧，当时她哥哥嫂子起了心，看着她条件是很不错，孩子也没有了，身体也相当不好，就对她照顾得挺好的。同时，就住进了她的家，那个 130 多平方米的房子。住进去以后呢，又逐步逐步地找她借钱，借 20 万说侄儿想买个车，她也借了，还写了条子了，写了便条。后来是时间久了就去要，之后 ZQ 有点紧张了，就跟她哥哥说"我那个 20 万的条子呢？"她哥就说不见了找不到了，她哥哥就说"我对你这么好，给你吃给你喝还照顾你，你还闹，没钱还你"。这才去 WX 港湾（失独组织）起诉，房子判是判了要还给她。现在她哥哥嫂子都还住那个房子里，根本就不理她，也不还钱，ZQ 也没办法。（20151002ZQ）

利他主义是一种将他人之善作为道德行为目标的伦理学的行为理论。[1] 一般认为，利他主义是把社会利益放在个人利益之前，为了社会大利益牺牲个人小利益的行为的原则和世界观。[2] 研究发现，在房产争夺的过程中，亲属最初往往表现出利他行为，将失独者的利益放在自身利益之前，为了失独者利益而放弃自身利益，在房产博弈过程中亲属往往做出有利于失独者的行为，如上述材料中"对她照顾得挺好""给你吃给你喝还照顾你"等。利己主义（egoism）是指一种以自我为中心，原则上强调个人至上，个人本位，把一己私利的至上性，把一己私利的得失，视为道德上善恶与否的唯一标准。[3] 换言之，利己主义把个人利益作为判断自身

---

[1] 《简明不列颠百科全书》，中国大百科全书出版社 1986 年版，第 269 页。

[2] 参见搜狗百科，http://baike.sogou.com/v623056.htm? ch=ch.bk.innerlink.

[3] 罗国杰：《伦理学》，人民出版社 1999 年版，第 171 页。

行为善恶与否的根本价值尺度。研究发现，在房产争夺的过程中，亲属的利己主义可以解释为，在房产博弈过程中亲属往往做出不利于失独者而只利于自己的行为，如上述材料中"住进了她的家""逐步逐步地找她借钱，借 20 万""没钱还你"等。

涂尔干指出，利己主义和利他主义是高度简约的两种极端状态，在现实中并不单独存在，一种状态实际上包含了另一种状态。① 换言之，利己主义和利他主义在个体的行为中往往同时出现，只是出现的组合形式存在差异。亲属利他主义掩盖下利己是指亲属与失独者房产博弈过程中，亲属灵活运用"利他"与"利己"主义两种行为范式，对两者的组合形式进行巧妙变化，将利他主义作为实现利己主义的手段，在利他主义的掩盖下实现利己意图。其逻辑路径表现为三个方面，如图 4 所示。

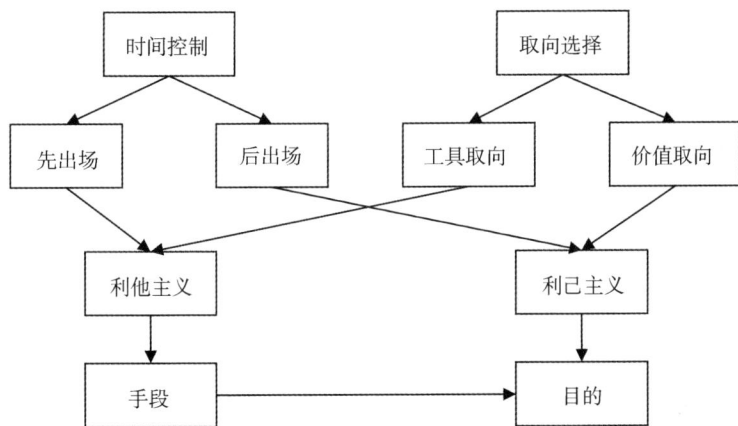

图 4　利他主义掩盖利己意图的内在逻辑

第一，时间顺序的控制。亲属采取利他主义掩盖利己意图的行动策略时，遵循"先利他、后利己"的递进性，"先"做出利他主义行为，"后"做出利己主义行为。说明亲属在采取行动策略时并不是毫无章程地展开行动，而是严格地讲究时间的先后顺序，精心把握利他与利己主义行为的"出场"顺序。

第二，工具和价值取向的选择。亲属采取利他主义掩盖利己意图的行动策略时，将"利他主义与利己主义"同"工具取向与价值取向"建立

---

① 涂尔干：《会分工论》，生活·读书·新知三联书店 2000 年版，第 195 页。

起极强的对应关系。首先，亲属选择工具取向时，做出的是表面上对失独者有益的利他主义行为，使工具取向同利他主义相对应，其关注点是如何利用利他主义实现自身特定的目的，即通过工具获得房产；其次，亲属选择价值取向时，做出的是只对自身有益的利己主义行为，使价值取向同利己主义相对应，其关注点是行动本身是否符合自我追求的绝对价值，即获得房产后给自己带来的在价值上的满足。

第三，手段与目的的构建。亲属进行"时间控制"和"取向选择"的结果指向是构建"手段与目的"的统一体，通过利他掩盖利己的操作实现争夺房产的目的。首先，手段设计的路径是：控制利他主义行为"先"出场，选择与利他主义相对应的工具取向，使时间维度和取向维度上与利他主义相匹配，从而提前将利他主义转化为"手段"；其次，目的设计的路径是：控制利己主义行为"后"出场、选择与利己主义相对应的价值取向，在时间维度和取向维度上与利己主义相匹配，从而将利己主义转化为"目的"；最后，从手段到目的的路径是：在争夺前，亲属按照利他主义原则行事，相互维系着和谐态势、保持着互惠关系，以获取失独者的信任与认可，隐性地将利他主义转化为获取房产的手段；在手段设计完成后，亲属开始利用手段去实现利己目的，不再对失独者做出利他主义行为，转而做出利于实现自己目标的利己主义行为；此时，利他主义行为消失、利己主义行为出现，即完成手段到目的的转换，实现房产争夺。

三 亲属关系的转换机制：内外边界间的弹性转换逻辑

费孝通先生在解读中国社会结构和人际关系时提出了"差序格局"理论，认为人与人之间的关系，犹如推出去的波纹一样，以己为中心，一圈圈推出去，愈推愈远，也愈推愈薄。[①] 据此，笔者将亲属的内外边界定义为亲属以"己"为中心划分人际关系的界线，使人际关系变为"亲""疏"有序的两部分，进一步把整个差序格局划分为具有"内圈"和"外圈"的圈层结构。

第一，圈层结构中的亲属内圈。亲属内圈是指亲属以"己"为中心，在差序格局的圈层中离"己"距离较近的圈层。其中，"距离较近"的判别标准是传统中国特有的"五服制度"，专指五代之内的血缘亲属（含配偶），即上至高祖一代、下至玄孙及媳一代，同代扩展至族兄弟姐妹及配偶。内圈成员之间关系的维系以价值性因素为主，相互间更多地按照利他

---

① 费孝通：《乡土中国》，生活·读书·新知三联书店 1983 年版，第 25 页。

主义原则进行合作与互助，具体表现为感情亲密、互动频繁、承担义务、讲究责任、相互获得权利等特征，如成员间面对困难时更多秉持着"同甘共苦"的态度。根据内圈的划定标准，上述案例中的失独者与亲属同处于内圈之中。

第二，圈层结构中的亲属外圈。亲属外圈是指亲属以"己"为中心，在差序格局的圈层中离"己"距离较远的圈层。外圈是与内圈相对应的圈层，其划分标准为五代血缘之外的人，即无血亲与姻亲关系的其他人，如同事、朋友与陌生人等。外圈成员之间关系的维系以工具性因素为主，相互间更多按照利己主义原则进行社会互动，具体表现出注重自我利益、按照利害关系行事、社会交换的预期高等特征，如成员之间面对困难时往往怀揣"事不关己，高高挂起"的思想。根据内圈划分标准，上述案例中的失独者相对于亲属不属于外圈成员。

个体的本质在其现实性上，是一切社会关系的总和。[①] 行为主体在处理社会关系时，基于自身所需对行为客体的位置不断调整，从而形成不同的关系网络，主要表现为"内外、亲疏与远近"等层级结构。内外边界间的弹性转换是指亲属与失独者在房产博弈的过程中，亲属对失独者的位置进行适时调整，将其弹性地置于内外边界间进行转换，从而实现房产的保护和争夺。其逻辑路径表现为三个方面，如图5所示。

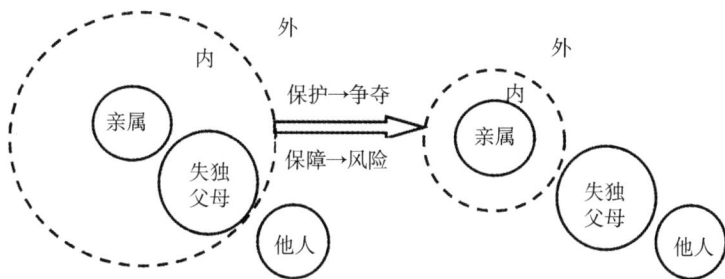

图5 内外关系弹性转换的内在逻辑

第一，时间顺序的控制。亲属采取内外边界间弹性转换的行动策略时，遵循"先内圈，后外圈"的递进性："先"将失独者置于内圈范畴，"后"将失独者置于外圈范畴。

---

① 林泰：《唯物史观通论》，高等教育出版社2001年版，第257页。

钱要搞到自己家里来。我们这里是这样的，只要房子拆迁，亲戚朋友就要来借钱，借了钱后能够赖就赖，能够不还就不还，这种现象比较多，生怕把钱贴给外人了，这个钱要搞到自己家里来。(20151002YAX)

傻里吧唧，不要把钱败光了。她姐姐看她傻里吧唧的，把钱败光了，看她还想找个老头，不想钱和房子都给别人，就划不来，就想心思，找他借钱，借20万，钱就不还。最后，就翻脸了。(20151002ZAY)

从上述材料可见，亲属先将失独者置于内圈范畴，如"生怕把钱贴给外人了"，"这个钱要搞到自己家里来"；后将失独者置于外圈范畴，如"借了钱后能够赖就赖，能够不还就不还"、"就想心思，找他借钱，借20万，钱就不还"。说明亲属在采取行动策略时，严格遵循先内圈、后外圈转换的先后顺序，"先"按照五代血亲标准将失独者置于内圈之中，而后将失独者置于外圈。

第二，工具和价值取向的选择。亲属采取内外边界间弹性转换的行动策略时，将"内圈与外圈"同"工具取向与价值取向"建立极强的对应关系。首先，亲属选择工具取向时，将失独者表面上置于内圈之中，其关注点是如何运用内圈成员之间感情亲密与责任承担等特质去实现自己的预期目的，即利用内圈关系获得房产。亲属选择价值取向时，将失独者置于外圈之中，其关注点是如何运用外圈成员之间利益关系和利害情形等特质去实现自身绝对价值追求，即获得房产后的价值满足。

第三，保护与争夺的建构。在这里，亲属进行"时间控制"和"取向选择"的结果指向是构建"保护与争夺"的统一体，通过内外圈层的灵活转换实现争夺房产目的。首先，保护房产。其路径是：先将失独者置于内圈范畴，选择有利于内圈成员的工具取向，这一阶段的工作是将失独者与房产两者都牢牢保留在内圈范畴，防止失独者与"他人"建立亲密关系，从而做好房产保护工作；其次，争夺房产。其路径是：将失独者转换到外圈范畴、选择有利于实现自身价值追求的价值取向，这一阶段的工作是将失独者与房产分离在不同的圈层，将失独者推离进入外圈场域而将房产阻留在内圈，从而做好房产争夺工作；最后，从保护到争夺。其路径是：内圈收缩与外圈扩展。在争夺前，亲属与失独者同处于内圈，内、外圈均维系着稳定态势、保持着各自的固定规模；而进入争夺阶段，亲属的内圈范围出现收缩、外圈范围出现扩展，失独者与房产两者发生圈层分离，亲属与房产一同被保留在内圈，而将失独者排除在内圈之外，从而实现房产的争夺。

四　亲属关系的维持机制：心理距离和空间距离的交替作用

就失独父母与直系亲属和旁系亲属关系的维持而言，总是给人一种"似近非近、似远非远"的感觉。这是因为他们之间遵循一种带有矛盾性的关系维持机制——"心理距离近但是空间距离远，或者空间距离近但心理距离远。"由于这种机制中的心理距离和空间距离并不一致，而是表现出非此即彼的规律，因此笔者称这种关系维持机制为心理距离和空间距离的交替作用机制。需要指出的是正常情况下，空间距离和心理距离是成正比的，从这一点来看，失独者使用的亲属维持机制是一种特殊的机制。

就直系亲属维系而言，虽然独生子女死亡后，亲代一般会搬离失独者的家庭，由其他子女照料，这时候，失独者与亲代的空间距离增大；但是亲代仍然想方设法为失独者考虑，或降低他们的赡养负担，或动员其他子女帮助他们，这表明亲代与失独者的心理距离很近；同时，失独者不想让亲代看到自己的窘迫状态，而减少探望的频次，由此可见失独者与亲代的空间距离变远，同时从失独者的行动动机也可以看出，他们的心理仍然是替亲代考虑的，因此他们之间的心理距离很近；综上所述，失独者与直系亲属关系维持的机制是失独者与亲代之间的心理距离很近，但是空间距离很远。

就旁系亲属而言，出于"缩短空间距离来拉近心理距离"的考虑，他们在独生子女死亡后一般会增加与失独者的联系，试图通过增加慰问频次对失独者起到精神慰藉的作用，如旁系亲属自己过来看看他们，或者安排自己的子女过来看看他们，或者动员其他亲属和他们聊天，等等。然而失独者却采取了矛盾性的关系维持机制，形式上与旁系亲属保持亲密的空间距离，做出接受旁系亲属的问候，并流露出十分重视、珍惜旁系亲属们慰问探望的姿态，但和他们的空间距离越来越大，表现为共同话题减少、互动难以深入，甚至有时候敷衍旁系亲属的问候，因为失独者觉得"不想跟他们（旁系亲属）聊，也没有什么好聊的"。由此可见，失独者和旁系亲属之间关系的维持机制是"空间距离近，但心理距离远"。

第四章　失独者与虚拟亲属成员关系

虚拟亲属关系是在社会关系体系中除了亲属关系之外，最亲密的关系类型，同时也是社会关系系统的重要组成成分之一。要考察独生子女死亡后，失独者社会关系体系的变化，必须对这种虚拟亲属关系的变迁进行探讨。

从理论上讲，虚拟亲属关系具有自主选择性和自由退出性，因此虚拟亲属之间的关系应该会保持相当的亲密程度。然而研究发现，独生子女死亡后，失独者对待虚拟亲属关系的调试机制是"说一套、做一套"，选择机制是"利益至上，而非是情感导向"，维系机制是"收获至上，而非是收支平衡"，在这种变迁逻辑的指引下，失独者的虚拟亲属关系出现了淡化，并且表现出"表里不一"的特征。

第一节　虚拟亲属关系的定义与类型

虚拟亲属关系是人际关系体系中除了亲属关系之外，最重要的关系类型，它具有不同于亲属关系和非亲属关系的典型特征，对于失独者而言，他们的虚拟亲属关系主要包括虚拟平辈关系和虚拟亲子关系。

一　虚拟亲属关系的定义

虚拟亲属关系不是以血缘或姻缘关系而缔结的亲属关系，而是模仿亲属关系所形成的社会亲属关系，主要包括"结拜兄弟""干亲"等，虚拟亲属也可以称为"仪式性亲属"或"精神亲属"。[1] 虚拟亲属的形成是由于"中国传统村落社会的人有一种从亲属联系出发处理同非亲属者的关

---

① 王景海：《中华礼仪全书》，长春出版社 1992 年版，第 193 页。

系以及看待整个外部世界的倾向",① 它具有中国特色，是中国文化的社交习俗。在人际交往中，用亲属称谓来称呼非亲属关系，可以缩短彼此的情感距离，使双方产生相容心理。② 这种将非亲属关系"亲缘化"的形式，不仅仅是农村的习惯，也是我国"大同世界"的文化理想，具体来说，在人际关系上表现为"不独亲其亲，不独子其子""老吾老以及人之老，幼吾幼以及人之幼""四海之内皆兄弟"等传统的大爱思想。

"虚拟亲属关系"大体可分为"虚拟平辈关系"和"虚拟亲子关系"，前者是指年龄大体相仿的人以一种虚拟的同辈关系联结，组成同辈群体，这就是社会中的结拜干兄弟、干姐妹的现象；后者是"虚拟亲子关系"，即父母为孩子认干爹、干娘、干爸、干妈的现象。这两类虚拟亲属关系都是以假想的血缘关系为纽带缔结起来的。

二　虚拟亲属关系的特征

既然虚拟亲属关系并不是以血缘或姻缘而缔结的，而是模仿血缘关系或姻缘关系进行交往的人际关系。这种"准亲属关系"既不同于亲属关系，也不同于非亲属关系，而是介于两者之间，既具有亲属关系特质，又具有非亲属关系特质。

1. 虚拟亲属关系也是一种强信任关系，通常较亲属关系要弱一些，而且稳定性要差一些。从两个角度来看：一方面，"在差序格局中虚拟亲属关系是靠近圆心的最内层，是水波纹从内向外得以推广的第一媒介",③ 因此，就信任状况而言，除了亲属关系之间的信任外，虚拟亲属关系之间的信任就是紧随其后的关系信任类型；另一方面，虚拟亲属关系之间的互惠性极强，这是因为虚拟亲属关系具有自主选择性，经过这种选择之后，能够缔结虚拟亲属关系的双方在秉性、性格、家境等方面都具有一定的相似性或互补性，因此他们之间必然处于一种强信任状态；一旦随着信任的结束，这种虚拟亲属关系也会逐渐式微，这表明虚拟亲属关系的稳定性较差。对于失独者来讲，独生子女死亡后，原本属于强信任的虚拟亲属关系，也由于独生子女的离开，而变得"渐行渐远"。④

---

① 尚会鹏：《中原地区的干亲关系研究——以西村为例》，《社会学研究》1997 年第 6 期。

② 张希玲、高政锐：《拟亲属称谓习俗的文化特征》，《边疆经济与文化》2006 年第 7 期。

③ 费孝通：《乡土中国》，北京出版社 2005 年版，第 32 页。

④ 张必春、许宝君：《失独父母社会关系变迁的"差序格局"解读——基于社会身份视角的探讨》，《四川师范大学学报》（社会科学版）2015 年第 5 期。

2. 处于虚拟亲属关系中的成员互动主要遵循"利益加感情，责任相对弱化"的原则。在传统社会中，虚拟亲属关系的缔结主要有三种情况，① 而现代社会义缘关系的维持和发展主要靠当事人及其家庭之间的正式往来和日常互动。正式往来是指在特定日子里的拜访和聚会，包括过年过节、过生日、红白喜事等。日常互动主要发生在居住较近的当事人或家庭之间，居住较远的当事人之间见面机会少，以往多采取书信联系的方式，今天网络聊天、手机微信和通话成为主要形式，而且互动频率增加。② 但是现代社会虚拟亲属关系的缔结也是血缘关系与商业活动相融合的产物，染上了更浓的利益色彩。侯红蕊认为虚拟亲属关系其实就是一种"感情+利益"的混合性关系。③ 彼此之间的责任却被放到相对次要的位置上了。

3. 个人能够从现代虚拟亲属关系中获得的社会支持是带有较强利益性质的资金支持。折晓叶在《村庄的再造》一书中指出，在已经开始工业化进程的农村，随着村庄经济活动的日益扩展，村庄内部就会发展出一种"拟似家族"的连带关系，以便扩大"外合作体系"，换句话说，"虚拟亲属关系将家族连带的关系模式移植到新扩展出的非家庭的合作体系中，以弥补传统差序格局无法满足农民对资源和合作需求的漏洞。"④ 可见，现代虚拟亲属关系的出现更多的是为农民提供一种资源和合作对象，因而农民能够从虚拟亲属关系中获取的社会支持也就带有强烈的利益性质。

三　虚拟亲属关系的分类

如前所述，虚拟亲属关系不是以血缘或姻缘关系而缔结的亲属关系，而是模仿自然亲属关系为基础的社会亲属关系。按照虚拟亲属关系双方的

---

① 第一种带有"巫术"性质，即为了使孩子健康成长、成人，而认的干爹干妈；第二种情况是，缔结干亲的一方只有男性后代或只有女性后代，一方以另一方的子女为名义上的子女，借助认干亲来实现"儿女双全"的愿望；第三种情况是，父母辈相处感情融洽，借子女认干亲以加深父母辈之间的关系。转引自尚会鹏《中原地区的干亲关系研究——以西村为例》，《社会学研究》1997年第6期。
② 李全生：《义缘关系：干亲结认现象初探》，《烟台大学学报》（哲学社会科学版）2016年第3期。
③ 侯红蕊：《中国北方农村现代化进程中家庭的作用与特点》，硕士学位论文，北京大学，1997年。
④ 折晓叶：《村庄的再造》，中国社会科学出版社1997年版，第90页。

辈分差异可以将虚拟亲属关系大致分为两类：虚拟平辈关系和虚拟亲子关系。

虚拟平辈关系是行动者与年龄大体相仿的人以一种虚拟的同辈关系联结组成同辈群体，这就是社会中常见的结拜干兄弟、干姐妹现象。这种平辈关系的建立没有明确的时间要求，可以是在未成年时期，也可以在成年以后；在虚拟平辈关系建立以后，双方就以拟兄弟姐妹的关系相处，出席对方的红白喜事，过节相互往来，农忙时节相互帮忙，等等；此外虚拟平辈关系亲密到一定程度时，也将对方的亲属视为自己的亲属，如将对方的父母兄弟等亲属也以"爸、妈、哥、弟"等称呼，壮族为了表示将虚拟亲属关系和自己的亲属关系相区分，在虚拟亲属称谓前面加一个"同"，称之为"同爸""同妈""同姐""同妹"等；① 最后，需要指出的是，虚拟平辈关系中，关系双方处于同一辈分，双方没有五伦中的"长幼有序"约束，彼此的交往秉承感情或者功利性目的。

虚拟亲子关系是给孩子认"干爹""干妈"的现象而联结的，这种关系原则上要求干子女必须是未成年人，而干父母必须为成年人。在亲属称谓上，也发生了一定的改变，子女要称虚拟亲子关系中的男性为"干爹"，女性为"干妈"，并且该干子女也与干爹干妈的亲生子女形成了新的兄弟姐妹关系，这也就是当下通过虚拟亲属关系实现"儿女双全"的理论思考之一，除此之外，虚拟亲子关系中的干爹干妈与干儿子的父母，也因为这种虚拟亲子关系的缔结形成了"亲家"关系。需要指出的是，这种关系存在于两个辈分之间，相互之间有一定的伦理规范约束，即在未成年人长大之前，要求长辈要对晚辈慈爱，在未成年人长大之后，晚辈要孝敬长辈。

四　虚拟亲属关系的重要性

虚拟亲属关系之所以能够流传下来，并成为一种文化现象，是因为这些虚拟亲属关系在维持社会有序性中发挥着不容忽视的作用，体现着某些重要的社会功能，对人的生存和发展具有重要的意义和价值。

（一）弥补亲属关系失灵

很多研究表明"亲属之间不仅具有生物学意义上的血缘关系，而且

---

① 李虎：《壮族拟亲属关系的研究——以广西马山县伏台屯为例》，硕士学位论文，厦门大学，2008 年，第 22 页。

还包含着一定的社会权利和义务"，① 在原始社会，人们就已经总结出生存的经验，即依靠团体合作性生存，这是由于条件艰苦，很多事情只有众人合力才能顺利完成，如围捕猎物、婚丧嫁娶等，那时候合作的基础是亲属关系。

进入现代社会，家庭结构出现小型化趋势，同时由于计划生育政策的实施，② 家庭结构进一步缩小，变成核心家庭（注：虽然 2016 年全国正式启动了一对夫妇可以生育两个孩子的新计划生育政策，但是由于中国的实际生育水平已经长期处于更替水平之下，城乡居民的生育意愿仅为1.93，③ 因此，"全面二孩"政策实行之后，中国家庭不会形成全部走向二孩家庭的局面）④；加上人口流动加剧，很多年轻人携家带子纷纷外出务工或者异地定居，亲属之间的联系减少。在这两种因素的共同作用下，现代社会的亲属网络进一步缩小。然而，由于传统文化的作用，血缘关系的重要性仍然是人们难以磨灭的经典记忆。为了满足这种需求，只有依靠虚拟的手段缔结更多的"虚拟亲属"关系，才能弥补当前亲属关系匮乏的局面。李虎通过对壮族的研究发现，当地有很多认干亲、寄干亲、结帮等众多复杂的拟亲属关系。⑤

下面再次借用费孝通先生的差序格局模式解释虚拟亲属的"弥补亲属关系失灵"的功能。费孝通先生曾说社会关系就像投掷石子在水面上，以自己为中心向外划出远近亲属的圈子。⑥ 亲属关系是最靠近圆心的核心圈层，但是这种核心圈层出现了稀疏化的趋势，因此可以"利用拟亲属关系与亲属关系的相近性使其能够补充亲属关系之不足，使水波可以扩展开来，在民众生活中承载起部分亲属间的责任与义务"。⑦

---

① 李虎：《壮族拟亲属关系的研究——以广西马山县伏台屯为例》，硕士学位论文，厦门大学，2008 年，第 72 页。

② 关于家庭结构小型化和计划生育政策对家庭人口规模的影响，参见本书第二章第一节。

③ 庄亚儿等：《当前我国城乡居民的生育意愿：基于 2013 年全国生育意愿调查》，《人口研究》2013 年第 3 期。

④ 风笑天、王晓焘：《从独生子女家庭走向后独生子女家庭——"全面二孩"政策与中国家庭模式的变化》，《中国青年社会科学》2016 年第 2 期。

⑤ 李虎：《壮族拟亲属关系的研究——以广西马山县伏台屯为例》，硕士学位论文，厦门大学，2008 年，第 72 页。

⑥ 费孝通：《乡土中国》，北京出版社 2005 年版，第 32 页。

⑦ 李丽媛：《民间社会中的拟亲属关系研究明》，《西北第二民族学院学报》（哲学社会科学版）2007 年第 1 期。

（二）满足儿女双全思想

宗族是由一个共同祖先延承下来的父系群体，家庭是构成宗族的最小单位。一个宗族要生存发展，就需要人丁兴旺，其构成的最小单位家庭也需要儿孙满堂，这就产生了一个现象——"继嗣"。丹尼尔·克雷格认为，继嗣就是把人们的身体和精神的某个方面在后代中保存下来[①]，同时继嗣也是权益关系的传承，通过继嗣，继承人承担了不同的责任、权利和特权，如一个人的姓名、家庭、住所、等级、财产，民族地位和国民地位；此外，传统社会中人口的再生产处于典型的"高出生率、高死亡率、低增长率"阶段，因此要想不废祖祭、保持"香火"延续，只有多生多育，生育得越多，子嗣延续的概率就越高。由此可见，长大成人、结婚生子，是子孙对祖先的神圣义务，并且已经上升为一种伦理宗教；而且在这种血脉继嗣文化中逐渐出现了"重男轻女""儿女双全""多子多福"的传统观念。而且这一理念已经被上升到文化的高度，牵涉到人生的价值、家族的未来。

综上所述，血脉继嗣、传宗接代是任何一个族群都非常重视的问题，然而随着计划生育政策的实施，只能生一个成为全社会的共识。在这种情况下，"儿女双全""多子多福"已经成为遥远的回忆，为了满足人们的这种传统理想，出现了虚拟亲属关系，即与另一家庭缔结干亲，认对方的儿子为干儿子，女儿为干女儿，这样就造成一种多子多福的情境，满足了人们对"多子多福、儿女双全"的憧憬。因此，对于失独者而言，缔结虚拟亲属关系，认另一家庭的子女为干儿子或干女儿就更具有实践意义，因为他们的独生子女已经死亡，而将其他家庭的子女看作名义上的子女，借助这种"认干亲"的形式可以维持"完整家庭"的臆想。

（三）未成年子女的保育

对虚拟亲属的这种未成年子女抚育功能来源于民间的育儿习俗，也称为"保育习俗"，在北方叫"认干爹、干妈"；在南方则称为"认寄父、寄母"，俗称"拜过房爷、过房娘"。传统社会中，婴儿死亡率较高，因此，如果一家中出现体弱多病的小儿，数胎夭折后的新生儿，或老年得子的情况后，家长怕孩子夭亡或者重蹈前一个子女不幸的遭遇，就将孩子"认"给一个多子多福的人为干爹或干妈，以祈求其健康成长、结实强

---

① ［英］丹尼尔·克雷格：《通过亲属关系的不朽：物质和象征地的垂直传播》，转引自 ［美］马文·哈里斯《文化人类学》，李培茱等译，东方出版社1988年版，第156页。

壮，或者将其"认"给人丁兴旺之家做"干儿子、干闺女"，甚至有的时候找石磨、石碾、古树，乃至妖魔鬼怪为干爹干娘。此外，从择偶到结婚再到婚后，如果出现任何不顺利的事情，一些迷信的人都会认为是某种不可控的神秘力量导致了这一结果，因此他们企图通过算命先生来沟通这种神秘力量，获得提示和化解之法，而很多时候认干亲就是算命先生口中的化解之道。①

这种习俗在我国很多地方都有，只不过称呼不同罢了。在广东称之为给子女"上契"，这时候干爹干妈被称为"契爷契妈"，在"上契"仪式上，契爷契妈要给干儿子/干女儿起名，并挂上"长命锁"（用红绳串上一串古铜钱），有时候，富贵人家也有的会赠送刻有"长生保命"等字样的金牌；② 在河南，"人们称之为'挂锁子'，因为在缔结虚拟亲子关系的仪式上有一个重要的步骤——干爹干妈要特制一把'锁子'挂在干子女的脖子上，象征性地把干子女'锁住'，把孩子'系在自己身边'，并表明这种虚拟亲属的关系固定下来了。当到了干儿子或干女儿长大结婚时，干爹干妈会亲自把锁打开，象征孩子已长大成人，可以独立行动了，不再需要干爹干妈的保护了"；③ 还有些地方称之为"寄拜"，这种情况是指一个家庭接连生了几胎女孩后才生男孩；或者接连生了几个男孩都夭殇后又生男孩。在这种情况下，"家长怕重蹈覆辙，就让该男孩寄拜一个多子多福的人为干爹，并送酒、肉等礼品；受寄拜者也要给寄拜者一些钱物。此后每至大年三十，做干爹的要给干儿子送糯米饭、肉、长命菜（连根的雪里蕻菜烧烤而成）各一碗，外加若干压岁钱"。

综上所述，由于虚拟亲属关系具有"降妖除魔"，庇护孩子成长的功能，因此社会上出现了"挂锁子""上契子""寄拜"等传统缔结虚拟亲属关系的做法，从这一点来看，虚拟亲属具有未成年子女抚育功能。

（四）人际关系"公关"

以这种"公关"功能为目的的虚拟关系缔结不是以补充人伦关系为目的，而仅仅是为了加强两个家庭之间的联系，孩子仅仅是双方联系的媒

---

① 杨松岩：《农村认干亲习俗变迁研究——以豫东葛伯村为例》，《许昌学院学报》2017年第7期。

② 南方都市报：《穗城风俗之契"倒屎婆"做干娘》，2010-7-9，http://gz.gdycjy.gov.cn/WebPages/wtyl/ftrq/201079143259234.shtml.

③ 尚会鹏：《中原地区的干亲关系研究——以西村为例》，《社会学研究》1997年第6期。

介。换句话说，即使不通过孩子与对方发生联系，也会通过其他方法与对方发生联系。作为社会关系的承载形式，虚拟亲属关系可以促进当事人之间的情感交流、发展和巩固，丰富人们的社会联系和社会交往，扩大社会的支持网络，从而对社会整合发挥积极作用。①

在这里，公关性质的干亲有三种情况，第一种情况是通过"认干亲"加深父母辈之间既有的亲密关系。这种情况发生在父母辈感情融洽，想借子女认干亲以加深父母辈之间关系的条件下。在这种情况下，孩子仅仅作为一种媒介使用，干亲关系是加深友谊、联络感情的一种手段。尚会鹏在论文《中原地区的干亲关系研究——以西村为例》中提到的 SJR 和 ZC，他们之间就是这样的关系，他们在结婚前就关系很好，结婚后各生了一个男孩和女孩，在女孩 7 岁时就结成了干亲关系，这种干亲关系就仅仅是为了加强感情而建立；②第二种情况是通过"认干亲"拉关系，就是运用建立虚拟亲属关系的机会，与别人（大部分是领导或者是掌握资源的人）套近乎，进而运用此人的关系和能力，促使自己成功，这完全是一种功利主义运用虚拟亲属关系的思维，有媒体称其为拉帮结派，攀龙附凤的"好方式"；③第三种情况是通过"认干亲"达到报恩的目的。这种现象往往出现在由于某种特殊的原因，孩子得到过某人的重大帮助，为表示不忘恩情，认恩人为干爹或干妈。这种"认干亲"的目的是让得到恩惠的孩子做恩人的子女，让小孩子长大后一辈子孝敬恩人，以回报救命之恩。比如中国青年网报道的徐忠卫勇救落水者王彬，并最终结成干亲关系就是属于这种情况。④

综上所述，虚拟亲子关系具有加深父辈之间既有亲密关系，也有和有权势之人拉关系以及报恩的目的。从这些作用来看，虚拟亲子关系具有人际关系的"公关"功能，即通过缔结虚拟亲子关系，可以加深和既有关系的联系，也可以和目标对象建立新的联系。

① 李全生：《义缘关系：干亲结认现象初探》，《烟台大学学报》（哲学社会科学版）2016年第 3 期。

② 尚会鹏：《中原地区的干亲关系研究——以西村为例》，《社会学研究》1997 年第 6 期。

③ 鲁国平：《警惕我国传统"认干亲"习俗借腐还魂》，http://ido.3mt.com.cn/Article/200801/show892857c14p1.html.

④ 中国青年网：《恩人这辈子我要好好孝敬你》，http：//www.youth.cn/wrzn/zxgz/201112/t20111221_1825436.htm.

第二节　失独者虚拟亲属关系的变迁

亲属关系虽然不可以改变，但却是可以模拟的。在我国传统文化中，当和亲属网络以外的人建立亲密关系时，人们仍习惯于以处于亲属关系的方式与没有亲属关系的人建立一种亲属联系，这种关系就是虚拟亲属关系。本书中的虚拟亲属关系有两种：虚拟平辈关系和虚拟亲子关系。

一　虚拟平辈关系不稳定

小群体理论告诉我们当行动者达到 3 人时，就可能形成小群体。当小群体内部的关系发展到一定的境界的时候，往往会采取这样一种形式来标注，即结拜为"金兰兄弟"。"金兰"一词出自《周易·系辞》："二人同心，其利断金；同心之言，其臭如兰。""金兰兄弟"又叫作"把兄弟""盟兄弟""干哥们儿"，而结拜的过程就叫作"拜把子"。从文献资料来看，结拜的目的大体有两个：一是感情好，如"竹林七贤"中的阮籍、嵇康、山涛三人，只见了第一面，便"契如金兰"；二是有共同目的，"桃园三结义"是最好的典范，刘关张用自己的一生履行了这个诺言。失独者之间也有通过"拜把子"建立虚拟平辈关系的情况，然而他们之间的这种关系不是共同的目的，而是由于感情好。

（一）亲密时相互帮助

按照传统的规矩，拜把子要经过"同饮血酒""叩头换帖""对天盟誓"等几个环节，其中"同饮血酒"就是大家都把手指割破，将血滴入酒中同饮，意思是从此血脉相连，情同骨肉，"叩头换帖"意思是从此以后要把对方的父母视为自己的亲生父母来孝敬，此外为弟的还要向为兄的磕头，为兄的也要还礼；"对天盟誓"往往是有福同享、有难同当，不求同年同月同日生、但愿同年同月同日死之类的话。由此可见，"拜把子"行动的虚拟平辈关系，虽然没有血缘关系，却拥有类似于血缘的关系，因此他们之间存在相互帮助的责任和义务。对失独者的虚拟平辈关系而言，当他们之间关系亲密时，履行了相互之间的这种权利和义务，见如下材料：

> 四姐妹，那个刘文、橄榄枝，橄榄枝叫小钮，钮宝华，还有一个叫恩，网名是，什么云娜，她们是四姐妹，她们四个人的关系是什么

撒，就像《红楼梦》里面的，是一荣俱荣，一损俱损，四个人谁也不能怎么她，要是谁对她们四个人，那么她们就会群起而攻之的。（20111104ZLX）

也许上述案例不太恰当，但正是从这种不恰当的案例中可以看出，即便虚拟亲属中的某个人的诉求不合理，其他虚拟亲属成员也会鼎力相助。由此可见，失独者确实珍惜同辈人群体中的这种虚拟平辈的关系，且重视权利和义务的履行。这表明对已经形成虚拟平辈关系中的失独者而言，当他们之间的关系比较亲密时，他们是按照亲属之间的行动逻辑展开行动，履行亲属之间的权利和义务。从这点上看，失独者中的虚拟平辈关系比较亲密。

（二）矛盾时反目成仇

由于失独者之间结拜的基础是基于感情，而感情是变幻莫测的，且失独者之间的感情具有极强的时效性，因此失独者之间的"结拜兄弟"具有极强的不稳定性。经过长期的调查，笔者发现，失独者个体之间"合的快，分的也快"，仅仅到目前为止，笔者就发现至少有十对缔结了虚拟亲属关系的失独者"反目成仇"，这些发生矛盾的人几乎都是组织内部的精英，都担任了组织内部的职务，他们在组织成立以及组织活动中都曾以兄弟姐妹相称，笔者就曾经见到他们在活动策划上齐心协力，兢兢业业，举办活动时相互帮助，然而在一些极小的问题上，他们往往就转不了弯，甚至直接针锋相对，最后导致社会联系的中断，如下文的五则案例所示：

案例一：LXR 他们又是怎么闹翻的叻，当时在 WX 港湾那边也跟 SXR 闹翻了，好像也是过年那个时候吧，也是那个时候闹翻了。（20111111XGF）

案例二：LW（号称四姐妹）后来和他们闹翻了撒，到 LX 家园去了。（20111104GSR）

案例三：TLH 因为活动经费收取问题和 ZLX 有了争执，最后 ZLX 将 TLH 群管理员的身份取消，然后 TLH 另外建了一个群，并将会员转移走，这之后他们之间形同陌路，互不参加对方活动。（20111104ZLX）

案例四：GSR 因为和 ZLX 在媒体报道时将群主身份搞错发生争执，最后互不来往。（20111104ZLX）

　　案例五：SXR 因为在媒体报道宣传主体是以个人为主还是以 WX 港湾为主发生争执，并逐渐将 ZLX 冷落，最后将 ZLX 踢出组织。（20111104ZLX）

　　从上面的案例可以看出，失独者之间的虚拟平辈关系具有极强的不稳定性。这种不稳定性是由多方面原因导致的：首先，虚拟关系建立的基础薄弱，仅仅建立在身份相同的基础之上，缺乏牢固的联系纽带；其次，相处时间较短，彼此没有深入的了解，可以说关系的建立是冲动的结果；最后，独生子女死亡的巨大创伤使失独者患上创伤后应激障碍（Post-Traumatic Stress Disorder，PTSD），表现为焦虑不安、神经过敏，所以他们的思维容易进入极端，容易出现矛盾。正是由于上述原因，失独者的虚拟平辈关系具有极强的不稳定性。

二　虚拟亲子关系形近实远

　　社会距离是现代社会学对社会关系进行分析时，常用的一个分析工具。德国哲学家、社会学家西美尔认为"社会距离就是人与人之间内在的屏障"[1]，随后帕克又对社会距离的概念进行了发展，他认为社会距离有两种：空间距离和心理距离。[2] 由此可见，社会距离是对社会关系程度进行测量的专业词汇，就其测量而言，一般认为，"行为和感情乃是社会联系的实质，人与人之间社会联系的亲疏由行为上的相互依赖程度和感情上的深浅程度来决定"[3]。

　　（一）精神慰藉为主

　　失独者具有两个典型的特征：第一，年龄较大，普遍进入老年期；第二，独生子女死亡。前者会导致身体机能的加速老化，使他们的活动范围和活动能力都会受限，后者会改变其家庭结构、家庭未来预期以及自我角色认知等。

　　失独者不仅要承受"白发人送黑发人"的精神上的痛苦，还要面临养老、医疗、污名等生活上的危机，生活意义和生命价值也会因为遭受

---

①　成伯清：《格奥尔格·西美尔：现代性的诊断》，杭州大学出版社 1999 年版。

②　Robert E. and W. B. Ernest, *Introduction to the Science of Sociology Including the Original Index to Basic Sociological Concepts*, Chicago：The University of Chicago Press, 1969.

③　费孝通：《乡土中国·生育制度》，北京大学出版社 1998 年版，第 171 页。

"失独"的巨大打击而发生改变。[①] 这种行动上的限制和精神上的压力，使得老年人心理和情绪也会出现复杂的变化，如李兰永、王秀银在《重视独生子女意外死亡家庭的精神慰藉需求》中指出，"很多失独者在唯一的孩子去世后，最大的打击是精神上的，心理上感觉与别人不一样，感觉比别人矮一截""有思想压力""村里开会也不参加"。[②] 正如一位失独受访者所说"我以为这辈子我再也唱不出歌来了"，要知道该受访者在老年大学学习的专业就是"演唱"，唱歌是他最大的爱好，也是他退休后的主要生活。由此可见，独生子女死亡后，他们的精神受到巨大打击，需要精神慰藉。

> 材料一：现在呢，我就说假如，能够结个对子啊，就很好了，这样逢年过节的时候啊，来走动一下子啊，看一下子啊，我说我心里就蛮知足啦。后来我就对这方面的消息特别敏感，所以前两次我看到报纸上有别个（武汉方言，意思是其他人）要找个什么亲情呃，我就马上打了电话。（访谈录音20101125SXR）

这种虚拟的亲子关系给失独者带来了精神慰藉，一方面象征性地"生"了一个女儿/儿子，缓解了传统社会中"不孝有三无后为大"的社会习俗压力，至少对他们独生子女夭折也是一种补偿；另一方面，干子女年轻，充满活动，和他们处于不同的年代，因此和干儿子/干女儿之间的交往能够给他们带来不一样的感受。

> 材料二：我不是在早教吧，我回去就会唱点儿歌呀，他们就会问你唱的么事呀，然后我就会唱歌他们听啦，他们就很开心啦，就在那里鼓掌，还有的时候就说以后要嫁人啦，找什么样的男朋友，一定要记得干爹干妈，接干爹干妈去呀，我就承诺，以后我一定会来看你们的。我说，工作忙的话，我就来少一些，工作不忙的话，有时间就会来看你们，你们也可以到我家来玩，条件允许的话，会来接你们的，我已经承诺了以后会有联系，就说说，会把他们当成真正的干爹干妈

---

① 徐晓军、李大干：《组织化与增能化：失独者的"自我抗争"——基于灵性社会工作视角下的思考》，《江汉大学学报》（社会科学版）2016年第1期。

② 李兰永、王秀银：《重视独生子女意外死亡家庭的精神慰藉需求》，《人口与发展》2008年第6期。

对待。（20111116HLP）①

精神是无形的，所以精神慰藉一般都是采取非物质性方式，如慰问、聊天来给予对方心灵的支持、鼓励，这种方式一般采取语言和行动，如常回去看看，聊聊天，谈谈外面的见闻，等等。访谈中，受访者多次告诉笔者，"以前没有住到干爹家去的时候有时间常常去他们家坐坐，喝喝茶聊聊天；现在住到他们家了，没有事情的时候，我也一起聊聊天，聊聊公司的事情、学校的事情、同学之间的事情，他们很喜欢听，他们自己有时候也说点亲戚邻居之间的事情"。由此可见，失独者的虚拟亲子关系给他们带来了精神慰藉。

（二）经济界限明显

社会学作为新兴学科，从其他学科借鉴了很多有用的分析工具，其中，经济学为分析社会现象提供了有力的工具。在本书中，我们从经济学角度来审视失独者的虚拟亲子关系。就失独者的虚拟亲子关系而言，他们之间的经济关系存在明显的界限：这一方面体现在较为明确的现金借贷，这种由于偶尔周转不灵，或者资金不足，而向对方进行借贷的情况还不多见；另一方面体现在礼物交换上。中国人讲究礼尚往来，这种虚拟亲子关系也沿袭了这一思想：一方会对另一方之前的馈赠进行反馈，而且这种"馈赠和反馈"活动都会将礼物折算成货币，采取等价交换的原则。正如受访者 HLP 所说，我不会占他们一分一厘的便宜。

下面几则材料都鲜明地展现出了失独者和干儿子/干女儿之间存在明显的经济界限，比如材料一中的直接经济借贷，这表明失独者与干儿子/干女儿之间是完全平等的两个经济主体，"借钱必须是要还的"，即"有借有还"，相互之间不存在像父子/母子之间的无私捐赠；材料二不是直接的经济借贷，而是礼物互动，而且这种礼物互动也遵循等价原则，这就将失独者与干儿子/干女儿之间的"经济界限"更加鲜明地表现出来了。

材料一：我把笔记本带到他们家，那天身上正好没有现金，我就跟干妈说，你先借三百块钱给我，我要牵网线，这样你也好可以看电视，她就给了我，过了一天我就给了她，（她要了）牵网线三个月是260 块钱，我给了她 300，（她没有推辞）她说要给我，我说不用了，

---

① 注：该受访者 2011 年 9 月从事幼儿早教工作，由于干妈家距离受访者的工作地点很近，所以自从 10 月开始，她在工作日会到干爹干妈家住，不上班的时候就到学校住。

不用给，她就收下了。(20111116HLP)

　　材料二：去年年底的时候，LS李阿姨说要来看我，她说她给我买了一件羊毛衫非要过来，但是，那天我有事，搞晚了，后来我就让她到武昌火车站等我，赶到武昌火车站的时候，她在那边，后来就吃了一个饭。吃完饭之后我要给钱，她非不让，当然事先我也知道，她的经济状况不是蛮好，(我) 非要给钱，她非不让，当时紧拉着，她给的钱，我就觉得不好想，回到学校之后，开学的时候，刚好有时间我就说到汉阳区看她，她说在汉口新香港路那里，我就说去看她，我就找过去了，买了两提营养品去看她。(20111111XGF)

　　材料三和材料四是受访者的主观述评，表达了他们怎么样看待他们与干爹干妈之间的关系，他们认为干爹干妈不可能给自己钱，而自己也不会要 (见材料三)，即使在和干爹干妈一起住，也会尽量注意经济利益的平衡——只要在干爹干妈家里吃住时发生的费用，都会通过其他方式进行弥补，最终达到"他们为我花的一分一厘的钱我也是会还给他们或者以别的方式怎么样给他们"(受访者 HLP 语)。

　　材料三：(访问者：那现在生活费谁给呢?) 爸妈给，以前给的多些，现在我工作了给的少些。(访问者：干爹干妈给吗?) 他们怎么可能给，他们给我也不会要哇。(20111116HLP)

　　材料四：我不会在他们家经常吃饭，早上我自己出来吃，每天我七点多就起来，他们自己在家做早餐，我中午在公司吃，晚上回去有时候他们吃完饭了我就看看有剩的吃点，没有我就自己在微波炉里面打点饭吃，或者出去买点吃。自己在外面吃的多，吃了再回去。我妈妈说在他们家吃饭，给点钱吧。但是我觉得给钱又生疏了，所以我就想等我发了工资给他们买点米啊什么的，或者请他们到外面吃饭，我觉得这样还好一些，让别人好想嘛，光给钱的话也不好，但是我也从来不会让他们给我钱，他们为我花的一分一厘的钱我也是会还给他们或者以别的方式怎么样给他们，这样我心里不会有愧疚。(20111116HLP)

　　他们之间经济界限的明显最突出的证据，是来自他们之间发生矛盾后的想法。材料五是受访者搬到干爹干妈家后，在一次交谈中，干妈就说"其他家庭的结对子都没有到家里来住"，这就深深刺痛了受访者，他就私下质疑"难道我以前送礼物给干爹干妈就是应该的吗？"意思是我现在住到你们家，你都要斤斤计较。我送你们家那么多东西，住几天也不行吗？由此可见，一旦虚拟亲子关系的一方没有按照礼尚往来的方式进行互动，那么另一方就会出现相对剥夺感。这表明，失独者之间存在明显的经济界限。

> 材料五：难道我以前每次，大包小包的拎东西去他们家，就应该那样做，所以我就觉得特别，以前拎东西从来没有在他们家吃过饭，就是在他们家坐一会儿，喝一下茶走的，难道就应该那样对他们吗？所以我觉得，（还有其他家里结对子也是这样的吗）你想你一味得到回报，就要别人付出，别人怎么想，难道他们这么大的人不知道这一点吗？我小孩子都知道。（20111116HLP）

综上所述，失独者和干女儿/干儿子之间存在明显的经济界限，这种经济界限不仅仅表现在货币形式上，而且也表现在礼物、人情等社会交换上，甚至会将其他非货币形式的社会交换，折算成货币形式，以便按照等价交换的形式进行。

（三）家务分工清晰

在传统的中国家庭文化中，有家自然就有家务活，包括买菜、做饭、拖地、洗衣服……很多研究指出，"80后"家庭"零家务"，[1] 即"吃饭去饭店，衣服送到洗衣房，打扫卫生交给钟点工……十指不沾阳春水，脑子不想柴米油，由此可见，'80后'不操持家务的；甚至还有研究发现，结婚后都是老人帮助已婚儿女承担家务劳动"[2]。由此我们可以做一个简单的判断，随着独生子女的普及，核心家庭成为家庭的一般形态，独生子女越来越少会操持家务。

然而独生子女不操持家务的情况也仅仅发生在核心家庭内部，父母和子女之间，俗话说"可怜天下父母心，只有父母会心甘情愿为子女当牛做马；同样，只有父母的付出，子女才能心甘情愿的享受"。对于虚拟亲子关系而言，他们之间还是存在比较明显的区分。如失独者和他们的干儿

---

[1] 胡晓红：《"80后"家庭"零家务"的社会学反思》，《中国青年研究》2008年第11期。

[2] 陶艳兰：《代际互惠还是福利不足？——城市双职工家庭家务劳动中的代际交换与社会性别》，《妇女研究论丛》2011年第4期。

子/干女儿之间就是如此，干爹干妈也不会主动去帮干女儿洗衣服（见材料一），即使材料中的干妈替干女儿洗了衣服，但是也有一层勉强色彩，而从这一刻起，他们自己也就注意，自己的事情自己做，而且也会主动承担部分家务。

> 材料一：有时候他们会问我呀，看到我的衣服在那儿，怎么不去洗衣服，我说，嗯，没时间，我就会这样说，我没时间，改天再洗吧。改天再洗……改天回来又没时间，然后再说，改天再洗吧……然后等改天再回来，干妈帮我洗了，洗了之后，我就会长记性……叠被子呀，什么的，我现在都会弄，起来第一件事都会叠被子……拖地呀，以前我在家里是不拖地，但是在干爹家，有时候看到干妈在拖地，自己也会主动拖地。（20111116HLP）

综上所述，失独者的虚拟亲子关系不同于一般的亲子关系，虚拟亲子关系之间有明确的家务分工——干爹干妈不会主动为干儿子/干女儿操持家务，干儿子/干女儿同时也注意自己的行为，尽量自己完成自己的工作，不让干爹干妈操心。这表明，失独者的家务分工清晰。

三　失独者虚拟亲属关系变迁的特征

从上文的分析中可以发现，独生子女死亡后，失独者的虚拟亲属关系，无论是原先的虚拟亲属关系还是新近建立的虚拟亲属关系都出现了"负向"的变迁，具体而言，这种虚拟关系之间主体不再是守望相助的主体、精神慰藉的来源，反而表现出"形式松散""界限清晰""极不稳定"等特征。

（一）形近实远：空间距离近而心理距离远

空间距离和心理距离并不是完全统一的，"母子连心"的意思就是再大的空间距离也无法阻挡心理距离，事实上，很早以前，古代智者就知道社会距离其实是空间距离和心理距离的矛盾体：一方面，现代社会借助大众传媒的发展达到了"不出户，知天下，不窥牖，见天道"的境界；另一方面，现代城市社会中出现了许多年的邻居互不认识的现象。前一案例表示空间距离远心理距离却很近，后一案例则是空间距离近而心理距离却很远。

按照社会距离的远近，可以将失独者的社会关系分为"近社会距离群体""中社会距离群体"和"远社会距离群体"。就失独者与原本近社会距离群体或亲密关系群体（如与兄弟姐妹及虚拟亲属关系）之间的关系而言，在独生子女死亡初期，在客观张力的作用下，可能转变为次亲密关系或非亲密关系，在建构张力的作用下，可能转变为非亲密关系或者断裂。① 在这里我们还是举 HLP 的例子，对这一个案而言，矛盾性社会距离的现象可以通过失独者与自己的父母以及他们和干女儿之间关系的差异看出来，先来看一段对话：

材料一（访问者与受访者的一段对话）

访问者：家家（武汉方言，意指外婆）在这里的伙食费呢？

受访者：家家自己出。

访问者：家家有退休工资，他们对家家怎么样呀？照顾得多些吗？其他亲戚怎么样呀？他们是照顾的多些吗？还是轮到我，我就照顾，轮不到我就不照顾呀？

受访者：照顾呀，他们蛮好，干爹干妈是很好的人……就是说，以前家家不住在这里的时候，他们经常去看家家，现在住在这里就更好了……怎么说呢，可能是一个外人的来说，怎么都有一个防备，我是一个外人，怎么说都有一个防备，也不是说防备，防备这个词，太……总是有那么一层……（20111116HLP）

（背景材料：受访者 HLP 住在丧失独生子女 ZCY 家里，同时 ZCY 的母亲临时住在这里）

材料二：哎，他对他的朋友啊，亲戚呀，都特别好，就是你给我一份我还你两份，不能说你两份，至少一份半，所以我就有一点点心里不舒服，可能还是就是说，他觉得认我这个女儿就是说我这个女儿去养她，可能应该这样理解吧，她觉得我认女儿，不是你在我这里得到什么好处，而是我在你这里得到什么好处，说难听点就这样子。所以每次说到这种事情，我特别的郁闷。（20111116HLP）

这是笔者在不经意中得到的一段对话，由此可见，失独者和外婆的空间距离比较远，而心理距离却比较近，比如以前不住一起时，ZCY 也经常去看她的妈妈；然而与此相反，虽然 HLP 现在天天住在 ZCY 家里，但是他们之间还是好像隔了一层，这表明，HLP 和 ZCY 虽然空间距离很近，

① 陈浩然、刘敏华：《从想象到现实：失独父母社会关系张力与断裂的逻辑》，《学术论坛》2016 年第 3 期。

但是心理距离很远!

表 22 失独者的亲子关系和虚拟亲子关系比较

	空间距离	心理距离
亲子关系（失独者和外婆）	远	近
虚拟亲子关系（失独者和干女儿）	近	远

正如受访者 HLP 所说"表面上亲热，其实双方心里都有戒备""不过一直是我给他们打电话，他们从来不给我打电话。我觉得好像走不进他们的心里""心里都隔着一层，不像和爸妈之间的关系一样，因为自己毕竟是爸妈身上掉下来的肉，三年的感情不可能超过二十多年的感情"，因此受访者告诉我"好像总是走不进对方的心里，感觉彼此之间总是隔着一层"。综上所述，失独者的虚拟关系存在表里不一的特征，即空间距离很近，但是心理距离却很远。

（二）形式松散：没有仪式，没有责任和义务

中国的传统文化十分讲究仪式，添丁进口、婚丧嫁娶，都必须举行仪式，在传统社会中，就是依靠仪式对人的行为进行约束，目前在农村甚至还认同仪式婚姻，却不认同法律婚姻。既然认"干亲"也相当于生了一个儿子和女儿，因此也属于"添丁进口"之列，仪式也是必不可少的。尚会鹏在中原地区的西村见证了一个"拜干亲"仪式，仪式过程大概是"在一个冬季，请算命先生选了一个吉利日子，在 STL 家举行了正式的认干亲仪式。SHT 夫妇置备了礼品：为干爹干妈各做一身衣服，5 斤猪肉，一副供品，带女儿来到 STL 家。仪式在上午 10 时许举行，地点是 STL 家的院子里。参加者还有双方家族中的近亲和朋友，大约 40 人；仪式的过程大体是：在院中置一方桌，桌子上摆上供品，燃上香。SHT 和 STL 先磕头，然后由干女儿给干爹干妈磕头（象征性的）。然后干爹干妈把准备好的礼物（衣料、鞋子等）交给 SHT 夫妇，并把一个黄色的'锁子'挂在干女儿的脖子上，又给干女儿的衣兜里塞了 500 元压岁钱。仪式结束后，STL 家摆宴席招待大家，意味着向大家宣布 STL 家'生'了一个女儿"①。据尚会鹏研究发现，过去认干亲的仪式更讲究："认亲的人家要给干妈做一条肥单裤，用红纸写一张文书，向神明宣布孩子归属的改变。在一个选定的黄道吉日，在院子里烧上香，念过文书。若是婴儿，还要模拟

① 尚会鹏：《中原地区的干亲关系研究——以西村为例》，《社会学研究》1997 年第 6 期。

生孩子的过程，将小儿从干妈的肥裆裤里漏下来，表示和干妈亲生的一样。孩子还要改变对父母的称呼，即喊亲生父母为'爹''大（伯母）'，或'叔''婶'，而喊干爹干妈为'爸''妈'，表明此人彻底属于另一个亲属集团了。"①

　　传统社会中，规范严格的仪式对于干亲结拜关系的确立是必不可少的。这一点无论是在古典小说中，还是在历史典籍中，都有相关记载。如"焚香摆案""换帖换谱"，充满封建性、神秘性色彩。"拜干亲"不仅是两代三个人的结合，而且也是两个家庭、两个家族的结合；不仅是两代人的结合，而且也是祖先关系的设定。而失独者拜干亲仪式是这样进行的：

　　　　材料一（一段对话）
　　　　访谈者：你们是怎么认识的呢？
　　　　受访者：我当时是学校 XGF 带我们去慰问演出，去跳舞，他当时就觉得我蛮可爱咯，这样子，眼缘蛮好，就认我做干姑娘，当时就，我当时就觉得有点害怕，我就让 XGF 跟我一起去他们家玩的，我对干爹的印象也特别好，干爹也是蛮温柔的，印象特别好。之前有一个阿姨，找到我，要我做她的干姑娘，但我对她的感觉不好，我就没有做他们家的干姑娘。后来过了一个月，就是第一次去的时候，就有一个要认我做他们的干姑娘，第二次去的时候干爹就要认我做干姑娘，所以我选择了干爹，但是我也没有想到会发展到现在这个地步啊，我当时就觉得会偶尔联系，只是感觉蛮好。
　　　　访谈者：你们举行过仪式吗？
　　　　受访者：没有，就是我常常去看他们，没有搞什么东西。
　　　　访谈者：你爸妈和他们见过面吗？
　　　　受访者：没有见过面，但打过电话，我每年回家都会给他们带点东西过来，都是我爸爸妈妈、爷爷奶奶、外公外婆给他们带的，我跟我家里人都说我有个干爹干妈在武汉，干爹干妈也知道我爸妈，但是没有见过面。（20111116HLP）

　　通过上面的访谈资料可以看出，该家庭并没有举行任何"认干亲"仪式，也没有任何拜干亲的仪式，他们之间仅仅是"干女儿"的相互走动。由此可见，失独者和干女儿之间没有吉日选取、礼品准备、亲朋道

贺、祭拜祖先、磕头行礼、交换信物、称谓改变等仪式性约束，仅仅是干
爹干妈和干儿子/干女儿之间的相互走动，甚至连亲家之间都没有见过面，
因此他们之间的关系比较松散。除此之后，他们之间的接触也仅仅局限于
一般性的精神慰藉，不参加对方的祭祀活动、节日庆典，等等，这表明彼
此没有进入对方的亲属集团（即核心圈层）。见材料二：

> 材料二：我跟他们就没有什么特别多的接触，什么大事件呀，什
> 么清明节呀，什么，我都不在武汉，我都要回家的，我这个人比较恋
> 家，一定要回家的（访谈者：他们会不会就是因为觉得你没有把这
> 儿当家），可能是的，讲不清楚，反正你每次都回家了。就像我说
> 的，要我像对爸爸妈妈一样对他们，那我是做不到的，毕竟我是爸妈
> 身上掉下来的一块肉，我不能胳膊肘往外拐啦；他们也不可能，对我
> 像对他们儿子一样。能关心就关心他们一下吧，尽我所能吧。
> （20111116HLP）
> 材料三：干亲之间存在一个完全明显的分层，断开了的，怎么说
> 呢，那肯定不及于男女朋友，男女朋友之间可能会有结婚证，可能会
> 有法律保护呀；可我跟干爹干妈就不一样呀，绝对没有法律保护，或
> 者说我以后发财了，不给他们一分钱啦；再或者要是遇到不好的家庭
> 的话，就直接走了；这些都是没有办法的事情，肯定要算清楚呀。
> （20111116HLP）

从材料三中可以看出，失独者之间松散的关系还表现在没有法律约
束，因此他们之间的互动完全是出于个人情感，一旦一方变心，那么这种
关系将会无法持续，而且我们从前面的分析中也可以看出，虽然干女儿一
再保证以后来看他们，但是干爹干妈总是提起"以后还会不会来看他们"
这个话题，由此可见，他们对未来的关系维系与否仍然持怀疑态度。

综上所述，失独者与干儿子干女儿之间的虚拟亲属关系形式较松散，
既没有法制社会中的现代法律约束，也没有传统社会中的仪式约束；同时
互动双方对这种关系的维持也缺乏信心。因此，我们可以简单地说，目前
虚拟亲属之间的关系，仅仅局限于精神慰藉，并没有明确的责任和义务，
也没有明确的未来规划。因此，我们可以说虚拟亲子关系比较松散。

（三）界限清晰：虚拟亲子关系之间的界限十分清晰

界限是指家庭成员之间看不见的线，Minuchin（1974）最早提出家庭界
限之概念，"强调家庭成员之间的互动及交流型态（transaction pattern）决

定了家庭的组织及结构，个人、次系统与整个家庭是由界限所区分，这是一条看不见的限制，规定彼此接触的量。"① 在具体的分析过程中，Minuchin 的结构学派以僵化（rigid）和模糊（diffuse）两个端点所形成的线，来描述界限的性质。大部分的家庭都位于中间的范围，代表家庭拥有清楚的界限，而两极端则各为黏结型（enmeshment）和疏离型（disengagement）的家庭。

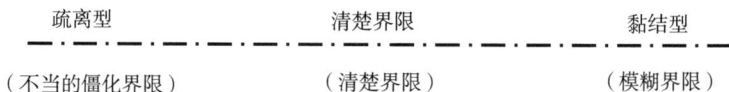

疏离型	清楚界限	黏结型
（不当的僵化界限）	（清楚界限）	（模糊界限）

图 6　家庭界限图（Minuchin，1974）

由此可见，家庭要保持一定的界限，这样在家庭成员需要时能提供照顾、支持与涉入，但又能维持成员的独立性与自主性。如果界限过于僵化，就形成疏离型家庭，家庭成员间的人际距离大，缺乏互相依存与支持的功能，对家庭没有忠诚感与归属感；如果界限纠缠，那就是黏结型家庭，这类家庭的成员彼此间十分黏结，对外的界限较僵化，抗拒家庭系统外的信息或接触。

俗话说"家事忌界限明显"，就是针对疏离型家庭而言的，指的是一个家庭内部如果大家都算得清清楚楚，你不占我一分，我也不占你一分，那家里就没有人情味了；同样，父子、母子之间的关系也无法进行清楚的界限划分，一方面，子女年幼时需要父母的抚养，这就既涉及安全保护、生活照料，也涉及经济供给、财富传递，等等；另一方面，父母年老体弱时也要需要子女的赡养，同样也既涉及物质赡养、精神慰藉，也涉及资源反哺，等等，因此家庭内部成员尤其是父母与子女之间的关系是无法划清界限的，如果一旦划清，那就真的是"父不父，子不子"了。

就失独者的虚拟亲子关系而言，他们之间的关系人际距离较大，属于疏离型关系。之所以做出上述判断是基于以下几方面的考虑。

首先，人际关系动机不同。当前虚拟亲子关系的确定由情感取向向利益取向转变，② 虚拟亲子关系是利己主义，即以自我为中心，以个人利益作为思想、行为的原则和道德评价的标准。所以受访者 HLP 才会说"她

---

① Minuchin, S., *Family and Family Therapy*, Cambridge, Mass.：Harvard University Press，1974.

② 杨松岩：《农村认干亲习俗变迁研究——以豫东葛伯村为例》，《许昌学院学报》2017年第 4 期。

（受访者的干妈）觉得我认女儿，不是你在我这里得到什么好处，而是我在你这里得到什么好处"，可见虚拟亲子关系是利己主义的；而亲子关系一般都是利他的，正如上文中所说的"80后"都是不做家务的，即使结婚后也是父母帮助打理家务，而且我们都知道在中国传统习俗中，只要生了孩子，父母就要负担子女的读书、买房、结婚费用，即使父母的能力有所差异，但是这些都是他们的责任，因此亲子关系是利他主义的。

表23　　　　　虚拟亲子关系和亲子关系之间的差异比较

	动机	特征	实质	人际距离
虚拟亲子关系	利己	礼尚往来	社会交换关系	个人距离
亲子关系	利他	无偿馈赠	依附性关系	亲密距离

其次，互动的特征不同。虚拟亲子关系之间的互动和维系以礼尚往来为主要特征，[①] 而且注重交换的等价性，否则交换就会受到影响。正如失独者 HLP 所说"他们为我花的一分一厘的钱我也是会还给他们或者以别的方式怎么样给他们"；而亲子之间的关系不是礼尚往来，而是一种无偿馈赠。陶艳兰通过研究提出代际权力下移这个概念以表明我国在资源代际分配方面总是要以儿子儿媳及孙辈的需要和利益为优先，[②] 也就是说"眼泪往下流"，这里眼泪就是资源，下就是指从亲代向子代流动，由此可见亲子关系中遵循的是单方面馈赠，即使反馈也不会要求与馈赠同时进行，而是要等到子代成年，亲代老年以后。

再次，互动的实质不同。这里我们可以对虚拟亲子关系进行概括。虚拟亲子关系中，之所以互动双方是利己主义，而且崇尚礼尚往来，这主要是因为虚拟亲子关系中，亲代和子代互相把对方当作一个独立的社会行动者，他们之间的关系是社会交换关系。然而，亲子关系则属于依附性关系，在这种关系中，子代属于依附性成员，[③] 这种依附性关系通过血缘获

---

① 李全生：《义缘关系：干亲结认现象初探》，《烟台大学学报》（哲学社会科学版）2016年第3期。

② 陶艳兰：《代际互惠还是福利不足？——城市双职工家庭家务劳动中的代际交换与社会性别》，《妇女研究论丛》2011年第4期。

③ 所谓依附性成员是指在日常生活中由于社会权利与社会地位的落差而处于从属的地位，并进而在某些行动中发生角色借用的个体，如我们常常称某男孩为某某的儿子，这表明相对于某某而言，孩子属于依附性成员。参见徐晓军《论社会分层中主体性和依附性成员》（未刊稿）。

得，具有极强的稳定性，并且子代能够从这种依附性关系获取较多的依附性资源。由此可见，亲子之间的关系是依附性关系。

最后，人际距离不同。按照霍尔的研究可将人际距离分为四种："第一，亲密距离（0—0.46 米），通常用于父母与子女之间、情人或恋人之间，在此距离上双方均可感受到对方的气味、呼吸、体温等私密性刺激；第二，个人距离（0.46—1.2 米），一般是用于朋友之间，此时，人们说话温柔，可以感知大量的体语信息；第三，社会距离（1.2—3.6 米），用于具有公开关系而不是私人关系的个体之间，如上下级关系、顾客与售货员之间、医生与病人之间等；第四，公众距离（3.6—7.5 米），用于进行正式交往的个体之间或陌生人之间。"[1] 由此可见虚拟亲子关系大致属于个人距离，而亲子关系属于亲密距离。

（四）极不稳定：虚拟平辈之间"窝里斗"

与亲属关系相比，虚拟亲属关系的信任程度和稳定性相对较差，在差序格局中虚拟亲属关系是靠近圆心的最内层，是水波纹从内向外得以推广的第一媒介。由于虚拟亲属毕竟不是建立在血缘关系上的，因而这种疏远程度要大于其与亲属的疏远程度。[2] 失独者之间的虚拟平辈关系共同的身份决定，在身份相似的基础之上，采用拟血缘关系的立场处理同其他失独者的关系，因而其关系的深度和稳定程度取决于交往的频度、利益关联的深度、双方默契程度。正因如此，失独者的虚拟平辈关系具有较大的变数。从调研资料来看，失独者中虚拟平辈之间的关系变动比较大，十分不稳定，用翟学伟的话说，这是"中国人社会群体内部的危急性"，[3] 台湾作家柏杨的社会杂文集《丑陋的中国人》里也称这种状况为"窝里斗"。[4]

翟学伟总结了中国人群体行为倾向的四个因素，即权威、道德、平均分配和血缘，其中血缘关系表示出中国人的合群倾向，与此相反，这一特征也可以用"窝里"二字来表达，失独者之间虚拟血缘关系表明了他们之间确实存在"窝里"特征；而权威、道德和平均分配之间却构成了一

① 王如兰：《人文社会医学》，安徽科学技术出版社 2003 年版，第 248 页。
② 张必春、许宝君：《失独父母社会关系变迁的"差序格局"解读——基于社会身份视角的探讨》，《四川师范大学学报》（社会科学版）2015 年第 5 期。
③ 翟学伟：《中国人行动的逻辑》，社会科学文献出版社 2001 年版，第 300 页。
④ 柏杨：《丑陋的中国人》，转引自翟学伟《中国人行动的逻辑》，社会科学文献出版社 2001 年版，第 290 页。

种复杂的牵制性关系，他们一方面使得人们为了自身的多种利益，既不愿意离开自己的群体，另一方面又不心甘情愿（自认吃亏）地保持一种向心力，结果就导致"窝里斗"，或者说"面和心不和、勾心斗角、阳奉阴违、名实分离等"①。对于失独者而言，虽然说他们不存在太多的经济资源，然而由于他们受到巨大的打击，罹患创伤应激障碍，神经过敏，用失独者自己的话说"我自己不太正常，有时候我自己也不知道我是怎么搞的"，在这样的思维作用下，他们对于组织权威的争取、声望的欲望丝毫没有减弱，如上文中 GSR 和 ZLX 因为媒体报道时误将群主身份搞错而发生矛盾，SXR 因为报道重点放在组织会员还是组织本身而发生争执，等等。由此可见，失独者的虚拟平辈关系之间存在一定的内部危机性，即"窝里斗"倾向。

第三节 失独者虚拟亲属关系的变迁逻辑分析

独生子女死亡后，失独者改变了对虚拟亲属关系的态度，他们采取功利主义的态度来看待这种关系，注重利益算计而不是情感的维系；同时在利益算计的过程中，利用社会交换的利益模糊性、交换时效的迟滞性、交换原则的非契约性等达到最大化自己的收益，尽量减少付出的目的；最后在这两种逻辑的作用下，使得他们的虚拟亲属关系层面出现"表里不一"的现状。

一 虚拟亲属关系的调适机制："双面人"策略

双面人就是表里不一，其中"表"就是外表，"里"就是内心。"表里如一"，即表面和内心是一个东西，言行和思想完全一致；然而如果言行和思想不一致，就是"双面人"，也就是我们常说的"说一套，做一套"，即说的和做的不一样——这是为人们、为社会所批判的。儒家的文化传统要求我们表里如一，要求"言必行，行必果"，因此任何社会中"双面人"都是广受诟病的人群。同时我国也有很多文章指出失独者也拥有"说一套做一套"这种"双面人"的策略。

准确地说，失独者外部关系交往策略是"想一套，说一套，做一套"，也就是说他们的思想、言行是不一样的，是一种双面人的策略。

---

① 翟学伟：《中国人行动的逻辑》，社会科学文献出版社 2001 年版，第 301 页。

他们在和虚拟亲属的交往中，一方面比较亲热，比如虚拟平辈之间经常走动，彼此之间以兄妹相称，虚拟亲子关系中，晚辈会经常去看望干爹干妈，一起吃吃饭聊聊天，也表现得十分亲密，但是这只是表面现象；另一方面，虚拟亲属之间在心里深处却没有那么亲密，他们之间注重利益的得失和算计，彼此之间总是感觉隔了一层。正如上文所说，虚拟亲属之间的空间距离虽然很近，但是心理距离其实很远。正如受访者 HLP 所说："外面的人看起来，都觉得我们挺好的，其实细节只有自己知道。"确实，HLP 由于干爹干妈的自私，在和干爹干妈相处十分不愉快的时候，偷偷晚上跑到外面哭，也只有她自己知道，外人还以为他们之间的关系很好。

综上所述，失独者在虚拟亲子关系调适的时候，表现为两种截然不同的态度：关系双方在表面上总是表现得十分亲密，感情十分融洽；但是当涉及资源、利益时，就往往抛弃感情，从理性的角度出发考虑个人的得失。由此可见，独生子女死亡后，失独者在虚拟亲属关系调试的过程中，遵循的是"表里不一"的机制。

二 虚拟亲属关系的选择机制：利益而非感情

人际交往中讲究的互惠互利的原则，这一点不仅合乎社会道德规范，而且符合个人理想，其中互惠的内容既包括精神方面也包括物质方面，如果互惠内容主要指的精神方面，那么这种人际关系的纽带就是"情感"，如果互惠内容主要指的物质方面，那么这种人际关系的纽带就是"利益"。由此可见，情感和利益是人际交往中两个最基本动机。

在正常状态下，亲属和虚拟亲属之间联系的纽带是"亲情"或"感情"。"亲情"是一种基于血缘或姻缘建立起来的"自然"的人际关系，因此相互之间是一种血浓于水、比"感情"更加亲密和厚重的"亲情"；而虚拟亲属是行动者自发吸引而形成的亲密关系，彼此之间没有血缘和姻缘的联系，因此相互之间的联系纽带是"感情"，这是一种同志般的"感情"，这种感情虽然没有"亲情"强烈，但是由于具有自主选择性和任意退出性，因此也远比一般人际关系亲密。可以说，在一般情况下，虚拟亲属之间的"感情"仅次于亲属之间的"亲情"。

然而从上文的分析中可以发现，失独者在处理虚拟亲属关系中，并没有从"感情"的角度出发，而是从"利益"的角度出发。黄光国根据社会交换的理论将人际关系分为三种类型：情感性、工具性和混合性，人们往往会依对方所归属类别，按照相应法则与之交往。① 就虚拟平辈关系而言，工具性大于情感性。当失独者与"干兄弟""干姐妹"之间发生矛盾时，从来没有从"感情"出发选择忍让，而是从自己的"利益"得失出发，从这种虚拟平辈关系中脱离出来，对他们而言，虚拟平辈之间的"兄弟姐妹感情"只是暂时的，只存在亲密之时，而在发生矛盾时，并未见这种"感情"发挥作用；就虚拟亲子关系而言，失独者在处理和干儿子/干女儿关系的时候，没有从"感情"的角度出发，对他们给予父母/母爱，而是从"利益"的角度出发，从社会交换的角度思考他们与干儿子/干女儿的关系。正如一位受访者所说："她们觉得认女儿，不是你在我这里得到什么好处，而是我在你这里得到什么好处。"

由此可见，失独者总是从利益的角度思考虚拟亲属关系的未来走向。失独者对虚拟亲属关系采取的是"利益"而不是"情感"的原则，他们将感情看成资源，用社会交换论的思路处理和虚拟亲属的关系，他们将与虚拟亲属之间的社会互动当作社会交换。

三　虚拟亲属关系的维系动机：收获而不付出

虽然失独者在虚拟亲属关系的选择中依据的是利益原则，而非情感原则，并且将利益看成一种交换。但是这种交换独具特征：首先，社会交换利益模糊性，没有明确的价格。这是因为失独者的这种虚拟亲属关系属于社会交换，它和经济交换不同，在经济交换中得到的利益都是可以准确计算和预测的，而社会交换没有统一的衡量标准，如爱、感激、社会赞同等。② 其次，社会交换时效的迟滞性。具体而言，经济交换一般秉承即时交换的原则，而社会交换中由于标的物不是商品，因为无法满足即时交割的原则，因此社会交换中的利益交换一般都具有迟滞性。最后，社会交换原则的非契约性。具体而言，经济交换是根据明文规定的契约合同进行的，而社会交换没有任何具体的规定和明文的承诺。这时候"回报就留给回报人自己决定，而没有任何强制力"。

失独者充分利用了社会交换的利益模糊性、交换时效的迟滞性、交换原则的非契约性。这三种规则的灵活使用，就使得在与虚拟亲属进行社会互动时，失独者对回报数量、回报时间，甚至回报与否产生不同的认知，

---

① 黄光国、胡先缙：《面子——中国人的权力游戏》，人民大学出版社 2005 年版，第103 页。

② 宋林飞：《西方社会学理论》，南京大学出版社 1997 年版，第 194 页。

有时候，他们会通过降低回报数量和延长回报时间，最终达到拒绝回报的效果，① 也就是本书所说的"收获而不付出"。比如上文中的受访者HLP，她每次都大包小包地往干爹干妈家拎东西，但是仅仅住到干爹干妈家几天，干爹干妈就表现出明显的反感。仅仅这一案例就表现出上述三个特征，首先，社会交换利益的模糊性，在上述案例中，失独者，即HLP 的干爹干妈，倾向于低估干女儿每次前来探望他们的购物成本，而高估干女儿住在自己家的付出，因而会极不情愿干女儿住到自己家。其次，交换时效的迟滞性。在上述案例中，HLP 每次都提东西来看望干爹干妈，但是由于社会交换的迟滞性，干爹干妈一直没有进行任何形式的回报，这种迟滞性降低了他们进行回报的欲望，同时也逐渐淡忘了对方的成本和付出。最后，社会交换原则的非契约性，正如上文所述，失独者这种虚拟亲属关系，本来就没有得到法律的认可。因此双方的互动只是出于个人意愿，即使一方没有回报，也无法诉诸法律。案例中 HLP的付出和收获不成正比也正是这种原因引起的，失独者认为虚拟亲子关系的建立，就是给他们提供精神慰藉，至于自己的付出与否，他们则没有过多的关注。

综上所述，失独者充分利用社会交换利益模糊性、交换时效的迟滞性、交换原则的非契约性，扩大自己的收获，降低自己的付出。这也正是独生子女死亡后，他们构建虚拟亲属关系的动机。在处理虚拟亲属关系的过程中，他们是按照"扩大收获，减少付出"的标准，调整自己的虚拟亲属关系。

四　虚拟亲属关系的维系现状："表里不一""摇曳不定"

"表里不一""摇曳不定"是失独者虚拟亲属关系的一个典型特征。"表里不一"指的是失独者虚拟亲属关系的静态表现，意指虚拟亲属关系的两面性；"摇曳不定"指的是失独者虚拟亲属关系的动态表现，意指虚拟亲属关系的稳定性；同时这两种趋势存在相互作用的机制，"表里不一"的特征弱化了关系双方对虚拟亲属关系的归属感和责任感，并且逐渐由信任转为失望，从而使得虚拟亲属关系出现"摇曳不定"的状态。摇曳不定的虚拟亲属关系不能给失独者带来心理上的满足和情感上的慰

---

① 需要指出的是，本书所总结的"虚拟亲属的维系动机"仅仅指的是失独父母的动机，而不是虚拟亲属另一方的动机，事实上，从经验材料来看，虚拟亲属的另一方面反而十分重视"付出和回报的平衡"，比如上文中的"经济界限明显"和"家庭分工清晰"。

藉，双方的"纽带"处于可有可无的状态，这就降低了关系双方对虚拟亲属关系的实质性投入，从而使得虚拟亲属关系表现出"表里不一"的特征。

对失独家庭来说，其家庭内部的心理过程、行为、沟通及家庭和外部环境相互交叉作用方式失效，家庭凝聚力和问题解决能力不足，家庭动力丧失。[①] 虚拟亲属关系无法充分弥补这一裂痕，因此其关系维系也不稳定。此外，失独者虚拟亲属关系中"表里不一"和"摇曳不定"特征的出现，是由于关系双方的出发点并不是感情的维系，而是出于利益的算计。感情的丢失、利益的上位预示着，独生子女死亡后，失独者虚拟亲属关系功利化意识的出现。这种功利化的思想和实践使得失独者的虚拟亲属关系从一种"强关系"状态向"弱关系"状态的退化。这种蜕变撼动了失独者的社会关系格局，借用费孝通先生的差序格局中的"同心圆"就可以发现，虚拟亲属关系已经从同心圆的内核滑向外围，这种改变构成了失独者人际关系系统的整体变迁。因此可以将本章对失独者虚拟亲属关系的趋势分析精炼成八个字"表里不一、摇曳不定"。有关这种变迁的深层次探讨笔者将在本书的理论探讨部分进行。

---

① 张必春、陈伟东：《变迁与调适：失独父母家庭稳定性的维护逻辑——基于家庭动力学视角的思考》，《华中师范大学学报》（人文社会科学版）2013 年第 3 期。

第五章　失独者与非亲属成员关系

　　非亲属关系作为失独者社会关系体系的重要组成部分，对这种关系变迁趋势的微观分析，有助于从宏观高度把握失独者在独生子女死亡后，社会关系体系的变迁趋势。失独者的非亲属关系，顾名思义，就是与失独者没有血缘、姻缘关系的社会关系。费孝通先生曾说差序格局是同心圆性质的波纹，一圈圈推出去，越推越远，越推越薄，推出过程中最基本的路线就是亲子和同胞。[①] 从这点来看，亲属关系是社会关系的内核和基础。而对于非亲属关系而言，由于他们之间联系的基础是地缘、业缘和趣缘，相互之间是一种非正式的关系，彼此之间的互动存在功利主义思维，遵循的是情感加利益、责任弱化的原则，因此他们之间的纽带显得松散和脆弱。在独生子女死亡后，他们之间的连接纽带难以承受如此巨大的变迁，失独者开始回避非亲属关系，由此可见，他们的非亲属关系出现断裂趋势。

第一节　非亲属关系的定义与类型

　　非亲属关系是与上文中的亲属关系和虚拟亲属关系相匹配的概念。与亲属关系和虚拟亲属关系相比，非亲属之间是既没有亲属关系，也没有虚拟亲属关系，而是基于地缘、业缘、趣缘等因素而形成的关系。本节将主要讨论失独者非亲属关系的定义、特征和类型，为下文的分析做铺垫。

一　非亲属关系的定义及其特征

　　非亲属关系是指与社会关系网络中的个体既没有亲属关系，也没有虚

---

① 杨善华、侯红蕊：《血缘、姻缘、亲情与利益——现阶段中国农村社会中"差序格局"的"理性化"趋势》，《宁夏社会科学》1999 年第 6 期。

拟亲属关系，主要是基于地缘、业缘、趣缘、学缘、拉关系等所形成的关系。换句话说，他们之间关系的形成并不像亲属关系一样是与生俱来的，也不像虚拟亲属关系一样是个人主动建立的，而是基于居住地点、工作性质、兴趣爱好和学习经历等形成的一般性人际关系。这种关系对于人们日常的生活具有重要意义，"远亲不如近邻""同事关系是个人事业的催化剂""一生难得一知己""酒逢知己千杯少"等都是佐证。[1]

首先，非亲属关系是一种非正式的关系。这种关系只是被当事人所认可，但未被法律、法规、契约、规章确认和制度化的关系。从这种关系的形成上看，非亲属关系更多地体现了一种"自然的结构"，[2] 其中有些是先赋性的，如地缘关系，有些是作为其他交往活动的副产品，无意之中自然形成的，如业缘关系和趣缘关系。需要明确的是这些关系都不是为了实现既定的目标而人为地建立的。由于这种关系不是人们有目的地设计建立的，因此它在发挥作用的过程中较少依靠外在的强制性，更多地是依据"共同的惯例和传统"或"内化的道德标准"，而这些都是在长期交往中形成的，具有模糊性、不可计算性，这就使得非亲属关系中的行动者存在很多变数。由此可见，从非亲属关系的形成和作用方式上看，这种关系是非正式关系。

其次，非亲属关系是一种弱信任关系。这是因为在我国亲属关系是信赖的基础，北京大学张维迎曾说："华人只信任自己的家里人，只信任有血缘关系的人，不信任血缘关系以外的人。"[3] 换句话说，我国的信任结构也存在信任度差序格局，这种差序格局以血缘为标准，将血缘看成信任结构的基础，信任度的高低依据内部成员之间存在的血缘关系亲密程度进行排序。随着亲属关系的疏远，相互之间的信任程度降低，类似于人际关系中的"越推越远、越推越薄"；从这一点来看，无亲属关系者之间存在一种天然的难以弥补的隔阂，他们之间的信任因为亲属关系缺失而难以构建，即使是朋友和熟人之间，也只有建立了相互依赖的关系，并承担投资的风险时才能建立信任，而且这种信任仅仅是一般程度的信任，而不是深入信任。即血缘关系以内的人被置于放心关系中，血缘关系以外的人被置

---

[1]　张必春、许宝君：《失独父母社会关系变迁的"差序格局"解读——基于社会身份视角的探讨》，《四川师范大学学报》（社会科学版）2015 年第 5 期。

[2]　王询：《文化传统与经济组织》，东北财经大学出版社 2007 年版，第 79 页。

[3]　张维迎：《企业与信任》，《人民论坛》2002 年第 5 期。

于不确定是否可信任的关系中。① 由此可见，非亲属关系之间是一种弱信任关系。

最后，非亲属成员之间是功利主义社会关系，他们之间的互动主要是利益加人情，基本上是以无责任的原则进行的。这一方面是因为非亲属成员之间连接的纽带主要是地域相同、职业相同、兴趣爱好相同，彼此之间由于长期的互动，存在互助的记忆、亏欠和偿还，因此他们之间存在"日常性人情"，这也是他们交往的一个重要规则；同时，非亲属关系内部成员之间由于没有血缘关系，缺乏利他主义的思维，因此彼此没有责任和义务的顾忌；再有，功利主义是非亲属关系之间互动的一个基本规则，这种规则的出现凸显了非亲属关系的"理性"成分、"利益考虑"成分，他们之间的互动以利益为主。由此可见，非亲属关系是以利益为主，辅以人情，而没有对责任的思考。

二 失独者非亲属关系的类型

非亲属关系是一个十分宽泛的概念，对于本书的研究对象失独者而言，需要进行进一步操作。按照非亲属关系建立的基础不同，可以将他们的非亲属关系分为三类，即地缘关系、业缘关系和趣缘关系。

地缘群体是指基于成员间空间或地理位置关系而形成的社会关系，包括邻里关系、老乡关系等具体形式。从历史渊源上看，地缘关系出现得比较早，早期游牧社会就有一定的地缘关系，只是那时候的地缘关系具有临时、不牢固的特点，经过第一次社会大分工后，农业与畜牧业分离，部分人结束了游牧部落的流动生活，定居下来，组成原始的农村公社，这些人形成了以土地为纽带的比较固定的地缘关系。由此可见，地缘关系是在人类采取比较稳定的、牢固的居住形式后的产物，学术界称之为"社区"。从社会学的角度来看，社区的类型多种多样，按时间发展顺序划分，有传统社区、发展中社区和发达社区，按地区空间特征划分，有法定社区、自然社区、专能社区等。按照功能划分主要有经济社区、文化社区、政治社区等，当然最具有代表性的划分是农村社区、集镇社区和城市社区。就失独者而言，他们社会关系网络中的地缘群体主要指社区居民，通俗地讲就是邻居。本书的研究目的是总结失独者与非亲属关系的发展趋势，因此使用"邻居"这一概念避免了繁杂的类型学划分，易于抓住失独者非亲属关系变迁的本质特征。

---

① 翟学伟：《信任的本质及其文化》，《社会》2014 年第 34 卷。

业缘关系以职业为纽带，是因工作活动而形成的关系，如同事、同行、下属以及同僚、生意伙伴。业缘关系不同于血缘关系或地缘关系，它不是与人类社会俱来的，而是在前二者的基础之上由于人们社会分工的精细化而形成，①包括各种各样的社会经济组织、政治组织和文化艺术组织等具体形式。具体来说，这种关系的出现是随着社会分工的发展，劳动从家庭生活中分化出来，并且随着劳动分工越来越细，由分工形成的劳动亚群体越来越多，职业活动成为人际活动的主要媒介，社会上因此出现了越来越多的专门组织人们劳动的群体（或组织），这些群体或组织成员之间的关系就叫"业缘关系"。正是由于这种专业化的分工，所以业缘关系是同质性较高的一种关系形式。具体而言，他们之间在生产方式、生活习惯以及思维模式方面都表现出较强的同质性，因此群体内的交往比较频繁，体现在人际关系上就是"同事关系"。在现代人际关系网络中，业缘关系成了不可或缺的一个关键环节，业缘群体是现代社会最主要的社会群体形式之一。就失独者而言，他们的业缘关系主要体现在他们和从前同事的关系上。这里的同事关系有两种内涵，狭义地讲，业缘关系是基于工厂这一固定场所形成的固定人际关系，宽泛地讲，业缘关系是基于工作原因而结成的人际关系类型。本书采取的是后一种理解逻辑。

趣缘关系是指人们因兴趣爱好相同而结成的社会关系，如生活中的棋友、牌友、球友等。这种关系是社会发展的产物，也是人们追求精神生活的结果。对这种关系的获取性而言，兴趣是进入这种关系的第一要素，通常情况下要求，趣缘关系中的成员要志同道合，对某一事物、观念或行为方式具有相同或相似的兴趣，并且对此兴趣坚定执着，并非一时兴起；其次，趣缘关系中成员的交流方式娱乐化，因为从本质上看，兴趣爱好是个人打发休闲时间的主要途径和方式，所以从活动性质上看，兴趣爱好相同的人在一起的活动内容、交流方式等也具有一定的娱乐性；最后，趣缘关系成员之间的交流渠道多样化，趣缘关系成员之间的交流方式很多，各种训练、活动、聚会、旅游等都是很常见的趣缘群体交往方式。

由此可见，失独者的非亲属关系主要由地缘关系、业缘关系和趣缘关系组成，因此对独生子女死亡后，失独者非亲属关系走向的考察可以从他们的地缘关系、业缘关系和趣缘关系这三个角度切入。

---

① 李汉宗：《血缘、地缘、业缘：新市民的社会关系转型》，《深圳大学学报》（人文社会科学版）2013 年第 4 期。

第二节　失独者非亲属关系变迁轨迹

独生子女死亡后，失独者的非亲属关系遭遇到前所未有的变迁，为了系统展示这一关系的变迁轨迹，笔者将从地缘关系、业缘关系和趣缘关系这三个子类型展开分析。

一　失独者的地缘关系的逐渐疏远

如前所述，地缘关系是以地理位置为联结纽带，在一定的地理范围内共同生活、活动和交往产生的人际关系，乡情关系是这种关系最直接的反映。最常见的地缘关系就是同乡和邻里，而"同乡关系"是以拥有共同的出生地或生活地为媒介，而关系双方当前又不在该出生地或生活地时而形成的人际关系，这种关系仅仅在异乡的时候才会得到强调，因此是针对流动人口而言的，对失独者并不适用；"邻里关系"是以相互之间居住地比邻而形成的关系，对于失独者而言，这是他们最主要的地缘关系。因此本书通过对"邻里关系"的探讨展现失独者"地缘关系"的变迁。

（一）邻里关系对现代人的重要性

邻里关系是一种家庭与家庭之间的社交关系，是因其地域上邻近性而形成的一种自然关系。人常说："美不美，故乡水；亲不亲，故乡人。"搞好邻里关系，是古今中外都很重视的大事，更是建设和谐社会、和谐人际关系的重要内容。

1. 邻里关系的历史意义

人生在世，总是需要互相依靠，这就必然少不了交往。面对现实，与社会相融，注重人际关系，已成为现代人发展的必然趋势。地缘关系的优势在于面对社会生活中的突发事件，它能够以最快的速度给予关系人最有效的帮助和支持。这就是"远亲不如近邻，近邻不如对门"的意义所在[1]，用社会学话语解释就是有时候亲属关系的效用比不上邻居的效用，这个是常见的强调邻里关系重要性的描述；而如今在这种钢筋水泥的建筑物中，空间变得更加狭小，人们也不得不去重视这种邻里关系。社会心理

---

[1]　李汉宗：《血缘、地缘、业缘：新市民的社会关系转型》，《深圳大学学报》（人文社会科学版）2013年第4期。

学家利昂·弗斯汀格、史丹利·斯坎特和库尔特·巴克对住在综合楼房里的已婚大学生的友谊做了仔细研究后发现，住在一门之隔的家庭，比住在两门之隔的更有可能成为朋友，而且住得离邮箱和楼梯更近的人往往比住得离这类特色结构远一些的人在整幢楼中有更多的朋友。

邻居对人的影响是显而易见的，俗话说"好邻居，赛金宝"，就是指有一个好邻居能使自己多一位良师益友，有一个好的邻里关系，更能让自己受益无穷，"孟母三迁"就是为了选择好的邻居，避免孩子受到不良影响。就邻里关系的作用而言，首先，邻里关系具有相互支持的功能，能促进人与人之间的沟通。社会学家认为，"邻里之间有相互支持的功能，即邻居间能够在小范围内提供合理的相互保护和相互帮助，使邻居间有安全感和信任感，在生活中互通有无，共同解决生活难题——邻居之间相互支持良好，是和谐邻里关系的体现"。[1] 其次，邻里关系是构建社会主义和谐社会的关键。这是因为邻里关系是社区最基本的人际关系，反映社区居民的精神面貌及对社区的认同感和归属感，它从微观角度反映整个社区的管理和发展状况。[2]

2. 邻里关系的多矛盾性

远亲不如近邻，这句话差不多谁都会说，但真正把近邻处得比远亲还亲，并不是件容易事。即使邻里关系如此重要，我们也要注意到邻里关系的一些迥异于亲属关系的特性：首先邻里关系的建立基础是地域上的邻近性，而不是建立在感情、爱情基础上，因而不具备先赋特征，也就不具备类似于血缘、姻缘关系的稳定性；其次邻里关系是稳定和不稳定的结合。稳定性是指邻里关系随着地域而定，不像朋友关系，个人后期能够根据个人选择而变动。不稳定性是指邻里关系是会随着住所的迁移而改变，只要居住地域变化，邻里关系也相应随着变化；最后，邻里关系是多方面的、琐碎的，这种琐碎的关系，可能因为日常生活习惯的差异而发生矛盾。因此，相处越久的邻居越可能产生矛盾，甚至纠纷。

关于邻里关系的矛盾性，其中变化最大的是城市邻里关系，很多研究者都给予了关注。研究表明，从 20 世纪 80 年代末人们逐渐由平房搬进楼房居住，社区形态发生了变化，邻里关系也就有了相当大的变化，如新的社区主要由陌生人构成，邻里关系变成了社区位置上靠近的关系，实际情况是人们之间互不相识，心理上不亲切，互动也不多。此外，个体特征通

---

① 田凯：《武汉城市居民邻里关系的现状》，《社会》1997 年第 6 期。
② 邢晓明：《城镇社区和谐邻里关系的社会学分析》，《学术交流》2007 年第 12 期。

常会对交往行为产生具体影响，使人们趋向于选择"同质性交往"，而"社区内部人群的差异容易引起居民心理上的互不认同，提高引发矛盾与摩擦的可能性，从而降低邻里关系水平"。① 陆敏、蔡东江通过对"北京海淀区双榆树小区西里6号楼调查"发现从平房四合院到单元住宅的变迁后，邻居之间的关系经历了"从频繁交往到社会隔离，从隔离到感情的疏远，从相互扶助到与谁无关、谁也不管"的淡化过程。② 而在农村由于社会的发展进步，交通、通信工具的发达，外出务工机会的增多，社会流动机会的增大，人际交往的范围越来越大，邻里关系也出现相应的淡化趋势。

伴随这种人际观点的淡化过程就是，邻里关系也"从相互谦让到一触即发"，有调查结果表明，"单元住宅里人们因生活琐事和公共空间使用发生纠纷的概率并未随着邻里关系的疏远而减少，居民们为了在楼梯上存车、阳台上拖把滴水、种盆花漏水、楼下生煤炉串烟、楼上噪音、水电费分摊等事经常发生纠纷"。③ 邻里关系出现这种矛盾趋向，主要是因为邻里之间感情的疏远减少了相互之间的理解和信任，因而失去了从前生活中互谦互让、睦邻友好的美德，于是语言风格、生活琐事和公共空间的使用便成了邻里之间纠纷的导火索。这表明，邻里之间既容易发展成为"远亲不如近邻"的亲密关系，也容易因为琐事而反目成仇，发生矛盾冲突。

（二）失独家庭的邻里关系走向疏远

独生子女死亡后，失独者遭受巨大的心理创伤，使其行为产生异样，最直接的表现是在减少社会交往，或者在社会交往中面临严重障碍，因此失独者大都会中断或者退出原本的社会关系网络。④ 失独者与邻居之间的关系出现了疏远的倾向，这一方面是因为，失独者更加敏感、自卑，另一方面是因为，他们害怕和邻居起争执和矛盾，进而数落起自己丧子处境，从而让自己难堪。正是基于上述考虑他们主动疏远邻里关系。

---

① 蔡禾、贺霞旭：《城市社区异质性与社区凝聚力——以社区邻里关系为研究对象》，《中山大学学报》（社会科学版）2014年第2期。

② 陆敏、蔡东江：《从平房四合院到单元住宅变迁与邻里关系的变化——北京海淀区双榆树小区西里6号楼调查》，《道德与文明》1987年第5期。

③ 陆敏、蔡东江：《从平房四合院到单元住宅变迁与邻里关系的变化——北京海淀区双榆树小区西里6号楼调查》，《道德与文明》1987年第5期。

④ 陈恩：《重建社会支持网：失独群体自组织形成机制探讨——基于上海的两个案例》，《北京社会科学》2014年第11期。

1. 敏感：怕被问及家庭变故，怕见到添人进口的喜事

本书研究的对象失独家庭，其中独生子女的死亡属于"特殊情况"。和老年人死亡相比，中青年人死亡属于"非正常死亡"，具有"高聚焦性"：一方面，这种死亡违背了死亡的年龄规律——年老的先死，年轻的后死，另一方面，这种死亡属于小概率事件，不具备普遍性。所以，相对于老年人死亡，更能让人感到意外，也更能引起人的关注。正是由于这种"非正常"，出于邻里之间友谊，邻居在遇到当事人时往往会问候一下，并表示自己的哀悼，这对于邻里之间是再正常不过的事情。然而正是这种行为恰恰触到了失独者的伤心之处。因为独生子女死亡是他们的"痛处"，经历了独生子女夭折那撕心裂肺的疼痛之后，他们刚刚开始收拾自己的心情，这时候他们非常敏感，生怕有人提及孩子、子女之类的问题。这时候邻居每次问及，都将使他们重新体验、重新回忆、重新经历独生子女夭折那撕心裂肺的伤痛。

下文是一位受访者的几个生活片段，通过这些片段我们可以理解、观察、体验到该家庭在独生子女死亡后，邻里之间的关怀以及这种关怀给他们带来的伤痛。

片段一：因为我们住的楼房，是他们单位的职工楼，都是单位上的职工家属。开始的时候孩子走的那天，花圈一拿出来后，好多人都不相信啦……（有些人说）孩子好像还在面前，我好像见到孩子似的……（有些人说）姑娘长得又漂亮，又懂事，嘴巴又特别甜。怎么就……（20101125SXR）

片段二：（有些人告诉我，同事之间的议论）你们那个一个单位，就一个单位姓"G"（SXR丈夫姓氏），就知道吧，他说搞错了吧，这是搞错了吧。根本就不相信，知道吧。说，没办法，就这样，不管怎么样是现实，走就是走了，这是不能够否认的。（20101125SXR）

片段三：有些在一个单位的（同事），当时不知道，后来听说的，根本就不相信啦，毕竟是年轻人，要是老年人也就不那么吃惊了……偶尔在楼下见到了，也要问一下，怎么回事……他们都是表达好意，可是他们问一次，我的心疼一次。（20101125SXR）

片段四：2006年7月，WCL唯一的儿子WR31岁时因病去世，一度使他陷入封闭、孤独与痛苦之中。他整天闷在家里抽烟，一天要抽好几包，十天半个月难得下楼一次。（资料来源：《中国经济周刊》

2009-06-01）

由此可见，独生子女死亡后，首先要面对的就是邻里之间的吃惊、诧异，毕竟是年轻人，其活蹦乱跳的样子还历历在目，而现在就……这种差异让很多人瞠目结舌，这样的消息也传播得最快。于是消息灵通的人立刻就会在丧事办理期间表达哀悼；而那些得到消息较晚的人，同样由于吃惊，也会在不同的场合进行核实，当时得到确认的答复又觉得应该对该邻居（即失独者）表示自己的哀悼，而这就又一次刺痛了失独者敏感的神经，他们为了避免类似的"询问""安慰"，便会主动将自己封闭起来，十天、半个月难得下楼一次，男的就"整天闷在家里抽烟，一天要抽好几包"，①吃的就是"方便面、速冻水饺、汤圆等等"。湖北省的一项调查显示，63.3%的失独者"不愿意出门"，50.2%的失独者"不愿意与以前认识的人打招呼"，②这一数据产生的原因就在于失独者由于敏感而产生逃避。

失独者的敏感还表现在他们对邻居之间喜事的态度，在这种悲痛的心情之下，他们无法享受邻居的孩子的金榜题名、娶妻生子、仕途高升等，他们认为邻居的幸福反而让他们自惭形秽、顾影自怜，比如一个受访者告诉我们：

> 同一个楼道上的同事，他们又都有个人的家庭，都幸福的不得了，这个娶媳妇，那个生孩子，放鞭炮什么的，我们两个实在是受不了。（20101125SXR）

2006年，58岁的CWD的儿子突然患病并离开了人世，留下来家里孤单的二老。两年后，其邻居的儿子就结婚时，特意好心请他去喝酒。CWD在婚宴上想到"儿子与新人同年，如果还活着，也可以为他风风光光的办婚庆了"，想到这里，不禁在喜气洋洋的婚宴上潸然泪下，继而失声痛哭，给邻居儿子的婚庆大煞风景。回家后，抱着对儿子深深的思恋和对邻居的愧疚，他身体状况急转直下，卧病在床一个多月。从此以后，凡是有喜庆之事，他都选择回避，深恐到时候

---

① 《独生子女夭亡家庭生存状况调查：精神养老多远?》，《中国经济周刊》2009年6月1日。

② 陈雯：《从"制度"到"能动性"：对亡故独生子女家庭扶助机制的思考》，《中共福建省委党校学报》2012年第2期。

控制不住情绪给别人添堵和难堪。（资料来源：中共湖北省委政策研究室《"真空"老人需要真情关爱——一封群众来信引起的调查》，2009 年 8 月 12 日）

对于失独者而言，他们变得十分敏感，无法体会邻居的喜乐气氛，相反邻居家有关子女的喜事，都让他们想到自己的孩子，他们总是在想"如果不是自己的孩子走了，现在同样也该考大学、找工作、结婚、生子了吧"，但是事实情况是，孩子没有了，这一切永远无法实现——这种徒劳的对比使他们更加悲伤，更加敏感。有受访者如是说："我们这些人心理都有毛病，我知道我肯定也有毛病。至少有心理障碍，肯定有。"

2. 自卑：怕因丧子，被邻居"另眼相待"

在我国的传统文化中"绝后"象征着家庭后继无人，从此走向没落；家庭的经济地位和社会地位也将因此受到巨大的创伤，并逐步下降。失独者谙熟独生子女死亡的文化内涵，他们作为"绝后"家庭，产生一种"自卑"的感觉，这种感觉主要表现在以下两方面：一方面，担心自己被其他人另眼相待，或者说以不同于一般人的态度对待，抑或特殊照顾、优待；另一方面，低估自己的能力，觉得自己各方面不如人，容易被人瞧不起（见材料一），并伴有一些诸如害羞、不安、内疚、忧郁、失望之类的特殊情绪体验。相关研究表明，76.9% 的失独者患有不同程度的抑郁症。[1] 需要指出的是自卑还有一种重要的来源，即对过去行为的责任，许多人崇尚"因果报应"，即将现世祸福的种因推到前世。在这种思维的作用下，社会舆论往往将某人的绝后遭遇看成是对前世罪孽的报应，因此也让失独者深感自卑。

在和邻居的交往中，他们的自卑表现得很明显，下面的案例（材料二）就指出失独者在和邻居之间沟通的时候往往因为提到孩子，就不说话了，这使得他们之间的沟通陷入僵局，难以维系；因此在邻里互动中，为了避免这种状况，有失独者在场的时候，邻居们一般都避免谈及与"子女"有关的话题，而这又反过来让失独者认为这是对他们另眼相待，让他们更加注意到邻居对自己采取不同于一般人的态度，更加觉察到自己与众不同之处，因而更加自卑。

---

[1]　陈雯：《从"制度"到"能动性"：对亡故独生子女家庭扶助机制的思考》，《中共福建省委党校学报》2012 年第 2 期。

材料一：因为我们现在孩子走了，容易被人瞧不起，容易自己产生自卑感，就在这个地方。（20111104GSR）

材料二：但是明显这种交往不如以前，我们老是生怕，有种感觉生怕别人另眼相待我们，另眼相待我们，这种心情我们以前谈过的，一个很重要的一点就是跟他们在一起，也谈不上孩子，不能谈到孩子，他们在一起谈就谈孩子，比如现在呀，有时候他们也喊我一起去打打麻将，打麻将的时候他们在一起谈都谈孩子，我是肯定不会着声的，谈到这个问题上的时候，我就冇得（武汉俚语，意为"没有"。准确地说，冇音同"冒"）话说了。（20111104GSR）

失独者的自卑还体现在对邻居话语的理解上。在传统文化中，邻居之间的寒暄是再正常不过的事情，一般都问对方"吃了没有"，但是在特殊的情况下，也会问点其他更具体的东西，比如和大病初愈的人说"你最近的气色好多了"，其实这只是简单的问候；然而有些失独者却将这种问候联系到自己的丧子处境上，他们认为：邻居这么说可能是吃惊，因为他们（邻居）觉得自己的气色不应该好，或者自己（失独者）认为自己的气色好了，是对不起死去的孩子，等等（见材料三）。

材料三：但当偶尔碰到一位久违的朋友时，人家随意说了一句"你的气色比以前好了一点"时，她回家后立刻痛哭一场……姐妹们问她为什么这样？她说她感到自责，她觉得她不该气色好，她应该陷在痛苦中才是对得起远去的儿子。也有不少母亲觉得，买一件高档一点的服装或者多花一点钱，都会觉得对不起远在天堂的孩子。（资料来源：《中国经济周刊》2009-06-01）

这只是一个案例而已，其实还有很多的事情，失独者都会将邻居的话语向有关丧失独生子女这个话题上来理解，这种理解方法轻则加重自己的自卑心理，重则引发邻里矛盾。

3. 回避：怕因邻里矛盾被揭开"绝后"的伤痛

失独者的"回避"倾向，同样是由于"绝后"引起的，可以说他们的任何不正常的反应都和绝后有关，确实如此，因为他们和正常人的差别就是"独生子女的存活与否"。"绝后"或者说"断子绝孙"是我们传统文化中的大忌。这主要是因为几点：首先，我国传统社会以农为本的经济生活，需要众多的强壮劳动力；其次，聚族而居、以家族为基础的社会结构，使得人丁越多势力越强大；最后，社会养老保障制度的缺乏，使世人必须通过自己的子女来保证年老体弱丧失劳动能力以后的经济生活；这些因素最终造就了中国民众强烈的多生多育的生育观。因此我国文化要求人们执着地追求多子多孙，以多子为福，少子则为不美，无子则为绝，最怕断子绝孙。另外，传统社会中的"霉运"观念也使失独者遭受现实社会的排斥，比如有些正常家庭不愿请失独者参与婚礼等社交仪式，害怕他们会给自己带来晦气。[①] "宁可信其有，不可信其无"，中国人在传统文化中向来有一种躲避霉运的思维，失独者深谙这种道理，因此他们正是基于这种文化上的考虑，对"断子绝孙"这四个字极为敏感，生怕别人这么说他们。因此，他们就避免和其他人发生冲突，而邻里之间本来就是琐碎的、多矛盾性的。因此在日常交往中，为了避免矛盾，他们要么忍气吞声，顺着对方的话说，有怒不敢言，要么就将自己封闭起来，回避与对方进行交往。

> 我们这群人，在和周围的邻居包括一些熟人打交道的过程中，还有个非常敏感的问题，生怕和别个（武汉方言，其他人的意思）发生矛盾，一发生矛盾，有些不懂知识的人，跟你说你这个孩子都走了，你还这么坏，甚至有的人说，你这个断子绝孙的人，你还搞什么搞呀，这对我们是极大的伤害……我们跟别人打交道就存在这种戒备的心理，对不对，这是很自然的戒备心理……怕发生矛盾，往往我们就矮人一截，就低人一头，就有这种感觉，我怕发生矛盾，所以凡是能够引起矛盾的话，我就将就着你说了，你要是发脾气，我就不说了，我怕说了产生争执，产生意见。只要有了这种心理，只要看到别人不高兴了，看到别人有了些（导致）矛盾的话语了，我们就不敢说话了，说话就怕发生矛盾，以前孩子在的时候，你发脾气我也有脾气，现在就是在别人面前我们不敢发脾气，也没有脾气了，有脾气也不敢有了。（20111104GSR）

从上面的材料中可以发现，失独者由于意识到邻里关系的多矛盾性，怕因为和邻居沟通交往引起矛盾，进而对方骂出"断子绝孙"或者类似的话；基于这种考虑，他们在和邻居的交往中就存在一种戒备心理——怕

---

① 陈恩：《重建社会支持网：失独群体自组织形成机制探讨——基于上海的两个案例》，《北京社会科学》2014 年第 11 期。

发生矛盾的戒备心理。有了这种心理后，他们在和邻居的交往中就小心翼翼，只要会引起矛盾的话都不说，如果对方说了这类的话，他们也就不再争执，而是顺着对方的话说；然而每个人都是有尊严的，有脾气的，有思想的，久而久之，他们就不想总是阿谀奉承，总是顺着对方，但是同时他们又怕产生矛盾，这时候，他们就是一条路，即回避和邻居的交往。

（三）自我封闭与搬家

社会学家甘斯（Herbert Gans）认为人类的许多行为是对现实生存环境的反应，并随情境的变化而变化。[1] 这里的情境就是社会情境理论中所说的三种情境，即包括真实的情境，也包括想象的情境和暗含的情境。[2] 就失独者而言，他们真实的情境就是独生子女夭折，想象的情境就是其他人对他们的另眼相看，暗含的情境就是他们的敏感和自卑。失独者为了免于这种想象成为现实，勾起自己的痛苦回忆，往往选择逃离现有的生活环境，避免与人谈及子女，更不愿意和别人交谈，[3] 他们与邻里的关系开始疏远，并且他们会选择回避，将自我封闭起来（如材料一），他们不敢见到邻居，不敢出门，不敢买菜，整天将自己关在家里；但是终究还要买些东西，要出门的，但是为了避免见到邻居，他们只有在邻居上班之后，或者晚上天黑以后出门（如材料二）。

> 材料一：我姑娘05年走的，我们两个就受不了。其实我们两个都恨不得陪孩子一起走算了，真的不想活了，没什么意思了。但是后来就是，两个人就是天天在屋里面，也不敢出门。每天不敢出门，也不敢去买菜。（20101125SXR）
>
> 材料二：根本没办法上班了，后来两个人干脆在屋里，屋里吧，你看着我，我看着我……每天在屋子躲着躲着，菜也不敢去买——都是人家上班以后，像九、十点钟，街上人也比较少……然后两个人就跑出去买点菜，匆匆忙忙地就赶快在屋里面躲到，躲到。两个人就生

---

[1] 甘斯的上述论述主要是研究穷人在社会转型期的文化适应问题。但是他的这个判断，对任何群体都适用。参见 Gans, H, *The War against the Poor：The Underclass and Antipoverty Policy*, New York：Basic, 1995.

[2] 社会情境理论：该理论主要研究人类在各种特殊社会文化情境中的心理和行为，研究的要素主要包括情境的含义及其构成要素，情境的结构、类型，情境的社会和个人效应，等等。

[3] 潘金洪：《失独哀伤过程的复杂性及其特征的多样性分析》，《人口与社会》2017年第1期。

病，后来，我就晚上两个人还是出去溜达一下子吧，天亮也不敢出去，都是天黑了，看不见人了，我们两个人就跑出去，转一下，两个人，（去）人少的地方，人一多的地方马上就回避，然后就这样子，混呀混呀，搞呀，就这样混日子过。（20101125SXR）

　　然而，总是待在家里也不是长久之计，人会憋出病来，即使选择在人少的时候出门，也会遇到邻居，因为毕竟在一个楼道里，低头不见抬头见，于是就选择搬家。湖北省政策研究室在调研报告《真空老人需要亲情关爱——一封群众来信引起的调查》中，指出失独者有"三多"的状况，其中"一多"就是搬家的多——大部分真空老人忍受不了触景生情、睹物思人的精神折磨，也害怕朋友、熟人同情的目光或问候，因此近1/3的人搬离原居住地，选择到人生地不熟的社区离群索居，有的甚至多次搬家。① 这种"多"有两层意思：一方面，搬家数量的多，即很多失独者有搬家行为。据武汉市失独家庭成立发起者 WZB 的调查，目前武汉市搬家的失独者达到30%，这一判断得到调查数据的证实，据笔者在全省的调查发现在 296 位受访者中有 92 位受访者出现搬家的情况，占受访者的31.08%（见图7）。② 另一方面，搬家次数多，即部分失独者不仅仅搬了一次家，而且连续搬了几次家。如有一位失独组织中的负责人告诉笔者："我们这群人当中，孩子走了以后，往往不愿意跟邻居打交道，有些人甚至搬几次家。"这种社会行为属于逆社会化的行为，这种逆社会化行为不仅会阻碍"失独者"走出情感困境，还会给他们造成严重的心理功能障碍。③

　　　　材料一：同一个楼道上的同事，他们又都有个人的家庭，都幸福得不得了，这个娶媳妇，那个生孩子，放鞭炮什么的，我们两个实在是受不了，后来我们找房子，搬个家吧，离开这个熟悉的地方，最起码没有熟悉的同事来问我们"这个事情"……（20101125SXR）
　　　　材料二：从厦门（女儿去世的地点）回来后，家里女儿用过的

① 中共湖北省委政策研究室《"真空"老人需要真情关爱——一封群众来信引起的调查》，2009 年 8 月 12 日。
② 《湖北省独生子女伤残死亡家庭扶助机制研究》，湖北省计划生育协会的课题，2010 年。
③ 杨宏伟、汪闻涛：《失独家庭的缺失与重构》，《重庆社会科学》2012 年第 11 期。

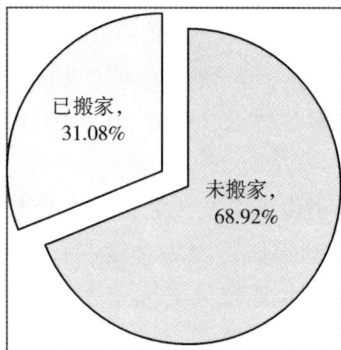

图7 失独者家庭状况分析

东西，一次次地让他们"睹物思人，悲痛欲绝"。实在受不了，他们离开了原来的家，在另一个小区租了房子。那年，张大姐刚好60岁，爱人也已65岁了。（资料来源：《中国经济周刊》2009-06-01）

"都已经快10年了，我天天加班，把自己的工作安排得特别忙，尽量都不在家。不然，回到家里，看到熟悉的环境，我就会不由自主地想儿子。"（资料来源：《中国经济周刊》2009-06-01）

材料三：就是这样住到这边来了，我到这边来了以后，最起码说大家都不认识我，我也不和别人打招呼，整天就昂着个头，进进出出，自己觉得自己还蛮清高的那个样子，因为不敢跟别人搭讪，因为怕和别人混熟了以后，别人就又会问你，你的孩子在哪啊，怎么没看到你家有孩子来啊，肯定就会问这些事情。知道吧，所以每天呢，出去还要打扮得漂漂亮亮的，就不要让别人瞧不起那样的，就这个意思，就这样搬过来了。现在楼上楼下都不知道我的情况，我也不跟他们说，我这种情况，有的时候有的问了一下，哎，怎么没看到你小孩啊，我说出国啦，就这样说假话，到这里来以后，从来不跟社区打交道，因为我不想让别人知道我这个情况。（20101125SXR）

从上面的材料中可以看出他们搬家一方面是为了远离邻居，不愿意看到邻居子女金榜题名、娶妻生子等幸福甜蜜的片段（见材料一），另一方面是为了避免睹物思人，避免看到熟悉的场景想起自己已逝的子女（见材料二）。① 失独者搬家后，他们并没有形成新的邻里关系，而是选择离

---

① 注：这部分不是本节关注的重点，就此一笔带过，笔者将在下文详细论述。

群索居，既不和邻居也不和居委会打交道，避免形成新的邻里关系，避免重新感到邻里之间沟通的压力。这样他们就通过搬家告别了原来的邻里关系，并且通过回避，尽力躲避和新邻里建立关系。这是失独者的一种心灵自我保护方式。[①]

（四）逐渐疏远：失独家庭与邻居之间的关系

就邻里关系而言，失独者分为两类，一类是没有搬家的失独者，另一类是搬家的失独者。从他们的邻里关系来看，没有搬家的失独者因为敏感、自卑、害怕矛盾，仍然继续躲在家里，尽量少出门，因此这部分失独者和邻居的邻里关系走向疏远；对于搬家的失独者而言，由于居住空间的改变，他们和以前的邻居之间沟通减少，邻里关系也就自然疏远了，然而搬家后，他们刻意和新邻居保持一定的距离，并且被迫面对面交往时也采取撒谎来掩盖自己的真实情况，这样他们的新邻里关系就没有建立起来，对于这群人而言，他们已经没有邻里关系。

如果将搬家的失独者和没有搬家的失独者结合起来考虑，我们可以很肯定地下一个结论：失独者的邻里关系趋于淡化，他们和邻居之间的社会距离正在逐渐拉大，他们之间的关系正在逐渐疏远。

二　失独者的业缘关系全面断裂

如前所述，业缘群体是由于人们从事共同的或有关联的社会工作而结成的社会关系，他是一种以职业为联系纽带而形成的人际关系。同行之间往往形成一个有边界的圈子，这个圈子内可以是知识性的，或者经验性的，总之圈子内的认同远远高于圈子外，圈内对圈外是排斥的。[②] 从群体发展上看，业缘群体与劳动分工的深化，特别是与现代工厂制度建立密切相关。就本书的研究对象失独者而言，他们的业缘关系也主要通过劳动单位建立；其中需要说明的是，业缘关系的建立仅仅以工作内容相同有关联，因此业缘关系的建立不仅仅局限在单位内部，而且包括不同单位之间从事相同或相似工作的人，同时也不管这种单位是隶属国家、集体、私人或是外资。为了表达方便，同时结合实际调查，笔者发现失独者的业缘关系几乎都是同事关系，因此可以通过对失独者"同事关系"的变迁来揭

---

① 柯仕学：《精神共同体："失独"家庭社会支持网络重建》，硕士学位论文，华中师范大学，2014年。

② 李汉宗：《血缘、地缘、业缘：新市民的社会关系转型》，《深圳大学学报》（人文社会科学版）2013年第4期。

示他们人际关系中"业缘关系"的变迁。

（一）同事关系的重要性

每个人每天差不多有 8 个小时要和自己的单位同事一起度过，从这一点来看，同事关系是处理家人关系之外最重要的关系类型。

1. 单位目标实现的促进剂

每个单位在成立之初，都有自己的确定目标，并围绕这一目标制定单位工作章程、用人计划、管理规范等；其中用人计划对所需人员的来源、层次、水平、修养、经历等都做了硬性的规定，确定了一个单位的人员大致可以在一个相对一致的基准上。这些由用人计划引进的人就是本书中的同事，他们为了单位发展的共同目标走到一起，结成一种新的人际关系，即同事关系。

就目标而言，单位每一个成员有两个目标：集体目标和个人目标。个人目标的实现依赖集体目标的实现，只有集体目标实现了，个人目标才能得到满足。从这一点来看，个人目标和集体目标是辩证统一的关系。因此集体目标的实现具有十分重要的战略意义。

就集体目标的实现而言，良好的同事关系是集体目标能够成功实现的保障。在一个分工良好的单位，同事之间存在紧密的分工，相互之间是联合在一起的，用迪尔凯姆的话说，他们之间是有机团结，建立在社会分工和个人异质性基础上的一种社会联系，每个人对社会和其他人的依赖很深，[1] 这就具备了良好人际关系的基础；除此之外，如果在工作中，同事之间能够相互礼让，以集体目标为重，而不只是计较个人的得失，那么就会形成良好的同事关系；这种关系的形成必将反过来促进同事之间密切配合，进而促进集体目标的实现。由此可见，良好的同事关系是单位目标实现的促进剂。

2. 个人事业成功的催化剂

面对日新月异、瞬息万变的世界，技术、信息的把握愈显重要，关系网也是应对这种变迁的良好对策。相反，无法正确认识同事关系的重要性，既不合理、妥善地与同事交往，又不善于利用这种关系之正面效应的人，则很难立足。在传统的中国社会，关系是中国人处理高度个人化问题和不可明确表述的社会秩序的可调整的机制。现代组织的个案研究表明关

---

[1]　侯钧生：《西方社会学理论教程》，南开大学出版社 2001 年版，第 51 页。

系在组织运作上有重要影响。[1] 应用到同事关系中，许多人常用"运气不好"作为自己事业无成、工作不顺或升迁无望的借口，事实上"好运"是以人际关系为媒介的，形象地说"好运"这股能源流只能在"门路关系"的管线中流动。虽说始终有不少人唯心地将"好运"视为非人力所能控制的神秘力量，但大部分的好运都离不开良好的人际关系的帮助，对上班族来说，同事关系处理的好坏几乎可以决定一个人的职业前程。

同事关系是事业成功的催化剂，同事关系的状态可以左右在仕途、商海中的好运；具体而言，融洽的同事关系，使得行动者在工作中左右逢源，有助于目标的实现，相反，糟糕的同事关系，会使得行动者在工作中事倍功半，目标的实现变得异常艰难；从这一点来看，拓展融洽、良好的同事关系，就等于在营造一个人的成功路、事业网。

3. 个人行为管理的矫正器

唐太宗说，以铜为镜可以正衣冠，以人为镜可以明得失，以古为镜可以知兴替。松下集团创始人松下幸之助也曾说，不能省察于己，常是错失好运的原因。同样"同事"也是一面镜子，大家日日相处，彼此都了如指掌。每一个与我们一起工作的人都无时无刻对我们形成看法、做出评价，他们的意见和评判影响着他们对我们的行为方式。在中国人的价值观念中，要以德为重，相比之下，经济利益的重要性排在其次，所以中国人将做人做事紧密相连，也十分重视他人评价[2]，一个人在单位中人缘如何、性格如何、口碑如何、表现如何，等等，往往可以通过同事们对他的态度和评价得以折射出来：一个充满热情、待人和善、善于交往的人，同事们也必然乐意与之接触，并给予较高评价；相反，如果一个自私自利、待人虚情假意、处处提防他人的人，同事们对他也自然会"敬而远之"。

社会学理论用"镜中我"这一更加专业的词汇描述李世民的"镜子"和松下幸之助对错失好运的解释。库利通过对"自我"理论的发展，将"自我"分为"纯我"和"社会我"，其中"社会我"指的是"对自身产生于交流生活的某种思想或者思想体系的认识和感觉"，[3] 这种感觉是想

---

[1]　李敏：《同事关系对个体工作绩效的影响：基于中国情境的实证研究》，《苏州大学学报》2016年第2期。

[2]　李敏：《同事关系对个体工作绩效的影响：基于中国情境的实证研究》，《苏州大学学报》2016年第2期。

[3]　[美] 查尔斯·霍顿·库利：《人类本性与社会秩序》，转引自胡翼青《再度发言：论社会学芝加哥学派传播思想》，中国大百科全书出版社2007年版，第129页。

象，这种想象由三种主要成分构成："别人眼里我们的形象的想象；他对这一形象的判断的想象；某种自我感觉，如骄傲或耻辱。"其中社会就是镜子，"社会我"就是"镜中我"。通过"镜中我"，可以发现别人对自己的评价和判断，进而从自身的行为中找出他人对自己出现这种评价和判断的原因；对此，库利比喻说"人们彼此都是一面镜子，映照着对方"。[①] 从单位来看，同事更是一面常用的镜子，因为他们每天在一起工作、生活，在这种长期的互动中，对双方的性格、能力等都十分了解，因此单位中的同事是一面最好的镜子，他们能最客观、最真实地展示行动者的本来面貌。

（二）失独者同事关系的变迁

独生子女死亡后，失独者的人生规划、家庭规划的载体消失，他们失去了工作的动力和勇气，有受访者告诉我们，"得知儿子出事了，感觉天都塌下来了"。在这种内心急剧变化的情况下，失独者开始调整自己与同事的关系。

1. 退出工作岗位

目前关于我国的退休制度，政府规定男性60周岁、女性55周岁为法定退休年龄，提前退休也仅仅限于工作岗位的危害性，或者企业岗位不足、工作者的身体健康等客观原因。然而在实际调研中，笔者发现失独者普遍存在主动提前退休的现象。失独父母通过"提前退休"或"直接辞职"的方式，退出工作岗位，这就斩断了他们维系业缘关系的纽带和机制。[②]

统计数据表明，在接受访谈并作答的受访者中，除了农民以外，城镇失独父母中只有7.3%的人还在工作，近70%的失独父母都属于主动离开工作岗位，他们要么是离退休、要么是提前退休、要么是长期病休。从其原因来看，丧失工作动力是根本原因。本次调查中发现73.3%的父母认为生活没有意义，74.1%的父母对未来没有希望。具体统计数据见下图：

从定性角度看，失独者退出工作岗位主要是因为独生子女死亡而带来的巨大的精神创伤，以及由精神创伤而带来的身体创伤。很多研究证实了

---

① [美] 查尔斯·霍顿·库利：《人类本性与社会秩序》，华夏出版社1999年版，第128、131页。

② 张必春、许宝君：《失独父母社会关系变迁的"差序格局"解读——基于社会身份视角的探讨》，《四川师范大学学报》（社会科学版）2015年第5期。

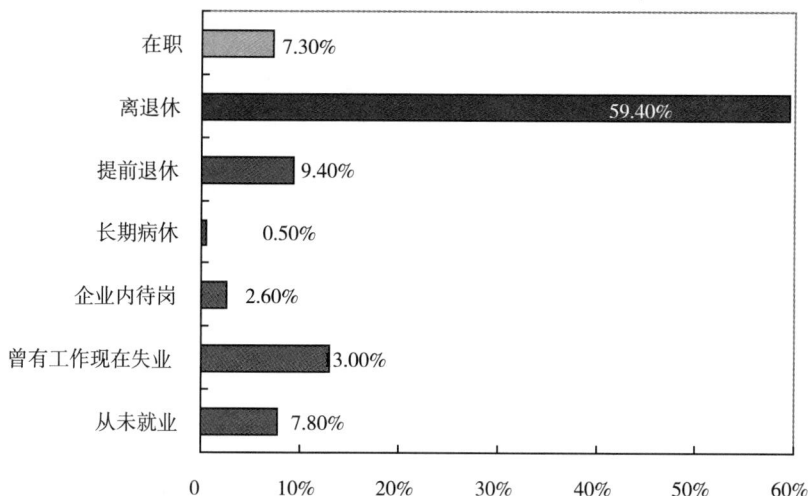

图8　城镇失独父母的工作状况分析

这一点，Meij，L. W. 和 Oliver，L. E. 通过研究发现子女的死亡会导致父母的心理、身体状况的下降，甚至是死亡。①本书中的研究对象是失独者，"独生子女"意味着"唯一性"，因此独生子女死亡后，失独者所承受的精神和肉体打击应该远远超过西方的相关研究。

> 我是搞财务工作的，原来是单位的会计，孩子走后，人变得迟钝，算不了账，跟人家找钱，报账的时候，都给人家搞错，几千块钱都搞错了，后来只能提前退休。老公原来是单位的司机，司机这种职业，一分神，他就容易出事，后来单位就给调换个工作。调换工作后，他还是受不了，完全无法与人沟通，一说起话来就嘴巴哆嗦，手也哆嗦，完全就是控制不了自己，做不了事情。(20101025SXR)

这样的例子还有很多，无非就是对象之间的差异，精神创伤程度和肉体创伤程度的差异，但是归根结底，都反映出失独者退出生产活动的现实。失独者从单位退出后，便意味着从前同事关系的变化。单位是员工工

---

① Meij, L. W., M. Strobe. and H. Schut, "Couples at Risk Following the Death of Their Child: Predictors of Grief Versus Depression." *Journal of Consulting and Clinical Psychology*, Vol. 73, No. 4, 2005, pp. 617–623. Oliver, L., "Effects of a Child's Death on the Marital Relationship: a Review." *Omega*, Vol. 39, No. 3, 1999, pp. 197–227.

作、生活的重要场所，员工加入组织，有经济目的和自我价值实现的要求，要依靠自身的营利能力保证组织的生存与发展，因此，单位是人生存与行动的空间之一。[①] 而同事关系是基于成员间劳动与职业间的联系而形成的社会关系，这种关系的出现是因为行动者空间距离接近，有共同的工作任务，相互之间能够通过共同工作得到很多彼此接触和了解的机会，这种频繁的交往就形成了同事关系。因此同事关系的基础是劳动与职业联系，拥有空间接近等要素。独生子女死亡后，失独者退出劳动岗位，意味着原本同事之间的劳动和职业联系不复存在，空间距离也逐渐拉伸和疏远，那么依托其上的同事关系也面临着相应的变迁。

2. 退出单位活动

失独者即使退出工作岗位，他们往往也是采取的离退休形式（见图8，占 59.40%），还有少部分人采取的是提前退休、企业内待岗等形式，因为虽然他们没有参加工作，但他们仍然还是单位的职工。同事关系虽然是由于接触的减少而疏远，但是毕竟还存在。然而事实是，独生子女死亡后，失独者不仅仅是脱离工作岗位，而且是退出单位组织的一切活动，包括单位组织的福利性活动，如旅游、聚会、体检，等等。

> 你看我搬家以后，我就把我的座机手机全部都换了，单位组织的任何活动，我当时，我根本就都不敢去，我不好意思去，上次他鼓励我说你去吧，已经几年了，应该说好一点了，五年多啦……去了以后，别个说，哎呀，我在电视里看到了你们，他一问，问了以后我就不好回答；还有人相互问候，你的孩子在哪儿啊，怎么样啊，有没有孙子啦，又是这些话。我什么也不好说，知道吧，又不好怎么说。（20171208YHH）

佛教在我国信众很多，佛教中的因果报应的核心观念有两个：一是业报，二是轮回。这种传统文化认为"业报"是永恒存在的，是善恶行为的承担者。自己作业，要自己承担，不过这种承担可能是在今生，也可能是在来世。这种因果报应，严重影响了失独者的思考，他们认为独生子女夭亡是对自己或者前世作恶的报应，因此当单位组织活动邀请他们前去参加时，他们说"不好意思去"，还有些失独者表示"孩子走后，我总像感

---

① 李敏：《同事关系对个体工作绩效的影响：基于中国情境的实证研究》，《苏州大学学报》（哲学社会科学版）2016 年第 2 期。

觉做了错事一样，走路都静悄悄的，说话也不敢大声"。①

在这种自卑思维的作用下，失独者退出单位组织的活动，事实上，这种退出行为加剧了他们与同事之间的疏离状态。如果说退出工作岗位并不一定意味着同事关系断裂，还存在维系纽带的话，那么无止境地退出单位活动则是完全扼杀了同事关系，预示了失独者与同事之间的疏离。

（三）失独者同事关系的断裂

同事关系的形成是由于单位员工从事共同的或有关联的社会工作，基于劳动或职业间的联系而形成的社会关系。他们之间的关系具有以下几个特征：第一，劳动与职业之间存在相互联系；第二，在同一个单位或者联系比较密切的单位，空间距离接近或者接触机会较多；第三，相互之间可用语言或非语言的行为传递信息、沟通思想和交流感情。有研究表明，在工作背景下，个体从组织中其他同等地位的成员那里获得的关怀和照顾，即"同事支持"，可以显著降低个体的心理压力。②

然而独生子死亡以后，失独者退出工作岗位，他们对同事关系表现出冷漠的一面，正如材料中受访者所说"独生子女死亡后，座机手机全部都换了"。无声胜有声，失独者的这些行为都以强烈的态度表明他们不愿意与同事继续保持亲密的同事关系。在这种态度的指引下，失独者的同事关系也面临着改变：首先，退出劳动岗位之后，他们和原先同事在劳动和职业之间的联系减少。虽然他们拥有从事该项工作的技能，但已经退出这种工作；其次，他们和原先同事之间空间距离接近或接触机会多的条件不再具备，失独者退出工作岗位并退出单位活动后，他们也回到各自的住处，如果原来的住处是单位宿舍的话，那么他们更倾向于搬离原来的住处（关于这部分的论述在失独者的邻里关系部分已经做了交代，这里不再赘述），因为同事之间的空间距离疏远，接触机会减少，相互之间通过语言或非语言行为传递信息、沟通思想和交流情感的机会减少，这一方面是因为他们之间的空间距离拉大，另一方面是因为独生子女死亡后，失独者的自我封闭倾向，他们将自己封闭在家庭内部，不与外界进行沟通。

正如前文所述，同事关系是单位目标的促进剂、个人事业成功的催化剂、个人行为管理的矫正器，这种重要的社会关系对于社会中的行动者具

---

① 中共湖北省政策研究室："真空老人需要亲情关爱"，2009年8月12日。

② 杨英、李伟：《心理授权对个体创新行为的影响——同事支持的调节作用》，《中国流通经济》2013年第3期。

有十分重要的意义，对如此重要关系的放弃，是行动者对个人目标的重新定位。他们放弃了自己的理想、家庭的规划，从对事业的追求转向寻求心灵的慰藉，从对理想的憧憬转向对家庭的维系，对他们而言最高目标已经失去了存在的依托，仅仅剩下生存这一最低的人生目标。在这种目标的指引下，他们无须过多地考虑工作；对他们而言，劳动、职业以及依附于其上的同事关系和业缘关系都成了过眼云烟，他们不吝惜这种关系。在这种思想的指引下，他们的同事关系、业缘关系出现断裂。

三　失独者的趣缘关系全面疏远

趣缘关系是指人们因兴趣爱好相同而结成的社会关系，如生活中的棋友、牌友、球友等，甚至是聊友（即对共同的话题感兴趣而成为谈得来的朋友）。近些年来，随着经济和收入水平的提高，休闲已经成为城市生活方式的重要内容。城市人口的众多和异质性的疏离、现代化的交通和通信手段等，为兴趣和爱好各异的人们提供了群聚条件。因此，基于成员间休闲兴趣爱好相同或相近而形成的各种趣缘群体与组织日益兴盛。[①]对于失独者而言，独生子女死亡后，这些城市人际关系发生了显著的变化。由于他们都是基于兴趣爱好而形成的关系类型，为了论述的方便，本书将"棋友""牌友""球友""聊友"等关系类型简称为"朋友关系"，为了强调差异，这里不包括上文的"邻居关系"和"同事关系"，仅仅指基于共同的兴趣爱好而形成的关系。本书将通过对失独者"朋友关系"的分析揭示他们"趣缘关系"的变迁趋势。

（一）朋友关系的重要性及其特征

人本身是一种群居性的动物，人离不开社会性活动，不可能孤零零地生活在这个世界上。朋友是我们生命中的财富，一个人没有朋友，他将失去人生中的很多乐趣。就朋友关系的实质而言，在中国文化中，朋友关系是一种情感性关系，在这种关系中以情感为核心。在交往中，人们相互依存、相互满足物质、情感等方面的各种需求。就本书的研究而言，朋友关系主要指的是同乡、同学、同事关系；其主要有以下几种特征。

1. 志同道合，互相珍惜

人与人之间性格上总有差别，志趣和爱好上会有同异，接近的机会有多有少，如果两个人之间的性格相近，志趣和爱好相投，接触的机会也较

---

① 徐明宏：《城市休闲的社会整合与管理创新研究——以杭州趣缘群体为例》，《浙江社会科学》2015年第12期。

多，那么交情也必然会深一些，就有可能成为志同道合的朋友。从这一角度出发，趣缘群体帮助个人释放情感因素，在维系个人的社会认同感上发挥重要作用。[①]

中国人对朋友的要求较高，在朋友数量上却非常精练。所谓"一生难得一知己"就说明一个人一生当中真正称得上朋友的人并不多。同时，人们也意识到朋友不要求多，而要求精，所谓"朋友不在乎多少，一两个足矣"就指的是朋友数量要控制在一定的范围，在这个范围内进行深交。

2. 重"义"守"信"，互通有无

"信"和"义"是我国传统文化中对朋友关系提出的两条基本要求。其中，"信"在中华传统美德中，与"诚"相通，其基本含义就是诚实不欺骗，遵守诺言，言语与行动相符。这种思想要求朋友之间要言而有信、推心置腹、互通有无、无私援助、相互忠诚、同甘苦共患难；"义"指的是义气、道义，在朋友关系中体现为公正、有道德，为朋友承担风险，甚至不惜牺牲自己的利益。"义"是朋友关系能够持续的保障，只有建立在道义基础上的友谊，才是人心目中真正的友谊，也因此才能持久；除了持续外，"义"也是朋友之间能够保持持久互动的基础和条件，只有行动者重"义"，朋友才能更加倾向于相互依靠、合作，看重彼此之间的承诺和义务。

3. 精挑细选，亲如手足

当今社会资讯发达，人员流动很快，熟人可以有成千上万，但是称得上朋友的却不是很多。这是因为中国人交朋友时，实质上追求的是一种人际间无限制的朋友关系——一旦将对方看作朋友，就会全身心投入，主动承担对朋友的责任和义务，同时也期盼对方以同样的姿态和态度来对待自己。因此朋友是精挑细选的结果。

应当说，趣缘群体出现的基础是共同的兴趣爱好，因此成员具有较强的归属感，相较于现实社会中人际间的疏远感，这种依附于虚拟社区建立的归属感越来越让人们感受到亲切和重视，并且深陷其中。[②] 有时候，这种关系影响还会不断扩大，直至牵涉到双方的家庭成员，甚至影响自己原有的朋友。这样本来属于个人的朋友关系，渐渐会发展成以本人为核心，覆盖其他家庭成员及熟人的关系网。

---

① 张俊慧：《趣缘群体发展条件及其社会影响》，《新闻世界》2015 年第 3 期。
② 张俊慧：《趣缘群体发展条件及其社会影响》，《新闻世界》2015 年第 3 期。

(二) 失独者与朋友关系断裂的原因

1. 自惭形秽：对朋友的喜庆之事避之不及

虽然到了 21 世纪，但还有很多人相信命运，认为 "人都会走霉运"，只是霉运的大和小、长和短不同而已。社会上有一部分人总是认为他们命运不济，并且还认定这个世界总是与他们过不去，不管他们是否有错，他们总是会走霉运。所谓的霉运的形式有很多，财产上、机会上、精神上、肉体上，等等。失独也是一种霉运，他们失去了自己的独生子女，失去了家庭的未来，这种霉运 "大" 而且 "久"，他们认为自己 "不吉利" "蛮霉气"（见材料一）。因此在日常生活中为了朋友着想（不要染上霉运），也为了自己着想（做个自觉的人，避免把霉运传播给别人），他们会自觉地远离朋友；

材料一：亲戚朋友，自己亲戚孩子结婚请我们去，我都不敢去，我把钱给了他。再有的也不喊我们去，觉得我们去了他不吉利，觉得好像有点扫兴一样的，蛮霉气，所以两个人想到这些事情觉得怎么这么倒霉啊，为什么就，如果生两个不就好一点点啊（停歇一会儿）那种痛苦啊，真的是，无法用言语来表达。（20101125SXR）

材料二：2006 年，58 岁的 CWD 的儿子突然患病离开人间，留下了家里孤单的二老，两年后，其子生前要好的同学结婚时，特意请了他去喝酒，CWD 在婚宴上想到 "儿子与新人同年，如果还活着，也可以为他风风光光办婚庆了"，不仅在喜气洋洋的婚宴上潸然泪下，继而失声痛哭，给儿子朋友的婚庆大煞风景，回家后，对儿子深深的思念和对儿子朋友的愧疚再度击倒了他，他大病卧床一个多月。从此以后，凡是有喜庆之事他避之不及，深恐到时候控制不住情绪给别人添堵和难堪。（中共湖北省委政策研究室《"真空" 老人需要真情关爱——一封群众来信引起的调查》，2009 年 8 月 12 日）

即便朋友不介意失独者的身份，邀请他们参加自己的 "喜事"。失独者也会因为看到朋友的 "喜事"，尤其是朋友子女娶妻生子等 "喜事"，他们又会触景生情，自惭形秽。他们想如果自己的子女在世的话，现在也该为他们操办 "结婚生子" 这些喜事了。材料二中 CWD 参加朋友子女婚礼的时候，就是想起自己的子女来，因而在婚礼上潸然泪下，失声痛哭。这种触景生情的场景所有的失独者都能够理解，因此他们选择主动远离朋友，即使朋友邀请他们，他们也会仅仅随礼，而不会出席。这样，失独者就和朋友的关系疏远了。

2. 矛盾心态：和朋友之间容易引发矛盾

警觉性很高，害怕被人讨好，一旦受到冷落，便满肚子不高兴；中国人承受阴阳变化的道理，在行为上经常有矛盾，不让这些矛盾发生冲突，成为中国人必须具备的本事。"[1]简而言之，就是"害怕被讨好，又怕受冷落"。

这都是因为中国人的警觉性和怀疑心在起作用。"警觉性"使得当事人怕被讨好，因此每当对方客气、有礼貌的时候，都不忘提醒自己"礼多必诈"，必须更加小心防范才好。失独者也存在同样的心态，独生子女死亡后，如果朋友给他们更多的关注，比平时来往得更多，或者经常劝他，他们就会觉得朋友认为自己已经不正常了，正如材料中所说的，失独者怕别人劝我，"他越劝我，我反而越痛苦"就是这个道理。

> 矛盾心态：有的（朋友）知道我孩子走了，但是他不能劝我，他越劝我，我反而越痛苦，我越想哭，你不理我呢，你就不提这个事情，就说我还好过一点点；但是有时候你说你不理我呢，我又觉得你好像冷淡了我，好像你是不是嫌弃我啊。（20101125SXR）

"怀疑心"使得当事人一旦遭受冷落，或者当对方表现得不礼貌时，就会觉得自己被人看不起，因而"备受委屈"。失独者也存在同样的心态，一旦朋友冷落自己，或者一段时间没有联系自己，就认为独生子女死亡后，连朋友也看不起自己了，嫌弃自己了。

其实警惕心和怀疑心，原本就是一体两面，失独者的矛盾心态也因此而生产，既害怕被安慰，又害怕被冷落。正是这种感觉使得失独者无法正确地评价朋友的行为，进而容易对朋友的行动表现出不满，随后便想给朋友一点颜色看看。这种警告行动往往增加失独者和朋友之间的摩擦，进而引发他们和朋友之间的矛盾，这也是失独者和朋友关系疏远的原因。

3. 避免问候：避免朋友的问候勾起"独生子女死亡"的伤心事

每个人都有"软肋"，对于失独者而言，这个软肋就是他们的独生子女。在独生子女刚刚死亡的时候，父母一般都是茫然、手足无措，然后经过时间的治疗，他们慢慢想开了，也慢慢习惯无子的生活。这时候从外面看来，他们就和正常人差不多，然而他们心中有一个永远的痛——独生子

---

[1]　曾仕强、刘君政：《管理思维》，东方出版社2005年版，第167页。

女死亡，所以他们害怕别人提到自己的子女，材料一中的受访者就是因为曾经被不知情的同事问起孩子的状况，不知道如何回答，而遭遇到了尴尬，便不再愿意和朋友继续保持联系，怕又有其他不知情的同事把自己的伤心事勾起来。

除此之外，他们还害怕别人提起自己的变化，他们会认为别人为什么对我这么关注，主要是因为自己的孩子不在了。这样他们就将朋友简单的问候和自己失独处境联系起来，如下面材料中的母亲就是因为朋友一句简单的问候"你的气色比以前好一点了"而激起心中的伤痛，其实这句简单的问候，是中国人见面的常见问候语，但这句问候到失独者那里却发生了实质性的变化。

> 有一位母亲，儿子大学毕业患上白血病不幸去世，儿子走后她把自己封闭起来。加入联谊会后精神面貌有所改变，但当偶尔碰到一位久违的朋友时，人家随意说了一句"你的气色比以前好了一点"时，她回家后立刻痛哭一场。（中国网：独生子女夭亡家庭生存状况调查：精神养老多远？2009-06-01）

由此可见，失独者也会由于害怕不知情的同事问及自己子女的状况，而勾起自己的伤心事，因此设法与朋友保持一定距离；同时他们过于敏感，容易将朋友的问候往自己的失独处境上思考，从而进一步产生和朋友保持距离的想法。因此在现实生活中，出于这两种考虑，他们故意避开朋友，和朋友保持一定的距离。

（三）失独者与朋友关系的全面断裂

正如上文所说，朋友关系不是建立在共同的兴趣爱好基础之上，他们之间更多的是一种人情和利益的关系，这种关系维持的要素不同于亲属关系，亲属关系是以血缘为根基，因而是先赋的，无法改变的，而朋友关系是自致的，主要看是否相处融洽。这种依托关系决定了朋友关系的自发性和变动性。正如陈辉、贺雪峰在浙西衢州古村的调查所示，"兄弟就像朋友，有时还不如朋友"，指的就是"朋友讲究相处，合不来就不会成为朋友；兄弟也要讲究相处，合不来就很少来往。因此相处难，所以做好兄弟也很难，弄不好，连朋友都不如"[1]。

---

[1] 陈辉、贺雪峰：《古村不古：浙西衢州古村调查》，山东人民出版社 2009 年版，第34 页。

失独者和朋友的关系同样也具有自发性和变动性等特征，但是由于失独者自惭形秽，他们对朋友的喜欢之事避之不及；存在矛盾心态，与朋友相处容易引发矛盾；为了避免朋友问候勾起自己的伤心事，所以独生子女死亡后，他们与朋友一般断绝联系：一方面改变所有的联系方式，断绝和朋友联系的可能性；另一方面，对于单位组织的活动也采取回避的态度，尽量不参加。由此可见，独生子女死亡后，失独者和朋友之间的关系处于疏远状态。

第三节　失独者非亲属关系变迁逻辑分析

规律是物质运动过程中本身固有的、本质的、必然的联系，是属于事物内部本质层次的属性。对于失独者而言，透过现象把握他们非亲属关系的变迁规律对于社会关系的研究更具有实践价值。从实际研究成果来看，失独者在处理非亲属关系时主要有以下几个逻辑。

一　非亲属关系调整策略：扩大空间距离

1921 年美国社会学家帕克和伯吉斯在他们合著的《社会学科学导论》一书中首次提出"社会距离"概念，这种概念一般用来描述两种不同的倾向：接近和躲避。[1] 随后帕克又指出为了表明人们分开的距离不仅仅是空间上的，而且是心理上的，因此他又将社会距离分为空间距离和心理距离。[2] 随后心理学研究表明：空间距离与心理距离是密切相关的。比如美国人类学家爱德华·霍尔就区分出了四种空间距离，如亲密距离（0.15—0.45 米）、个体距离（0.45—1.2 米）、社会距离（1.2—3.6 米）、公众距离（3.6—7.5 米），并且将这四种距离各自对应着亲人关系、朋友关系、社交关系、公共关系。由此可见，每种关系都有着不同的距离范围，陌生人之间不会离得太近，亲人之间不会离得太远，简单地说就是"空间距离和心理距离成正比"，"空间距离代表心理距离"；[3] 对于这一

---

[1]　成少森、叶川主编：《西方文化大辞典》，中国国际广播出版社 1991 年版，第 504 页。

[2]　Robert E. and W. B. Ernest, *Introduction to the Science of Sociology Including the Original Index to Basic Sociological Concepts*, Chicago: The University of Chicago Press, 1969.

[3]　空间距离和心理距离成正比的论述只适用于失独者的外部关系，但是像前文所列举的"空间距离和心理距离矛盾"往往适用于亲密关系之间的特殊情况，往往是由于敌对或者传媒的作用才会出现——作者注。

思想，卢国显通过对心理距离描述，更加深化了空间距离和心理距离的关系，他指出，"空间距离的接近与疏远是衡量亲密程度的指标：空间距离越大说明关系越远，情感特征可能就是憎恨、敌对等；空间距离越小，甚至是身体接触，说明关系非常亲密，距离消失，情感特征表现为强烈的爱、渴望和同情"。[①]

由此可见，空间距离和心理距离是成正比的关系，有学者指出，空间距离影响了人们对事物的态度。当空间距离水平较大时，对人们的态度产生的影响显著；而当空间距离水平较近时，对态度的影响不显著。[②] 而且心理距离可以表示出个人的憎恨、敌对、亲密和喜爱等个人情感。借用这一机制，现代促销理论形成了所谓的销售心理学，其大意就是"缩短和消费者的空间距离，拉近和消费者的心理距离"；[③] 同理，如果要与某人保持心理距离，就需要慢慢拉大彼此的空间距离。失独者就是运用这一方面，他们巧妙地运用了帕克社会距离理论中"社会接触的等级"——"在社会接触的类型之间滋生出一些确定的等级或差别，其中，不同的接触形式对应不同的社会距离等级，就接触类型而言，主要有：身体接触与社会接触；初级接触与次级接触"，其中身体接触类似于上文中的亲密距离，甚至是触摸，社会接触类似于上文中的社会距离和公众距离；初级接触是面对面的交往，次级接触意味着外在的和更大的距离。

帕克认为"居住空间分布本身就是距离的表现，如果居住空间较为接近就说明彼此相互认同，距离较小"。[④] 对于失独者而言，独生子女死亡后，由于他们的敏感、自卑等心态，和亲属关系、虚拟亲属、非亲属的心理距离逐渐变大。但是，如何达到并保留心理距离扩大的效果呢？考虑到心理距离和社会距离的正比关系，失独者就通过扩大外部关系成员的社会距离而达到增加心理距离的效果。原先，失独者和同事在同一个单位上班，和邻居在同一社区生活，他们低头不见抬头见，他们之间的空间距离

---

① 卢国显：《我国大城市农民工与市民社会距离的实证研究——以北京市为例》，载秦谱德、谭克俭主编《中国社会学会学术年会获奖论文集（2006·太原）》，社会科学文献出版社 2007 年版。

② 祝帼豪、张积家、陈俊：《解释水平理论视角下的心理距离》，《社会心理科学》2012年第 7 期。

③ 赵建勇：《销售要懂心理学》，中国商业出版社 2010 年版，第 50 页。

④ 卢国显：《我国大城市农民工与市民社会距离的实证研究——以北京市为例》，载秦谱德、谭克俭主编《中国社会学会学术年会获奖论文集（2006·太原）》，社会科学文献出版社 2007 年版。

较小，按照社会接触等级来考察的话，这属于"初级接触"，因而心理距离也可能很近；然而独生子女死亡后，失独者和邻居、同事的心理距离拉大，这种趋势使得他们需要拉大与同事和邻居的空间距离，于是就出现了上文中在分析失独父母邻里关系中的"搬家行为"、工作状态中的"退休行为"以及社会交往中的"闭门不出"等行为——这些都是为了拉大与同事、邻居的空间距离，将互相之间的"初级接触"降为"次级接触"，从而使得失独者和他们原来的邻居、同事保持一定的心理距离。

二　非亲属关系疏离机制：避免勾起伤痛，回避歧视

趋利避害是生物的本能，像"手指遇到火会自然缩回"一样。就本书而言，这里的"害"不是死亡，不是经济上的损失，而是"不愉快话题""令人沮丧的经历"。对于失独者而言，独生子女死亡是他们心中巨大的伤痛，是他们的伤疤。谈到独生子女，谈到子女死亡就等于扯开他们的伤疤，"扯开伤疤滴着血"是他们感情的真实写照。因此他们普遍不愿意谈及子女问题，所以他们就必须回避一切可能涉及子女话题的情景，远离一切可能提起子女问题的社会交往对象。

由于这种"避险逻辑"的存在，失独者对非亲属关系进行选择时，所遵循的一个重要的逻辑是"避免勾起伤痛"，同时注意"回避歧视"，这就使得失独者形成回避型人格障碍，具有该种障碍的个体，往往表现为害怕被否定，或者排斥正常的人际交往活动，在亲密关系中害怕被嘲笑且表现拘谨，具有在社交场合被拒绝的先占观念，不愿与人打交道等特征。[①] 首先，失独者选择疏远邻居关系，他们逐渐远离自己的地缘关系。邻居之间相处时间长了，难免会有磕磕绊绊、吵吵闹闹。只要翻脸，什么话都有可能说出来，而失独者最怕听的就是"你都断子绝孙了，怎么还这么坏"，基于这种考虑他们和邻居相处总是处处小心翼翼，正如一位失独父母所说："孩子走后，我们像做错了事一样，处处小心谨慎，连说话都不敢大声一点。"有些人受不了这些约束，索性把自己封闭起来，远离邻居。其次，独生子女死亡后，失独者的同事关系瞬间断裂，他们的业缘关系也同时断裂。不得不指出的是，这种关系断裂的开端是由于独生子女死亡，失独者身心遭受巨大的创伤，无法满足工作要求，因此被迫退出工作岗位。然而这并不代表他们业缘关系的断裂，业缘关系断裂，是由于他

---

① 美国精神医学学会：《精神障碍诊断与统计手册》，张道龙、刘春宇、童慧琦等译，北京大学出版社2014年版，第282—283页。

们害怕在和原先同事的交往过程中，被追问自己的近况，进而勾起自己的伤痛，基于这层考虑他们断绝了和同事之间的交往，这才导致他们之间业缘关系的瞬间断裂。最后，失独者与朋友关系的全面疏远，表明他们的趣缘关系全面疏远。正如前文所说，趣缘关系是由于共同的兴趣爱好走到一起来的朋友，所以失独者知道，在自己的独生子女死亡后，这些人一般都要来问候一下，即使有些人现在不问候，也会在日后的相处过程中不由自主地问起子女的情况，这样必然让他们重新回忆起孩子的死亡过程，而这一过程又会让他们陷入痛苦之中；同事朋友表现出对该失独者的关照，往往在庆典举办的时候，特地邀请失独者参加，这其实是出于一种好意，表达一种关怀的愿望，然而这种关怀会导致失独者顾影自怜。因此为了避免出现这样的情形，失独者只能主动选择远离以朋友关系为代表的趣缘关系。综上所述，失独者会按照"避免勾起伤痛，回避歧视"调整自己的非亲属关系。

三 非亲属关系调整原则："最小伤害"原则

在政治学中，解决投票民主的局限性，提倡引入两条减灾性的基本原则：最小伤害原则和最大兼容原则，分别用于改进投票制度和公共领域的运作。[①] 对于行动者的策略也同样存在这两种选择，"最小伤害"原则指的是行动者认为个体的自由和安全高于利润和收益，可以为了自由和安全而牺牲任何收益；而"最大兼容"原则指的是行动者在任何可能的生活情景中对任何人都不会形成歧视、疏远或回避，他们认为个人的自由和安全居于次要位置，必要时，可以为利润和收益让步。这是两种相对立的原则。对于失独者的非亲属关系调适而言，他们使用的是"最小伤害"原则，也就是说他们调整非亲属关系时，没有考虑到最大限度地与非亲属关系保持兼容的状态，而是选择减少伤害程度。在这种思想的指引下他们衍生出一套行为规范。

失独者在处理社会关系时，最为理想的选择是"不伤害原则"，也就是不会伤害自己。但失独者面临复杂的社会关系网络时，难免会遇到困境，[②] 因此对失独者来说，首先，在这种最小伤害原则的影响下，当自己对某一互动对象存在矛盾心态，也会从最坏的方面考虑。比如，他们在处理朋友关系时，存在矛盾心态：一旦朋友冷落自己，或者一段时间没有联

---

① 赵汀阳：《民主的最小伤害原则和最大兼容原则》，《哲学研究》2008 年第 6 期。

② 孔娜：《老年社会工作的伦理困境及应对原则》，《伦理学研究》2015 年第 2 期。

系自己，就认为独生子女死亡后，连朋友也看不起自己了，嫌弃自己了；然而当朋友和他们联系的时候，他们又认为朋友也觉得我们是弱势群体了，现在他们对我们的关怀是同情我们，或者认为朋友关怀勾起了他们对子女的思念。从客观的立场看，他们的这两种思考都是正常的，在处理关系时，他们会根据互动对象的不同灵活地选择接触或回避策略。然而他们的策略都是"回避"，其遵循的原则就是"最小伤害"原则，即使存在一点点让他们感到痛苦的可能性，他们也会选择疏远这一互动对象。

其次，对虚拟伤害回避。独生子女死亡后，失独者变得更加敏感，他们往往将其他失独者的遭遇迅速转嫁到自己身上来，对其他失独者遭遇到的歧视感同身受，进而回避与这类互动对象的交往。如有一位失独者告诉其他人"现在有些人可能觉得我们唠唠叨叨的，称我们为'祥林嫂'"，因此其他失独者一般都不敢在非亲属面前哀号痛苦，或者远离这些可能称他们为"祥林嫂"的人。这种行为规范使得他们加剧了对非亲属关系的疏远速度和程度。

最后，夸大自己对别人的伤害。我国的传统文化中，有"撞霉运""触霉头"的说法，尤其是在"行大运"前，往往特别注意使用吉利的数字、语言和行动，以期待给自己带来好运，同时也尽量远离不吉利的人和事。失独父母作为家庭遭遇重大不幸的人，则成了霉运的载体，他们从"怜爱、自重、不影响他人"的逻辑出发，选择给别人带来"最小伤害"，主动选择回避，生怕什么地方弄错了给他人带来不幸。在现实生活中，这种回避的态度已经成为共识，失独父母知道"有些人认为我是霉运较重，不愿意和我们接触，生怕感染霉运；还有些人不把孩子给我们抱，认为我们这样的人，抱了孩子会影响他们孩子的成长"①。失独者在文化实践中慢慢内化了这种道德污名和霉运思维，并逐渐形成了给别人带来"最小伤害"的思考，这种思维方式使得失独者会主动选择远离非亲属关系。

---

① 资料来源：20101216WJY 宜昌录音。

第六章 失独者与他组织的关系

与个体之间的关系相比，个体与组织关系是失独者人际关系体系中的另一个重要的维度，其中他组织又是失独者在社会环境中面临的主要组织，这些组织与失独者是息息相关的，一方面这些组织功能的发挥直接影响着他们的生活，另一方面，失独者对他们总是存在诉求和依赖。本书将他组织分为经济组织、服务组织、福利组织、政府组织和慈善组织，依次考察失独者和这些他组织之间的关系。研究表明失独者退出经济组织，顾虑性地疏远服务组织，失望性地排斥福利组织，对抗政府组织，总体性疏离慈善组织。总而言之，失独者与他组织的关系是"回避和博弈"，即他们不愿意正面接触这些组织，千方百计回避这些组织，同时在遇到利益纷争时，又与对方进行激烈的博弈。

第一节 他组织的定义与类型

一 组织、自组织与他组织

要说明他组织，就必须提及自组织和组织，并解释组织、自组织和他组织的定义以及相互之间的关系。首先我们要回答什么是组织。组织是现代科学各个领域广泛使用的概念，尤其是在系统科学中，组织是少数最基本的概念之一。组织揭示了从自然界到人类社会的各种组织如何产生、生长、维持、演化。从逻辑上看，组织是属概念，自组织（self-organization）是它下面的子概念之一，与自组织相对应的另一个概念是非自组织，或称为他组织（hetero-organization）。由此可见，组织是属概念，而自组织和他组织是其下的子概念。

既然他组织和自组织是组织的子类，两个子类都是组织起来的群体，但区别在于组织力或组织指令来自群体内部还是群体外部。这种区分时间

图 9　组织的概念示意

不长，仅仅才有五六十年的时间，自组织概念的提出来自阿希贝，他在1984 年出版的《自组织原理》中开始了控制学界有关自组织控制的研究，但正式提出这个概念的人是哈肯（H. Haken），他用一个通俗的例子解释了自组织与他组织的区别："有一群工人，如果没有外部命令，而是靠某种默契，工人们协同工作，各尽职责来生产产品，我们就把这种过程称为自组织，相反，如果每一个工人都在外部命令下按完全确定的设计行动，我们就称之为他组织。"[1]

由此可见，自组织着重强调系统中的组成元素是不受外界干预的，其出现和组织具有自发性，并实现相互协同，最终呈现出一种有序的宏观状态。而他组织是与自组织相对应的一个概念，[2] 二者的区分主要是组织力的来源。从定义上看，自组织是"指系统在演化过程中，在没有外部力量强行驱使的情况下，系统内部各成员相互协作、联合行动，进行时间、空间和功能的统筹搭配，出现有序的活的结构"[3]。如西方的工会组织就是自发组织起来的，代表工人阶级的组织，其组织力来自内部，因此就是自组织；相反，如果组织力来自系统外部，那么该组织就是他组织。对于这种区别，哈肯说："如果系统在获得空间的、时间的或功能的结构过程中，没有外界的特定干预，我们便说系统是自组织的，这里'特定'一词是指，那种结构和功能并非外界强加给系统的，而是外界以非特定的方式作用于系统的。"[4]

类似的，如果外界干预系统活动空间、时间或功能结构，我们便说系

---

[1]　H. Haken and Synergetics, *An Introduction*, New York: Springer VerlagBerlin, Heidelberg, 1983.

[2]　魏道江、康承业、李慧民：《自组织与他组织的关系及其对管理学的启示》，《系统科学学报》2014 年第 2 期。

[3]　高春凤：《自组织理论下的农村社区发展研究》，中国农业大学出版社 2009 年版，第8 页。

[4]　［德］H. 哈肯：《信息与自组织》，四川教育出版社 1988 年版，第 29 页。

统是他组织的。这里外界的特定干预就是"他组织"之外的作用。从生物学上看，绵羊"多利"就是英国科学家用克隆技术人工复制出来的，从社会学上看，国有金融系统就是他组织。因为国有金融系统的主体是四大商业银行，是从原有的"大一统"的人民银行中分离出来的经过专业分工到商业化改革的多次变革后形成的，而且每一次变革都是在政府的指令下进行的，而且他们的属性都是国有独资商业银行，产权都归政府所有。除了这四大国有商业银行之外，其他的股份制银行、城市商业银行、农村信用社、证券机构和保险公司等，基本上也都是在政府授意下成立的，政府也是主要的控股者。所以说政府的指令很大程度上影响了这些金融机构的决策。因此可以说，国有金融系统是他组织。除此之外，我国的很多社会团体，如学校、医院甚至是工会都是在国家授权并直接干预下建立起来的，因此也属于他组织。就其特征而言，他组织是自上而下进行的，具有某种强制性。

二　失独者人际关系中他组织的判别

既然他组织和自组织有那么多的差异和共同点，那么在实际研究中应该如何判定组织属性呢？针对本研究而言，笔者介绍两种判定方法。

（一）失独者他组织判别的参照物

对于自然科学而言，组织子类型的划分非常简单，通过实验室实验，或者通过解剖就可以发现组织力或组织指令的来源，断定组织系统在空间、时间或功能的结构过程中，存不存在外界的特定干预。因此自然科学中自组织和他组织的划分，具有生物不变性。

然而社会科学的研究对象是人，而非一成不变的物体，因此对组织体系的划分，即自组织和他组织的划分也不是一成不变的，针对不同的人会有不同的变迁——换一个参照物，自组织可能转变为他组织，相反，他组织也能转变为自组织。从上文中自组织和他组织的定义可以看出，他们之间的差异主要在于组织力或组织指令的来源究竟是群体内部还是群体外部，因此在进行组织子类型划分时，必须特别注意群体的这个参照物，如果参照物指某一组织中的一群人，那么对于这群人而言，该组织就是自组织，其他组织就是他组织。具体而言，对于企业工人而言，企业就是自组织，而其他医院、福利院、养老院等就是他组织；相反，对于医生而言，医院就指自组织，而企业、福利院就是他组织。由此可见，在社会科学研究中，组织子类型的划分存在相对性，在进行分类时必须特别注意参照物的选择。就本研究而言，如选择失独者作为参照物，那么所有的其他组织，包括下文中将要提到的经济组织、服务组织、福利组织、官方组织和慈善组织都是他组织。应当注意的是，无论自组织还是他组织，都属于失独者的社会关系系统。而系统是在多种要素相互作用与联系下形成的，事实上，人们只是为了方便掌握才将系统要素进行内外区分，而构成系统的要素本身无所谓内外。对失独者来说，自组织属于内部要素，他组织属于外部环境，他们之间发生着永恒不灭的相互作用。①

（二）组织力或组织指令来源作为他组织的判别标准

在上文中我们指出，他组织的关键在于组织力、组织指令来源于组织内部或组织外部，如果来源于组织外部，那么组织就是他组织。事实是，经济组织的组织力来自组织领导，服务组织和福利组织的组织力来自制度设计和国家安排，政府部门的组织力来自国家机器的固有特质，慈善组织的组织力来自爱心人士，由此可见，这些组织的组织力都不是来源于失独者自身，因此这些组织力是外在于失独者的，所以可以说本书中的经济组织、服务组织、福利组织、政府组织和慈善组织相对于失独者而言，都是他组织。

三 失独者社会关系中的他组织类型

就失独者而言，他们自组织和他组织的划分是组织力或组织指令的来源划分，如果组织力来自失独者群体内部，那么该组织就是自组织，相反如果组织力来自失独者群体外部，那么该组织就是他组织。

按照这一标准来看，失独组织的组织力来源于失独者精英，因此该组织属于自组织；相反，社会上的经济组织（如企业、公司等）、服务组织（如医院、陵园等）、福利组织（如福利院、养老院等）、官方组织（如各级政府、街道办事处等）、慈善组织（如志愿者协会、红十字会等）的组织力并非来自失独者，失独者只是参与其中，因此相对于失独者而言，这些组织属于他组织。具体示意图如图 10 所示。

经济组织是指家庭、企业、公司等按一定方式组织生产要素进行生产、经营活动的单位，是一定的社会集团为了保证经济循环系统的正常运行，通过权责分配和相应层次结构所构成的一个完整有机整体。就失独者而言，经济组织就是他们上班的地方，既包括公司、企业等正式的经济组织，也包括个体经营户、合伙经营等非正式经济组织。总而言之，这里的经济组织主要是指失独者赖以谋生的收入来源地；而这种组织既可以是正

---

① 宋爱忠：《"自组织"与"他组织"概念的商榷辨析》，《江汉论坛》2015 年第 12 期。

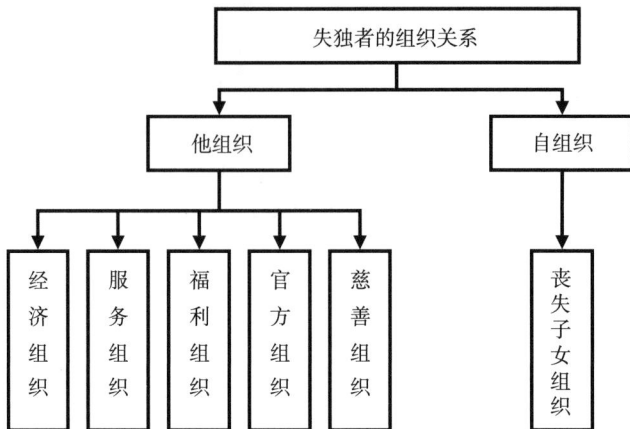

图 10　失独者的他组织概念图

式的，也可以是非正式的。具体而言，本书中涉及的经济组织主要指失独者原来的单位，并且包括独生子女死亡后，一些试图对他们进行渗入的经济性群体，如传销组织等。这些组织的组织力来源于企业领导，而不是失独者，因此对失独者而言，这些组织属于他组织。

服务组织是根据分工细化而将服务作为主要职能的实体,[①] 这些实体提供的产品不是以实物形式，而以劳动形式，即他们向社会提供的是非物质形态的特殊使用价值。按照服务组织的营利性质大致可以分为营利性服务组织和非营利性服务组织，其中营利性服务组织又称为经济型服务组织，其将营利作为运营目标；而非营利性组织又称为公共型服务组织，遵循登记制度及其所赋予的权力工作，组织成员按照牢固而有秩序的上下级制度协同合作。就失独者而言，和他们有联系的服务组织主要包括医院和陵园。从性质上，这两类组织具有较大的内部差异性，既可能是营利组织也可能是非营利组织，由于本书的研究内容和营利与否关联不大，因此本书对服务组织的这一特征不再进行细分，而统称为营利组织。从组织力上看，无论是医院还是陵园他们的组织力都不是来源于失独者，而是来源于医院和陵园自身的领导集体，因此这些组织对失独者而言也属于他组织。

福利组织全称为社会福利组织，在这一概念中社会福利是"指国家依法为所有公民普遍提供的旨在保证一定生活水平、尽可能提高生活质量

---

① 刘爱珍：《现代服务学概论》，上海财经大学出版社 2008 年版，第 59 页。

的资金和服务的社会保险制度"①。社会福利服务组织可以被视为直接提供社会福利服务的第三部门组织，此外还可以涵盖一些其他能够提供社会福利相关服务的组织。② 具体来说，社会福利的定义有广义和狭义之分，我们一般理解的福利都是狭义上的福利，指的是对生活能力较弱的儿童、老人、母子家庭、残疾人、慢性精神病人等弱势群体提供的社会照顾和社会服务，其中不仅包括生活、教育、医疗方面的福利待遇，而且也包括交通、文娱、体育、欣赏等方面的待遇。从特征上看，第一，社会福利是一种服务政策和服务措施，其目的在于提高广大社会成员的物质和精神生活水平，使他们能够得到更多的生活享受；第二，社会福利是社会矛盾的调节器，每一项社会福利计划的出台总是以缓和某些突出的社会矛盾为终极目标；第三，社会福利组织具有公益性——不要求被服务对象缴纳任何费用，只要公民属于立法和政策划定的范围，就能按规定得到应该享受的津贴服务。就失独者而言，他们所能接触到的福利组织主要包括儿童福利院和养老院。之所以进行如此判断，主要是因为福利院是他们将家庭的小爱扩大为社会之大爱的方式，他们想通过对儿童福利院中孤儿将自己的父爱母爱延续下去，同时也关心那些渴望得到父母关爱的孤儿；而养老院是他们为以后丧失自理能力后准备的归宿，带着自己寻找自己满意的归宿，而不让别人随便安排的想法，他们亲自出发，到各个养老院实地考察，目的就是找到一个"性价比"高，而且条件较好的养老院。在这种情况下，他们与福利院和养老院展开了互动。

政府部门。政府部门是国家统治者依据宪法和按照一定法律法规建立起来的正式组织。关于政府的含义，不同学科有不同的理解。法学意义上的政府是主权国家的要素之一，指的是某一国家或地区的合法代表者；政治学意义上的政府是统治集团借以实现其统治意志的政治统治机关；行政学意义上的政府是根据官僚制原则组建起来的国家行政机关。③ 本书中对于政府的理解更加接近于行政学的理解，指的是失独者在诉求过程中所涉及的行政机关。政府组织具有公务性、合法性、广泛性、权威性和系统性等特征：第一，公务性。政府组织是对社会公共事务进行组织和管理，为

---

① 陈祖耀、张宗尧、严家明：《行政管理知识手册》，劳动人事出版社 1987 年版，第 149 页。

② 刘俊：《社会福利服务组织与政府非均衡伙伴关系研究》，《理论与改革》2014 年第 3 期。

③ 帅学明：《公共管理学》，中国农业出版社 2008 年版，第 79 页。

全体国民提供服务，为全体国民办事的公务机构；第二，合法性。政府组织的权力和责任是由宪法和法律赋予的，因此首先组织成员的活动要符合宪法和法律的规定，其次组织成员的任免也必须遵守一定的法律、法规的规定；第三，权威性。政府组织是国家行使行政权的机构，它所制定的一切法规、规范和规章制度都具有极强的权威性、严肃性和强迫性，如若违反，即运用法律和政纪进行制裁和惩戒；第四，系统性。政府组织是按照一定的目标结构、部门结构、权力结构所组成的有机整体。从纵向上看，他们包括了从中央到地方的各级行政机关，从横向上看，各层级组织内部都有横向职能部门划分，共同管理各项事务。

慈善组织，或称公益组织，是非营利组织。那么什么是慈善？笔者倾向于认为社会成员基于人道价值和博爱精神，从而自愿对不幸无助人士的无偿社会援助和支持行为，是民间组织和个人通过合法中介组织，以自愿捐献方式汇集货币、物资和劳务资源，再通过合法途径帮助无力自行摆脱危难人群的一种有组织的助人活动。这种活动是第三次分配的一种形式，是公益和保障制度的组成部分。失独者遭遇"人生之三大不幸"中最大的不幸，他们沦为弱势群体，不仅在物质上陷入弱势，而且精神上也陷入弱势，因此慈善组织主动将他们纳入自己的救助范围，同时失独者也意识到自身精神状况需要精神慰藉，因此主动寻求慈善组织的帮助，所以失独者和慈善组织之间展开了互动。

第二节　失独者与他组织的关系变迁轨迹

虽然他组织的操作化定义确定了，然而对于具体的研究过程而言，经济组织、服务组织、福利组织等概念还显得过于宏观，无法直接把握。因此需要对这些组织进一步操作化，形成工具定义。虽然社会中经济组织、服务组织、福利组织数不胜数，但是就本书的研究对象而言，他们能够接触到的经济组织、服务组织、福利组织、官方组织也十分有限，因此本书就按照失独者的人际交往范围对上述五种他组织进行操作化（具体操作化内容在每一部分论述之处会先行交代），并一一探讨失独者与这些他组织之间的关系变迁。

一　失独者与经济组织之间的关系

对于失独者而言，他们所能接触到的经济组织主要是他们的原单位，此外还包括其他一些赖以谋生的行业团体，以及其他具有营利性质的组织。他们与这些经济组织的关系变迁常常通过"上岗"频次和"上岗"效率表现出来。

（一）失独者与经济组织关系的变迁

失独者所遇到的经济组织包括原来的单位，和社会上的一些营利机构，对于这些组织，他们的行动选择是退出原来的经济组织，拒绝参加任何营利组织。因此失独者和经济组织的关系是"退出与拒绝"。

1. 退出工作岗位

目前关于我国的退休制度，政府规定，不管是工人还是干部，一般是男 60 周岁、女 55 周岁为法定退休年龄，提前退休也仅仅限于工作岗位的危害性，或者企业岗位不足、工作者的身体健康等客观原因，而失独者由于强烈的自我排斥而退出社会关系，其所能获得的社会支持也急剧减少，其中普遍存在主动提前退休现象是一个重要表现。①

统计数据表明，除了农民以外，城镇失独父母中只有 7.3% 的人还在工作，近 70% 的失独父母都主动离开工作岗位，他们要么离退休、要么提前退休、要么长期病休；就其原因来看，丧失工作动力是根本原因，本次调查中发现 73.3% 的受访者认为生活没有意义，74.1% 的受访者对未来没有希望。从定性角度看，一位失独妈妈的经历或许具有一定的代表性。

> 材料一：后来，他就退养（休）了，就不上班了。就没办法上班了。然后算了，我不上班了。我说你还是上班好一些，他说"我上班，你怎么办呢？"他又担心我一个人在家里出事，怕我想不开，知道吧，后来呢，他就又不放心，因为我当时在东湖《湖北日报》那里住，他在 changfatou（音译地名）上班，我就在水厂过去简易书社那边上班，都比较远，两个人，知道吧。好，就没办法就说我实在是上不了，后来他上了一段时间班，实在是控制不了自己，又开车子，一分神，他就容易出事，后来说那就给你调配个工作吧。调换工作后，他还是受不了，知道吧，完全无法与人沟通，一说句话，完全就是控制不了自己。嘴巴哆嗦，手也哆嗦。做不了事情。我在单位上搞财务工作，也是的，完全算账，算不了账，跟人家找钱，报账的时

---

① 陈恩：《重建社会支持网：失独群体自组织形成机制探讨——基于上海的两个案例》，《北京社会科学》2014 年第 11 期。

候，都给人家搞错，几千块钱都搞错了。根本没办法上班了。
（20101125SXR）

由此可见，独生子女死亡给父母带来巨大的精神和肉体打击，难以集中精力，失去了工作能力，因此大部分失独者大多采取各种办法提前退休，这表明他们和单位的劳动关系逐渐疏远。

2. 拒绝从事营利活动

失独者在独生子女去世的大不幸之后，内心深处都背负着失去孩子的各种"责任"和"愧疚"，这种或客观或想象的自我责备，令失独者的羞愧情感不断增强。[①] 这种羞愧情感让失独者认为自己应当活在折磨中才对得起死去的孩子，对营利性活动抱以抗拒心态。此外，趋利避害是人性的本能，这种本能是与生俱来的，趋利使人习得更强的生存能力，避害使得人的生命得到延续，进而保证物种的延续。然而这种本性在失独者身上失去了踪影，或许这正是他们的特殊之处。这主要是因为独生子女死亡，趋利也无法使自己的生命得到延续，这就失去了趋利的本来意义，所以失独者失去了趋利的动力。

> 材料二：我们群里有一个姓杨的，他很有钱，有经济环境，他在北京搞房地产，因为儿子出了事就回武汉了，不搞了，他们说"挣再多的钱有什么用，给谁呀"，这样他们就将造价几千万，利润也有数百万的工程转让了。（20101125SXR）
>
> 材料三：江汉北路那个地方，有一个位置可以借给我们用，是她的一个亲戚，她当时还到我家来把我叫到那个地方去看，我去看了当然很满意，因为那个地方是写字楼，桌子板凳什么的都有，搞得很好。我一去看就看中了，所以她就一而再再而三地支持我去搞，说你搞，我支持你。后来我才知道她这个表姐（注：写字楼的主人）是做"无限极"（音）保健品生意的。那天搞活动我们都在讲，那个"SC"（注：一个失独者的网名）还在发言，讲得很大劲的时候，结果人家无限极那天也有活动，她又不好意思让我们走。她突然就让我们这个停下来，就让无限极的一个小姑娘来向我们介绍他们的产品，结果我们大家都没怎么认真地听，有的还在下面议论，我们当时都没作声，没说什么……因为我们这个群体对这个蛮反感的，你要做你自

---

① 　侯秀丽：《羞愧理论视角下失独群体的情感解读》，《求索》2015 年第 3 期。

己在外面做，或者你要介绍下就介绍下，人家愿意买就买，不愿意买你也别勉强。(20111104ZLX)

材料四：比如说 LX 家园，不知道是上海的还是广州的，有专门搞网上纪念的公司，跟网上办网上公墓似的，就和 LX 家园这样的联系，联系上了，他这个跟 LX 家园订了协议，当时 LX 家园曾经在会上说过的，像我们人群当中，愿意搞网上公墓的，就可以到他们那里去联系，有好几个都去搞的，交一定的费用，在网上搞个纪念堂，纪念墓，一个灵堂，长期的灵堂，在网上悼念自己的孩子，就跟上坟是一样的，据说，LX 家园有人加入了，LX 家园还有一个网，就是什么公司（网络公司）跟 LX 家园联合开办了一个网，博客还是什么东西，他要求我们更多的进去，据说点击量不是蛮高，之所以能办下去，可能因为有一定的赞助。(20111104GSR)

失独者失去了从事营利性经济组织的动力，这不仅表现在他们不愿意卷入营利性经济组织，如材料二中的主人公杨先生，在独生儿子去世后，无心打理公司，断然放弃了利润高达数百万的房地产工程；而且表现在避免营利性经济组织深入他们的日常生活，如材料三就展现了失独组织公开反对营利性经济组织进入他们组织生活的真实状况；材料四中的经济组织虽然巧妙地运用了失独者特征的身份进行了市场化运作，并且是半公益化性质，从表面上看，他们已经将营利的本质隐藏得很深，但是部分失独者毕竟懂得"网站通过点击量来盈利"的方式，因此他们采取"用脚投票"的方式给予该企业较低的点击率，从而表明他们对这种营利性企业也持反对态度。

(二) 失独者与经济组织关系的特征

从上面的经验描述可得知，失独者在遭遇到巨大的家庭变故后，与经济组织的关系出现了变迁，这些变迁的关键原因是失独者的资源获取动力消失，资源获取能力下降。

1. 经济资源获取动力消失

改革开放以后，随着家庭结构的小型化、核心化，代际关系的重心迅速下移，并严重向下倾斜。事实上，我们都发现一个事实，那就是传统社会的家庭中心是老年人，而现代家庭的代际重心几乎无一例外的都是孩子。这其实就是代际关系向下倾斜的表现，这既源自高级生物维持种族延续的本能，也符合中国的传统文化。许烺光曾说，"在传统文化中，中国人最初的和最终的责任是对祖先和后代尽心尽力",①具体到每一个家庭,可能当事人都会否认,然而事实上,"我们的任何一个父母都会将帮助儿子成家立业视为自己人生中最大的职责之一",②"成家立业"看似简单的几个字,但是包含了很多的内容,有研究指出,"老年人都有义务为儿子完成婚事",而且"不仅仅是安排结婚,还要为儿子盖房子、支付彩礼",③即便在儿子完婚后,还要继续为儿子操心,"他们几乎承担了所有家务,一切配合儿子、儿媳及孙辈的生活工作安排",④他们就这样辛辛苦苦,一直到丧失劳动能力。

这就是社会资本代际传递的表现,即父母在家庭内部,将自己的社会资本及其基本要素传递给子女,使子女在成年后获得与父母相近的社会资本存量,⑤很多学者将这种趋势概括为"代际资源下移"。既然是"资源下移",那么失独者必须获取足够的资源,并保持获得资源的内在动力。由于这种储备的必要性,所以只有对未来存在希望的人才会产生经济愿望,也才会感觉到经济利益的诱惑。因为他们要为自己和家庭的未来储备足够的经济资源。然而对于失独者而言,独生子女的死亡,意味着家庭中子代的消失,同时家庭代际关系也几乎同时缺失(即使该家庭的老人,即独生子女的祖父母也还在世,但是失独者对他们的赡养责任已经弱化,赡养频次已经出现稀疏化的趋势,因此为赡养老人而获取资源的动力已经很小,几乎可以忽略不计)。因此对这样的家庭而言,不存在代际资源积累、代际资源下移等学术话语所概括的内容。因为他们对经济资源攫取的动力急剧下降,下降到仅仅能够维持基本生活的程度。这种思维方式的出现,直接导致他们退出经济活动。

2. 经济资源获取能力下降

失独者经济资源获取途径只有工作,因此他们的资源获取能力也就是工作能力。在人力资源管理学上,工作能力是指对一个人担任一个职位的

---

① 许烺光:《宗族·种姓·俱乐部》,华夏出版社 1990 年版,第 53 页。

② 陶艳兰:《代际互惠还是福利不足?——城市双职工家庭家务劳动中的代际交换与社会性别》,《妇女研究论丛》2011 年第 4 期。

③ 陈柏峰:《代际关系变动与老年人自杀——对湖北京山农村的实证研究》,《社会学研究》2009 年第 4 期。

④ 沈奕斐:《个体化与家庭结构关系的重构——以上海为例》,博士学位论文,复旦大学,2010 年。

⑤ 成伟、牛喜霞、迟丕贤:《社会资本代际传递之研究》,《华东理工大学学报》(社会科学版) 2013 年第 1 期。

一组标准化的要求，包括知识、技能及行为等。简单来说，工作能力就是一个人是否有适合的能力担任一个职位。就失独者而言，他们的工作能力急剧下降。

一方面，独生子女死亡给他们的精神带来巨大打击，从而使得他们的注意力难以集中，难以达到工作要求。比如一位丧子母亲的经历或许具有一定的代表性：我原来是单位的会计，孩子走后，人变得迟钝，经常找错钱，后来只能提前退休。老公原来是单位的司机，司机这种职业，一分神，他就容易出事，后来单位就给调配个工作。调换工作后，他还是受不了，完全无法与人沟通，一说起话来就嘴巴哆嗦，手也哆嗦，完全就控制不了自己，做不了事情。①这表明独生子女死亡给失独者带来了巨大的精神刺激，从而使他们不具备胜任工作的能力。

另一方面，病由心生，巨大的精神压力让他们变得消极、颓废、自责，普遍出现了饮食不规律、失眠等问题，导致体质的下降，身体健康出现问题。生活没有规律是失独父母面临的最大问题。迄今为止，调研已经进行半年多，几乎没有发现能将生活规律恢复到丧子前状态的受访者。荆门市一位丧子母亲说，孩子去世后，我们也没有那个心情做饭，每天我们都感觉不到饿，随便糊弄点吃的就算了。②这种长期的不规律生活，导致了失独父母健康状况的下降，统计结果表明，66.4%的受访者都存在或大或小的疾病。

在精神和肉体的双重打击下，失独者几乎都失去了工作能力。统计数据表明，除了农民以外，城镇失独父母中只有7.3%的人还在工作，近70%的失独父母都属于主动离开工作岗位，他们要么离退休、要么提前退休、要么长期病休。在这种状况下，失独者没有追求经济资源的动力。

（三）失独者与经济组织关系变迁的逻辑：回避与远离

经济组织作为经济资源的主要来源渠道和家庭生活的基本保障，对人的生存和发展具有基础性的地位。任何一个人只要对未来有预设，就会对经济资源具有渴求的动力。然而独生子女死亡，使得失独者失去了经济资源获得的动力和经济资源获取的能力。在行动上表现为，退出工作岗位，拒绝从事营利性组织活动，或者拒绝营利性组织进入的他们的生活圈。种种迹象表明，独生子女死亡后，失独者往往选择回避、远离经济组织。因

---

① 资料来源：20101025SXR 访谈录音，另考虑到当事人隐私，本书中的人名以及注释中的人名均做学术化处理。

② 资料来源：20101218WYR 访谈录音。

此，他们与经济组织的关系是"回避与远离"。

二 失独者与服务组织之间的关系

服务组织是根据分工细化而将服务作为主要职能的实体，[①] 这些实体提供的产品不是以实物形式而是以劳动形式，即他们向社会提供的是非物质形态的特殊使用价值。按照这一定义，服务组织有很多。为了研究的方便，必须进一步操作化。就失独者而言，他们所能接触到的服务组织主要包括医院和陵园。其中医院是为广大患者提供医疗服务的服务性组织，而陵园是提供殡葬服务的服务性组织。下面就以这两个组织为例总结失独者与服务组织的关系。从分析方法上看，本书主要通过"参与意愿"和"参与行为"考察失独者与这些组织的关系。

（一）失独者与医院关系：顾虑与害怕

人吃五谷杂粮，哪有不生病的。有病就要治，这是谁都懂得的道理。年龄越大的人，体质本来就会逐渐下降。对失独者来说，由于比同龄人承受更多的精神和身体的病痛，因此他们需要更全面的医疗服务。此外，一些失独家庭的子女是因病逝世，在先前承受了较大的医疗负担，这可能会阻碍失独父母的日后医疗保障。[②] 因此，对于失独者来说，看病也就成了他们最大的心病。"看不看病，如何看病，到哪里看病，看不起病"都成了他们需要慎重考虑的问题。

1. 顾虑：怕医护人员叫其子女前来办理手续

首先他们怕医护人员问起自己的孩子怎么没有来，因为失独者大多都已经五六十岁，而现在好一点的医院规模都很大，科室齐全，他们很可能不能准确地找到所需科室，即使找到了也需要花费比年轻人更多的时间和精力，同时医院的管理也大多使用"电子结算"，对这些文化程度不高，甚至文盲、半文盲的失独者而言，也是一个不小的挑战，因此必然会求助于医护人员，这时候如果遇到稍微"泼辣"的医护人员，他们就会想出简单的办法，即要患者的子女来办理相关手续，这时就会出现"材料一"中所说的情况。这就会让失独者感到十分尴尬。

材料一：我们群里有一个涂大姐，她丈夫生病了，不能动，只能

---

① 刘爱珍：《现代服务学概论》，上海财经大学出版社 2008 年版，第 59 页。

② 刘雪明、潘颖：《21 世纪以来失独家庭社会保障政策研究述评》，《社会保障研究》2016 年第 3 期。

坐在轮椅上，她自己一个人在医院挂号、拿药、送病人，跑上跑下，忙得满头大汗，主治医生看到了她就说"你跑么事啥，叫你屋里儿子姑娘来跑啥"。（20110911TLH）

从材料中可以看出，遇到医务人员不理解，质疑他们为什么不让子女来办理的时候，他们真是"哑巴吃黄连有苦说不出"，他们不敢说出自己的遭遇，怕受到非正常的关心，这会让他们更不自在；同时，他们更怕人家笑话，那样自己会更加伤痛。因为谁都不愿意在其他人面前将自己的伤疤揭开，血淋淋地展示在其他人面前，这是失独者不愿意去医院的一个原因。

2. 害怕：害怕见到病友儿孙满堂而顾影自怜

当病痛加重时，他们就需要住院，但很多失独者不愿意住院，情愿忍着，或者到药店买药回来吃，这是因为他们害怕住院的时候看到其他病人儿孙绕膝的情形。对一般家庭而言，父母生病，子女必然是要伺候在左右的，年龄稍大点的，甚至孙子、孙女都会来；相比之下，失独者却只有配偶陪伴，最多还有兄弟姐妹，社会心理学认为，"人生病的时候是最脆弱的"，这时候其他病友儿孙绕膝的场景就极大地刺激了他们。为了避免这种情形，他们就不愿意去住院（见材料二）。

> 材料二：张大姐说，她不是怕开刀，是怕见到病房里别人儿女绕床的情景，她会受不了。她更怕病友问起孩子的情况，因为到他们这个岁数的人，见面谈的话题一般都是孩子。最后，张大姐爱人向医院说明情况，医院给了一个单间，张大姐做了乳房切除手术。（20111114ZDJ）

社会情境理论强调了行动者对情境的建构能力，某种社会情境一旦形成，该情境下的社会群体往往会形成相对稳定的价值信念。[①] 对于失独者而言，医护人员的话语和病友的家庭温馨构成了他们心目中医院内部的社会情境。这两种社会情境导致他们对医院形成了一种畏惧的心态，这种心态极大地影响了他们与医院的心理距离，因为对当时独生子女父母而言，虽然医院是他们必须求助的部门，但是他们心里总是和医院保持着相当的

---

① 王毅杰、高燕：《流动儿童与城市社会的融合》，社会科学文献出版社 2010 年版，第 203 页。

距离，也就是说他们和医院的关系是"形近实远"，"社会距离近，心理距离远"。

（二）失独者与陵园的关系变迁：疏远为主接触为辅

就失独者而言，由于他们经历独生子女的死亡，而中国传统礼仪认为人死了以后，最理想的方法就是埋入土中，这预示了灵魂不灭，[1] 因此按照中国人"入土为安"的丧葬传统，必须有坟墓，所以对他们而言，就和陵园结下了不解之缘。失独者和陵园的关系可以概括为"接近+远离"，由此可见，他们对待陵园的态度存在矛盾性特征，一方面想要获取陵园的帮助，另一方面要保持与陵园的距离，而且对于很多人而言，在上述两种态度的博弈中，后者占据了上风，因此失独者与陵园的关系总体上呈现疏远的趋势。

1. 疏远：对"悲伤地"的自然远离

"墓地的确是一个最能令人引发回忆的地方"。这种回忆往往是一种悲伤的记忆——这种记忆是悲伤性质的，墓地的凄凉情景让人联系起逝去的亲人朋友，从而产生无限的感伤；哪怕是一段幸福的回忆，但流露在表情上的依然只是悲伤。因为幸福一旦成为过往，那蜂拥而出的定然会是无限的感伤。这种感觉对于失独者而言更加真切，墓地给失独者太多的悲伤性感官刺激——墓地里独有的阴森和恐怖，回荡在空气中的哀乐，出现在耳边的哀号，飞舞在空中纸钱的灰烬，等等，这一切都很容易激起失独者内心巨大的悲伤。如有些失独者就说，他们到了陵园就控制不住自己，就像发疯一样。

> 我们会员呢，那时每个月就是关键到 SMF 去呢，我们就不愿意去，它本来就是一个墓地，我们家孩子已经走了，我们还要到那里去开会，就是我更感到悲伤……本来就控制不了自己，到那里就像发疯一样的人。知道吧，到那里哭啊，闹啊，在地下打滚，知道吧，就完全是没的地方发泄，就是没的地方讲理，就是那种心情，后来就说呢，我们不到 SMF，我们不去了，都不愿意去。（20101125SXR）

情境社会学认为，"社会情境"是人类行为的共同体，是人类行为与文化相结合的可供观察的单位。一个社会情境包含行为主体的人、含有各种特殊意义的文化特质、特殊意义与人之间的关系、个人及群体的社会互

---

① 李朋：《话说中国礼仪》（第 3 册），天津古籍出版社 2007 年版。

动过程、特殊的时间、特殊场合和地点等 6 种要素。情境是主观的，情境认知是个人对一定时间和空间内情境要素的掌握、理解和判断。具体来说包括人对情境的知觉、理解、规划等。① 不同的人对同一社会情境的定义和价值的界定不同，这种界定过程既体现了个人对所处情境的看法和想法，也包含了情境中的文化对社会群体共享的看法和想法。社会情境对个人行动具有极强的影响力，由于社会情境的主观性和差异性，行动者会产生不同的行为和态度。

对失独者而言，陵园是一个悲伤的情境，它既承载着岁月无法磨灭的历史，也承载着双亲难以忘却的记忆；松树、柏树、万年青等代表万古长青，哀乐、花圈、眼泪等代表依依不舍的情境，以及这些情境所蕴含的文化含义也无时无刻不在提醒失独者，这里是陵园，因此他们很容易联想到自己夭亡的子女，所以他们很难控制自己的情绪，往往会以直白的方式表现出来。随着次数的增多，失独者逐渐意识到他们经受不起这种定期性的精神打击，因此他们纷纷表示不愿意去陵园参加活动。所以说，失独者对陵园表现出自然性的疏远。

2. 接触：对"社会救助"的吸引

在失独者和陵园的互动过程中，他们从陵园得到较多的利益，如材料一中，上海市星星港中的失独者在子女死亡后，可以在福寿园获得免费坟地，将他们的子女集中安葬在福寿园中，同时福寿园也给他们组织一定的经费资助，材料二中虽然没有提供免费坟地，但是也给失独者提供了免费的活动场所和活动经费。

> 材料一："星星港"于 2003 年在上海成立，2005 年注册，是国内首家以提供精神支持为主的哀伤辅导机构，他们的健康发展得益于民间资本给予的巨大支持。"星星港"专职干事陶建华介绍，2006 年 1 月，该社团由上海市福寿园出资 50 万元注册，并捐资 200 万元汇入上海市慈善基金会，成立"星星港关爱专项基金"，定向用于资助上海市民中因为丧子而造成生活困难、精神创伤的家庭。陶建华坦言：基金的启动，得以在物质上帮助更多失去孩子而生活困难、精神危机的家庭渡过难关。（资料来源：《同是伤心家庭，境遇大不相同》，《楚天都市报》2009 年 4 月 25 日 A03 版）

---

① 祝哲、彭宗超：《共享危机情景认知与突发事件应对的多主体协调绩效——以上海外滩踩踏事件为例》，《风险灾害危机研究》2017 年第 6 期。

　　材料二：终于武汉市的石门峰名人文化公园后来就在报纸上看到我们这个事情，后来，他就来主动跟我们打电话说，说他们愿意做我们的主管部门，他就帮我们跑，帮我们跑，经过一番周折，找到洪山区慈善总会，就挂到他们那里去了，但他们没有给我们一分钱的收入；然后呢，他们就把我们委托给石门峰，石门峰后来给我们成立一个理事；我就在那开了三个月的会吧，每个月聚会一次就去开……当时呢，石门峰跟我们注册以后呢，每个月给我们一千块钱的办公经费。（20101025SXR）

　　材料三：（背景：武汉市 WX 港湾要成为社团，必须寻找一个主管部门，但是没有单位愿意做他们的主管部门，因此 WX 港湾的负责人很痛苦）怎么办呢，反正就一直在搞搞这个事情，后来一直闹到10月底以后，后来终于、终于武汉市的石门峰名人文化公园就在报纸上看到我们这个事情，后来他就来主动跟我们打电话来说他愿意做我们的主管部门，他就帮我们跑，帮我们跑，成立这么一个团体。（20101125SXR）

　　虽然笔者没有访谈到陵园管理方上述行动的初衷，但是从他们上述表现以及失独者的诉说中可以发现，虽然失独者从内心里不喜欢陵园，但是陵园毕竟给予他们提供了一定的资助，后来笔者从上海市的星星港了解到，福寿园还帮他们建立了一个网站，[①] 这种思维给武汉市的失独者一定的启发，他们也通过各种办法与武汉市石门峰名人文化公园取得了联系，并且石门峰给他们提供了固定的互动场所和活动经费，此其一；其二，失独者在去陵园参加活动的过程中并没有受到陵园管理人员的任何的歧视；相比他们在医院、孤儿院、养老院的遭遇而言，失独者与陵园的关系比较好。但是由于陵园毕竟是陵园，没有任何人想和这样一个单位保持亲密的关系，尤其是对失独者而言，他们对陵园更加敏感。综上所述，失独者与陵园的关系比他们与医院、孤儿院等单位的关系好，但是因为陵园的形式，他们和陵园的关系也比不上他们和媒体的亲密程度，或者这种关系可以称得上是"适度距离"，也就是所谓的"不即不离"，就是适中适度、恰到好处、适可而止。[②] 朱光潜也曾说过距离适度的重要性："距离太远了，结果是不可了解；距离太近了，结果又不免让实用的动机压倒美感，

---

①　上海市星星港的网站地址，http://xingxing.netor.com/。

②　邵培仁、杨丽萍：《论媒介距离的适度性及其策略》，《今传媒》2012 年第 10 期。

不即不离是艺术，一个最好的理想。"①

（三）失独者与服务组织关系的变迁逻辑

上文中简单地将失独者对医院的态度概括为顾虑和害怕，将他们和陵园的关系概括为疏远但接触。其中，他们对医院的顾虑来源于医护工作者在日常工作中涉及有关子女的程序，如签字、挽扶、跑腿等工作，而这些需要就暴露了他们在独生子女已经死亡后的处境。害怕是由于失独者假想住院后会见到病友子女络绎不绝的问候，儿孙满堂的欢乐，从而使得他们会顾影自怜。因为对于他们来说，耳濡目染其他家庭的幸福情状，既折射出了他们丧子的处境，也增加了他们的相对剥夺感；同时引起他们对子女夭亡的回忆，给他们的精神带来巨大的打击。

独生子女死亡后，失独者明白继续消沉下去就只有死路一条，因此他们想努力摆脱丧子的阴影。俗话说"时间是最好的疗伤药"，经历了巨大的丧子之痛后，失独者的丧子伤痕被时间慢慢地缝合，在这一过程中，他们不愿意再提及独生子女夭亡事件，无论对方是有意还是无意的，他们都不想碰到这种事情。由此可见"回避丧子回忆"是他们处理外部关系的最基本出发点。

按照"回避丧子回忆"的标准，失独者对他组织中的要素进行逐一梳理。他们衡量的标准是亲身经历或者道听途说，运用这种积累方法也发现了一些能够提及子女死亡时间的情境和场所，如本节中所说的医院和陵园。在他们的心目中，这些组织成了"勾起创伤回忆的高危组织"，与这些组织的接触容易激起丧子的悲痛。如果使用科尔曼"刺激命题"来分析，这里的医院和陵园等组织就是一组刺激，过去的经验告诉失独者，来自医院和陵园的刺激会给他们带来悲伤的情绪体验、失落的人生感伤等负面的"报酬"。因此，在实现方式上，他们就会回避这些组织，注意保持与这些组织的距离。概言之，失独者与经济组织的关系是"顾虑性远离"。

三　失独者与福利组织之间的关系

福利组织是依法为所有公民普遍提供旨在保证一定生活水平和尽可能提高生活质量的资金和服务的公益性救助团体，从经济效应角度来看，福利组织一般都为非营利性组织。社会上的福利组织有很多，如敬（养）老院、精神病医院、孤儿院、聋哑学校等。通过对失独者的长期调

① 朱光潜：《文艺心理学》，复旦大学出版社2009年版，第49页。

查，与他们存在联系的福利组织主要包括孤儿院和养老院。下面就分别以孤儿院和养老院为福利组织的代表，探讨失独者和福利组织的关系。

（一）失独者与孤儿院的关系：失望

失独者和孤儿之间存在天然的互补性：前者是有老人但没有孩子，后者是有孩子没有老人，而任何一个完整的家庭都是由父母和孩子构成的。失独者经历了从有孩子到无孩子的过程，他们感受到了极强的相对剥夺感，他们比任何人都希望重新体验"父慈子孝"的天伦之乐，在独生子女不可能死而复生的前提下，他们想到孤儿院的孤儿。在他们眼中与孤儿院的关系存在两种互动：第一，从孤儿院收养孤儿，这是他们最好的结果，相当于最高目标；第二，去孤儿院看看孤儿，给他们一些礼物，体验孩子的童真，相对于第一个目标而言，这个要求比较低，相当于最低目标。然而，实践表明，他们在与孤儿院的互动中两种目标实现起来都困难重重。

1. 领养失败：失独者无法从孤儿院领养健康的孤儿

对于失独者而言，独生子女死亡就是他们最大的伤痛，因此独生子女父母在确认自己无法继续生育后，就想到孤儿院领养一个孤儿，这样既能转移自己的注意力，也有一个指望，至少在自己不能动的时候，能有人端茶送水。但是他们试图去领养的过程中，遇到了困境，有的是残疾儿童令失独者无力负担；此外，收养孤儿要求的证明材料繁多、手续复杂，这其中涉及收养人的所在单位、街道居委会、派出所、医院等。一旦证明无法提供，就不能领养，这无疑增加了失独者领养的困难。

材料一：因为我孩子不可能再回来了，后来我想我跟他生孩子生不出来，想领养一个孤儿，到孤儿院去，我们两个人找了几个孤儿院，还跑到了乡里，鄂州哦，襄樊哦，孤儿院去都没有领到，都领不到，还包括我亲戚到什么内蒙古哦，江夏哦，都帮我找小孩，都没有找到……那些好孩子别个都领走了，那些有残疾的孩子领了后我们自己也照顾不了，所以说，像我这儿有很多都想领小孩，都好像领不了，都领不到。（20101125SXR）

材料二：（访问者：那您当时为什么没收养呢？）收养不了，没有孩子给你收养，（访问者：他没有正常的啊？）没有，我到武汉市孤儿院里去，他给你看的都是那些残疾孩子，那正常的孩子他根本就不给你的，给的都是一些有残疾的孩子，我都到重庆去了哇，我都去啦（访问者：它那正常孩子哪里去了？他那应该是有的啊），他那种能够自理的孩子呢，他有的孩子，有的被国外的领养走以后给很多美金啊什么，他划得来知道吧，他给我们这样的家庭他划不来，他也为他自己的那种利益考虑。（20110112LML）

从材料一中可以看出，虽然很多失独者都想到孤儿院领养孩子，但是他们面临着两个困境，第一供领养的孩子大多不健康，健康的孩子都已经被海外友人领养走了，这就增加了他们领养的难度，这或许受到某些报道的"湖南隆回县高平镇计生部门抢小孩、送到福利院、再卖到国外"[1] 的影响，但"无风不起浪"，失独者已然将之作为一个障碍，详见材料二。

2. 冷落和歧视：孤儿院工作人员对失独者的歧视行为

在领养孤儿不成功的情况下，失独者想在节假日的时候到孤儿院去慰问孤儿，但是由于孤儿院作为一个福利机构长期习惯于接受企事业单位、海外华人华侨的大额捐助，很少遇到像失独者这种以"亲情为主、物质为辅"的捐助，如果遇到的又是比较功利的孤儿院工作人员时，他们就很容易遭到种种不公正的待遇；加上失独者在独生子女死亡后本身就比较敏感，所以孤儿院的行为极大地刺痛了他们（见材料三），所以对孤儿院的捐助最后也不欢而散。

材料三：所以说到现在我们同命人大部分还是两个人，包括我这里，有很多都是想领养孩子，都没有领养到，一个都没有领养成，他不给你。再说武汉市孤儿院，说实话他也蛮势利眼，你看我们当时打电话的时候我们就说，他六一儿童节的时候做活动我们就去关心孩子呀，买点吃的用的去，晓得不，后来我们去以后，他们当时打电话他们蛮高兴，好，去了，等我们一去以后他看我们就拎一些东西，吃的东西，用的东西，知道吧，后来他对我们就，他不让我们进门，结果我给他们说"你答应我们来，我们来不把我们放进去撒"，放进去以后把我们买的东西，结果把墙角似的小屋里一丢门一锁，然后就让我们从后门进到里面去了，我们再看，后来别个都是单位举的那个牌子，这个多少万，那个多少万，都是多少万多少万，人家付的钱，你那东西别人根本瞧不起，所以他进也不让我们进呢。我们真的高高兴兴的去，哭着回去的，哭着后门走的，会都没开完了，就像感觉太受

---

① 上官敷铭：《湖南邵阳计生部门强行将十余婴幼儿送入福利院》，《新世纪》2011 年 5 月 8 日。

气了，真是受不了。我跟你说的都是实话，没有一点假话，真的我们受不了后来，我们说真是，哎！本来跟你说领养孩子的事情根本他没有孩子，没有，反正不跟你搞。(20101025SXR)

综上所述，失独者在与孤儿院的互动中，既得不到自己想要的孤儿，同时也受到歧视和不公正的待遇，所以在失独者心目中，他们对孤儿院产生极大的失望感，这种感觉使得他们与孤儿院之间的距离越来越远。

（二）失独者与养老院的关系：担忧

养老院主要是为老年人提供集体居住，并具有相对完整的配套服务设施。在社会老龄化日益加速、少子化时代到来、竞争日益加剧的今天，老年人会越来越多，子女会越来越忙，虽然"居家养老为主体，社区养老为依托，机构养老为辅助"是目前养老的主要模式，但从长远来看，社会养老是发展趋势。对于失独者而言，他们的独生子女已经死亡，首先出现了社会养老诉求，然而，由于社会养老习惯尚未转型，未做好迎接这类群体的准备。比如我国的养老院规定子女必须与养老机构签订协议，保证及时缴费以及协调好入住老人生病期间的陪护问题。这就使失独者在寻求机构养老的过程中受到了许多的阻碍，[①] 他们的社会养老面临着各种各样的问题，除了前述所提，失独者主要面临以下困境。

1. 环境担忧：其他老人儿孙绕膝让失独者顾影自怜

目前的养老院养老，一般都是因为子女没有时间、精力照顾老人，而由子女将父母送进养老院，但是他们的"亲子关系"仍然存在，因此他们会定期前来探望——这也构成了失独者入住养老院的最大顾忌，他们认为其他家庭儿孙绕膝情景会让他们顾影自怜，极大地刺激他们敏感的神经，见材料一。

材料一：我跟他俩到洪山区的养老院里也去看了孩子，后来想还是不行，还是想这些人在一起，不愿意我们这些人分散到各个地方去。我们两个在养老院里有亲身体会，在一个养老机构，反正几个人，好，经常这个孩子来看他，那个孩子来看他，一来一大堆的孩子来看，结果我们呢在那里就没人来看，没人看了就觉得很可怜。你看原来他生病，到医院住院后，就是我在他跟前转来转去的，就别人家里那一来四五个人、五六个人围着他转，后来我就跟他俩孤零零的，

---

① 朱艳敏：《失独者养老态势与困境摆脱》，《重庆社会科学》2013 年第 8 期。

就请了一个人招呼他，我弄不动他，但是还是觉得，就是觉得很孤单，很无奈。(20101125SXR)

从材料中可以看出，在养老院中其他老人儿孙绕膝、其乐融融的场景给了他们极大的刺激，相比之下，自己只有老伴陪伴在周围，所以只要其他老人的子女来一次，他们就黯然神伤一会儿，这对他们的精神来说，是一个持续的打击，因此他们认为目前的养老院不是他们理想的养老场所。

2. 费用担忧：养老院费用超过退休工资让失独者难以承受

国家政策规定只有农村五保户才能免费入住养老院，也就是说对于大部分人而言，都必须缴纳一定的费用才能入住养老院，而在市场化的背景下，养老院的入住费也持续攀升，很多老人没有足够的资金入住养老院，不时有媒体爆出老人因为难负担养老院费用，而孤死家中的报道，如"南昌频现空巢老人孤死家中 难担养老院费用"，① 就目前的养老费用而言，搜狐网的一位记者在南昌做了一个咨询，发现"一个老人进养老院的费用是每人1000—1500元"，除此之外，四五千的都有，民政局的官员说，"由于目前养老院的档次、规格、服务项目等存在着很大的差异，价格比较复杂，不好作统一规定，所以现在养老院价格是不统一的。"② 下面的几则材料（从材料二到材料四）都是笔者在访谈过程中，听到的失独者对养老院入住费用的意见。

材料二：一旦你去养老院，最起码一般来说，一般都是一千五百块钱左右，你像我跟他两个人住不起，我觉得即使我不吃饭，我住养老院我也住不起啊，他一千五我只有一千二百块钱，那么我还在生病嘛，生病门槛费也要八百块钱，那我，那没有撒。我家要是有孩子呢，孩子就可以出这个钱让我到养老院里去，他给我贴，我现在谁给我贴呢，没人给我贴，那么我又住不起，那怎么办呢。(20101125SXR)

材料三：一千块钱以下的，包括一千二，一千三的，可以说基本

---

① 搜狐新闻：《南昌频现空巢老人孤死家中 难担养老院费用》，http://news.sohu.com/20101206/n278122342.shtml.

② 杨莉：《武汉市民办养老院发展现状调查及对策建议》，《社会保障研究》2011年第3期。

上找不到了，找到的也都是排很长的队，等人家都走了，所以你要先挂号，而且条件也蛮坏；现在起码都是一千七、一千八的样子，（访问者：那这样你们两个人钱正好差不多），那我们什么都冇得（没有。准确地说，冇得的"冇"应写为"没"）了，看病的钱，零花钱也冇得了。（20111104GSR）

材料四：现在养老院社会化了，他就是挣钱，挣钱么样呢，有三无人员啥，"没"得子女，啥么是都"没"得的，它国家不供养，国家就是用你们这里赚的钱把他们养到。（20111104GSR）

由此可见，目前养老院的入住费用已经超过了大部分失独者的退休工资，如果算上医疗费、服装费、零花钱等其他开支，那么他们的退休工资将远远少于最低的养老院入住费，"巧妇难为无米之炊"，面对这种情况，大部分失独者只能这样选择：当一方还能动时，就选择居家养老，当一方先去世时，另一方尚能自理时仍然选择居家养老，不能动时，就看政府管不管。从失独者的规划中可以看出，他们没有想到要入住养老院。对于贫困老人而言，面对着疾病折磨和经济拮据的双重负担，他们往往会陷入"老无所养""病无所依"的困境。对于失独者而言，这种心理感受更为突出。①

3. 布局问题：一般养老院的布局不适合夫妻两人同时生活

目前的养老院入住几乎都是孤寡老人，他们大多数没有配偶，即使有配偶，也是生活不能自理的人才住进去，而另一方仍然住在家里，也就是说大部分独身老人入住养老院。正因如此，目前的养老院在设计时没有考虑老年夫妻同时入住，而更多地是考虑单身老人入住，因此养老院的内部布局上也就基于单身老人考虑，仅仅对男女进行了区分，在夫妻关系上没有加以考虑，这就给失独者带来很大的不方便。

材料五：我跟我老伴刚考察了几个养老院（我们还不是克 ke 了的）新做的，包括老的，都存在各种各样的问题……居家式的，两室一厅，像我们这样的，两个房子，住四个人，一个房子，住两个人，但是住四个非常不方便，包括灶具、马桶都是按照两个配置的……（住在一起的）不是夫妻两个，老是坐着这个马桶，多不方便呀。（20111104GSR）

① 朱艳敏：《失独者养老态势与困境摆脱》，《重庆社会科学》2013 年第 8 期。

正如材料五中所说，现在很多新式养老院是两室一厅的样式，如果要节省点钱两室一厅就要住两个家庭，这样一个家庭一个月两千块钱，但是厨房、卫生间、抽水马桶都是共同的，两对夫妻在一起不方便，如果要两室一厅只住一对夫妻的话，那么一个家庭每个月就要出四千块钱，而很多夫妻的退休工资加起来还没有四千，何况还有看病、吃药、打针等其他琐碎开支。

综上所述，失独者对养老院养老存在环境担忧、费用担忧和布局担忧等不满意的地方。由此可见，失独者对养老院养老存在普遍的担忧，从而使得他们始终对养老院养老持反感态度，并在心里始终和养老院保持一定的距离。

（三）失独者与福利组织的关系：失望性排斥

福利组织的目标就是为所有公民普遍提供旨在保证一定生活水平和生活质量的资金和服务救助。从这一点来看，福利组织这样的社会组织设计理应是用来帮扶类似于失独者的社会弱势群体。然而在实际生活中，福利组织非但没有能够有效地帮助失独者，而且很多福利组织歧视失独者，从而使得他们排斥福利组织。

从上文中可以看出，失独者对孤儿院的排斥主要来自在孤儿院受到的歧视和冷落，而对养老院的排斥主要来自于对养老院的居住环境担忧、费用担忧以及对养老院的布局担忧。俗话说"眼不见心不烦"，失独者产生了这样的想法："既然'你'要歧视'我'，那么'我'就远离'你'；既然住不起（养老院）就不考虑（养老院）了。"按照这种行为逻辑，他们主动排斥福利组织。他们的这种心态在统计中得到完整的反映，从统计数据来看，在接受调查并作答的 307 人中，81.25% 的失独者比较担心养老问题，然而只有 31.2% 的愿意住在养老院里，大部分人不愿意去养老院，死也要死在家里，[①] 这种需求与满足的巨大落差彰显了失独者对养老院的主动排斥。由此可见，失独者是受到来自福利组织的歧视和担忧，正是基于这两种情绪体验的感知，按照霍曼斯"刺激命题"的原理，他们为了避免再次感受到歧视和担忧，主动选择排斥福利组织。概言之，失独者与福利组织的关系是"失望性排斥"。

四　失独者与慈善组织之间的关系

在我国"慈善组织"是指为了广泛的公共利益而设立，非营利、非

---

① 《失独者的扶助机制研究》，湖北省人口计划和生育委员会委托课题，2010 年。

政府、从事各种慈善性公益活动的组织，既包括官办的慈善组织也包括独立（非政府）的慈善组织。他们对弱势群体的关系都可以简单地概括为"支持"关系，只是支持的模式存在极大的差异，[①] 但这不是本书想要讨论的问题，本书的目的是通过"支持关系"研究失独者和慈善组织之间的互动机制，因此本书将慈善组织作为一个分析单位，而不加以区分。

（一）接受慈善组织的精神慰藉

失独家庭作为新出现的弱势群体，出现了精神"荒漠化"的现象：首先，血脉继嗣的中断让他们愧对祖先。俗话说"不孝有三无后为大"，而他们正好遭遇到这种最大的不孝，因此他们觉得对不起祖先，无颜见列祖列宗；其次，因果报应让他们感觉自己罪孽深重。断子绝孙的惩罚似乎证明了他们上辈子曾经犯下滔天的罪孽，[②] 因此他们普遍感觉自卑，感觉矮人一截；最后，未来依靠的落空。传统思想认为人们通过血脉继嗣把身体和精神的某个方面在后代中保存下来，而独生子女死亡，使得家庭成为绝户，既无子女传递家庭的血脉，也没有儿女为自己养老送终。由此可见，失独者的精神处于极度脆弱的状态。

面对这种危机，失独者主动找到慈善组织，要求对他们进行精神慰藉，他们找到了湖北省爱心联盟、荆楚爱心社以及各大高校的志愿者协会等，其中比较典型的组织就是华中师范大学汉口学院青年志愿者协会，该组织隶属于汉口学院，并接受武汉市共青团志愿者协会管理。由于学生身份的志愿者具有易组织性、可控制性、高素质性，且他们拥有未成年的身份，和很多失独家庭中夭折子女差不多的年龄，因此与失独者具有天然的亲近性；除此之外，他们的学生身份也提供了时间的保证。因此这些志愿者经常受邀到失独者的活动地点，给他们表演节目，或者到他们的家里指导计算机使用，或者陪老人聊聊天，等等；后来由于社团和学校的沟通，取得了学校的资助，因此他们也在一些传统的节假日请所有的失独者到学校来过节，为他们举办大型文艺活动，所有的失独者在一起俨然一个大家庭。见材料一：

材料一：后来我带来几个志愿者，有那个艺术特长的，像那些会唱歌会谱曲等等之类的，带来几个人过去，3月1号，是他们的那个

---

① 王向伟：《慈善组织与弱势群体之间的支持关系》，《社会福利》2011年第2期。

② 徐晓军：《失独父母边缘化的路径、类型与社会风险——基于个体与群体关系的视角》，《华中师范大学学报》（人文社会科学版）2014年第6期。

WX 港湾群例行会议，我们当时表演了两个节目，他们当时也提到了两周年庆典的时候要排节目，3 月 1 号之后，就约的是 15 号，反正中途就到那边去排了两次节目，就是排的他们的会歌，会歌是根据相亲相爱一家人的曲子，然后他们自己根据，那个歌词是 LS，汉阳的李阿姨编的歌词，后来我们就到江滩粤汉码头去拍了一次，反正就这样一来二去的，就和他们建立固定的关系，现在每年的中秋节，重阳节，母亲节，再加上春节，我们都会把他们请到学校，为他们搞活动。(20111111XGF)

材料二：2009 年 4 月武汉市《楚天都市报》的一则名为《拨往天堂的电话》消息引起轰动，他讲述的是遭遇丧子之痛的退休女医生 ZLX，一年来不停地拨打儿子的那早已停机的手机号寻求慰藉，持续一年之后，终于有一天，电话那边奇迹般的出现"回应"……回应的是一位与儿子年龄相仿、仍沉浸在丧母之痛的年轻人。诸多惊人的巧合，让这对原本素不相识的"母子"，相扶相搀走出人生低谷。(资料来源：《拨往天堂的电话联通母子奇缘》，《楚天都市报》2009 年 4 月 23 日 A01/A03 版)

材料三：《楚天都市报》2009 年 4 月 26 日报道《32 位失去父母的年轻人希望与丧子家庭结对子》，32 位失去父母的年轻读者希望能与丧子家庭结成对子，成为彼此心中的母与子，此外华中科技大学红十字会会长王琨表示，该会的 60 多名会员都愿做志愿者陪这些失独者一起活动散心。(资料来源：《32 位失去父母的年轻人希望与丧子家庭结对子》，《楚天都市报》2009 年 4 月 26 日 A02 版)

材料一展示了志愿者和失独者结成对子的状况，据《楚天都市报》报道，"几年来'WX 港湾'与武汉市青年志愿者协会结成了对子，志愿者们常到他们的家里聊天、心理辅导、做家政"。[1] 有一位失独者告诉我们"每当他们来的时候就是我们最高兴的时候，年轻人走进孤老家庭，是排解我们哀伤的最好药方"[2]。材料二展示了一位失独母亲与志愿者构建"干亲"关系的特殊过程，由此表现儿女同辈人对失独老人特殊的精

---

[1] 《更多有爱的年轻人走进他们的内心是医治伤痛的最好药方》，《楚天都市报》2009 年 4 月 24 日 A03 版。

[2] 《更多有爱的年轻人走进他们的内心是医治伤痛的最好药方》，《楚天都市报》2009 年 4 月 24 日 A03 版。

神慰藉作用，正如一位读过该报道的失独者所说"每当志愿者和我在一起时，就是我们最开心的时候，儿女辈的人走进我们，使我们重温天伦之乐"；这表明失独者需要社会伸出援手，关爱他们，引导他们走出阴影和困境，重新树立人生的希望。材料三展示了很多志愿者愿意给失独者提供精神慰藉，而且这种意愿具有极强的动力。由此可见失独者需要儿女辈志愿者对其进行精神慰藉，同时这些志愿者也能够满足这种需求，这种"双向需求"关系拉近了他们和志愿者的关系。应当说，志愿者在失独者悲伤情绪的宣泄、社会关系的重构、生活意义的重建等方面发挥了极其重要的作用，是失独者精神关怀服务中的重要主体。[1]

（二）主动参加并组织慈善活动

仅仅解释慈善组织的帮助，也不能说明失独者和慈善组织的关系，"烧火棍，一头热"也不行。从田野调研资料看出，失独者也主动参与到慈善组织当中去。在丧子、重病、下岗……重重磨难之下，失独者的心头已是伤痕累累，但这些失独者仍然顽强地艰难前行。他们主动帮助弱势群体，如帮助重病中的"珍妮宝贝"，鼓励她度过了生命的最后历程（见材料一）；汶川大地震时也第一时间向灾区捐款捐物，要知道对于正常人来说，捐款是理所当然的，然而失独者本来就是极度弱势群体。有媒体指出"失独者大多已经退休，大多家庭条件都不怎么富裕"[2]，此外，如果孩子是患病离去，家长往往外债伤病缠身，《楚天都市报》通过调查指出，"孩子走后，一笔外债压肩，自己又因精神抑郁，罹患重病，或因下岗无生活保障，这种内忧外患的状况在失独者家庭中实在太多了"[3]，但是即使在这种情况下，他们还是捐助了1万多元的爱心款（见材料二）；材料三是他们义务劝泳的事迹，他们用自己的失独者的特殊身份，或者说用子女不幸夭折的特殊经历，告诫野泳的孩子"不要野泳，珍惜生命"，不要让你们的父母也成为和他们一样的失独者，因此他们的标语是"孩子，为了你们的父母，请不要在无人管理的江河游泳"，这是撕心裂肺的告诫，也是爱心的奉献；材料四是他们走进少管所帮扶失足青少年的事迹，

---

① 张旭升：《互助与他助：失独者精神关怀的服务创新》，《浙江社会科学》2014年第12期。

② "温馨港湾"简报：《情系灾区，温馨港湾捐善款》，2008年5月总第2期。

③ 《孩子患病离去，外债伤病缠身》，载《真情奇缘牵出沉重话题，武汉数千丧子家庭急需"疗伤良方——不是每个拨往天堂的电话都有回音"》，《楚天都市报》2009年4月24日A03版。

他们同样是站在母亲的角度上，将自己对孩子的小爱，转化为对所有孩子的大爱，尤其是对失足少年这类急需关爱群体的大爱，这种关爱的效果是显著的，据少管所工作人员介绍，这些被帮扶的孩子都安心受教，不少人由于表现优秀获得表扬甚至减刑。①

　　材料一：珍妮的父母。他们目前仍欠有外债，但每当得知有人身患重症，特别是年轻人，他们都会提着一篮水果，或一箱牛奶去探望。有位20多岁的小伙子患有肠癌，珍妮父亲前去开导探望，传授经验。宜昌的小李曾被珍妮所感动，结识了珍妮父母，有次来武汉找工作，因人生地不熟，珍妮母亲带着他们跑遍了武汉三镇的招聘会。如高女士从2005年开始，每年出资1000元资助一对大学生姐弟读大学，现在姐姐已经在重庆大学读研，弟弟也大学毕业，目前高女士还资助贵州山区的一名高中毕业生完成学业。（资料来源：《自我疗伤之余，他们不忘反哺社会》，《楚天都市报》2009年4月25日A03版）

　　材料二：汶川地震后，LX家园捐了1万元，去年为武钢残疾人福利院的工作人员及残疾人送去了50套量身定做的棉衣，每年过年请孤儿或贫困大学生吃饭，送礼物；同时WX港湾也应广大成员的要求，发出了关于抗震救灾、爱心捐款的倡议，号召成员以实际行动帮助灾区人民抗震救灾，截至2008年5月18日就已经募集捐款4050元，全部善款都直接转交到武汉市红十字会，由他们转交灾区。（资料来源：《自我疗伤之余，他们不忘反哺社会》，《楚天都市报》2009年4月25日A03版；《情系灾区，WX港湾捐善款》，《WX港湾简报》2008年5月总第2期）

　　材料三：2010年盛夏，武汉的失独家庭的父母，顶着高温，在汉口江滩拉起横幅劝阻孩子们野泳。他们的横幅是"孩子，为了你们的父母，请不要在无人管理的江河游泳"，这些横幅上的文字牵动人心，16个拉着横幅的父母均是QQ遥望群（武汉市失独家庭）成员，他们说"入夏后，不断有孩子江中戏水溺亡的消息见诸报端，失独父母们感同身受，看到他们就像看到当年的自己，为了不让同样的悲剧再次上演，他们决定前往江滩用实际行动劝阻正在野泳的孩子"。（资料来源：《武汉十多位丧子家庭父母"幼吾幼以及人之

---

① "温馨港湾"简报：《请走进少管所，看望失足子女》，2008年5月总第2期。

幼"——江滩拉横幅，劝伢莫野泳》，《楚天都市报》2010 年 8 月 19
日 A01 版）

    材料四：武汉 WX 港湾关爱服务中心的十余户中年丧子家庭，走
进省未成年犯管教所，各自看望他们去年 9 月认下的"子女"。他们
每个人都大包小包，带着生活用品、衣服、鞋子，还有制作的手工艺
品，各自精心准备的礼物，他们希望用大爱温暖失足青少年的心，去
感化孩子们幼稚不健康的心灵。（资料来源：《走进少管所，看望失
足子女》，《WX 港湾简报》2008 年 5 月总第 2 期）

    除此之外，他们还主动签订眼角膜或遗体捐献志愿书，据《武汉晚
报》报道，从成立至今，"WX 港湾"已有 7 位成员签订了捐献眼角膜或
遗体志愿书，其中有一位志愿者说"要把过去对孩子的小爱转化成对社
会的大爱"，[①] 主动去孤儿院看望孤儿。用他们特殊的身份去告诫青少年
"珍惜生命、远离风险"，这种告诫具有振聋发聩的作用，是失独者在独
生子女死亡后，重新走出来后，忍着内心的伤痛，发自肺腑的、撕心裂肺
的呼唤；同时他们将自己有限的爱心从家庭的小爱转移到社会上的大爱，
这种母亲独有的爱奉献给了失足少年，奉献给了孤儿，给他们生的勇气和
希望。总而言之，通过这些慈善行为，这些本身需要帮助和关爱的群体，
反而向社会不断播撒着爱心，一位媒体工作者这样形容他们的行动，"失
去过，所以更愿意帮助别人"。确实如此，他们建立了自力更生的救援模
式，承担起了应有的责任，用自己的行动将自身变成了一个慈善组织。这
是失独者抒发情绪、排解忧愁的方式，更是失独者进行自我增能的
体现。[②]

    （三）高频次互动不具有代表性

    上文可能会给人造成一种错觉，即发现失独者和慈善组织之间关系非
常亲密，但是本着科学的态度，我们还是要从定量的角度对这种现象的普
遍性进行量化分析。在这里笔者将从两个角度入手：一方面，接受慈善组
织救助的失独者数量，另一方面，没有接受慈善组织救助的失独者中愿意
接受慈善组织救助的比例。

---

① 《"温馨港湾"又有两成员签订眼角膜捐献志愿书》，《武汉晚报》2008 年 1 月 7 日第
   8 版。

② 徐晓军、李大干：《组织化与增能化：失独者的"自我抗争"——基于灵性社会工作视
   角下的思考》，《江汉大学学报》（社会科学版）2016 年第 1 期。

从一方面来看，目前接受慈善组织救助的失独者仅仅占到全部失独者的 10%，甚至更少。因为目前武汉市共有独生子女伤残死亡家庭 7000 人，但是目前走出来参加组织活动的只有 500—600 人，其中 WX 港湾约 200 人，LX 家园约 200—300 人，YWQQ 群约 100 人，也就是说走出来的人只占总群体的不到 10%。况且这 10% 的人中，还有一半不愿意接受慈善组织的帮助，如此计算，与慈善组织保持互动并接受慈善组织帮助的失独者仅占全部失独者的 5% 左右。这样的情况也得到了统计数据的证实，《湖北省失独家庭的扶助机制研究》中的数据发现，得到慈善组织较多帮助的失独者仅占 4.95%，没有得到慈善组织帮助的比例高达 90.1%。① 由此可见，更多的失独者并没有得到慈善组织的救助。更准确地说，在上文中，失独者与慈善组织保持密切互动的情形仅仅是这 5% 的人造成的假象。

从另一方面来看，没有接受慈善组织帮助的失独者中，有近 40% 的人不愿意接受慈善组织的帮助。统计数据表明，在接受调查并作答的失独者中，22.7% 的受访者愿意得到慈善组织的"看望"帮助，14.1% 的人愿意得到慈善组织的"日常护理"帮助，8% 的人愿意得到慈善组织的"法律医疗咨询"帮助，9.1% 的人愿意得到慈善组织的"家务"帮助，8.3% 的人愿意得到慈善组织的"活动策划"帮助，然而更多人（占受访者的 37.8%，占回答数的 47.6%）不希望得到慈善组织的帮助，由此可见，在目前没有得到慈善组织帮助的失独者中，百分之三四十的受访者不愿意接受受访者的帮助。这一统计数据再一次表明，上文中失独者和慈善组织之间的亲密关系只是一小部分人造成的假象。

（四）失独者与慈善组织之间的总体性疏离关系

综上所述，仅仅有一小部分失独者与慈善组织之间建立双向互动式的支持模式，一方面，失独者接受慈善组织以精神慰藉为主要内容的帮助，另一方面承担起自己应该承担的责任，变被动为主动，从失独者与慈善组织的关系转变来看，他们之间已经从慈善组织的"无偿给予"模式过渡到失独者"自力更生"模式。这表明，失独者与慈善组织的关系已经从被动接受转为主动参与，这是一种更高水平的互动，表明他们之间"权力—责任"型关系模式的形成，彰显了他们之间的关系已经到了比较亲密的程度。

---

① 《计划生育特殊困境家庭的扶助机制研究》，湖北省人口计划和生育委员会委托课题，2010 年。

然而这种亲密的关系仅仅代表一小部分失独者表现出来的假象，更多的失独者没有接受过慈善组织的帮助，而且在没有接受慈善组织帮助的人群中，还有相当比例的失独者不愿意接受慈善组织的帮助。通过这两个数据可以发现，更多的失独者与慈善组织之间其实一直保持在一种疏离的状态。因此，考虑到这种群体内部的差异，我们将失独者与慈善组织的关系概括为"总体性疏离关系"。

第三节　失独者与他组织关系变迁的逻辑分析

失独者与他组织关系的调节的过程遵循了身份和利益的原则。具体而言，他们按照身份受挫伤的程度对经济组织、福利组织和服务组织选择疏离，而对慈善组织的疏远程度稍微降低了一些；同时他们也按照利益的原则对服务组织、慈善组织和福利组织进行"心理距离疏远"，对经济组织关系选择"保留性退出"。

一　按照身份挫伤程度进行调节

美国政治学家塞缪尔·亨廷顿在《文明的冲突与世界秩序的重建》中比较了东方国家以儒家精神为核心的价值观与美国的个人主义价值观的根本差异。他认为，"儒家精神强调权威，等级制度，个人权利和利益居次要地位"，也就是说儒家强调身份等级制度，而且那时的身份获取采取世袭制。随着社会的发展，世袭社会逐渐解体，身份的获得并不完全按照血缘，而是有了其他因素，如秦朝的法制、魏晋的门阀制度、九品中正官制和科举制度，这些变化中虽然说身份获得并不像从前那样牢不可破，但社会上还是越来越讲究身份。可以说，在传统中国社会里，社会结构及运作的基本单位是"身份"而非"个人"。

独生子女死亡，尤其是未成年独生子女死亡，和老年人死亡相比，属于非正常死亡，而且是一段特殊的经历，因而会给人以极大的震惊，俗话说"好事不留名，坏事传千里"，某某家庭的独生子女死亡事件和死亡原因信息会在短时间内迅速传播，从而使得失独者的身份具有"高聚焦性"。这种"高聚焦性"使得外界给他们起了"祥林嫂"的绰号，"苦命人"的说辞，甚至是"上辈子造孽"的论断。其中"祥林嫂"的绰号来源于部分失独父母总是拿着子女的遗物，见到熟人就反复讲述她子女的故事。这种不分时间地点场合的讲述，最初都会得到其他人的同情，但讲得次数多了也就没人喜欢听了，由于和鲁迅文学作品中的"祥林嫂哭他的阿毛"相类似，于是大家就私下称他们为"祥林嫂"；① "苦命人"的说辞来源于他们听信迷信，认为自己命中无子，天生注定命苦；"上辈子造孽"是遵循传统社会中，因果报应、行善积德与行凶作恶干坏事的因果循环报应规律，认为这辈子独生子女死亡是对上辈子行凶作恶、坏事干尽的报应。由此可见，独生子女死亡事件已经被"上纲上线"，和伦理道德、人生轮回等沉重的话题结合起来，因此他们逐渐成为另类，言行举止、社会交往、社会活动等等都成了社会的焦点，这说明失独者的身份具有"高聚焦性"。

生活在这种"高聚焦性"下的失独者，深刻感受到其他人对自己不一样的眼光，感受到自己的另类，由此可见，失独身份的"高聚焦性"挫伤他们的身份情结。这样，贝克笔下的"标签理论"发挥了作用，被贴上标签的失独者，心理上形成了一个新的自我观念，并且可能会在这种自我观念的影响下，按照另类的行为方式行事，如远离大众生活、和其他失独者结群活动等，结果使自己一步一步地沦为"社会中的另类"；此外，受到这种自我观念的影响，他们的"另类身份"也使得他们的"身份情结"受到严重的挫伤，其中尤以面子情结为重——失独者和其他人相比，自己很没有面子，感觉到别人瞧不起自己，并且往往把别人对自己的评价或态度认为是对自己人格的侮辱，并依此调节自己的外部关系。

独生子女死亡挫伤他们的身份情结，他们与外部关系的要素保持何种距离就会依次进行调整，其中在和经济组织、服务组织、福利组织互动的过程中，由于对方没有注意到失独者的特殊身份，在沟通中无形地伤害到失独者的身份，导致他们的身份情结受到严重挫伤，结果导致几乎所有的失独者都远离他们，相反在和慈善组织的互动过程中，由于志愿者注意到他们的特殊身份，从精神慰藉方式、慰藉时间、现场进入上进行了考虑，失独者的身份情结挫伤较小，所以还有一小部分失独者愿意和慈善组织交往。

综上所述，失独者在外部关系选择时，按照身份挫伤属性和程度对外部关系中的要素进行梳理，即对经济组织、福利组织和服务组织选择疏离，而对慈善组织的疏远程度稍微降低了一些。

---

① 张必春、柳红霞：《失独父母组织参与的困境、内在逻辑及其破解之道——基于社会治理背景的思考》，《华中师范大学学报》（人文社会科学版）2014 年第 6 期。

二　按照利益攸关程度进行调节

中国人非常讲究社会关系中的"差序格局"，因此"常常用不同的标准来对待自己和自己关系不同的人"。① 如果有人要求掌握某种社会资源支配权的人将其掌握的资源作有利于自己的方向分配，那么资源支配者首先会考虑的问题是，对方和自己之间具有什么样的关系，这种关系又有多密切。关系判断是个人在与他人交往或资源交换时首先考虑的，是个人对自己与他人关系的认知，决定他采取交往或交换行动时的原则和目标。黄光国将人际关系的类型分为"情感性关系、工具性关系和混合性关系：情感性的关系通常都是一种长久而稳定的社会关系。这种关系可以满足个人在关爱、温情、安全感、归属感等情感方面的需要。像家庭、密友、朋侪团体等主要社会团体中的人际关系，都是情感性关系之例。以情感性关系为基础的交往双方主要遵循需求法则，维持关系本身便是最终目的；工具性关系是个人在生活中与家庭外的其他人建立的关系，其目的主要是为了获取他所希冀的某些物质目标"②。就失独者而言，他们也采用不同的标准对待和他组织之间的关系。这种标准就是利益攸关程度，根据利益攸关程度将自己与他组织的关系分为情感性关系和工具性关系。

如果失独者与他组织的关系是情感性关系，那么他们会选择接受他组织的精神慰藉和情感抚慰，而且不会对报酬和代价进行估算和权衡。同时在接受帮助的时候，仅仅是被动地接受，不会主动申请帮助类型和帮助标准。从心理距离上看，失独者不会主动和他组织进行互动，而且会注意保持与对方的适当距离。比如失独者和服务组织、慈善组织和福利组织的关系。由于这些组织和他们的交往主要出于慈善和社会救助的角度，不存在工具主义的利益弥补思维。因此失独者按照利益最大化的原则与他们保持互动，既接收他们的救助，也注意保持与这些类型他组织的心理距离。

在混合型关系的作用下，失独者既会考虑到对方的感受、道德的因素、人情的影响，同时也会权衡利益的得失，因此与这类他组织的关系

---

① 黄光国、胡先缙等：《面子——中国人的权力游戏》，中国人民大学出版社2004年版，第6页。

② 黄光国、胡先缙等：《面子——中国人的权力游戏》，中国人民大学出版社2004年版，第6页。

的处理更加复杂。比如失独者和经济组织的关系就属于这一类型，他们之间既有情感的因素，因为毕竟曾经是自己的单位，同时又有工具主义的关系，毕竟自己退休工资的发放、医疗保障服务等事项的办理都需要单位协调，因此他们既不能像对待服务组织、慈善组织、福利组织一样慢慢疏远经济组织，也不能像对待政府部门一样，选择和对方二元对立，而是建立在选择主动退出经济组织的活动上，但仍然保持自己的单位身份，享受单位的福利待遇。因此失独者与经济组织是"保留性退出"的关系。

综上所述，失独者按照利益关联程度有差别地调节自己和他组织之间的关系。具体而言，失独者和服务组织、慈善组织和福利组织属于情感性关系，没有工具性目的，因此他们之间的关系是"心理距离疏远"；其次，他们与经济组织之间的关系既保留了感情和道德的成分，也具有工具主义的利益计算关系，因此他们之间的关系是"保留性退出"。从"心理距离疏远""保留性退出"这几个词汇可以大致勾勒出失独者和他组织之间的关系是"回避和博弈"。

第七章　失独者与自组织的关系

自组织是一个特殊的组织类型。首先，组织形式特殊。自组织既不是政府部门通过自上而下的渠道构建，也不是社会组织通过社会力量组建，而是失独者通过自身力量筹建的组织。其次，会员身份特殊。不同于其他社会组织成员的身份选择性，其常见的身份选择基于职业、消费能力、工作状况等，而失独组织的会员身份是以独生子女死亡为条件。最后，服务对象的特殊性。其他组织的服务对象一般都是社会公众，或者仅仅是组织会员，而失独组织的服务对象没有组织会员身份的限制，仅仅有独生子女死亡这一丧子经历限制。

"久旱逢甘霖"，自组织的这些特殊性弥补了他们和他组织在相处过程中的尴尬和不安，帮助他们找到了未来的道路和希望。自组织的服务主体、服务内容、服务特色正是失独者日夜期盼的，它弥补了他组织精神慰藉中慰问主体不恰当、慰藉过程不深入、慰藉细节不入微的缺陷，因此失独者普遍对自组织表现出极大的热情。随着参与的深入，很多成员还变被动参与为主动参与，主动承担组织管理、活动策略、慰藉他人等工作。种种迹象表明，失独者和自组织之间已经形成了良好的互动状态，这种状态助推了失独者与自组织之间"亲密和团结"关系的形成。

第一节　自组织的定义与特征

何为自组织，在前文中的他组织部分，作者已经进行了铺垫。自组织现象普遍存在于自然界和人类社会，它着重强调了在某一特定条件下，系统中的各个元素能够自发组成，并相互协作，这个过程不需要外界干预的作用。① 这一

---

① 魏道江、康承业、李慧民：《自组织与他组织的关系及其对管理学的启示》，《系统科学学报》2014年第2期。

概念起源于阿希贝 1984 年出版的《自组织原理》，他在书中论述了控制学界有关自组织控制的研究。真正提出自组织的当属"协同学"的创立者哈肯（H. Haken），他提出了"自组织"的概念，并用一个通俗的例子解释了自组织与他组织的区别："有一群工人，如果没有外部命令，而是靠某种默契，工人们协同工作，各尽职责来生产产品，我们就把这种过程称为自组织。"由此可见，自组织的核心思想就是通过团队的自我管理，不断释放团队的整体能量，实现企业价值创造空间的创新和拓展，成员规范是彼此之间的相互需求、相互依赖。

失独者的自组织，简称失独组织，主要是指"WX 港湾""LX 家园""YWQQ 群"等组织，这些组织的形成逻辑和运作机制不同于上文中所说的"经济组织""福利组织""慈善组织"，正是由于这些差异，失独者与自组织和前文中所述的他组织形成了截然相反的互动特征。具体而言，和他组织相比，自组织的特殊性主要表现在以下几点。

首先，自发性。自发性是失独组织的典型特征，指的是失独组织的成立并非是因为失独者接到外部指令而成立，其成立的过程纯粹是失独者的努力并依靠某种默契形成的，如失独组织 WXY 的形成是因为 WZB 在 2006 年 5 月 7 日在报上刊登启事，希望"失独者能够走到一起，互助互帮"。[①] 正是这种"公开寻找"所联系的失独者组建了失独组织的雏形"WX 苑"；再后来，"WX 苑"又分化为"WX 港湾""LX 家园"以及"YWQQ 群"。由此可见，纵然现在有很多失独组织，但是这些组织都是自发的，都可以追溯到 2006 年的那次公开"寻人启事"。

其次，自组织性。失独组织具有现代组织结构，而且这些组织结构均是自发构建，组织职位选拔遵循选举制，[②] 比如"WX 港湾"拥有完整的部门分工职责图，图中指出组织中的领导干部设有会长、副会长、秘书长、办公室主任，直属部门设有会员部、宣传部、公益活动部、后勤部、媒体联络部和公关部，各部门都以书面形式规定了岗位职责；除此之外，该组织还有联谊会章程，有组织活动规划，甚至他们还刊印了《组织活动简报》，定期公开出版一段时期内的工作内容或者工作计划（详见图 11）。

再次，排他性。排他性即专有性，失独者的自组织是仅为失独者所拥有并控制，失独组织的排他性有两个层次的含义：一方面，管理成员的排

---

① 《饱受老年丧子之痛　WZB 老人欲建"WX 苑"》，《楚天金报》2006 年 5 月 7 日。

② 张必春、柳红霞：《失独父母组织参与的困境、内在逻辑及其破解之道——基于社会治理背景的思考》，《华中师范大学学报》（人文社会科学版）2014 年第 6 期。

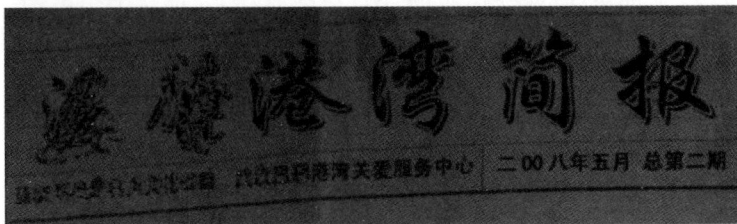

图 11 《WX 港湾简报》

他性，失独组织的日常管理工作均是由失独者自发完成，不需要其他力量的介入和干预；另一方面，组织成员资格获取的排他性，这指的是失独组织的成员资格是建立在身份认同基础之上的，子女死亡且必须是独生子女死亡才是获取组织成员资格的唯一手段，其他类型无子女家庭，如孤寡家庭、丁克家庭，甚至是非独生子女死亡家庭成员都无法获取成员资格；这种排他性的特征保证了失独组织成员身份的一致性，为日后的同质性互动做了铺垫。

最后，团队化。团队化是决定失独者与组织关系亲密与否的关键因素。科层制是最典型的他组织形式，专业部门分工是科层制结构的根基所在，这种分工使得科层制具有处理大规模工业社会复杂的行政管理任务的独特能力，但是科层制的专业化、权力等级、连续性、非人格化往往阻碍了成员参与自主性的发挥，使得内部交流、沟通受到压制、阻隔。[1] 由此可见，他组织或者科层制组织内部成员之间的关系处于疏远的状态。与此截然相反，失独组织内部的管理结构并非是科层制，而是团队化。团队化组织管理体系有几个好处：第一，组织成员之间相互熟识。由于失独者的组织规模一般都控制在几十人，最多数百人之内，所以在管理结构中并没有引入庞杂的等级，遵循两层管理体系，在这种管理体系中组织成员和组织干部彼此都十分熟悉；第二，组织管理干部任命并非遵循自上而下的任命方式，而是由失独者精英担任，而这种精英也是在日常活动中脱颖而出，遵循的是自下而上的产生方式；[2] 第三，组织管理干部的公益性质。失独组织的管理干部都是由失独者精英担任，他们不领取任何报酬，纯粹是出于为大家服务的目的，因此带有公益性质。由此可见，从专业部门化

---

[1] 叶荣、叶丽丽：《科层制下组织成员的参与自主性：困境与超越》，《中国行政管理》2006 年第 3 期。

[2] 张必春、柳红霞：《失独父母组织参与的困境、内在逻辑及其破解之道——基于社会治理背景的思考》，《华中师范大学学报》（人文社会科学版）2014 年第 6 期。

到单元团队化是失独组织的典型特征，这一特征决定了该组织不是以执行具体的命令为出发点，而是以满足组织成员的诉求为使命，正是这种原始出发点的改变使得失独者与组织的关系出现了质的改变。

综上所述，失独组织并不类似于传统科层制中的他组织，而是一种全新的自组织形态。对传统科层制管理体制的放弃使得失独组织能够全面构建组织与成员之间的关系。

第二节　失独者之自组织形成

一　失独者群体性意识的形成时期

在失独家庭居住如此分散的情况下，要形成失独组织首先需要失独者聚集起来，并出现群体意识。

（一）失独者居住的分散性

独生子女死亡是小概率事件。多数失独家庭通常是以个体的方式分散在各个城市社区或村落，无规律可循且很难聚集，因此具有个体分散性的特点，这使得社会通常会忽视失独问题的严重性。[①]

就这一群体而言，截至 2011 年 12 月湖北省共有独生子女家庭 517977户，其中独生子女死亡家庭约 24000 户，占全省独生子女家庭总数的4.63%。加上非独生子女家庭，失独家庭占全部家庭的 4% 以下。从研究对象的地域分布来看，湖北省的失独者主要集中在武汉和宜昌，即使在这两个地区，一般每个社区仅仅有两三个失独家庭，一个街道往往不会超过10 个。比如武汉市洪山区是失独家庭比较集中的地方，但即使在这样的地方，失独家庭分布也十分分散，往往一个街道仅有几个家庭，极少街道会达到数十个，遑论其他总数更少的地区。

表 24　　　　　　　湖北省武汉市洪山区的失独家庭分布

街道	独生子女死亡家庭
狮子山街	7
关山街	26

---

① 李怡心：《"倒三角坍塌"下的失独之痛及出路研究》，《社会科学论坛》2014 年第10 期。

续表

街道	独生子女死亡家庭
珞南街	30
梨园街	3
和平街	7
张家湾街	7
天兴乡	1
洪山街	3
合计	84

注：数据来源于湖北省人口计划和生育委员会，截止日期2010年10月1日。

由此可见，失独者是零星分布在不同的社区中，这就降低了他们之间彼此熟识的可能性；事实表明，大部分失独者在独生子女死亡之前都是互不认识的。既然如此，要成立失独组织，首先必须解决的问题就是分散成员的熟悉问题，即如何将如此分散的成员联系起来，这就涉及失独者精英的工作。

（二）失独者精英的出现与失独者的聚集

在零星分布失独者彼此间建立联系的过程中，失独者精英发挥了至关重要的作用。那时候政府部门还没有介入，没有以社区为单位召集所有失独者都参加的座谈会，因此失独者之间没有通过政府部门牵线而彼此建立联系的可能性。到目前为止，还有很多地方的政府部门仍然不重视失独者，他们的工作思路仍然是阻碍失独者聚集起来；在这样的背景下，部分精英作为失独者的代表，主动站出来，利用自己的资源，公开在媒体上征集"同命人"线索，试图将部分失独者聚集起来。笔者在网络上找到了2006年的这则特殊的"寻人启事"：

《楚天金报》记者黄鹏程、邹斌报道：经历了老年丧失独生女之痛的老人WZB想成立一个"WX苑"，将那些与他有一样经历的中老年人联合在一起，组成一个老来丧子互助机构。他对记者说："像我们这样老年丧子的人应该互相帮助。"经过半个多月的考虑，WZB老人想在武汉也成立一个丧子互助机构，并取名为"WX苑"。WZB老人说，"WX苑"的宗旨是对那些失去独生子女的人进行心理辅导和上门慰问，互助互帮，提供法律咨询与援助。据了解，目前武汉市有300多个老年丧失独生子女的家庭，WZB老人希望大家能够走到一起，互助互帮。如果有这样的想法，可以联系他，联系电话是027－678300××。（资料来源：《饱受老年丧子之痛，WZB 老人欲建"WX 苑"》，《楚天金报》2006 年 5 月 7 日）

这则"寻人启事"刊登后两个月内，陆陆续续有二三十人和 WZB 联系，并通过他认识了其他失独者；同样在这些失独者中又涌现出来一些失独者精英。于是这些人于 2006 年 8 月自费去上海"XX 港"，[①] 学习考察，用他们的话说就是"大家互相了解一下子情况，看别人是怎么从痛苦中走出来的，能够过上正常人的生活"。并形成了初步意向，决定在武汉市也成立类似的失独组织。

（三）失独者群体的诉求失败与群体性意识的初步形成

群体意识是指成员对群体的态度，或称以群体为主体的意识，指的是在某一特定群体内占主导地位的、对群体本身及所从事工作的看法，群体意识包括理想、价值观、道德标准。[②] 影响群体意识形成的因素有很多，主要有以下几种：首先，特定的群体构成。由不同人构成的群体，其认知水平、理想、价值观念、文化素养、道德标准等都是不同的，这就使得不同群体的群体意识具有明显的差别。[③] 就失独者而言，他们是独生子女死亡的特殊群体，独生子女夭折的身份是他们的最大特征，他们对自己的认知、理想、价值观念等都会因为独生子女死亡这一共性特征，而具有一定程度的相似性，这就是失独者特殊群体意识的根源；其次，特定的工作任务。工作特点也决定了群体意识的差异，这是由工作要求和工作制度决定的，因为工作任务的不同，个人对工作的看法也不同。对于失独者群体而言，他们的工作任务是"对那些失去独生子女的人进行心理辅导和上门慰问，使得失独者之间互助互帮"，[④] 因此他们的群体意识更多的是集中在失独者的精神慰藉上，这种工作任务的落实会加强失独者的群体认知，因此他们会更加认同自己失独者的身份。

群体意识不是与生俱来的，美国社会学家赖特·米尔斯（Wright

① XX 港：全称"上海 XX 港关爱服务中心"，该中心是全国第一家失独组织，其办公地点在上海市保德路 1316 弄 66 号甲，其宗旨是"跨越苦难、重塑人生、自助助人、奉献社会"。组织网址，http://xingxing.netor.com/.

② 郭维平：《转型期群体意识形态与主流意识形态分析》，《云南行政学院学报》2014 年第 1 期。

③ 窦胜功、张兰霞、卢纪华：《组织行为学教程》，清华大学出版社 2009 年版，第 125 页。

④ 《饱受老年丧子之痛，WZB 老人欲建"WX 苑"》，《楚天金报》2006 年 5 月 7 日。

Millis）认为，"群体意识的形成和存在，需要具备以下三个条件：第一，对本群体利益的理性认知；第二，对其他阶级利益不合理性的认识及有意识反对；第三，对运用集体政治手段达到集体政治目的以及实现自己利益的认识，以及随时行动的准备"。[1] 失独者已经具备了这三点条件。

失独者诉求的起因是，WZB 公开登报寻找"同命人"后，失独者慢慢汇集过来，到 10 月就达到几十人，这时候任何一户家庭都已经无法同时容纳这么多成员，因此只能到公共场所活动，而租赁公共场所面临身份尴尬，不明事理的人还认为这是非法组织，因此在场地租赁时出现困难，所以需要解决群体身份问题；此外，由于人数众多，眼看要突破 50 人，而 1998 年 9 月 25 日国务院第八次常务会议通过的《社会团体登记管理条例》规定"由 50 个以上的个人会员组织必须登记成立社团"，这也涉及群体身份问题。但是《社会团体登记管理条例》第九条也规定"申请成立社会团体，应当经其业务主管单位审查同意，由发起人向登记管理机关申请筹备"，[2] 因此失独者需要寻找业务主管单位，否则就无法登记成立社团。但是他们遭遇到了挫折，详见下文材料。

> 自从知道我们这里有活动以后，很多同命人（失独者）就陆陆续续打电话进来了，大概十月以后吧，就有了三四十人。人多了，目标大了，搞活动再也不能总是到茶楼、公园去呀……不知道情况的人，还以为是搞什么非法活动……因此就需要成立一个组织，而《社会团体登记管理条例》规定成立组织要找一个挂靠单位，因此我们现在又要找一个上级主管部门；所以我们就找到武汉市的计生委，后来到了老龄委，妇联，市民政局，省民政局，市计生委，省计生委，计生协，反正所有该找的都找到了。（20101125SXR）

从上文中可以发现，到目前为止，失独者已经对本群体未来的发展形成了理性的认知，知道当前的主要任务是成立社会团体，此其一；其二，受到政府部门的多次冷遇，对政府部门的冷漠有了鲜明的认识；其三，失独者并没有放弃，而是有目的有计划地向自己能够接触到的政府部门展开

---

① ［美］赖特·米尔斯：《白领——美国的中产阶级》，杨小东等译，浙江人民出版社 1987 年版，第 363—364 页。

② 中华人民共和国国务院令第 250 号《社会团体登记管理条例》，1998 年 10 月 25 日实施。

诉求，并将寻找业务主管单位作为他们当下的主要任务。由此可见，失独者在业务主管单位诉求的过程中，逐渐形成了自己的群体意识——这是失独组织形成的准备阶段。

二　失独父母组织的发展期

如果说挂靠业务主管单位的诉求失败是失独者群体性意识形成的诱因，那么业务主管单位的出现则是失独组织成立的关键动力。自从业务主管单位确定后，失独组织完成了登记注册过程，进行了组织系统架构和组织活动安排，从而使得失独组织真正变成了一种新的组织形态。

（一）SMF 名人文化公园的介入

SMF 名人文化公园并非是公园，而是陵园，且是全国最大的国有陵园之一，也是中国"公墓变公园"的成功典范。① 作为安葬死者的公墓，失独者作为独生子女死亡的人群，他们之间都因为"死亡"存在或多或少的联系，同时失独者也因为受到上海 XX 港寻找"FS 园"作为其业务主管单位的影响，所以武汉的失独者主动找到 SMF 名人文化公园，公园表现出积极的态度，愿意帮助他们寻找业务主管单位。

协议书

甲方：武汉 SMF 都市陵园有限公司

乙方：WX 港湾关爱服务中心

"经过严寒，倍感太阳的温暖。遇到灾难，最懂得爱的理想。"为关爱社会弱势群体，提升生命价值，把失去子女的爱向社会延续、扩展和升华，为了共同关注的事业，珍爱生命，为社会众多丧失子女的父母搭建一个沟通、交流、心灵抚慰的平台，共同推动武汉"WX 港湾"关爱服务中心的健康、快速发展。

在乙方不具备中心成立所需资金、办公场所及规范的组织与活动能力前提下，并希望通过借助甲方的社会美誉度、影响力及公益平台，尽快推动武汉"WX 港湾"关爱服务中心的成立，经过双方友好协商，乙方愿意接受甲方的领导，履行所应承担的各种责任，并就相关细节达成如下协议……

甲方（盖章）　　　　　　乙方（盖章）

时间　　　　　　　　　　时间

---

① 参见 SMF 名人文化公园网站，http://www.027smf.com/index.aspx。

同样经历了失败，SMF 名人文化公园最终找到洪山区民政局，该局委托洪山区慈善会作为失独者的业务主管单位，这样失独组织终于完成了注册工作，成为合法的团体，并取名为"WX 港湾关爱服务中心"。下面是当时的批复材料。

关于同意成立 WH 市 HS 区慈善会"WX 港湾"
关爱服务中心的批复
（WHC〔2007〕1 号）

SMF 都市陵园有限公司：

你们呈报的《关于申请成立 WH 市 HS 区慈善会"WX 港湾"关爱服务中心的报告》已经收悉，经研究，同意成立 WH 市 HS 区慈善会"WX 港湾"关爱服务中心。该中心成立后，属 WH 市 HS 区慈善会下设机构，由 WH 市 HS 区慈善会管理。严格按照《WH 市 HS 区慈善会"WX 港湾"关爱服务中心的规则》开展活动，募集活动、募集款项必须由 WH 市 HS 区慈善会同意组织实施，严格遵守国家法律法规，服从主管部门监督和管理。

WH 市 HS 区慈善会
二〇〇七年一月二十二日

此外，该中心还得到 SMF 名人文化公园的捐赠，SMF 名人文化公园向该中心提供 1000 元/月的活动经费，而且 SMF 名人文化公园还免费为他们提供活动场所，这样失独组织就解决了组织成立、活动场所和活动经费这几大难题。由此可见，SMF 名人文化公园的介入，是失独组织成立的关键要素。

（二）失独组织机构的完善

如果说人的关键部位是心脏，那么组织的关键部门就是组织管理机构。强有力的管理机构是组织活动策划、组织生命力的心脏。只有在管理机构完善的情况下，组织部门设立才能做到合理高效，组织分工才能贴近需要，这样组织活动才能得到有效保障。因此组织管理机构对组织而言，具有关键作用。

组织成立后，WX 港湾关爱服务中心在 HS 区慈善会的帮助下，成立第一届理事会，理事会由 7 人组成，其中 SMF 方 3 人，特殊家庭 4 人，会长由 SMF 党支部书记 WJ 担任，副会长由 WZB、ZCX 担任。他们都是失独者，WX 港湾的实际工作都是由失独者承担。① 在组织架构上，失独组织下设六个部，分别是会员部、宣传部、公益活动部、后勤部、媒体联络部和公关部等，而且在《分工职责图》中都以书面形式规定了岗位职责。如规定会员部的职责是：第一，搞好会员的等级管理工作，收取会费并建立账目；第二，经常找会员谈心，帮助他们解决思想上、生活中的实际困难和问题；第三，会员生病及住院，积极组织人员慰问，以示关爱；第四，负责网络的建设管理工作。由此可见，在 HS 区慈善会和 SMF 名人文化公园的帮助下，失独组织不仅成功注册，而且已经完成系统内部架构建设，产生了完备的组织管理系统。

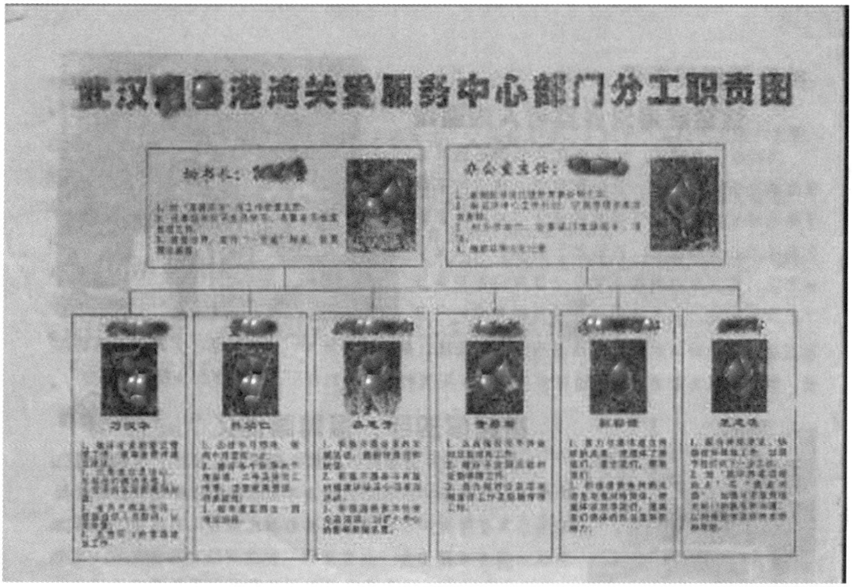

图 12　武汉市 WX 港湾关爱服务中心部分分工职责

从图 12 可以看出，失独组织 WX 港湾的组织管理系统是由两层架构完成的，居于领导地位的是秘书长和办公室主任，下设六个部门，并且这六个部门都有明确分工。这表明，失独组织具有完善的组织结构体系，这也是失独组织能够发展壮大的关键原因。

（三）失独组织文化的形成

良好的团队文化不仅能够营造轻松愉悦的工作环境，而且能够使得团

---

① 参见《关于加强 WX 港湾的组织建设，进一步开展计生特殊家庭关爱活动的报告》，武汉市 WX 港湾关爱服务中心，2009 年 9 月 20 日。

队成员获得共同目标，彼此信任，从而激发团队的创造力和潜力。反之，如果组织缺乏优秀的组织文化，团队成员之间就没有凝聚力，团队如散沙，团队生命就无法延续。[①] 由此可见，组织文化的形成和发展对组织目标的获取、组织凝聚力的形成、组织生命力的维系、组织活动的开展等具有举足轻重的意义。简单地说，组织文化是一个组织的灵魂。

对于失独组织而言，组织成立后，他们就明确了自己的组织文化是"跨越苦难，自助助人"。这一文化宗旨具有两层意思：一方面是让所有的失独者都能走到一起，互帮互助；另一方面，是要变小爱为大爱，拓宽精神慰藉的范围，为社会上因各种原因失去孩子的家庭和因患各种严重疾病或遭遇各种突发性事件而造成生活困难、精神危机的家庭提供精神资助。

这一宗旨在落实的过程中对组织产生了两方面的影响：一方面，组织业务范围得到了明确。在武汉市洪山区慈善会 WX 港湾关爱服务中心活动规则的第二章中，详细列举了 WX 港湾的七条业务范围，不仅针对会员的心理危机干预，专题项目开展，互助互爱项目开展，而且包括面向所有公众的内容，如资助社会孤儿，关心患病儿童，帮助社会孤老等。另一方面，组织成员的目标定位更加清晰。自从"跨越苦难，资助助人"的组织文化确立后，很多失独者重新找到了生命的意义，他们化悲痛为力量，主动参与到帮助其他家庭的过程中，他们通过现身说法，起到了极大的作用。就目前的状况而言，随着组织活动的开展，组织成员的干预，失独者的悲伤期较从前大为缩短。更多的失独者在组织成员的帮助下，愿意走出家门，参与社会活动。

（四）失独组织的活动常态化

组织身份获取、组织管理机构建立、组织文化形成的最终目的都不仅仅是组织建设，而是组织活动开展，也就是说组织活动开展是组织存在的终极价值和意义所在。同样对于失独组织而言，当组织注册完成，组织活动章程完善，组织管理机构建立，组织文化形成之后，就应该开展一系列有意义的活动。从文献资料来看，失独组织成立后的几年里，组织了若干次群体内部的精神慰藉活动和群体外部的公益性活动，其中不少活动得到媒体的报道，获得广泛的社会好评。根据文献材料，笔者将 2007—2009 年 WX 港湾的部分活动列举如下：

---

① 徐亚璐：《浅谈组织文化建设对社会工作服务机构发展的重要性》，《中国社会工作》2017 年第 4 期。

2007 年 7 月 31 日，武汉 WX 港湾成员领养龙卷风孤儿 YX，让孤儿不再孤单。

2007 年 9 月 19 日，WX 港湾骨干成员的家庭，代表 136 户爱心家庭，走进湖北省未成年犯管教所，"认养"了 10 名没有家人看望的未成年犯，让这些未成年犯感受"父母"之爱和家庭的温暖。

2007 年 12 月 31 日，WX 港湾积极参与"关爱空巢老人"行动，与 ZY 医院建立爱心联盟，并接受了 ZY 医院的免费健康体检，让会员们感受到集体的温暖。

2008 年 1 月 6 日，武汉 WX 港湾成员 SXR 和 LXR，签订了眼角膜捐献志愿书。

2008 年 2 月 1 日，WX 港湾的部分成员邀请部分高校的留校学子，一起动手做年夜饭。

2008 年 5 月 20 日，武汉 WX 港湾关爱服务中心组织会员向地震灾区捐款捐物，并组织成员赴灾区慰问。

2008 年 6 月 1 日，武汉 WX 港湾关爱服务中心，邀请 JA 区 HQYC 社区 15 名小朋友到该社区一家快餐厅过节，为他们送上文具盒、练习本、水壶等节日礼物。

2008 年 12 月 1 日，武汉市丧子家庭组织互助机构 WX 港湾的 10 名成员，同武汉市救助站未成年人救助保护中心签订"为流浪儿童筑爱巢"活动的协议，共同商定定期为流浪儿童举办给予家庭般温暖的关爱活动。

2009 年 1 月 18 日，武汉青年志愿者协会部分骨干成员到武汉市 WX 港湾关爱服务中心，为聚集在这里的空巢老人送来新春的祝福。

2009 年 2 月 26 日，WX 港湾负责人 SXR 等 13 人冒着大雨，带着全体会员的重托，前往武汉市儿童救助站，看望流浪儿童。

资料来源：武汉 SMF 名人文化公园，武汉 WX 港湾关爱服务中心《WX 港湾简报》2009 年第 1 期。

这些组织活动的开展，增加了失独组织内部成员的沟通频次，加强了组织的内部凝聚力。这些活动的开展，取得了良好的社会效果，失独者在组织活动中找到了生命的价值和意义；同时，这些活动的开展，也以正面的姿态向社会展现了失独者的精神面貌，改变了社会公众对他们的"祥林嫂"印象，并且作为一种活的广告吸引更多将自己禁锢在家庭内部的失独者走出来，参与组织活动。这一方面促进了失独组织的发展壮大，另一方面也展示了失独者与失独组织的亲密关系。

三 失独组织的成熟期

（一）失独组织的分化

失独组织的出现使得失独者获取了久违的归属感，失独者纷纷加入该组织，积极参与该组织的活动。但是随着时间的推移，组织成员规模越来越大；由于前文我们已经交代了失独者居住极其分散，部分失独者花费在交通上的时间甚至高达数小时。因此失独者想要更加便捷地参加失独组织的愿望，催生了其他失独组织的诞生。紧随着 WX 港湾成立的组织是 LX 家园，以及后来的 YWQQ 群。

LX 家园的全称是"武汉市青山区 LX 家园联谊会"（简称 LX 家园），该组织成立于 2007 年 8 月 25 日，业务主管单位是青山区妇联，① 已经获取了《社会团体法人登记证书》，因此该组织是合法的社会团体。LX 家园的宗旨是"相互安慰，跨越苦难，战胜自我，挑战明天"，他们的工作内容主要为以下方面："一是心理危机干预。为失去孩子的家庭主动提供精神救援，帮助他们度过人生中最痛苦的时期。二是开展互助互爱活动。帮助丧子家庭中的年老体弱者，同时在帮助他们的同时，呼吁社会各界给予关注。三是参与社会上的公益活动，对社会上需要得到帮助的人员提供力所能及的帮助。"② 该组织的活动场所主要在武汉市青山区，受众主要为青山区失独者。其中 WG 作为其最重要的会员，因此该区的很多失独者都是 WG 的员工。严格来说，LX 家园和 WX 港湾具有同样的功能，只不过 LX 家园具有极强的地域性特征。

YWQQ 群是另外一个组织，和 WX 港湾、LX 家园不同的是，该组织在成立初期并非是一个实体组织，而是基于互联网的一个虚拟组织，该虚拟组织的创建者通过"腾讯 QQ"这个即时通讯软件上创建一个聊天群，然后邀请其他失独者进行网上聊天，从而弥补了实体组织群体性活动不足的缺陷。在虚拟空间中，失独组织可以保证正常的沟通，而且随着科技的发展，可以满足视频和音频交流的需求。由于和 WX 港湾、LX 家园的载体不同，YWQQ 群在成立之初就受到了广大失独者的好评，大部分

---

① 参见武汉市青山区 LX 家园联谊会《社会团体法人登记证书》［社证字第 700041 号］，颁发机构为武汉市青山区民政局。

② 参见《武汉市青山区 LX 家园联谊会简介》，http：//lxjy. waheaven. com/SecondSite/temp2/Article. aspx？Id=1468.

能够上网的失独者都参加了 YWQQ 群。一定意义上，以失独 QQ 群为平台的失独者网络聚集行为实质上是失独者在自身生存、发展的基本权益深度焦虑的情况下，为改变自身的处境而进行的努力。① 由于大家兴致很高，不满足于实体组织的活动频次，因此也在失独者精英的作用下，将虚拟组织逐渐办成实体组织，开始租赁活动场所，组织失独者开展活动，再后来就慢慢成立了管理组织机构。

这两个组织是失独组织中比较有代表性的，调研还发现其他失独组织。由此可见，在 WX 港湾之后，失独组织急剧分化。这些组织的出现提升了失独者参加组织互动的便捷程度，从而在组织布局上提供了失独者与失独组织之间建立亲密关系的可能性。

（二）失独组织的社会形象整饰

独生子女死亡后，部分社会公众给失独者贴上了"祥林嫂"的标签。这是因为独生子女去世后，部分失独者总是拿着子女的遗物，不分时间地点地反复讲述子女的故事，类似于"祥林嫂"；另外还有一些落后的思想观念在作祟，因此失独者中有些人总是感到很自卑，甚至认同自己前生是"恶人"，子女夭亡只是代替自己受罪去了。正是在这种自卑和外界歧视的环境下，独生子女死亡后，失独者普遍选择把自己关在家里，条件好一点的就选择搬家。他们的社会交往因此出现中断。

失独组织成立后，立即着手解决失独者的社会交往问题。因为社会公众往往认为"那么多失去孩子的父母见面，一定会揭开伤口，他们见面，聊的也一定是伤心事，心情会越来越糟"。② 面对这种质疑，失独组织计划通过实际行动予以回应，正如 YWQQ 群的 GSR 说："我们就是要让同命人走出来，不要把自己关在家里，我们要向社会展示我们阳光的一面。"③ 失独组织在带领成员走出阴霾的过程中做出了巨大的贡献，WX港湾的成员 ZCX 说，"其实，幸福是自己营造的"。在她的带领下，现在很多女性失独者都烫头发、做面膜、跳舞……④改变了从前外界对他们一把鼻涕一把眼泪的形象定位。

---

① 刘中一：《失独 QQ 群及失独者网络聚集现象研究》，《国家行政学院学报》2014 年第 1 期。

② 《武汉诞生"温馨苑"——孩子走了，他们相依前行》，《楚天都市报》2006 年 6 月 13 日。

③ 资料来源：访谈录音 20111104GSR。

④ 《武汉诞生"温馨苑"——孩子走了，他们相依前行》，《楚天都市报》2006 年 6 月 13 日。

除了通过行动进行自我形象整饰之外，失独组织还积极运用媒体对自己进行宣传，笔者通过总结发现，该组织宣传的内容主要包括：组织内部活动大事、组织内部感人事迹、组织社会关爱活动。据不完全统计，失独父母在媒体上的报道数量已经有百余篇，甚至登上中央电视台、凤凰卫视、[1] 东方卫视等权威媒体机构。[2] 这些公共宣传媒介的介入，为失独组织自我形象的整饰起到了至关重要的作用。图 13 是部分媒体报道的影像资料。

图 13 媒体对失独组织报道的音像资料

除此之外，失独组织还定期出版简报，对外宣传本组织在过去一段时间的活动。笔者收集到几份简报，这些简报或者利用新闻报道的方式报道了近一段时间的组织活动，或者通过列表的形式公布了组织的社会活动，其中大部分都是社会公益活动。不得不强调的是，失独者作为社会弱势群体，他们的社会公益活动不仅仅促使了社会公益活动主体的多元化，而且以事实说明，失独者不是祥林嫂，仍然是积极、乐观、富有社会责任感的公民。

（三）失独组织常态慰问机制的建立

遭遇丧子之痛后，如果家长闭门不出，悲伤只能越来越重。只有把心里的话表达出来，才能缓解悲伤、振作精神。在失独组织内部，人与人之

---

[1] 凤凰卫视：《晚年遭遇丧子之痛，整个家庭轰然倒塌》，2009 年 7 月 5 日，http：//v.ifeng.com/society/200907/83ba9095-8611-4f92-8280-c24d1f83463b.shtml.

[2] 根据笔者在访谈过程中资料整理得来，部分媒体报道详见附录。

间的经历相同，命运相似，进行劝慰显得更有说服力，而且参加团队活动、增加人际交往，对消除恐惧感和孤独感都有帮助。但是如何建立、形成一种制度化的模式对失独者进行精神慰问，就需要建立失独组织的常态化慰问机制。

失独者的常态慰问机制指的是，当得知有家庭的独生子女死亡后，第一时间组织人员上门慰问，通过会员的现身说法，讲解如何克服独生子女死亡初期的哀伤。然后互相留下联系方式，一旦有需要就组织其他成员前去慰问，并在适当的时候，邀请该失独者参与集体活动，从而避免新出现的失独者将自己禁闭在家里，长此以往出现精神抑郁状况。比如，在这种机制尚未建立以前，女性失独者 JYZ 就患上了严重的抑郁症，整天呆坐在家里哭泣。①

这种慰问机制的建立使得失独者在工作的同时，加强总结，制定一套对新出现的失独家庭的精神慰藉机制——从联系对方，到慰藉人员安排，再到时间安排都做了详细的预案。这就改变了从前独生子女死亡后，其父母单独面对这一晴天霹雳的局面。失独志愿者上门抚慰新失独者时见面第一句话是"我的情况和你一样"，这种平等使失独志愿者能迅速有效地接近失独者。②"同命人"之间共同的经历能够给予新出现家庭以其他慰问人员无法提供的精神慰藉资源，新出现的失独家庭也通过和失独者的沟通，吸取同命人的经验教训，有效地应对哀伤。笔者在访谈过程中就遇到了新出现的失独者，他告诉笔者，"还记得你们第一次去参加我们活动的那个在门口哭的人吗？那就是我"③。而现在她已经是失独组织的主要干事，并且已经开始帮助其他刚出现的失独者克服哀伤，而这种转变仅仅相隔 10 个月。④由此可见，失独组织常态慰问机制的建立给了新出现失独家庭无法言表、不可衡量的精神动力。这也是失独父母与该组织保持亲密关系的原因之一。

---

① 《武汉诞生"WX 苑"——孩子走了，他们相依前行》，《楚天都市报》2006 年 6 月 13 日。
② 陈恩：《重建社会支持网：失独群体自组织形成机制探讨——基于上海的两个案例》，《北京社会科学》2014 年第 11 期。
③ 访谈录音 20110911TLH。
④ 笔者第一次见到她是在 WX 港湾关爱服务中心在堤脚的活动场所，时间是 2010 年 11 月 28 日。

第三节　失独者与自组织的关系

"管理学"中参与层次从低到高依次可分为工作层次参与、管理层次参与、政策层次参与和拥有层次参与。[1] 就失独者与他组织的关系而言，一般都处于第一层次，即工作层次参与上，失独者只是参与他组织的活动，并不参与更高层次的活动；而对于自组织而言，失独者除了活动参与，还参与管理、政策制定，因此失独者对自组织的参与是深度参与。这种深度参与一方面是指自组织的效率很高，自组织中的志愿者骨干富有责任感，另一方面是指失独者积极、主动参与、策划自组织的活动。所以说，失独者和自组织有着亲密的关系。

一　组织慰藉效果好：失独组织的精神慰藉效果超出其他组织

组织效率是组织目标的达成情况。影响组织效率的主要有组织外部环境因素和组织内部因素，其中外部环境主要是指组织所处国家的政治法律、区域经济、科学技术、社会文化等外部条件；组织内部因素主要是指组织结构因素、业务流程因素、员工因素、工具因素、文化因素等等。就失独组织而言，和其他组织相比，该组织之所以拥有较高的组织效率，主要是因为组织内部成员因素和文化因素发挥作用。我们都知道失独组织有别于其他组织的最大特征是成员的特殊性，即成员都是"失独者"，这些会员具有相同的经历、相似的命运，因此他们之间拥有共同的话题、共同的情感。这是失独组织的一个显著特征。除了精神慰藉之外，针对失独者需求的多样性，组织还提供政策咨询、心理辅导、法律咨询等业务，并不定期地向失独者提供有用的资讯服务，帮助他们获得应该得到的补贴。

> 将失去独生子女的中老年人组织在一起，互帮互助，进行心理辅导和慰问，提供法律咨询与援助，同时还有一项重要的任务，即提醒失独者去领取他们应得的补贴，如湖北省政府规定，凭独生子女证，夫妇双方退休后每人可一次性领取 3500 元，如果孩子去世每人可领

---

[1]　仝志敏、王丽娟：《人力资源开发与管理再造工程》，党建读物出版社 2000 年版，第 233 页。

取 7000 元。(资料来源:《星星港的故事》,载《大家文摘报》2006
年 9 月 18 日第 3 版)

从个体的角度看,独生子女死亡后,失独者突然遭遇这种巨大不幸,
一下子失去了未来的方向,不知所措,又不能公开释放自己的情绪。此
时,他们一方面需要尽情释放自己的情绪,另一方面也需要看看其他
"同命人"的经历,给自己指明方向。

　　一位不愿意透露姓名的聚会参与者说,当时大家都想倾诉自己的
哀痛,平时和人家说总怕被看成是祥林嫂,所以这些同病相怜的人一
见面就有说不完的话。(资料来源:《星星港的故事》,载《大家文摘
报》2006 年 9 月 18 日第 3 版)

由于失独组织的成员都是失独者,这一特殊的慰问主体无形中拉近了
组织与失独父母的距离,同时失独者的服务都来源于组织成员,因此服务
内容贴近他们的真实需要,满足了失独者的情感诉求。因此,相比其他组
织而言,失独组织对失独者的精神慰藉效果要好。

二　会员参与层次高:失独者对组织产生归属感

参与层次是管理学中常用的概念,按照从低到高的顺序,可将参与层
次依次划分为"工作层次参与、管理层次参与、政策层次参与和拥有层
次参与"。[①] 失独者之所以和自组织如此亲密,主要是他们的参与层次已
经从"工作层次参与"上升到"管理层次参与""政策层次参与"甚至
是"拥有层次参与"。拥有层次参与指的是失独者不仅仅参与组织活动,
而且认为组织是其自己的组织,因此努力通过投票决定组织活动安排,甚
至主动参与组织活动。

参与层次的不同表明,失独者对组织拥有不同程度的归属感。组织归
属感指的是个体认同并卷入一个组织的强度,他不同于个人与组织签订的
工作任务和职业角色方面的合同,而是一种"心理合同"或"心理契
约"。通俗地讲,组织归属感是接受并认同了组织的目标与价值观后愿意

[①]　仝志敏、王丽娟:《人力资源开发与管理再造工程》,党建读物出版社 2000 年版,第
233 页。

主动自觉地做出奉献而产生道德、感情上的深层心理依附。① 从不同参与层次行动者的归属感来看，"工作层次参与"中的行动者几乎谈不上组织归属感，"管理层次参与"和"政策层次参与"中行动者的组织归属感越来越强，"拥有层次参与"中行动者的组织归属感最强，② 这表明，失独者已经将失独组织看成是自己的组织（这也是本书将失独组织命名为自组织的原因）。下面一段文字表明了失独者的组织归属感。

> "这个地方来一趟，就离不了。"每来一个新成员，WAW 总要跟他们相互倾诉，每讲一次，心里就轻松一些。她说，失去孩子的痛苦，只有经历过的人才能真正体会。"在这里，大家可以一遍遍地讲这样的痛苦，没有人会认为你是祥林嫂。"（资料来源：《武汉诞生"WX 苑"——孩子走了，他们相依前行》，《楚天都市报》2006 年 6 月 13 日）

综上所述，对于失独组织而言，失独者将之看成自组织。与失独者对其他组织的态度不同，他们将该组织看成自己的组织，而且也采取了参与程度最高的"拥有层次参与"，这些参与方式表明失独者对该自组织有极强的组织归属感，这正表明，失独者对该组织产生了感情上的深层心理依附。这就决定了失独者与该自组织的关系处于十分亲密的状态。

三　会员的组织依恋：失独者与组织的关系十分亲密

"依恋"具有"依靠""依赖""珍惜"等含义。依恋一般被定义为幼儿和他的照顾者（一般为父母亲）之间存在的一种特殊的感情关系，这种关系产生于幼儿与其照料者相互作用的过程中，是一种感情上的联结和纽带，不带有任何功利主义的色彩。对于失独者与他们的自组织而言，他们之间也存在一种特殊的"依恋"，即"组织依恋"。组织依恋是失独者对自组织的一种特殊的情感，这种依恋只会作用于失独组织，而不会是其他组织。

这种依恋来源于自组织给予失独者心理慰藉的独特性。该自组织成员

---

① 赵莉琴、郭跃显、李英：《组织行为学理论与案例》，中国铁道出版社 2005 年版，第 186 页。

② 张必春、柳红霞：《失独父母组织参与的困境、内在逻辑及其破解之道——基于社会治理背景的思考》，《华中师范大学学报》（人文社会科学版）2014 年第 6 期。

都是失独者，同时组织精神慰藉的对象也是失独者，这种身份的一致性首先构建了组织会员与慰藉对象的互动平台，同时也极大地提升了自组织成员精神慰藉的效果；其次，这种身份的特殊性，使得其他组织对失独者的精神慰藉都显得微不足道，从这一点上来看，自组织提供的精神慰藉也具有唯一性；最后，组织依恋还来源于失独者的特殊精神慰藉需求。独生子女死亡后，失独者的生命历程从此改变，他们需要围绕着独生子女死亡展开精神慰藉，而这种服务内容只有自组织才能提供。正是由于上述原因，失独者才表现出来对自组织的极大依恋。

> 我们之所以依恋这个组织，是不想成为常人眼里的祥林嫂。我们不想再躲在黑暗的角落里舔舐伤口，我们要勇敢地站起来，学会重新去爱。（资料来源：王昱晔《有爱，就有希望》，《楚天都市报》2008年2月1日第14版）

综上所述，由于失独者身份的特殊性，和自组织成员身份的特殊性，导致了他们的需求只有在自组织这里才能得到满足。同时失独者需要实现自己的价值，因此产生了对组织的依恋，进而导致失独者和自组织之间建立了感情上的连接纽带。

四　组织的责任感强：失独者和组织都富有责任感

责任感从本质上讲既要求利己，又要求利他人、利国家、利社会，而且当个人利益同国家、社会和他人的利益相矛盾时，要以后者为重。从社会价值上看，人只要有了责任感，才能具有驱动自己一生勇往直前的不竭动力，才能感到许多有意义的事自己要去做，才能感受到自我存在的价值和意义。从这点上来看，自组织之所以能够和失独者保持亲密的关系，是因为组织成员富有责任感——一种解除别人痛苦的责任感。组织成员这样认为："沉溺于痛苦中不如做点事，既自救也帮助别人。"[1] 组织成员都经历过丧子的伤痛，知道独自承担丧子哀伤的痛苦，因此他们不想让其他家庭再继续承担这种痛苦。所以他们觉得有责任成立组织帮助那些和他们有着同样不幸遭遇的家庭。正如下文的受访者表示：

> 王爹爹称，他之所以要成立这个组织，源于自己痛失爱女。他说

---

[1] 《星星港的故事》，《大家文摘报》2006年9月18日第3版。

"亲人丢了，生活还要继续"，他决定将后半生献给所有和他有着同样遭遇的不幸家庭，给他们送去温暖。目前，与他结盟的7位志愿者骨干，均是失独者。该组织的办公室设在汉口花桥街三眼桥三村社区的"WX苑"，成立于2006年5月10日。活动经费均是志愿者自己出，不索取任何报酬。（资料来源：《帮助失去子女的家长摆脱悲痛——武汉首现丧子安慰志愿者团体》，http：//news.sina.com.cn/s/2006-08-03/10359647332s.shtml.）

除了言语和态度上的表示之外，笔者还从其他两个方面感受到该组织成员的责任感：一方面，组织活动经费的自筹性。除了LX家园有固定的经费来源外（WX港湾与SMF名人文化公园的合约解除后，该组织没有任何经费来源），其他失独组织没有经费来源，组织的活动开支一般都是组织成员自发筹集，笔者了解到很多组织成员都自发缴纳会费，从五元到几百上千元不等，经济条件好的多交点，经济条件差的少交点，而这完全是自发的，这显示出组织成员的责任感；另一方面，组织活动的无偿性。自组织没有固定的经费来源，因此自组织中成员都是免费为大家服务，工作餐、电话费、交通费，就是去上海、重庆等地方参观学习的花费也都用自己微薄的收入解决。而这种精神也是其他组织做不到的，这正体现了组织成员的责任感。

通过上面的分析可以发现，失独者与自组织的关系十分亲密。这主要是因为失独群体是一个阶层地位相差悬殊的异质性群体，最初相聚的失独者基于相同的失独命运而建构了"同命人"身份，这种身份认同在失独群体中被广泛接受。① 和其他组织相比，失独组织的精神慰藉首先正好满足失独者的身份需求、慰藉内容需求，因此该自组织的精神慰藉效果好。其次，会员的参与层次高。和失独者在其他组织中的参与状况相比，他们对自组织采取的"拥有层次"这种最高层次的参与方式，表明自组织成员对组织拥有了责任感。再次，会员产生了组织依恋。失独者这种特殊的慰藉主体恰好满足了失独者的慰藉需求，而且该组织的慰藉是其他组织所无法替代的，因此失独者对组织产生了极大的依恋。最后，失独组织成员的责任感强。和其他组织不同，该组织的成员对组织产生极强的责任感，正如前文所说，组织成员都是"拥有层次"参与，因此组织成员产生了极大的责任和使命感，所以他们在活动开展、活动策划、经费开支上都

① 陈恩：《失独者自组织的形成及其社会治理功能》，《社会工作与管理》2016年第1期。

以组织需要为导向，从而提升了组织的活动质量，更好地满足了组织成员的需要。由此可见，失独者与自组织之间的关系处于亲密状态。

第四节　失独者与自组织关系的变迁逻辑

失独者为什么能够和自组织保持亲密的关系，而和他组织则构成疏远的状态，这是我们所要关心的问题。通过研究发现，失独者与自组织的关系是通过身份相似、供需吻合、社会认同、深层次参与等相互吸引机制走向亲密的。而这些吸引机制都是失独者和自组织之间所共有的特点。

一　相似吸引：共同经历使得组织和成员之间相互吸引

根据心理学家的研究和人际交往的经验，可将人际吸引的规律概括如下：接近吸引律、互惠吸引律、诱发吸引律、互补吸引律、光环吸引律。[①] 就失独者之间的交往而言，他们之间主要是"接近吸引律"。"接近吸引律"是指交往的双方存在着诸多的"接近点"，这些接近点能够缩小相互之间的时空距离和心理距离，因此彼此之间容易相互吸引，进而成为知己。接近吸引律的接近点有很多，主要包括："时空接近""兴趣、态度接近""职业、背景接近"。其中职业、背景接近包括专业、国籍、民族、经历接近。职业、背景接近的人易找到共同的语言，缩短相互的距离，因而相互吸引。谚语中"物以类聚，人以群分"表达的就是这层意思。对于这种接近，社会心理学家有专门的研究，他们认为全社会都共有一种"匹配假设"（matching hypothesis）的信念，该信念认为，"我们尤其会被那些具有与自己相似吸引力的人所吸引，因为我们估计这些人对我们自己也会有相似的看法；别人可能会拒绝和我们亲近，但是我们会被与自己有相似吸引力的人所吸引，这就减少了发生不愉快的风险。"[②]

"白发人送黑发人，人世间最悲惨的事情莫过于此。"可见，独生子女死亡是失独者人生的最大不幸遭遇，而且这种遭遇和孤老身份将伴随他们的余生，这就是个体的特殊性，这是人际吸引的一方面；另一方面，失

---

① ［英］理查德·克里斯普、里安农·特纳：《社会心理学精要》，赵德雷、高明华译，北京大学出版社 2008 年版，第 272 页。

② ［英］理查德·克里斯普、里安农·特纳：《社会心理学精要》，赵德雷、高明华译，北京大学出版社 2008 年版，第 272 页。

独组织的会员都是失独者，可以说独生子女死亡是获取该组织身份的唯一通行证，或者说，独生子女死亡是该组织有别于其他组织的最大特征。由此可见，失独者和失独组织的显著特征都是"独生子女死亡"——这就是将他们联系起来的纽带。与此相反，失独与无相似经历的人则显得很难沟通，一位失独者如是说："这些年，我特别听不得别人讲自己的孩子，看不得别人一家三口其乐融融。没有了小孩，觉得人生没有了根。"[1] 对比可以发现，这种丧子经历的相似性是失独父母和组织能够吸引的原因。

按照"接近吸引律"，容易找到共同的语言，能够体会对方的处境，理解对方的心情。该接近点虽然不能缩小相互之间的空间距离，但是极大缩短了他们之间的心理距离，这使得他们之间"相互匹配"——他们认为其他失独者也会有和自己相似的体验、相似的看法，这会增加双方的共同话题，降低潜在的冲突风险，此其一；其二，他们敏感、自卑，认为其他人可能会对他们另眼相看，不能理解他们的处境、思想、情感，乃至会拒绝和他们亲近，因此他们主动远离非失独者。在这种"推拉力量"的作用下，最终使得失独者之间的心理距离缩短，形成亲密关系。这就印证了"同是天涯沦落人，相逢何必曾相识"。[2]综上所述，本书认为失独者和失独组织的共同"独生子女死亡"特征，是他们能够联系起来并保持良好关系的基础。

二 互惠吸引：失独者与组织关系调适的基础

社会交换理论认为，"人们如何看待他们的关系主要取决于人们对关系中回报与代价的评价与体验"。[3] 在现实生活中，如果另一方提供的报酬对这一方而言是其需要的，那么交往的另一方对这一方来说就具有吸引力——这就是互惠吸引律。[4] 互惠吸引律认为在人类的相互交往中，彼此能够带来报偿、收益、效用，就能增加相互间的吸引，该理论认为"追求报酬、奖赏、收益、效用，已成为个体或团体潜意识或显意识的社会行为动机。这种报偿或效用包括生理需要、安全需要、知识需要、心理需要

---

[1] 《武汉诞生"WX苑"——孩子走了，他们相依前行》，《楚天都市报》2006年6月13日。

[2] 张必春、许宝君：《失独父母社会关系变迁的"差序格局"解读——基于社会身份视角的探讨》，《四川师范大学学报》（社会科学版）2015年第5期。

[3] 李建明：《社会心理学》，人民卫生出版社2006年版，第268页。

[4] ［英］理查德·克里斯普、里安农·特纳：《社会心理学精要》，赵德雷、高明华译，北京大学出版社2008年版，第272页。

和政治需要等等。"① 一般来讲，如果人们预计行为可能得到报偿，就会显现出吸引力。

对失独者而言，独生子女死亡使得他们遭遇到沉重的心理创伤，因此他们需要精神慰藉，但是其他群体的精神慰藉是他们所无法接受的，因为他们认为其他人都儿孙满堂，家庭其乐融融，因此他们的劝说没有说服力；有时候其他人的劝慰会引起他们的反感，因为有人劝慰方式不恰当，比如有人说"即使你这样哭，你的孩子还能回来吗?"② 虽然该人的劝慰是出于好意，但是劝慰方式是失独者所无法接受的。与此相反，自组织的精神慰藉主要由失独者完成，因此慰问主体和慰问受体都拥有丧子的经历，用失独者的话说，"我们之间该说什么，不该说什么，大家心里都明白得很"，"孩子过世后，我也想看看其他人是怎么过来的"。③ 由此可见，失独组织拥有失独父母所需要的精神慰藉形式和内容，这就是对失独者构成吸引的主要原因。一个失独者表示如下：

> 一位失去孩子的妈妈告诉记者，对于是否加入"XX 港"，她想了一整天，一夜没合眼，因为对她来说，这意味着要重新接触已经结痂的伤口。但最后她还是决定参加。以前，她就希望有一个这样的组织，把很多失去父母的孩子以及失去孩子的父母联系起来，让爱延续。(资料来源：《XX 港的故事》，载《大家文摘报》2006 年 9 月 18日第 3 版)。

组织的合法性对失独者也具有极大的吸引力。"合法性是一个十分复杂的概念，它是某一事物具有被认可、被接受的基础，是一个在十分广阔的层面上与整体社会秩序相关的问题，而不仅仅是指必须符合法律。对于非营利组织而言，主要是指非营利组织获得了其得以产生和运行的合法性资源，得到了社会其他主体的承认，因而该非营利组织才是合法的。"④ 失独组织要得到社会的认可就需要起到安慰失独者的作用；对于失独者而言，对他们进行安慰最好的方式，就是让其走出来参与活动。因

---

① 韩国廷、陈德富：《实用公共关系》，化学工业出版社 2009 年版，第 82 页。

② 凤凰卫视：《晚年遭遇丧子之痛，整个家庭轰然倒塌》，2009 年 7 月 5 日，http://v.ifeng.com/society/200907/83ba9095-8611-4f92-8280-c24d1f83463b.shtml.

③ 访谈录音 20101114SXR。

④ 吴东民、董西明：《非营利组织管理》，中国人民大学出版社 2003 年版，第 148 页。

此对于失独者而言，组织也存在一定的吸引力，因为自组织是具有合法性的。

综上所述，失独者和失独组织之间存在互惠的因素，由于互惠吸引律，所以失独父母和自组织互有吸引力，这就是失独者和自组织之间能保持亲密关系的原因。

三　认同吸引：失独者与自组织亲密的动力

"社会认同"指的是个体认识到他属于特定的社会群体，同时也认识到作为群体成员带给他的情感和价值意义。社会认同理论（Social Identity Theory，SIT）认为社会认同主要来自群体成员身份或资格，人们努力追求或保持一种积极的社会认同，以此来增强他们的自尊，而且这种积极的社会认同主要来自内群体和外群体之间进行的有利比较。[①] 失独者的社会认同来自他们的失独身份，他们参加组织正是为了增强他们的自尊，因为在自组织里面，他们不再是"祥林嫂"，而且他们对自组织的认同也是建立在自组织比较基础上的。[②] 综上所述，失独者对自组织产生了社会认同。

社会认同一经形成就拉近了失独者与自组织的心理距离。因为，就失独者而言，对自组织社会认同的形成，表明失独者对自组织规范的接受，并内化规范，而且还开始自觉尊重组织规范。比如失独者对于自组织的宗旨"跨越苦难，自助助人"就十分认同，很多失独者就因为这个宗旨投身到组织活动中来，有成员这样表示："沉溺于痛苦中不如做点事，既自救也帮助别人。"[③] 社会认同的形成表明，失独者已经内化了组织规范和组织目标。这种内化过程的完成表明失独者对自组织的社会认同类似于集体观念，和利益联系相比，由社会认同建立的联系双方更加亲密且更加具有稳定性。

四　参与吸引：失独者的主动参与彰显组织亲密度

"吸引带来参与，参与能够加深吸引"——这是一个相辅相成的过程。这里的参与仅仅是"拥有层次参与"这种高层次的参与，只有在这

---

① 乐国安：《社会心理学理论新编》，天津人民出版社 2009 年版，第 208 页。
② 徐晓军：《失独父母边缘化的路径、类型与社会风险——基于个体与群体关系的视角》，《华中师范大学学报》（人文社会科学版）2014 年第 6 期。
③ 《星星港的故事》，《大家文摘报》2006 年 9 月 18 日第 3 版。

种参与中才能实现参与者的人生价值，因此才能带来组织吸引。与此相反，低层次的"工作层次参与"只能被称为"列席"，行动者没有主观意愿，因此即使组织再有价值，行动者也很难为之吸引，最多是对组织的辛苦劳动表示感谢。因此笔者可以总结说："主动层次参与能带来认同，被动层次参与仅能带来感恩。"

在参与其他慈善组织活动的过程中，失独者都是被动接受这些组织的精神慰藉，而在和自组织活动的过程中，失独者就是行动主体，他们主动参与到组织活动中来，不仅接受其他失独者的精神慰藉，而且还主动慰藉其他失独者。这种从被动到主动的改变，使他们认识到人生的价值，重建生活的信心，明确了未来的方向。这种组织参与一方面对失独者个人价值观的重新树立具有积极的意义，另一方面也让他们从心底里认同自组织"跨越苦难，自助助人"的宗旨，更加愿意为组织服务，参与组织活动。

自组织活动的参与是对组织宗旨"跨越苦难，自助助人"的精彩演绎。通过组织活动的参与和策划，失独者更加深刻地认识了该组织存在的价值和意义，他们更加愿意将自己的时间和精力奉献到组织活动中来。在这一过程中，他们逐渐为组织精神所吸引，并且从内心里认识到失独组织就是他们自己的组织，从而更加被失独组织所吸引；随后，他们又进入下一轮的互动，继续参加自组织的活动，然后在更深层面上理解组织宗旨和意义，然后越发被组织吸引，这就构成了一个循环，即"深层次参与—吸引—更深层次参与"，这是一种螺旋式上升的过程，在这一过程中，失独者与自组织的关系逐渐走向亲密。

第八章 失独者人际关系的
非常态差序格局

本章将从关系要素选择、关系要素排列等方面分析失独者的人际关系结构和一般人的人际关系结构的异同，找出失独者人际关系的特殊性所在，进而得出失独者的人际关系结构属于非常态的差序格局，并且分析在这种非常态差序格局中失独者的人际关系调适机制、选择机制、认同机制的变迁。

第一节 失独者人际关系要素选择中的独特性研究

本部分主要对失独者关系要素选择中的独特性进行研究，关系要素选择指的是在差序格局关系选择中，有哪些要素可以进入当事人的差序格局关系网络。具体论述时，使用比较研究的方法，首先分析费孝通先生差序格局分析中要素的选择标准，然后论述近年来学者对该选择标准的补充研究，最后分析失独者在人际关系要素选择标准中的特殊性，以及在这种标准指引下，关系要素选择的变化。

一 费孝通笔下差序格局的关系要素选择

费孝通在《乡土中国》中，从定义传统中国社会格局出发，认为："我们的格局不是一捆一捆扎清楚的柴，而是好像把一块石头丢在水面上所发生的一圈圈推出去的波纹。"① 这就是差序格局。这种关系格局往往以自我为中心，在周围形成同心圆波纹，然后向外扩展，越往外扩展，波纹越广且越浅。这种模式的关系网，或者说关系圈，哪些要素能够进入，哪些要素要被排除在外，这是一种选择过程，这种选择过程遵循什么机

---

① 费孝通：《乡土中国》，北京出版社 2005 年版，第 32 页。

制，这是本部分研究的焦点。

从调查的实践来看，费孝通笔下差序格局的关系要素选择遵循两个逻辑：第一，以亲属关系为标准；第二，以自我认识为中心。

（一）亲属关系选择标准

亲属选择（kinship selection），也称"利群选择"，是个体或群体仅对其同类或亲属表现出来的利他行为。根据个体或群体的社会生活经验，同类或亲属在其情感的认知判断中具有优先被选择的权利，主要是因为同类或亲属可以给个体或群体带来心理上的亲近感和安全感。[①] 就费孝通笔下差序格局的关系要素选择而言，亲属选择主要体现在当事人差序格局网络中的各种要素与亲属关系的相关性之上。也就是说，在某一个人的差序格局网络中，绝大多数人员都是与当事人有着或远或近的亲属关系。这种亲属关系要素选择标准，是费孝通笔下差序格局关系要素选择的最主要的特征。在后来的研究中发现，差序格局的关系要素选择标准，除了亲属关系要素选择标准外，还有其他许多具体而又复杂的因素，这点将在本节下一部分做出更具体的说明。尽管如此，亲属关系要素选择标准始终是在差序格局的关系要素选择中占据基础而又极其重要的位置。

（二）自我中心主义

"自我认识中心"在学界有更具体的名称，即"自我中心主义"。自我中心主义是一种在社会学中普遍存在的现象。华道云总结认为：自我中心主义是一种高度的自我意识，表现为在分析评价事物时只从自我的立场出发，带有强烈的主观色彩，缺乏从他人或社会位置去思考问题或处理问题的能力。[②] 在费孝通笔下差序格局的关系要素选择中，自我中心主义主要体现在个人对亲属关系要素进行再选择上，更通俗地讲，就是去除依据亲属关系进入当事人差序格局网络中的部分要素。这种去除的原因在于，无论是什么人，或多或少都会有与亲属关系之间的矛盾。而当这种与亲属关系之间的矛盾爆发到不可调和的时候，将产生矛盾的要素从差序格局关系网络中剔除也就是自然而然的事情了。这种剔除显然是因为矛盾，凭着自己的认识和感觉进行的，也就是遵循自我中心主义。

（三）费孝通笔下差序格局关系选择的要素

总结上文，费孝通笔下差序格局的关系选择，以亲属关系为标准，且遵循自我中心主义。在这种选择逻辑的指引下，可以归纳出费孝通笔下差

---

① 杨治良、郝兴昌：《心理学辞典》，上海辞书出版社 2016 年版，第 542 页。

② 华道云：《大学生犯罪特征与心理分析》，《社会心理科学》2004 年第 5 期。

序格局关系选择中的要素，如图 14 所示。

表 25　　　　　　　　　**费孝通差序格局关系选择的要素**

标准	要素	分类	举例
亲属关系选择	亲属	直系亲属	父母、子女
		旁系亲属	兄弟姐妹、叔伯
自我中心主义	排斥部分亲属		与自己有矛盾的亲戚

依据亲属关系选择标准与自我中心主义标准，可以总结出费孝通笔下差序格局关系选择的要素为：去除当事人排斥的亲属以外的所有直系亲属与旁系亲属。这些直系亲属与旁系亲属进入当事人的差序格局网络。

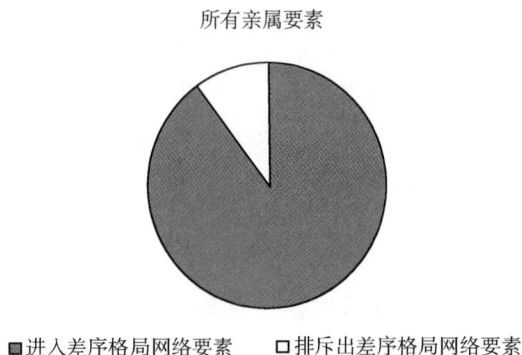

所有亲属要素

■进入差序格局网络要素　　□排斥出差序格局网络要素

图 14　亲属要素的进入与排斥

如图 14 所示，整个圆表示依据亲属关系选择机制形成的所有亲属要素，而灰色部分是真正进入当事人差序格局网络的亲属要素，白色部分是依据亲属关系选择机制形成的亲属要素，但被排斥在当事人的差序格局关系网络之外，这种排斥所遵循的机制就是自我中心主义。

二　新中国成立以来学者对差序格局关系选择的补充研究

费孝通笔下差序格局的关系选择是针对 20 世纪上半叶的中国农村社会而提出的，随着新中国的成立，尤其是改革开放和市场经济制度的建立，我国的社会背景发生了翻天覆地的变化，差序格局的关系选择也发生了变化，不少学者都对差序格局的关系选择标准进行修修补补。这些修补的出发点主要是针对费孝通先生传统差序格局中的以亲属为中心的关系选择机制，将婚姻关系、拟亲属关系和利益关系等引入差序格局中的关系选择机制。

(一) 婚姻关系

婚姻,泛指男女之间的结合、一方到另一方家落户成亲,形成人际间亲属关系的社会结合或法律约束。由于传统中国的男权社会特征,传统中国社会关系中,婚姻关系只是妻子附属于丈夫的不平等关系,并非一种具有独立人格与特征的关系。新中国成立以来,这种不平等关系在法律上得到根除,在实践中不断趋于平等。尽管当代中国社会依然有男权的影子,但是婚姻关系越来越成为一种独立且平等的关系,这和社会的发展与进步密不可分,也在实践中不断得到了证明。将婚姻关系引入差序格局关系网络的原因也在于,传统中国农村社会并不会将婚姻关系作为具有独立人格与特征的关系进行考虑,而将其直接附属于丈夫;但在当代社会,这种情况是不被允许的,夫妻关系是平等的,因此必须将这种关系纳入差序格局的人际关系网络之中。

例如,杨善华、侯红蕊通过对改革开放后人际关系的研究发现,姻缘关系进入差序格局,并提出了"差序格局理性化趋势"的观点。所谓"理性化",指的是个人在保留传统形式的前提下,一点一点地改变它原有的内涵,从而能使这种新的人际关系的差序格局与新的社会生产方式相适应。[①] 保留传统形式,说的就是保留原本就有的血缘维系的亲属关系选择;而要使新的差序格局与新的社会生产方式相适应,必须改进原本差序格局中的不合理成分,也就是一点一点改变原有内涵,将原本不存在于差序格局关系选择网络中的婚姻关系包含进去。

将婚姻关系作为差序格局关系要素的选择标准纳入费孝通笔下的差序格局网络之后,差序格局关系选择的要素也相应地发生变化,如表 26所示。

表 26　　加入婚姻关系选择标准后的差序格局关系选择要素

标准	要素	分类	举例
亲属关系选择	亲属	直系亲属	父母、子女
		旁系亲属	兄弟姐妹、叔伯
自我中心主义	排斥部分亲属		与自己有矛盾的亲戚
婚姻关系选择	夫妻		丈夫或妻子

① 杨善华、侯红蕊:《亲属,姻缘,亲情与利益》,《宁夏社会科学》1999 年第 6 期。

加入婚姻关系选择标准后的差序格局网络，完善了费孝通笔下的差序格局网络，夫妻作为具有独立人格的单位，进入了当事人的差序格局网络中。

（二）拟亲属关系

拟亲属关系是以亲属的称谓称呼没有血缘关系的人，以及把他们当作亲属般对待的人际关系。建立这种关系的人被称为拟亲属。在中国社会中，存在一种将正式的人际关系转化为非正式的人际关系的拟亲缘化现象。正式的人际关系指的是原本的确定的人际关系，例如同学关系、同事关系、战友关系等；而非正式的人际关系指的是由原本确定的人际关系发展而来的拟亲属关系，即将包括上述的几种关系在内的多种关系当作亲属关系来处理。在中国社会中，普遍存在将各种关系拟亲属化的现象，因此也会出现对各种并无亲属关系的人进行亲属称谓的现象。

对差序格局关系选择中拟亲属关系的研究，国内也有学者作出了阐释。卜长莉认为，随着新中国的成立以及改革开放的不断深入发展，差序格局的内涵、范围、特点都已经发生变化，拟亲属关系成为现代差序格局中关系选择的标准之一。[①] 依然需要强调，费孝通笔下差序格局的关系选择是针对传统中国农村社会而提出的。随着社会与时代的发展，差序格局的关系选择标准必然会发生变化。原本不存在差序格局关系中的拟亲属关系，随着当代社会交往的扩大，人际关系网络的不断扩大，越来越成为差序格局关系网络中不容忽视的角色。并不是传统中国农村社会中没有拟亲属关系，而是在原本的农村社会之中，其所占比例过小，并不能成为具有影响力的选择标准。而现代社会广阔的交往空间，为拟亲属关系进入差序格局关系网络创造了条件。

本书将从平辈与长辈两个角度对拟亲属关系进行分类，探究将拟亲属关系引入差序格局关系要素选择机制后差序格局网络的发展，如表27所示。

表27　　　　加入拟亲属关系选择标准后的差序格局关系选择要素

标准	要素	分类	举例
亲属关系选择	亲属	直系亲属	父母、子女
		旁系亲属	兄弟姐妹、叔伯
自我中心主义	排斥部分亲属		与自己有矛盾的亲戚

---

① 卜长莉:《"差序格局"的理论诠释及现代内涵》,《社会学研究》2003 年第 1 期。

续表

标准	要素	分类	举例
婚姻关系选择	夫妻		丈夫或妻子
拟亲属关系选择	拟亲属	平辈	干兄弟姐妹
		长辈	干爹干妈

一旦平辈或者长辈与当事人成为拟亲属，依据拟亲属关系选择标准，这些要素也进入了当事人的差序格局网络。

（三）利益关系

利益关系是指围绕着物质利益的占有所发生的人与人之间的经济关系，其核心是物质利益。传统中国是以小农经济为主的社会，男耕女织、自给自足，也因此并不存在广泛的社会利益交往，也不存在广泛的利益关系。然而，新中国成立以来，尤其是改革开放以来，中国的社会经济发生了翻天覆地的变化。人民生活逐渐富裕起来，物质利益逐渐变得重要起来，人与人之间围绕着经济之间产生的联系也越来越多，利益关系也因此逐步走入了差序格局关系网络之中。

正如卜长莉所认为的，利益成为差序格局中影响人际关系交往的重要因素。其原因在于，改革开放以后，市场经济体制的建立，市场经济的利益导向机制的形成，使社会成员的利益观念和行为得以展现。[1] 换句话说，就是社会市场经济发展了，人们自然更加趋向于发展有利可图的人际关系，因而也在不知不觉中相互产生了利益联系。

利益关系作为差序格局关系要素选择标准主要体现在两个方面：一是与大量的非亲属关系的要素产生了联系；二是与大量的社会组织的要素产生了联系。与非亲属关系要素产生的联系体现在业缘、地缘和趣缘上。业缘指的是因为工作而产生的关联，而工作与利益关系密不可分，因此可以说是利益关系带来的直接后果。地缘指的是在地理位置上靠近而产生的联系，位置靠近必然带来更多的利益联系。趣缘指的是因为有相同的兴趣而产生的关联，而兴趣爱好相同本质上也是利益取向相同。与社会组织要素产生的联系，主要有与经济组织的联系、与社会组织的联系和与慈善组织的联系。个人与社会组织产生的联系，事实上都是个人趋向于获得最大的利益而做出的选择，包括物质利益与精神利益。因此，将利益关系作为差序格局关系要素选择标准引入后，差序格局关系选择要素如表28所示。

---

[1]　卜长莉：《"差序格局"的理论诠释及现代内涵》，《社会学研究》2003年第1期。

表 28 加入利益关系选择标准后的差序格局关系选择要素

标准	要素	分类	举例
亲属关系选择	亲属	直系亲属	父母、子女
		旁系亲属	兄弟姐妹、叔伯
自我中心主义	排斥部分亲属		与自己有矛盾的亲戚
婚姻关系选择	夫妻		丈夫或妻子
拟亲属关系选择	拟亲属	平辈	干兄弟姐妹
		长辈	干爹干妈
利益关系选择	非亲属	业缘	同事
		地缘	邻居
		趣缘	棋牌爱好者
	组织	经济组织	企业
		社会组织	社会服务机构
		慈善组织	红十字会

表 28 是将所有差序格局关系选择要素加入后的综合表示，也就是说，一个人的差序格局关系网络中，有直系亲属、旁系亲属、拟亲属、根据业缘地缘趣缘联系的非亲属，以及各类经济组织、社会组织和慈善组织。这种差序格局关系要素选择的标准则是亲属关系、自我中心主义、婚姻关系、拟亲属关系、利益关系等。

三　失独者关系选择的独特性：以身份主导的差序格局

新中国成立以来学者对差序格局的关系选择研究都是针对社会变迁展开的，对于不同的对象，差序格局的关系选择又呈现出不同的特点。从调查的实践来看，对失独者而言，其人际关系差序格局的选择机制发生变化，从亲属关系与婚姻关系选择为主、拟亲属关系与利益关系选择为辅的选择机制，变为身份关系选择为主、亲属关系与婚姻关系选择为辅、拟亲属关系选择最弱的选择机制，即身份关系主导差序格局。

（一）失独者差序格局的要素选择

失独者的差序格局关系要素选择，与普通人的差序格局关系要素选择最大的不同是没有了直系亲属里的子女。根据调查，失独者在失去独生子女后，其差序格局关系要素选择标准中加入了身份关系选择标准。身份关系选择标准指的是失独者由于失去了独生子女而同样有了"失独者"这一身份的标准。依据这种身份关系，失独者与他们自身组建起来的自组织产生了巨大的关联，也就是这种自组织成为失独者差序格局中独特的关系选择要素，如表 29 所示。

表 29　　　　　　　　失独者的差序格局关系选择要素

标准	要素	分类	举例
亲属关系选择	亲属	直系亲属	父母、无子女
		旁系亲属	兄弟姐妹、叔伯
自我中心主义	排斥部分亲属		与自己有矛盾的亲戚
婚姻关系选择	夫妻		丈夫或妻子
拟亲属关系选择	拟亲属	平辈	干兄弟姐妹
		长辈	干爹干妈
利益关系选择	非亲属	业缘	同事
		地缘	邻居
		趣缘	棋牌爱好者
	组织	经济组织	企业
		社会组织	社会服务机构
		慈善组织	红十字会
身份关系选择	自组织		某失独者自组织

表 29 反映了失独者的差序格局关系选择要素，尽管表面上与普通人的差序格局关系选择要素差异不大，但实际上在多项标准以及要素上有很大的变化。

（二）失独者差序格局关系要素的变化

通过对失独者和普通人差序格局关系选择要素的比较，可以明显地看出失独者差序格局关系要素的变化，如表 30 所示。

表 30　　　　　　　　失独者和普通人差序格局关系要素的比较

	最主要	次要	最弱	若有若无
一般人	亲属与婚姻	拟亲属	非亲属	组织
失独者	身份	亲属与婚姻	拟亲属	利益

1. 身份关系的出现与主导

在一般的差序格局关系选择标准中，并没有自组织关系这一人际关系要素。这一要素是独生子女死亡，失独者自发建立的社会关系类型。其之所以在建立之初，就能以极其亲密的姿态成为失独者关系选择最主要的标准，主导差序格局，正是由于失独者与自组织的关系双方都对构建亲密关系表达出特有的优势和迫切愿望。

第一，自组织对失独者的慰藉。自组织就是在失独者精英的作用下自发成立的，因此组织在成立之初就有明确的目标指向，即"将失去独生子女的中老年人组织在一起，互帮互助，进行心理辅导和慰问，提供法律咨询与援助"。在这一目标指向的作用下，自组织时刻注意组织服务对象的特殊性，在慰藉主体、时间安排上都进行了细致的安排。自组织成员都是失独者，同时组织的目标对象也是失独者，因此自组织主体和客体之间具有身份一致性。同样的人生经历，同样的情绪体验，使得自组织对失独者精神慰藉的效果超出其他任何组织。

第二，失独者对自组织的依恋。失独者不但乐于接受自组织的服务，而且变被动接受为主动参与，主动加入自组织的工作人员队伍中来，帮助其他失独者，并在这种转变的过程中，逐渐产生了极强的组织依恋。就目前的社会组织而言，没有任何组织能够提供类似于失独者自组织这种贴切的服务，而这些心贴心、共情性质的服务正是失独者所需要的，因此失独者普遍对自组织存在很强的依恋情结，这种依恋情结的形成，表明失独者对自组织有构建亲密关系的意愿。

2. 亲属与拟亲属关系的减弱

上文已经介绍过一般人的亲属与拟亲属关系，它们在一般人的差序格局关系选择中占据重要地位。但是，在失独者看来，这些已经不是最重要的了。以亲属关系为例，下面分析亲属关系与拟亲属关系在差序格局关系选择中标准减弱的原因。

一方面是失独者独生子女作为精神纽带的断裂。就独生子女的父母而言，孩子就是维系他们未来希望与不懈奋斗的动力。一旦独生子女死亡，失独者会在精神上受到极大打击，也就是感到未来前景一片黯淡，人生也失去了原本的意义。也正是如此，所谓的亲属关系在他们看来，也没有那么重要了。相比于他们的孩子而言，亲属关系不过是生活里面一点调剂而已，只有自己的孩子才是人生真正的目标与意义。

另一方面是亲属不能为失独者提供真正的帮助。尽管亲属从内心深处是想要帮助失独者，但他们是做不到这一点的。原因在于亲属无法理解失独者内心的痛苦，只能从表面上试图理解并且给予帮助，这无法真正帮助到失独者。与依靠身份关系形成的自组织不同，亲属关系在开始就不能进入失独者的内心，在相处的过程中也无法感同身受，最终导致的结果只能是对失独者不能给出任何实质的帮助。

拟亲属关系与亲属关系减弱的原因相似，只是相比亲属关系，联系更加不紧密了，因此也是比亲属关系更加弱化。

3. 利益关系的若有若无

利益关系在失独者差序格局关系选择中变得若有若无，与失独者财富失去目标与意义密切相关。尽管在市场经济条件下，利益关系成为一般人差序格局关系选择的重要考虑标准，但在中国社会，父母努力获取物质利益则绝大部分是为了自己的孩子。一旦不幸失去孩子，利益关系也变得可有可无了。

第一，利益关系存在的养育意义消失。在一般的中国家庭中，自从有了孩子，家庭支出的绝大部分都是给了孩子，从孩子出生到上学，其支出远远高于父母本身生活所需的支出。即使是存储下来的财富，也是为了给孩子备不时之需，比如买房买车、生病就医等。然而，一旦失去独生子女，对失独者原本极其重要的利益关系便失去了。失独者想要活下去，只需要自己吃饱穿暖就行，加之有各种私人以及社会的救济帮助，失独者的利益关系越发变得可有可无。

第二，利益关系存在的继承意义消失。尽管在法律上有着明确的继承规则，但在父母心中，只有自己的孩子才能继承自己的财产。因此，一旦失去了独生子女，父母手中的财富最终只能按照继承顺序继承给自己的父母、兄弟姐妹，以及更远的旁系亲属等。这使得失独者并没有任何为之奋斗的理由，也就是说没有必要继续挣钱，只要不饿死，直到自己去世时都有钱花，怎么都可以。这种没有自己孩子继承财富的状况，让失独者的利益关系变得更加不重要，在失独者的差序格局关系选择中，利益关系自然而然地会逐渐退化乃至消失。

第二节　失独者人际关系中重要因素排列的独特性研究

本部分主要对失独者人际关系中要素排列的独特性进行研究。费孝通先生人际关系的差序格局是以个体为中心的同心圆式的结构，这个同心圆结构中的不同圈层和圆心的距离各不相同，这就类似于两者关系的亲密程度；既然存在这种差异，那就有一个标准决定各种人际关系要素在同心圆结构中的位置——本部分就分析失独者这种标准的特殊性。具体论述时，同样使用比较研究的方法，首先分析费孝通先生在人际关系差序格局分析中要素排列的标准，然后论述近年来学者对该排列标准的补充研究，最后分析失独者对人际关系要素排列的特殊标准，以及在这种标准指引下，关系要素排列呈现出哪些特殊变化。

一 费孝通差序格局中重要因素的排列规则分析

（一）费孝通差序格局中的重要因素

差序格局中重要关系要素包含亲属关系、虚拟亲属关系、非亲属关系和他组织关系四大要素。这是因为，一般而言划分关系要素可以从两个层面着手，其一，个人与个人关系层面。就该层面而言，又可分为个人和亲属间关系、个人和虚拟亲属间关系、个人和非亲属间关系三大要素。而对其再做细致分类，亲属关系又包含夫妻关系、直系亲属关系、旁系亲属关系。夫妻关系，即依法结合的婚姻关系，如丈夫、妻子。直系亲属关系，即由血缘关系连接起来的亲属，如父母、子女等。旁系亲属关系，即具间接血缘关系的亲属，如伯父、伯母等。对虚拟亲属关系做细致划分，可包含虚拟平辈关系、虚拟长辈关系。虚拟平辈关系，即年龄大体相仿的人模仿自然亲属关系而结成的同辈关系，如结拜干兄弟、结拜干姐妹等。虚拟长辈关系，即模仿亲子关系而结成的关系，如干爹、干妈等。对非亲属关系做细致划分，可包含业缘关系、地缘关系、趣缘关系。业缘关系，即基于成员间劳动与职业间的联系而形成的社会关系，如同事关系。地缘关系，即基于成员间空间或地理位置关系而形成的社会关系，如邻里关系。趣缘关系，即人们因兴趣爱好相同而结成的社会关系，如棋友、球友等。以上，是从第一个层面即个人与个人关系层面入手对关系要素所做出的类别划分。

表 31 　　　　　　　　　　　差序格局重要因素类别划分

	维度	一级指标	二级指标	举例
一	个人与个人	亲属关系	夫妻关系	丈夫、妻子
			直系亲属关系	父母、子女
			旁系亲属关系	伯父、伯母
		虚拟亲属关系	虚拟平辈关系	干兄弟、干姐妹
			虚拟亲子关系	干爹、干妈
		非亲属关系	业缘关系	同事
			地缘关系	邻居
			趣缘关系	棋友、球友

续表

维度	一级指标	二级指标	举例
二	他组织关系	与经济组织关系	企业、公司
		与服务组织关系	医院、陵园
	个人与组织	与福利组织关系	福利院、养老院
		与官方组织关系	各级政府、街道办
		与慈善组织关系	红十字会
	自组织关系	—	—

（二）费孝通差序格局重要因素的排列结构

费孝通虽未对差序格局的概念做出明确表述，但却向我们展现了我们的社会呈现出一种以个体为中心的同心圆式的结构。他这样写道："我们的格局不是一捆一捆扎清楚的柴，而是好像把一块石头丢在水面上所发生的一圈圈推出去的波纹。"[1] 或许我们很明白，费老笔下的"水波纹"中心指的是个人。但是，我们不禁要问，是什么推动"水波纹"的形成，即那块"石头"是什么？其实，在我们的关系体系当中最重要的关系是亲属关系，并且传统中国也有一种从亲属关系出发去处理非亲属关系以及看待整个外部世界的倾向[2]，因而亲属关系即血缘及姻缘关系是我们人际关系结构调整的关键因素。关于此费老也明确提到过，"我们社会中最重要的亲属关系就是这种丢石头形成同心圆波纹的性质"。[3] 由此可见，这种"石头"指的是亲属关系，即血缘和姻缘关系。由此，我们可以描绘出差序格局的大致轮廓，即在个人的关系网络当中，以个人为中心、以其存在的各种社会关系为基础、以其亲属关系的建立为触发机制，呈现出以个体为中心的同心圆结构。

任何差序格局都有一个标准决定各种人际关系要素在同心圆结构中的位置，那么这个标准到底是什么？为此费老做出了解释，"以'己'为中心，像石头一般投入水中，和别人所联系成的社会关系，不像团体中的分子一般大家立在一个平面上，而是像水的波纹一般，一圈圈推出去，愈推愈远，也愈推愈薄"。[4] 这里的"远近"、"厚薄"，道出了一种关系亲疏

---

① 费孝通：《乡土中国》，北京出版社 2005 年版，第 32 页。

② 尚会鹏：《中原地区的干亲关系研究——以西村为例》，《社会学研究》1997 年第 6 期。

③ 费孝通：《乡土中国》，北京出版社 2005 年版，第 32 页。

④ 费孝通：《乡土中国》，北京大学出版社 1998 年版，第 27 页。

的状态。也就是说，在差序格局的关系状况下，以"己"为中心所形成的波纹的远近标志着社会关系的亲疏，距离中心越近说明与个人的关系越近，距离中心越远说明与个人的关系越远。以地缘关系形成的差序格局为例，每一家以自己为中心，周围划一个圈子，亲密程度随距离远近变迁，距离越远，关系理论上就越薄。所以可以得出的是，差序格局中用以描述社会结构的社会关系网络，是按照离自己的远近来划分关系的远近的，换句话表述，即关系的亲密程度决定了各种关系要素在同心圆结构中的位置。解决了各种关系要素在同心圆结构中的排列标准问题，就可按照关系亲疏对其进行排列。而根据上述分析我们已经知道，各种关系要素在差序格局的同心圆结构中存在这样的排列规律，即距"圆心"越近的圈层与"己"的关系最为亲密，越往外围延展的圈层与"己"亲密度越小，最外层与"己"的亲密度最小。由此，将同心圆结构按照距离中心点远近分为内核圈层、中间圈层、外围圈层，个体的亲属关系要素、虚拟亲属关系要素、非亲属关系要素、他组织关系要素就远近有序地在同心圆结构中排列开来。具体而言，与个体最为亲密的关系要素是亲属关系，这种关系要素位列于同心圆的内核圈层；与个体亲密程度相对较弱的关系要素是虚拟亲属关系，在同心圆结构中紧随亲属关系，排列在亲属关系所在圈层的外围即中间圈层；非亲属关系和他组织关系要素与个体无姻缘或血缘关系，可合并讨论，这两种关系要素无论从联系频次还是从联系深度来看，均与个体较远，因此它们排列在同心圆结构的最外层即外围圈层。由此，在以"己"为中心的同心圆结构中，个体首先遇到的是亲属关系，而后是虚拟亲属关系，最后是非亲属及他组织关系。这种差序格局中各要素的排列便呈现出来（如图15所示）。

（三）费孝通差序格局重要因素的排列规则

从上述差序格局的关系要素排列中可以看出，其存在一种由亲到疏的亲属规则和虚拟亲属规则，也就是在差序格局的关系要素排列中主要有这两种因素在起作用。就亲属规则而言，是指个体凭借是否有真实的血缘或姻缘等的亲情关系去建构人际关系网络。这是由亲属关系本身的属性决定的。亲属关系是个体人际关系中最重要的关系要素，亲属间是一种血浓于水的、亲密的、厚重的亲情，是一种基于血缘或姻缘关系建立起来的"最为自然""最为亲密"的人际关系。于是，由夫妻关系、直系亲属关系和旁系亲属关系等组成的与个体最为亲密的亲属关系要素，被排列于同心圆的最核心圈层。就虚拟亲属关系而言，是指个体凭借虚拟血缘关系而形成的感情关系去建构的人际关系网络。这是因为，长久以来亲属关系都

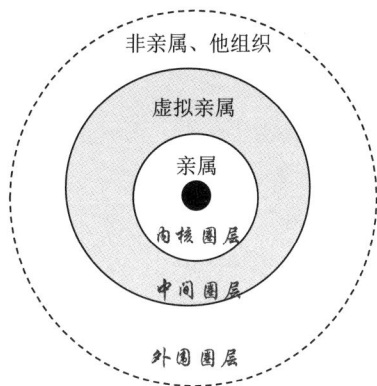

图 15　差序格局重要因素排列结构

是人际关系结构调整的关键因素。传统社会极为重视家庭、宗族，使得个体通常情况下从亲属关系出发，处理非亲属关系以及看待整个外部世界，比如与陌生人交往偏好遵循"九同"法则，即选择同乡、同宗等九类人群进行交往。① 因此，当和亲属以外的人建立亲密关系时，人们习惯于以亲属关系的方式和没有亲属关系的人建立联系，虚拟亲属关系因此产生。于是，由虚拟平辈和虚拟长辈所构成的虚拟亲属关系，因虚拟"亲密关系"较亲属关系的"最为亲密"属性弱，而被排列于亲属关系的外围即中间圈层。其实，人际交往中往往讲究互惠互利原则，互惠主要指精神层面的，主要纽带是情感关系，而互利则主要指物质方面的，此时的关系纽带则为利益关系。由此观之，就两种规则的相同之处而言，在亲属规则和虚拟亲属规则中主要存在一种情感纽带，但是，所不同的是由于虚拟亲属关系建构的虚拟性，可能存有利益纽带，但主要还是情感纽带。

表 32　　　　　　　　费孝通差序格局中重要因素排列规则列表

序号	关系要素	要素细分	特征	排列规则
1	亲属关系	夫妻关系	有血缘或姻缘关系	亲属规则
		直系亲属关系		
		旁系亲属关系		
2	虚拟亲属关系	虚拟平辈关系	有虚拟血缘关系	虚拟亲属规则
		虚拟亲子关系		

---

① 周建国：《拉关系：中国人人际关系建构的一种解释》，《社会科学研究》2014 年第 3 期。

序号	关系要素	要素细分	特征	排列规则
3	非亲属和他组织关系	业缘关系	无血缘或姻缘关系	规则之外
		地缘关系		
		趣缘关系		
		与经济组织关系		
		与服务组织关系		
		与福利组织关系		
		与官方组织关系		
		与慈善组织关系		

二 失独者社会关系中各要素的排列结构

(一) 失独者社会关系变迁及要素构成

在计划政策的实行以及风险社会的到来两种因素的共同作用下，失独者这一特殊群体出现。在传统农耕社会时期，社会分化程度低，社会组织形式以家庭组织为主，人们之间的人际交往以家族、血缘、亲缘关系等为基础，总体来说社会关系是以家庭为中心的。[1] 新中国成立以后特别是改革开放以来，虽然中国的社会结构发生了巨大变迁，利益多元、社会分层等变革接踵而至，业缘关系与地缘关系交相存在，但差序格局赖以生存的血缘基石仍然存在，这种以家庭为中心的特征仍然是社会关系赖以存在的基础根源，并且也是一种相对均衡的状态。但任何外力的存在，都有可能破坏这种均衡的社会关系圈，致使特殊现象发生。进入21世纪以来，城市化和现代化推进下传统大家庭少子化、小型化趋势明显[2]，计划生育政策推进下独生子女家庭普遍[3]，使得家庭规模有所变化。同时，科技的飞速发展以及人类实践能力的增强，不利于人类的障碍和风险滋生，直接或间接地制造着人员死亡，使得家庭结构发生变化。凡此种种，造成我国城镇和农村独生子女死亡后未再生育或收养子女的家庭即失独家庭出现，失

---

① 卜长莉：《"差序格局"的理论诠释及现代内涵》，《社会学研究》2003年第1期。

② 陆建强、陆林森：《独生父母——中国第一代独生父母调查》，上海辞书出版社2006年版，第23页。

③ 风笑天：《独生子女——他们的家庭、教育和未来》，社会科学文献出版社1992年版，第7页。

独者也由此出现在大众视野中。

人是一切社会关系的总和，失独者家庭内部关系的调整，自身身份的变动，提前退休、频繁搬家、闭门谢客等状况的发生，都会给其社会关系要素带来变化。笔者通过调研发现，失独者的社会关系要素变化主要表现在以下三个方面：

其一，非亲属关系和他组织关系要素退出失独者社会关系要素系统。这是因为对于非亲属关系来说，失独者在经历独生子女死亡后，存在极强的自我保护心理，其对因地缘、业缘、趣缘等原因产生的非亲属关系产生了疏远的心态，并且极力避免一切可能暴露丧子身份的交际，由此致使其以不信任的状态逐渐断绝了与非亲属关系的交往。而对于他组织关系来说，因独生子女死亡失独者原有的诉求内容有所改变，他们开始放弃谋利活动，开始因为害怕遇到其他儿孙满堂、家庭和睦的家庭而回避与服务组织交往，开始害怕在与福利组织的互动中受到歧视而回避福利组织，害怕因为诉求不被满足而与官方组织出现对抗与冲突，开始拒绝接受慈善组织的精神慰藉而疏远慈善组织，再加上部分他组织对失独者存在歧视和偏见，更加剧了失独者疏远步伐，最终导致失独者与他组织关系的断裂。

其二，失独者与亲属和虚拟亲属间关系未断裂，但出现一定程度的疏远。针对亲属关系而言，血缘以及法律拟制而形成的亲属间关系仍将他们联系在一起。[1] 但具体来说，就夫妻关系而言，独生子女死亡使得夫妻关系建立与维护的纽带消失，夫妻关系变得紧张，夫妻双方分居甚至离婚。就直系亲属和旁系亲属关系而言，直系亲属关系变得稀疏化，旁系亲属关系貌合神离。"亲缘利他主义"告诉我们，亲属会自觉为失独者做出牺牲，并且这种牺牲与亲近程度成正比。[2] 这种无条件的利他主义是出于亲属间关系的自然反应，目的是安慰、帮助失独者。因而独生子女死亡后，以祖父母为代表的直系亲属会降低失独者对其的赡养责任，而旁系亲属则会对失独者慰问频次增加。然而，亲属的关照反倒容易勾起失独者的伤痛，使得关照效果与其初衷相违背。在这两方面的交互作用下，使得失独者对直系亲属赡养义务弱化、赡养频次稀疏，而与旁系亲属互动难以深

---

① 费孝通：《乡土中国》，北京大学出版社 1998 年版，第 159 页。

② 刘鹤玲：《所罗门王的魔戒：动物利他行为与人类利他主义》，科学出版社 2008 年版，第 93 页。

入，关系呈现两张皮，原本失独者与亲属间的强信任关系①，由此变得薄弱。而对虚拟亲属关系而言，虚拟亲属关系仍然存在但已疏远。这是因为，就虚拟平辈关系而言，失独者原有的虚拟平辈关系近乎断裂，因抱团取暖而与其他失独者新建立的虚拟平辈关系，亲密时相互帮助，反目时"老死不相往来"，因而摇曳不定。就虚拟亲子关系而言，虚拟亲子关系对双方没有太大的约束作用，存在明显的经济界线，因而虚拟亲子关系形式上松散、实质上疏远。

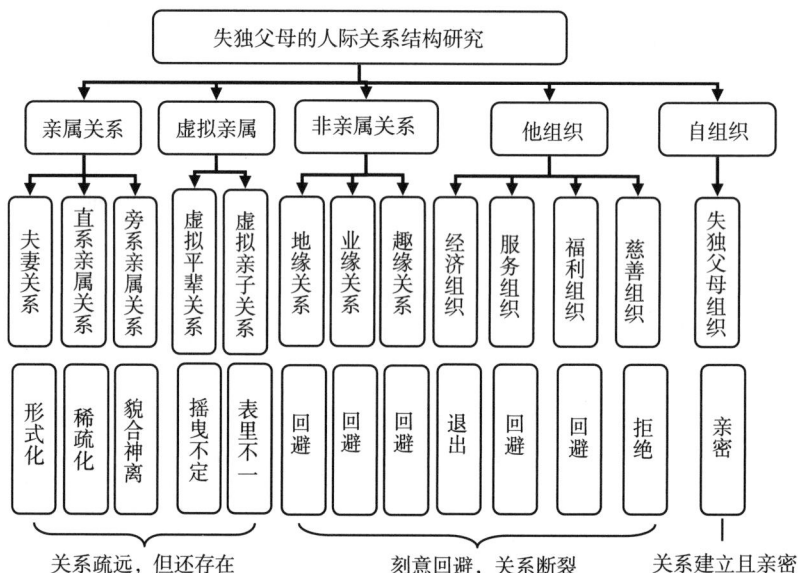

图 16　失独者社会关系要素变迁趋势总图

其三，失独者自组织关系要素出现，且与失独者保持最亲密互动。这是因为，失独者自组织是独生子女死亡后出现的组织类型，是失独者自发成立的，服务对象为失独者自身。该组织在成立之初就有明确的目标指向，即"将失独者组织在一起，互帮互助，进行心理辅导和慰问，提供法律咨询与援助"。② 正是因为失独者自组织在服务内容、服务主体身份、服务实践安排上都有特殊的考量，且密切切合并服务失独者的需要，所以

---

① ［美］弗朗西斯·福山：《信任：社会美德与创造经济繁荣》，彭志华译，海南出版社2001年版，第86页。

② 参见《武汉市青山区 LX 家园联谊会简介》，http：//lxjy. waheaven. com/SecondSite/temp2/Article. aspx？Id＝1468.

在建立之初就以极亲密的姿态使失独者对其产生依恋感。同时，在自组织中，失独者不仅是活动的参与者，也是自组织的管理与政策制定者，这样的深度参与使得自组织逐渐获得了失独者的极强信任，因而与失独者保持着亲密关系。

因此，失独者社会关系要素呈现出的整体变化为：失独者自组织关系要素出现，且最为亲密；失独者亲属关系和虚拟亲属关系要素仍然存在，但较之以往疏远；失独者非亲属关系和他组织关系断裂。综上，失独者社会关系要素由亲到疏依次包含自组织关系要素、亲属关系和虚拟亲属关系要素，共三种要素两大类别。[①]（详见表33）

表33　　　　　　　　失独者社会关系重要因素列表

序号	关系要素	关系变迁	关系亲疏	信任程度	备注
1	自组织关系	自发成立	亲密	强信任	基于相同身份间关系
2	亲属和虚拟亲属关系	未断裂	疏远	弱信任	亲属间关系
3	非亲属和他组织关系	逐渐断裂	断绝	不信任	非亲属间关系

（二）失独者社会关系要素的排列结构

从上述分析可知，独生子女死亡后，失独者的社会关系出现了"更新"与"重组"。就"更新"而言：独生子女死亡以前，其社会关系诸要素主要包含亲属关系、虚拟亲属关系、非亲属关系、他组织关系要素；而独生子女死亡之后，其社会关系诸要素主要包含亲属关系、虚拟亲属关系、自组织关系（非亲属和他组织关系呈逐渐断裂态势即不在此之列）。由此可见，在失独者社会关系的"差序格局"中势必有自组织关系的进入，非亲属和他组织关系的退出，即这种"更新"为"两退一进"。就"重组"而言：由于"更新"存在，失独者社会关系诸要素在同心圆结构中的位置必然发生变迁，而根据差序格局中按关系亲疏从内而外排列关系要素的基础规则，此时自组织凭借着极强信任、极其亲密的状态，进入核心圈层，亲属关系和非亲属关系并进中间圈层，而非亲属和他组织关系退出同心圆结构之中，这种重新排列即为"重组"。以差序格局同心圆结构为基础，并根据上述分析得出的失独者关系要素构成及与其亲密程度，可

---

① 失独者与亲属和虚拟亲属间关系的变迁极为相似，因而将其合并论述，统称为亲属间关系。而在前文的探讨中，将两者分开的是分类更清晰。两种分类，均为讨论之便，对结果无影响，在此特别说明。

勾画出失独者社会关系所形成的新格局。

因此，针对失独者社会关系中所包含的三种要素，在同心圆结构中，失独者首先遇到的是自组织关系，而后是亲属关系和虚拟亲属关系，非亲属关系和他组织关系退出其系统。所以，自组织关系在内核圈层，亲属关系和虚拟亲属关系在次外圈层，而非亲属和他组织在其系统外圈层。由此，失独者社会关系动态变化图便呈现出来。

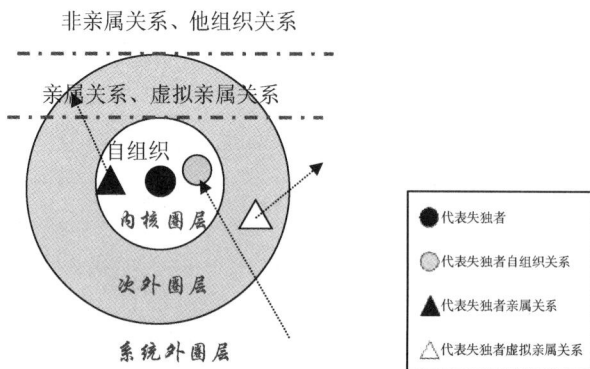

图 17　失独者社会关系要素变迁及排列结构

注：箭头代表该要素的移动方向。

（三）失独者社会关系要素的排列规则

概括而言，失独者关系要素排列规则从亲属、虚拟亲属关系排列，向按照身份、亲属、利益关系规则排列转变。从失独者社会关系要素的排列结构中可以明显看到，共同失独身份的存在使得其与差序格局的排列结构差别明显。而根据社会认同理论可以知道，社会认同是行动者对其群体资格或范畴资格积极的认知评价、情感体验和价值承诺。[1] 所以，失独者新身份的获得，使其在情感、认知与价值层面均对自组织产生认同，因而无论在行动上还是在心理上均对自组织保持较为亲密的状态。正是这种重新构建的亲密关系，使自组织跳跃到失独者人际关系同心圆结构的核心圈层，排列在最内层。失独者人际关系格局形成的基石从原始的血缘、姻缘关系变为失独身份关系，并成为失独者社会关系格局形成的关键要素，因而失独身份主导其差序格局排列。另外，失独者亲属关系虽有变迁，但仍然存在，亲属间情感规则仍然影响失独者社会关系要素排列。同时，随着市场经济体制的确立，利益因素作为费孝通差序格局修补的出现，利益原

---

① 方文：《学科制度和社会认同》，中国人民大学出版社 2008 年版，第 79、143—172 页。

则成为日常生活中人与人交往的重要砝码而被认识①。因此，失独者差序格局的调适机制以身份规则为主，情感与利益规则为辅。

表 34　　　　　　失独者人际关系差序格局中重要因素的排列矩阵

序号	圈层位置	关系要素	举例	备注
1	内核圈层	自组织关系	武汉 WX 港湾等	身份规则
2	次外圈层	亲属和虚拟亲属关系	父母、干子女等	情感规则、利益规则
3	系统外圈层	非亲属和他组织关系	因工作认识的同事等	规则之外

三　失独者社会关系中各要素的排列规则的特殊性分析

（一）一般人际关系中重要因素的排列规则

差序结构中重要因素的排列，存在亲属规则和虚拟亲属规则，即在同心圆结构中个体按照亲属关系的远近，从内而外依次排列各个关系要素。这是费孝通先生针对 20 世纪上半叶的中国农村社会，提出的差序格局的重要概念。尽管随着新中国的成立，尤其是改革开放和市场经济制度的建立，我国的社会背景发生了翻天覆地的变化，不少学者对差序格局的关系选择标准进行修补，将利益等引入差序格局中的关系选择机制当中。除此之外，孙立平还使用社会主义制度对差序格局进行修补，他认为随着社会主义制度的确立，差序格局的关系选择机制已经从亲属和姻缘转换到社会主义再分配制度，因此差序格局是对稀缺资源进行配置的格局。② 但是需要指出的是，这些修补的思想并不能改变费孝通先生传统差序格局中的以亲属为中心的关系选择机制。因为不管如何变化，血缘的基础性地位还是无法被撼动，对于一般人而言，差序格局仍然具有适用性。因此，就一般人的人际关系选择机制而言，主要还是以亲属关系的远近来选择关系的类型。

（二）失独者人际关系中重要因素的特殊排列规则

而对于失独者而言，其人际关系的差序格局出现裂变，逐渐转变为主要按照失独身份来选择关系类型。根据上述分析，独生子女死亡后，失独者的人际关系选择机制是依据身份、情感、利益这三种要素，但这三种选择机制并非处于同等重要的位置。根据失独父母的人际关系分布格局可以

---

① 折晓叶：《村庄的再造》，中国社会科学出版社 1997 年版。

② 孙立平：《"关系"，社会关系与社会结构》，《社会学研究》1996 年第 5 期。

发现，身份选择机制居于最重要的地位，其次是"情感+利益"的选择机制，而且后者的作用相对于身份选择机制而言，已经显得十分微弱。

表35　　　　　　　一般人与失独者人际关系重要因素排列规则对比

	费孝通一般关系要素排列规则	失独者关系要素排列规则
核心圈层	亲属规则	身份规则
中间圈层	虚拟亲属规则	情感规则+利益规则
外围圈层	非亲属规则	—
系统外圈层	其他	—

　　失独者人际关系选择机制表现出来的这种特殊性，可以从"疏离"与"亲密"两方面来找原因。首先，失独者外部关系的"疏离"。在失独者人际关系的排列中，亲属关系并非在核心圈层，而是与虚拟亲属关系并入次外圈层，非亲属关系与他组织关系则基本退出失独者人际关系系统。这是因为对于失独者来说，独生子女死亡是其心中巨大的伤疤，谈及独生子女死亡就等于扯开其伤疤，因而其普遍不愿意谈及子女问题，会极力回避一切可能涉及子女问题的情景，远离一切可能提及子女问题的社会交往对象，这样失独者与亲属、虚拟亲属、非亲属和他组织间均会表现出一定程度的"疏离"。具体而言，就失独者与亲属的关系来说，由于责任与义务存在于亲属之间，亲属会对失独者表现得很关照，但是由于两者之间共同话题的消失，以及失独者的回避，使得两者间互动难以深入，表现为"形式上融合，实质上疏离"的状态。就失独者与虚拟亲属的关系来说，由于两者间无责任与义务存在，失独者在独生子女死亡后会因敏感而更加认为两者间缺乏亲子间的温情，且由于这种关系形式上的松散，失独者会与其表现出十分清晰的界限，最终"表面上亲近，实际上很远"。最后就失独者与非亲属和他组织的关系来说，由于避险思维的存在，失独者会怕触景生情而选择搬家，怕同事相见伤感而选择断裂业缘关系，怕朋友间矛盾而选择断裂趣缘关系，同样地，失独者与经济组织、福利组织等他组织等关系也趋于断裂。正是由于以上各方面"疏离"的存在，与失独者相疏远的关系必然退出核心圈层，而与其断裂的关系必然退出整个系统，因此这些原本包含在差序格局中的亲属关系、虚拟亲属关系（特殊的亲属关系）、非亲属关系、他组织关系要素，在失独者人际关系格局中会表现为上述特殊排列。其次，失独者与自组织关系的"亲密"。独生子女死亡后，失独者获得了一种身份——"失独者"，这也是他们新的身份资格。

在失独者自组织中，由于失独者相互间身份无差，且对彼此的处境深有体会，因此这些"同命人"容易相互自由交流、轻松相处，表现得极为亲密，因而占据同心圆核心圈层。

由此可见，独生子女死亡后，失独者的社会关系系统出现颠覆和重组。在失独父母人际关系格局的同心圆结构中，各要素的排列标准从血缘、姻缘、虚拟亲属标准转向社会身份标准，此其一；其二，各要素的位置出现变动：自组织关系兴起并占据核心圈层，亲属关系的位置退到下一圈层，非亲属关系和他组织关系则完全退出了失独者的人际关系系统。综上，对于失独者而言，其人际关系差序格局的选择机制发生变化，从亲属选择的单一选择机制扩展到身份选择为主、情感关系和利益关系选择为辅的复合选择机制，即身份关系逐渐主导差序格局。

第三节　失独者人际关系中非常态差序格局的出现

差序格局是中国传统社会关系的基本结构，以伦理为本位的差序格局有效地解释了传统社会中人们的社会关系和社会行为，在这种人际关系格局中，人际关系各要素都处于"最亲密—最疏远"的连续统中，任何要素都能根据一定的标准找到相应的位置。然而独生子女死亡后，失独者重新确定了人际关系选择标准、人际关系排列标准，因此他们的人际关系要素出现了重大重组，部分人际关系要素被排除出关系格局之外，同样也有部分人际关系要素突然进入人际关系格局的内容，总体体现为"突生性"和"断裂性"，鉴于这种特征，笔者将失独者的人际关系格局称为"非常态差序格局"。

一　传统人际关系格局是各要素之间的连续统

在传统人际关系中，血缘关系是人们进行社会关系选择的主要依据，根据血缘关系的由亲到疏，传统人际关系内部的各要素可以构成一个连续统。费孝通针对传统人际关系指出，"我们的人际关系格局不是一捆一捆扎清楚的柴，而是好像把一块石头丢在水面上所发生的一圈圈推出去的波纹，这些一圈圈推出去的波纹，越推越远，越推越薄"。可以看出，我国传统人际关系是"以己为中心"，根据亲属关系由亲到疏向外慢慢拓展，最终构成一个无间断的连续统。如图18所示，不同的圆圈代表传统差序格局的同心圆，而直线则代表传统人际关系格局的连续统，各要素在这条直线上均有体现，且连续不断，具体而言，连续统的一段是亲属，另外一段是非亲属或他组织，中间有虚拟亲属等要素；当然这只是一种理想状态，具体某一要素和处于圆心主体的关系远近，还要取决于很多其他要素。

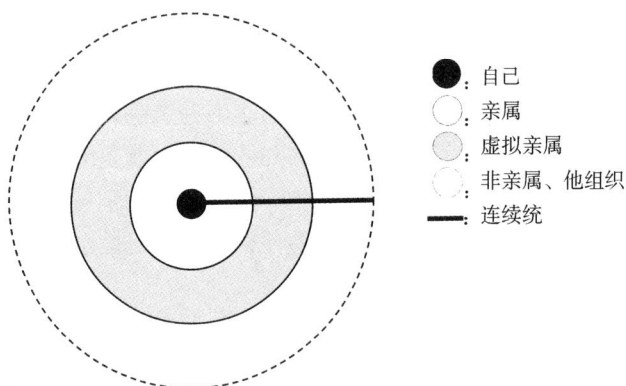

图18　传统人际关系格局各要素之间的连续统

　　传统人际关系根据亲属关系远近所形成的连续统，是一个连续不断的实数集。这个实数集用直线来表示，用自己、亲属、虚拟亲属、非亲属和他组织等填满，其中连续无间断。首先，在传统差序格局中，亲属关系是社会关系的内核和基础。在连续统中，亲属关系是与个人紧密程度最高的一个关系要素。个人可以为了亲属关系而牺牲亲属关系外的其他关系。在亲属关系中，个体互动以责任为主，人情为辅，利益淡化为原则，因此，它是一种强信任关系，具有很强的稳定性。其次，虚拟亲属关系在传统人际关系中处于中间圈层。虚拟亲属是模仿血缘关系或姻缘关系进行交往而形成的社会亲属关系，因此，在连续统中，虚拟亲属关系与个人的紧密程度没有亲属关系高，但是比既没有血缘关系、又缺少和血缘关系相似性的非亲属关系高，它是一种"准亲属关系"。在关系的信任度和稳定性上，虚拟亲属关系通常较亲属关系要弱一些。最后，非亲属关系与他组织关系在社会关系中处于外圈层。在紧密程度上，外圈层是与个体关系最疏远的一个圈层，它包括非亲属关系和与他组织关系两个关系要素。非亲属关系主要由地缘关系、业缘关系和趣缘关系构成，他组织关系则是在这些地缘、业缘、趣缘关系上形成。这一关系要素不涉及亲属关系或类亲属关系，与个体的紧密程度非常低，关系稳定性差。可以看出，传统人际关系内各要素所形成的连续统，是一个以亲属关系为基础，由内向外圈层越推越远、越推越大的过程。

二 失独者人际关系格局中连续统的断裂

在传统差序格局的人际关系中，首先遇到的是亲属关系，而后是虚拟亲属关系，最后是非亲属关系，这三种关系在长期的互动中已经达到相对平衡。但是，这种平衡是相对的，任何外力都可能打破这种平衡。对于失独父母而言，这个外力就是独生子女死亡，这个"大事件"打破了失独家庭中原先的社会关系平衡机制，破坏了他们的社会交际圈，使得失独者人际关系中的连续统出现断裂，如图 19 所示。

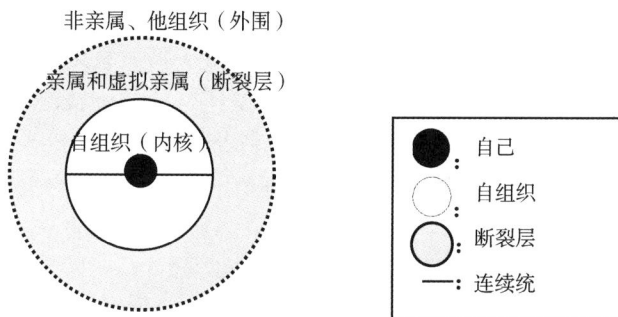

图19　独生子女死亡后人际关系格局出现断裂层

由上文论述可知，失独后，原本亲密关系较强的亲属关系和虚拟亲属关系逐渐淡出失独父母的人际关系选择标准，原先"血缘+利益"的复合社会关系选择机制转变为单一的"身份标准"选择机制，失独父母（同命人）进入他们差序格局的核心圈层。

由此可见，当失独父母仅用独生子女死亡这种身份标准进行人际关系选择时，会造成连续统的断裂。即使失独父母在人际关系选择的时候并没有完全放弃亲属标准和虚拟亲属标准，但是这两种标准的作用已经远远低于身份标准，在经验分析部分，笔者曾指出亲属关系是貌合神离的，虚拟亲属关系是摇曳不定的，而只有同命人之间的关系是亲密的，如果武断一点，甚至可以得出"亲属关系和虚拟亲属关系的作用已经不存在"的判断。

因此失独父母人际关系选择中亲属标准和虚拟亲属标准都无法改变失独父母按照身份标准进行选择后的人际关系"二分化"的格局，笔者在失独父母人际关系同心圆结构图中将亲属关系和虚拟亲属关系命名为

"过渡地带"，研究发现这个过渡区不是与内圈层和外圈层分类体系并列的层次，而只是失独父母人际关系系统外圈层的子层次，所以笔者称之为"次外圈层"，如果从这种判断上分析，就可以发现，失独父母的人际关系系统已经呈现出二分化的局面，即一边是自组织成员，另一边就是非亲属关系成员和他组织成员，简单地说就是内核和外围的二分，而他们之间则是处于断裂状态，没有所谓的过渡地带。综上所述，对于失独父母而言，中国传统人际关系的差序格局已经失去实用性，失独父母的人际关系中的差序格局出现断裂的趋势。

三　非常态差序格局的出现

独生子女死亡后，失独父母的社会关系发生更新和重组，失独父母（同命人）进入他们差序格局的核心圈层，而亲属关系则退出核心圈层，被排挤到中间圈层，而非亲属和他组织在差序格局中则被继续向外挤出，有时候甚至完全没有被纳入失独父母的人际交往范围，传统人际关系的差序格局连续统发生断裂，这种格局已经完全不同于一般社会关系中的差序格局，因此将其命名为"非常态差序格局"。如图 20 所示。

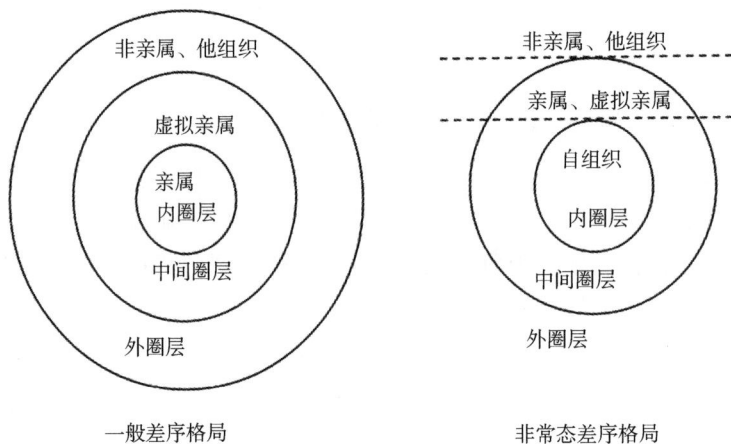

图 20　非常态差序格局的出现

首先，亲属关系和虚拟亲属关系向外推出。在一般差序格局中，亲属关系居于核心圈层，但是在独生子女死亡后，失独父母与亲属关系因为种种原因而逐渐疏远，从差序格局的同心圆结构的核心圈层退让到次外圈层，亲属关系不再是失独父母最亲密的关系；同时，虚拟亲属关系也出现一定程度的退让。原本虚拟亲属关系居于同心圆结构的中间圈层，但是独生子女死亡后，已经退出到次外圈层，处于距离中心点较远的位置。换句话说，对于中心点而言，虚拟亲属关系再也不是除了亲属关系之外最亲密的关系类型，而是被边缘化了。由于独生子女死亡后，亲属关系和虚拟亲属关系具有同样的变迁方向，因此笔者把这两种关系类型放到一起，构成失独父母社会关系的一种流动趋向。

其次，非亲属关系和他组织关系从差序格局的同心圆结构中退出。在一般社会关系的同心圆结构中，非亲属关系和他组织关系是居于外围圈层，虽然居于外层，但中心点仍然和他们发生一定的联系，然而独生子女死亡后，失独父母基本上断绝了与非亲属和他组织的交往，也就是说这两种关系几乎退出了失独父母的社会关系范围。

最后，自组织作为新兴组织跃入失独父母社会关系的核心圈层。在原来的差序格局同心圆圈层结构中，没有自组织这一要素。这一要素是独生子女死亡后，失独父母自发建立的社会关系类型。从发展路径来看，这一关系要素进入社会关系的体系没有遵循常规的路线，不是循序渐进地从外围圈层到中间圈层再到内核圈层，而是直接跃入内核圈层。这是因为失独父母的自组织关系建立恰恰是发生在失独父母自我认同重构、社会关系重组的关键时期，这期间他们对社会关系要素进行重新认识、重新排列，因此失独父母的自组织关系在建立之初就能以极强亲密的姿态占据其社会关系同心圆结构的核心圈层。

总之，独生子女死亡后，原本十分亲密的亲属关系和虚拟亲属关系，并没有得到失独父母的信任，而是逐渐淡出失独父母的社会关系体系，相比较而言一般差序格局是一个连续统，非常态差序格局是断裂的，没有了亲属关系和虚拟亲属关系的过渡地带，而是一边是自组织成员，另一边是非亲属关系成员和他组织成员，呈现出二元划分的断裂状态。

第四节　非常态差序格局中失独者的
人际关系变迁逻辑分析

正如前文讲述的失独者在选择标准、要素构成、断裂风险等方面均不同于费孝通笔下的差序格局，也不同于新中国成立以后，孙立平、杨善华和林聚任等人从各方面对传统差序格局进行修改后的版本，那么在非常态差序格局下，失独者人际关系变迁的逻辑发生了怎样的变化，笔者从非常态差序格局中失独者的调试机制、要素选择以及认同选择等三个方面加以概括。

一 非常态差序格局的调试机制从"血缘关系" 到"身份为主情感为辅"

关于中国社会结构的基本特征，费孝通先生在《乡土中国》一书中提出的"差序格局"是最经典的说明（见本章第三节）① 该观点认为中国社会结构是以"自己"为中心，按照血缘关系的远近向外扩展的亲属关系网络。② 在我国传统的儒家文化的伦常设计中，这一亲属网络中的亲子轴包括若干等级，按照辈分大小，每个人都有特定角色所规定的权利和义务。③ 而从前面几节论述可知，对失独家庭来说，独生子女的离去使得原有的差序格局结构缺失，子女角色无人担当，其相应的权利和义务也无人执行，原本稳定的家庭结构遭到破坏，失独家庭内部难以维系常态的差序格局，血缘关系作为其原本的调适机制也不再有效。

非常态差序格局的调适机制是随着改革开放的推进，市场经济体制的确立，市场经济利益导向机制的出现而形成的。社会成员的利益观念和行为得以展现，人际关系在血缘差序上的远近实质上演变为利益关系的远近。王思斌通过对河北农村的调查，发现副业生产更宜于非血缘家庭之间的联合，即使有亲属的联合存在，他们在生产中的合作也是以生产合作者的身份出现而不是以亲属的身份出现；④ 折晓叶明确指出"利益原则已经成为日常生活中人与人交往的一个重要砝码"；⑤ 侯红蕊则认为"利益+情感"的双重整合使企业主与管理人员之间产生了中国特有的"拟似家族关系"，这种倾向必然使得差序格局被深深打上"利益"的印记。⑥ 综上所述，现代社会中人际关系仍然存在差序格局，但是这种差序格局的调适机制不再是费孝通撰写《乡土中国》时的"血缘关系远近"，而是新加入了"利益"，同时以"情感和利益"作为关系调适机制。

失独者作为这一社会背景下的特殊群体和弱势群体，其独生子女死亡

---

① 费孝通：《乡土中国》，北京大学出版社 2002 年版，第 26 页。

② 费孝通：《乡土中国》，上海世纪出版集团 2007 年版，第 26 页。

③ 童星、瞿华：《差序格局的结构及其制度关联性》，《南京社会科学》2010 年第 3 期。

④ 王思斌：《经济体制改革对农村社会关系的影响》，《北京大学学报》（哲学社会科学版）1987 年第 3 期。

⑤ 折晓叶：《村庄的再造》，中国社会科学出版社 1997 年版。

⑥ 侯红蕊：《中国北方农村现代化进程中家族的作用及其特点》，硕士学位论文，北京大学，1997 年。

后，失独家庭人际关系的结构发生了剧烈的变化，他们将"利益"剔除出他们的关系调适机制，并且弱化"情感"这种关系调适机制，同时以强劲的声音引入"身份"这种关系调适机制。比如失独者说"一般都是不攒钱的"，有些失独者"独生子女死亡后，他们转让利润高达数百万的生意，赋闲在家，不再和以前生意上的朋友来往"，等等，这些都是淡化人际关系中"利益"纽带的表现；同时，他们和其他失独者建立新的联系，并且在新关系建立的过程中，他们之间的经济地位被明显弱化，丧子身份被得到强化，"百万富翁也可以与低保户结为朋友，互诉衷肠"。这表明，"身份"已经成了失独家庭人际关系结构的主要调适机制。这就构成了失独家庭中的非常态差序格局调试机制的转变：从血缘关系到身份为主情感为辅。在这一调试机制下，失独者的差序格局网络上成员要素重新排列组合，即失独者（同命人）进入他们差序格局的核心圈层，而亲属关系则退出核心圈层，被排挤到外围圈层，非亲属和他组织在差序格局中则被继续向外挤，有的时候甚至完全没有被纳入失独者的人际交往范围。

二　非常态差序格局中的要素选择：从性格爱好标准，到伤痛歧视标准

物以类聚、人以群分，讲的是以性格相近、爱好相同进行非血缘类人际关系的选择。在常态的差序格局中，趣缘关系是除了血缘、地缘以外的重要因素。它不同于血缘、地缘这样无法人为改变的客观因素，更多的是人主观内在的选择，以个人性格爱好为标准，构成主观交际圈的重要部分。但是对失独者来说，"避险逻辑"超越趣缘标准，成为失独父母在非常态差序格局中的选择要素。具体来说，趋利避害是生物的本能，像"手指遇到火会自然缩回"一样。就本书而言，这里的"害"不是死亡，不是经济上的损失，而是"不愉快话题""令人沮丧的经历"。对于失独者而言，独生子女死亡是他们心中巨大的伤痛，是他们的伤疤。谈到独生子女，谈到子女死亡就等于扯开他们的伤疤，"扯开伤疤滴着血"是他们感情的真实写照。因此他们普遍不愿意谈及子女问题，所以他们就必须回避一切可能涉及子女问题的情景，远离一切可能提起子女问题的社会交往对象。

由于这种"避险逻辑"的存在，他们与非亲属和他组织的关系出现断裂的趋势，同样由于不存在伤疤被扯开的危险，他们与自组织建立亲密的联系。这种变化的根源在于与非亲属和他组织相比，自组织中经历类似痛苦的人群降低了失独者的伤痛歧视标准。具体而言，他们因为怕触景生

情，怕邻居问候，只能搬家，所以他们的地缘关系断裂；因为怕同事见面引起感伤，所以他们的业缘关系断裂，同样因为回避和朋友之间的矛盾，避免情感挫伤，他们又一次回避和朋友的交往，导致他们的趣缘关系断裂，概言之，独生子女死亡后，由于避险思维的存在，失独者的非亲属关系出现断裂的趋势。同样的道理，他们与经济组织、福利组织、服务组织也出现关系断裂的趋势。相反，他们在和自组织交往的过程中，由于大家都是失独者，不存在身份差异的问题，大家非常能体谅对方的处境，因此语言的使用都会十分注意，也就没有伤疤被揭开的可能性，所以他们与自组织的关系十分亲密。由此可见，避免揭开伤疤是失独者人际关系选择的一个重要机制，失独者在非常态差序格局中的要素选择从性格爱好标准转向是否受到伤痛歧视。

三 非常态差序格局中的认同选择：从"单位人"、 "社区人"转向"同命人"

社会认同理论是由塔菲尔（Tajfel）和特纳（Turner）等人提出，并在群体行为的研究中不断发展起来的，社会认同理论强调个体对群体的社会认同作用，并以此来解释群体间的行为。可以说社会认同理论已经成为当今解释群体行为最有影响力的理论之一。什么是社会认同呢？塔菲尔（塔菲尔）认为社会认同是"个体的一些知识，这些知识是关于他/她从属于某一特定的社会群体，同时也认识到作为群体成员带给自身的情感和价值意义"（塔菲尔，1982；张莹瑞、佐斌，2006），[1] 通过社会认同，行动者把群体分为内群体和外群体，并通过自我归类（self-categorization）将自己归于某一群体，[2] 然后内化该群体的价值观念，接受其行为规范。简单地说，社会认同是"行动者对其群体资格或范畴资格积极的认知评价、情感体验和价值承诺"，[3] 该定义不仅揭示出群体资格是社会认同获取的新路径，[4] 还指出了认同是行动者意义的来源。[5]

---

[1] 张莹瑞、佐斌：《社会认同理论及其发展》，《心理科学进展》2006 年第 3 期。

[2] Turner, J. C., M. A. Hogg, P. J. Oakes, S. D. Reicher and M. S. Wetherell, *Rediscovering the Social Group: Self-Categorization Theory*, Oxford: Basil Black-well, 1987.

[3] 方文：《学科制度和社会认同》，中国人民大学出版社 2008 年版，第 79、143—172 页。

[4] 方文：《群体资格：社会认同事件的新路径》，《中国农业大学学报》（社会科学版）2008 年第 1 期。

[5] ［美］曼纽尔·卡斯特：《认同的力量》，夏铸九、黄丽玲等译，社会科学文献出版社 2003 年版，第 3—4 页。

就一般人而言，他们的社会交往范围一般都是单位、社区和家庭。社会认同理论告诉我们，他们的这种认同主要来源于群体成员身份或资格，一般人努力追求或保持一种积极的社会认同，以此来增强他们的自尊，从这个角度看，一般人的身份和资格都源于单位、社区和家庭，因此他们的认同更多的是单位认同、社区认同、亲属认同，即认为自己属于某一单位，应该好好地奋斗为单位带来效益，单位也会给自己带来经济收益、声望收益等；认为自己属于某一社区，因此应该爱护社区环境，共建和谐社区，社区也能给自己带来良好的居住环境等，这些都是积极的社会认同；而且这种积极的社会认同还来源于内群体与相关外群体之间进行的有利比较，行动者会通过将本单位和其他单位、本社区和其他社区、本家庭和其他家庭之间对比，加深自己对原单位、社区和家庭的认同，这种加强的过程能够帮助他们更好地融入单位、社区、家族。

然而独生子女死亡后，失独者获得了新的身份——"失独者"，这使得他们有了新的身份资格，因此获取了新的认同，即"失独者认同"，同时，通过对单位、社区、家庭与失独者之间的比较，他们发现和失独者（即同命人）之间可以进行自由沟通，完成精神慰藉，而与单位中的同事、社区的邻居、家族的亲属进行沟通要么会缺乏共同话题无话可说，要么就会勾起自己的伤心事，要么就是彼此都很敏感不敢放开说，正如失独者所说"感觉总是隔着一层"，这时失独者就认为其他失独者属于"内群体"，而同事、邻居和朋友则退出内群体，变成"外群体"，这样他们的认同就从单位认同、社区认同、亲属认同，逐渐转向失独者认同，即"同命人"认同。由于社会认同的变化，他们才逐渐对人际关系的一部分对象进行有意识的疏远，同时对其他对象进行有意识的亲近，并最终完成外部人际关系的重组。以上或许可以说是失独者外部人际关系重组的最根本原因。

第九章　失独者人际关系结构的形成逻辑、理论解释和研究展望

第一节　失独者人际关系结构的生成逻辑

本部分主要从失独身份出发，通过过程—事件分析法，回顾失独者的生命历程，并抽丝剥茧，去伪存真，从中找出关键节点，勾勒出失独者人际关系结构变迁的脉络，分析失独者人际关系结构的生成逻辑。

一　同命人概念的出现与群体边界形成

失独者是对独生子女死亡父母的身份简称，实际是个体身份，同命人是对一群失独者身份的简称，实际上是群体身份——当失独叙事发展出"同命人"概念的时候，证明群体身份和群体意识逐渐形成。"同命人"概念出现的历程，我们可以追溯到 2006 年，当时少数失独者精英（WZB等）为了将零星分散的失独父母相聚合，发布了一则"寻人启事"，寻找与自己有"一样经历的中老年人"[1]。正是这一次召唤，原本分散的失独者逐渐会集，并在多次生日会、节假日庆祝、公益行动等集体活动后发展出群体心理、群体行为等集体性特征。由于上述特征的载体都是失独命运，因此参与活动的失独者率先称自己为"同命人"。

失独者对"同命人"身份的接受是自然形成的。阿玛蒂亚·森在《身份与暴力——命运的幻想》一书中指出："认同感大大有助于加强我们与他人，比如邻居、同一社区的成员或同一国公民之间的联系的牢固性。"[2] 对

---

[1]　《饱受老年丧子之痛，WZB 老人欲建"温馨苑"》，《楚天金报》2006 年 5 月 7 日。

[2]　[印度] 阿玛蒂亚·森:《身份与暴力——命运的幻想》，中国人民大学出版社 2009 年版，第 10 页。

于失独者而言，独生子女夭折是他们有生以来遇到的最大事情，是"天塌下来的事情"，在这种背景下，他们对与自己是"失去独生子女的中老年人"的认同感显然要大于对其他社会、经济、宗教等身份的认同感，因而他们对同样失去了独生子女的中老年人有天然的关注和认同。

由于独生子女死亡后，失独者变得敏感、多思，尤其与其他有稳定"三角结构"家庭的人难以正常沟通和交流，甚至在他们面前觉得自卑、羞愧，所以失独者努力减少与他们的人际交往。而当少数失独者精英出现并通过各种方式同失独者取得联系时，他们压抑的情绪瞬间得到释放，彼此诉说各自相同的命运并引起深深的共鸣，"同命人"的烙印就此刻在失独者组织成员的心中。例如，在 WZB 发布"寻人启事"之后，有几十名失独者先后联系到他，并通过彼此的交流接触到更多的失独者。在线上/线下的交流活动中，失独者相互之间不断增加对彼此经历的认同，相互倾诉、相互依靠，甚至认为即使是关系亲密的亲戚也"没什么好聊的"，只有同命人之间才能相互理解、畅所欲言。受访者 GSR 说："只有在我们这些同命人当中，我们才能无话不说，该哭的时候哭，该笑的时候笑……这是我们之间经常说的话：你跟你哥哥姐姐有什么话说，我们之间的话才多，才有话说。"[1]

失独者属于极度弱势群体，他们有自己的精神诉求和物质诉求，而其诉求缺少他人的支持和理解，只有与自己"同病相怜"的同为失独者的人才能够体会。相较于失独者之间的情感认同，其他人已经成为失独群体的"局外人"，失独者在不断加强个体"失独"身份认同的同时，也加强了对"同命人"群体身份的认同。

失独者对"同命人"群体身份的认同首先来源于失独者对其他人的逃避、戒备甚至恐惧，如许多失独者提及的失去孩子后不敢出门、搬家、与亲戚朋友疏远。由于失去子女带来的心理创伤，他们不愿与他人接触，怕见到其他家庭的活泼的子孙后代而触景生情，更怕与不能理解自己的人发生争执。因此他们逐渐减少和同事、亲戚、朋友的交往，转而加强和同命人群体的互动。正是在多次的"疏远"和"转向"过程中，失独者和非失独者的互动边界出现，并逐渐推及居住边界、互助边界、经济边界等，这就是很多研究报告和论文中提到的"搬家的多""提前退休的多"。[2]

---

①　访谈记录 GSR20111104GSR。

②　参见中共湖北省政策研究室《真空老人需要亲情关爱——一封群众来信引起的调查》，2009 年 8 月 12 日。

我们在调研过程中，也明显地感受到群体边界的出现并逐渐内化为群体意识。比如失独者经常用"我们"和"他们"来区分失独者与其他人。从社会心理学上来看，"我们"的概念就是社会学中的"内群体"，"他们"就是社会学中"外群体"，当失独者用"我们"和"他们"来彼此称呼的时候，就说明失独者的群体意识逐渐生成，失独者和非失独者，或者说内群体和外群体的边界也在逐渐确立。"同命人"这一概念的提出和确定，正式将上述边界直观化展现出来，一方面，导致失独者和外群体的边界感越发明显，另一方面，失独者和同命人等内群体的联系逐渐紧密。

二　失独问题显性化与关照性歧视的产生

随着哀伤期①的结束，失独者要生存下去，这时候他们不仅要承受失去子女带来的心理和精神上的伤痛，同时也要面对疾病等身体伤痛和无人养老带来的经济负担。在此背景下，经历过同样伤痛的"同命人"组成了失独者群体，通过群体来表达诉求、展开活动，失独问题也随着失独者群体活动的常态化，媒体的报道、学界的研究都不断增加，从而使失独群体从一个隐秘的群体，逐渐被社区大众所知晓，或者说使失独问题从社会学中的"隐性社会问题"变成"显性社会问题"，②也就是本节标题中所说失独问题的显性化。

失独问题的显性化首先体现在媒体对失独问题的聚焦上。2010年至2012年，中国网等极少数网站有对失独老人的状况进行报道，③而从2012年开始，随着多省的人大常委会及政府有关部门开始关注"失独"家庭这一社会议题并提上日程后，媒体对"失独"议题的关注呈明显的上升趋势。同时，失独者组织在进行公益活动时还积极联系媒体进行宣传报道，据不完全统计，媒体上有关失独问题、失独者、失独组织的报道数量已经有数百篇，甚至登上了中央电视台、凤凰卫视、东方卫视等权威媒体机构。以凤凰网为例，关于失独家庭的最早报道出现在2008年，仅有1篇，到2012

---

① 哀伤期：失独的痛苦具有持续性、顽固性和反复性，失去独生子女后，家庭会陷入持续的哀伤之中，这个持续哀伤的时期即为哀伤期。哀伤期大致可以分为以下几个阶段：拒绝接受现实极度悲痛、难以摆脱接受现实、仍有隐痛基本摆脱痛苦并回归正常生活阶段。

② 社会问题具有显性和隐性两种类型。参见雷洪《论隐性社会问题》，《社会学研究》1997年第3期。

③ 中国网：《中国失独老人纪实》，http://www.china.com.cn/news/2012-07/30/content_26063218.htm。

年有 137 篇、2014 年增长至 287 篇，[1] 截至 2019 年更是达到了 106000
篇。[2] 可见随着时间的推移，凤凰网关于失独家庭的报道不断增加，同时失
独家庭相关报道已经成为凤凰网报道框架的一项常规主题。

其次，媒体对失独问题的报道及政府对失独问题的重视也引起了社会
对失独问题的广泛关注。多家慈善和公益组织开展针对失独者群体的公益
活动，或成立了关爱失独者的慈善组织，如星星港湾、蓝天下的挚爱等；
同时，社工团体也加强对失独者的关注和帮扶，注重对失独者的物质帮助
和情感支持，社区愿意接纳并尽力满足失独者群体或组织的部分诉求；也
有越来越多的志愿者群体参与到走访失独老人送温暖的活动中。

表 36　　　　　　　　部分关爱失独者的慈善组织及活动

所在地区	名称	主要活动
北京	益暖冰心组织	组建各地的志愿者团队，通过各地的组织了解失独老人，志愿者对失独老人进行精神抚慰和心理疏导；看望并筹款资助生病失独老人；尝试为失独老人建立专门的养老机构
天津	暖心家园	组织志愿者陪伴、陪护失独老人；为失独者聚会提供平台和场所；为患病失独老人捐款
武汉	连心家园	为失独家庭开展心理危机干预，帮助他们走出痛苦；每个月定期举办活动，通过聚餐、跳舞、打球等方式自我温暖；向政府表达失独者集体利益诉求
成都	妈妈之家	汶川地震之后，帮助丧子母亲回归正常生活，为她们提供心理援助；帮助失独母亲表达对灾后重建政策的意见；实施"再生育家庭子女亲子关爱行动"[3]

资料来源：公益时报 http://www.gongyishibao.com/html/gongyizixun/8715.html、长江网 zt.cjn.cn/zt2016/lsgy/mtjj/201603/t2800638.htm、长江网报道 http://zt.cjn.cn/zt2016/lsgy/mtjj/201603/t2800638.htm、中国政府网报道 http://www.gov.cn/xinwen/2017-01/19/content_5161156.htm 等。

最后，失独问题的显性化还表现为学界对失独问题的研究数量日
益增多、研究范围不断扩大。下图是笔者在中国知网以"失独"为关
键词检索到的中文相关文献数据得到的折线图，蓝色虚线为变化趋势
线，可以看出关于失独研究的文献数量总体呈上升趋势。在研究范围

---

① 程小燕：《试析凤凰网对"失独家庭"群体的相关报道》，《传播与版权》2016 年第 11 期。
② 此数据是笔者在百度搜索上得出的，虽然有 106000 条，但是肯定有些条目是重复的，但是总体趋势是近十年的，失独问题的报道呈现井喷式发展，特此说明。
③ 姜娟：《都江堰市 NGO 参与公共服务的现状问题及对策研究》，硕士学位论文，西南交通大学，2014 年。

方面，随着研究失独问题的文献数量增多，研究范围也随之扩大，包括失独家庭养老问题、失独群体维权问题、失独者心理健康问题等多方面。

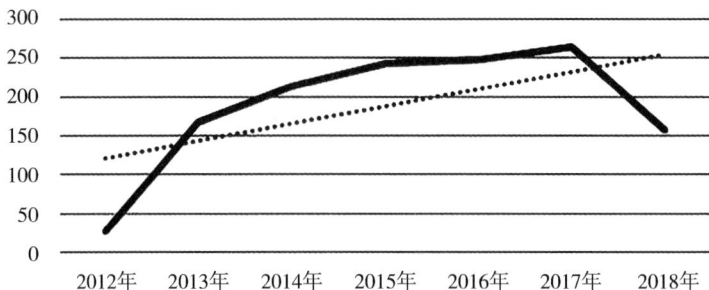

图 21   2012—2018 年关于"失独"中文相关文献量

　　失独问题的显性化带来了社会的普遍关注，随之而来的是政府政策对失独群体的一定倾斜、社会大众对失独群体的关心和同情。首先体现在政府对失独者的补助政策上，不同省市的补助标准也不同，最新数据显示，北京、广东、河南等省市都不断提升对失独者的补助标准，基本都维持在每人每年 6000 元及以上的政府补助。① 随着八项规定的严格推进，为保证公平公正公开，很多社区都要进行居务公开，失独者的名单可能就被公开了。比如 2008 年，因领取失独补贴要进行公示，李昭妈妈跟街道产生激烈的争执，因为"一公示，所有人都知道了"、"干吗还要撕开我们的伤口给别人看。"类似的案例在不少地方也存在。② 其次，还表现为社区

---

① 广东省卫生厅《关于进一步做好计划生育特殊困难家庭扶助工作的通知》http：// zwgk. gd. gov. cn/006940132/201501/t20150130_ 567334. html 指出："独生子女死亡的家庭，特别扶助金由每人每月 150 元提高至每人每月不低于 800 元。"河南省卫生和计划生育委员会《关于进一步做好计划生育特殊困难家庭扶助关怀工作的通知》http：// www. hnwsjsw. gov. cn/contents/460/31102. shtml 指出："将独生子女三级以上残疾或死亡，女方年满 49 周岁的夫妻的特别扶助金标准分别提高到每人每月 540 元、680 元。"北京市卫生和计划生育委员会《关于进一步做好北京市计划生育特殊困难家庭扶助工作的通知》http：//www. beijing. gov. cn/zfxxgk/110088/qtwj22/2015 – 11/17/content _ 627497. shtml 指出："将本市女方年满 49 周岁以上的独生子女伤残、死亡家庭夫妻领取的特别扶助金标准由每人每月 160 元、200 元分别提高到每人每月 400 元、500 元。"

② 资料来源：新华网《失独父母：不怕死，怕老怕病》，http：//news. sohu. com/ 20120730/n349337568. shtml。

的社会工作者、慈善组织的志愿者等对失独家庭上门慰问。笔者发现每年的 3 月 5 日，农历春节之前就有各种慰问活动，其中，针对失独者的慰问是一个重要环节。这些慰问活动往往伴随着官媒的报道、自媒体的推送，失独者的照片甚至不加马赛克就被推送出来。① 这种因为政府关爱和关心而导致的失独者信息泄露，极有可能对失独者形成创伤，因为很多失独者搬家就是不愿意让自己失独的事实被邻居知晓，我们称由于各方关心、关爱形成的歧视叫关照性歧视。②

对关照性歧视的感知因人而异，部分人可能因此感受到社会的温暖，获得了部分精神慰藉，但是还有一部分失独者认为自己的创伤被公之于众，认为自己丧失了尊严。对于他们而言，关照越多，歧视越多——失独者因为在与其他群体交往时感觉到被重点照顾，成为被区别的对象，而感觉到"关照性歧视"。主要体现在以下几个方面。

第一，领取国家补贴需要在社区里公示失独家庭。曾有失独者表示"国家每个月给一百块钱，只要你是登记了的，都有这个补助。但有的人他不愿意要，他不想别人知道他的情况"。（20111104GSR）甚至有人因此与社区或街道发生争执，因为在发放补贴的文件中频繁出现的"扶助"二字本身就令不少失独者感到不满。在他们看来，"扶助"是"政府出于道义给予公民的恩赐"、是"一种高尚的慈善行为"。他们想要的不是"扶助"，而是"补偿"。③

第二，公益组织的额外关怀，也会导致关照性歧视。失独问题的显性化带来了社会各界的关注，出于对失独群体的关爱或同情，许多慈善公益组织都开展关爱失独群体的公益项目。如组织志愿者看望失独老人、为失独老人演出等。这种公益活动的出发点是为失独者带来温暖和关怀，但这类活动通常缺乏连续性、持久性，也不能切实满足失独者的需求。同时会导致失独者不断加深对自己"失去孩子"的身份认知，强化自己失去孩子的"悲惨的命运"，进而将自己与其他非失独群体相区别，敏感的失独者会感受到来自非失独的志愿者的关照性歧视，而选择拒绝这种关怀。董毅妈

---

① 访谈记录 ZLX20110111。

② 关照性歧视：媒体、社会大众出于同情认为失独群体是"弱势群体"，因而对失独群体特别地关心和照顾，将失独群体与"其他人"区别。对失独群体而言，这种额外的关怀所导致的区别对待本身也是一种歧视。

③ 资料来源：《钢丝绳下：失独者的后半生》，https://baidu.com/s? id＝1637316672639-135059andwfr＝spiderandfor＝pc。

妈说，曾有个公益组织要捐助北京一个生活困难的失独者，她帮忙联系街道，对方回复"大姐求您了，我们街道自己救助她，别让她去成吗?"①

第三，日常生活的各个方面带给失独者的歧视感。在《新华字典》中，歧视是指"不平等的对待"。在日常生活中的各个方面，失独群体都受到与他人不同的对待。当失独者就医时，无人签字也无人照料。不少失独者自己去医院时，会因为医生的一句关心"一个人行吗?"而崩溃。②当失独者办理信用卡时，也会感受到因失去子女带来的自己与他人所享受待遇的不同。姜女士打算申请一张信用卡以享受超市折扣时，银行职员告诉她，由于她已经退休，姜女士的最佳选择是成为她孩子信用卡的授权用户，这位失独母亲立刻扭头就走。③可以发现，当失独群体与其他群体接触时，"失去独生子女"的身份为失独者的生活带来了许多不同和不便。社会对失独群体的额外关照对他们而言也变为一种负担，他人关切的眼神落在失独者身上成为"我与一般人身份不同"的映射，这种身份不同感也是产生歧视感的来源。

通过调研和访谈可以发现，有"关照性歧视"感的失独者不在少数，他们许多人为了避免接受亲朋邻里同情的目光和问候而刻意回避与他们的见面，甚至以搬家等方式减少与熟人的接触和联系，避免"关照性歧视"的出现。

三　集体利益诉求与负面标签的烙印

随着群体边界的逐渐清晰，失独者倾向于与内群体（失独群体）交往，互动频次和深度的增加，失独者群体逐渐发展出了特殊的利益诉求。虽然具体内容可能存在差异，但是一般主要集中在物质生活诉求、精神慰藉诉求以及集中养老诉求等方面。

在物质诉求方面，大多数失独者不仅缺少老年生活保障，同时也由于子女逝去所带来的伤痛导致体弱多病、精神衰弱等，以及部分因病去世子女的父母为子女治疗欠下巨额借款，多种因素相作用使失独者有一定的物质诉求。与失独者的基本物质诉求相对应的是法律法规对于失独者物质保

---

① 资料来源：新华网《失独父母：不怕死，怕老怕病》，http://news.sohu.com/20120730/n349337568.shtml.

② 资料来源：《失独父母最怕病》，http://news.sohu.com/20130122/n364335402.shtml.

③ 中国日报网：《失独家庭：中国社会之痛》，http://language.chinadaily.com.cn/news/2013-08/12/content_16887215.htm.

障的不健全使得失独者在表达自己的利益诉求时异常艰难，时常碰壁并不被理解。因此，失独群体的物质诉求主要在于提高政府补助金标准并给予一定的物质补偿。

在精神诉求方面，许多失独者也有倾诉的欲望，也需要配偶和他人的开解和陪伴，他们有精神慰藉的诉求，需要建立一个失独者之间交流和倾诉的平台。部分失独者由于悲痛过度甚至出现一些心理问题和精神问题，需要专业性的心理医疗支持。同时，他们也向政府寻求精神慰藉，认为政府部门的慰问可以起到示范作用，带动全社会的人来关心、慰问，促动全社会形成关爱失独父母的氛围。[①]

失独群体的集中养老诉求是指他们希望政府可以建造一个小区，仅允许失独者入住养老。首先，失独群体面临的一大难题就是养老问题，中国有"养儿防老"的传统，而失去独生子女导致失独者很可能"老无所养、老无所依"。因而失独者希望可以由政府负责他们的养老问题，但不愿意入住现有的公办养老院，因为他们不愿面对其他一般家庭节假日儿子女儿、孙子孙女来探望的场景，而是需要一个仅供失独群体养老的独立场所。

综上所述，失独者的诉求既有合理性也有其不合理性。失独者的策略往往以合理性诉求为开端，比如提高扶助金标准，对失独者进行精神慰藉，但随之就会掺杂着一些非合理性诉求。比如要求明确管理失独群体的机构、为失独者提供集中的廉租社区，等等。同理，失独者的诉求对象、诉求方式也有合理性和非合理性。其中合理性诉求内容和诉求方式能获得相关政府的认可和社会大众的认同，但是非合理性诉求内容和诉求方式也会让政府和社会大众对失独者打上负面标签，比如2019年年初，湖南湘潭、山西忻州等地政府甚至将失独群体列为"涉黑对象"。[②]其实这主要是因为部分失独者的非制度化政治参与[③]，尤其是两会期间到北京上访影

---

① 张必春、江立华：《丧失独生子女父母的三重困境及其扶助机制——以湖北省8市调查为例》，《人口与经济》2012年第5期。

② 资料来源：《不只湘潭，山西忻州卫计委也将失独家庭列为扫黑摸排对象》，https：//www.thepaper.cn/newsDetail_forward_3206683。

③ 非制度化政治参与是指采取不符合国家宪法、法律、规章、政策、条例等所规定的制度或程序而进行的影响政治决策过程的活动。如2014年全国各地80多名失独者前往北京的国家卫生和计划生育委员会（简称卫计委）上访为例，失独者向卫计委递交自己的《申请》，最初无人接待也没有得到任何回应，由于失独者的态度较强硬、情绪激动，第二天卫计委同意由失独者代表与卫计委领导进行单独座谈，但没有得到任何实质性的政策答复，与此同时，卫计委通知各地信访办到北京接访，最终上访人员被各地政府人员领返。

响了基层政府的绩效，所以部分地方政府为了避免再次出现失独者越级上访事件，而将失独者列为"维稳对象"，这其实就是负面标签，如果用查尔斯·霍顿·库利"镜中我"① 的理论就可以发现。但这一贴标签的过程也使得失独者大众形象从"被怜悯对象"蜕变为"被维稳对象"，重大节日时往往都会得到街道和社区的"重点关照"。

失独者的负面标签还来自新媒体对失独家庭的负面形象建构。新媒体②以数字为载体，以互联网为传播手段来传递和分享信息的新型媒体形式，流量是其生存发展的关键。部分新媒体为了提高点击量，吸引眼球，往往倾向于报道失独者"抑郁""恐慌后悔""怕老怕死""身心重创""相依为命""养老困境""精神慰藉"等方面，③ 建构了失独群体受苦受难的形象。然而，失独群体开展孤儿院慰问、江边劝泳等公益活动很少有报道，被转载的可能性更低。新媒体这种特殊的叙事逻辑和题材选择一定程度上也向公众建构了失独家庭"苦大仇深""孤苦无依"的形象——当人们无法亲身接触失独家庭或深入了解其处境时，新媒体的报道很大程度上就建构了失独者形象、型塑了人们对失独家庭的认知。

传统儒家文化也给失独者打上负面标签。《孟子·离娄上》中"不孝有三，无后为大"，中国传统文化强调血脉传承，重视"多子多福"，表现出对子嗣昌盛的憧憬，反之就是对"断子绝孙"的憎恶，在日常生活中，说某人断子绝孙往往是对一个人最大的侮辱。失独者就属于"无后"的类型，无论是否属于客观原因，他们都必须承受血脉中断的痛苦，无颜面对列祖列宗。其次还必须面临被"污名化"的风险。独生子女死亡是失独者一生最大的不幸，在传统文化中是一种"不吉利"的象征，为了避免染上"晦气"，部分社区居民会尽力避免与失独群体的接触，甚至给他们贴上"晦气""触霉头"的标签。在调研中，失独者提到"有时候和熟人、邻居打交道，就怕发生矛盾，有的人就会说'你孩子都死了你还这么坏''你这个断子绝孙的人……'，这对我们是极大的伤害"④。

---

① ［美］查尔斯·霍顿·库利：《人类本性与社会秩序》，包凡一等译，华夏出版社 1989 年版，第 118 页。

② 新媒体相对于报刊、户外、广播、电视四大传统意义上的媒体而被称为"第五媒体"，是新的技术支撑体系下出现的媒体形态，如数字杂志、数字报纸、手机短信、移动电视、触摸媒体等。

③ 慈勤英、周冬霞：《失独家庭政策"去特殊化"探讨——基于媒介失独家庭社会形象建构的反思》，《中国人口科学》2015 年第 2 期。

④ 访谈记录 GSR20111104。

除了政府、媒体和文化的负面标签外，失独者也会自我打上"精神障碍"等标签。如前文所述，失独者接受并认同其"同命人"身份，且与其他同命人互动的事实，已经客观上逐渐将失独群体同其他群体相区别开，从而将失独者的社交群体以失独身份为界分为内群体和外群体。失独者的内群体交流倾向进一步影响、阻碍失独者走出痛苦阴霾的步伐。在失独者的心中，也把"失去子女"内化为自己的标签。很多失独者发现，自己的思维方式、行为方式的非常态性影响他们正常的工作和人际交往，这种事实让他们不得不接受自己所遭受的精神创伤，甚至给自己贴上"精神障碍"的标签——这种自我贴标签的行为表明一种自我认同。当失独者认同自己是精神障碍者时，他们的行为更加极端，思维更加偏激，甚至部分失独者还到"医院神经科"进行诊治。[1] 从外在行动到内在心理，从被动接受贴标签到主动贴标签，这种立体的、心理的转换表明失独者的边缘化更加严重。

四　融入社会的努力与非对称性回应

人不同于动物，是因为人具有反身性，反身性既包含"反思"之意，也意味着"对反思的反思"，[2] 即人可以发展自我意识、自己塑造自己、反思自己。在反身性的作用下，部分失独者意识到自己已经逐渐脱离社会，也清楚这样下去不利于自己的身心健康；失独者明白只有重新同社会联结才是理性的解决之道，才有活下去的希望。

根据马斯洛需求理论，马斯洛认为人的需要如同一个结构化的整体，把这些需要分成五层：生理、安全、爱和归属、尊重、自我实现，这五类需求依次由较低层级向较高层级排列，构成了一个"金字塔"需求结构。[3] 失独者在重新融入社会的过程中，为了找回自己作为"社会人"的身份角色，他们通过工作满足其生理需求和安全需求，通过参与公益活动满足其爱和归属需求，通过领养孤儿满足更高阶的自我实现需求；然而结局并非如失独者畅想的那么美好。

首先，部分失独者试图重新工作融入社会，却发现自己难以再胜任工作。工作是将失独者与他人相联结的重要途径，也是维持失独者生活水平

---

① 芦亚微：《社会控制视角下的失独家庭集体上访事件研究》，硕士学位论文，河北大学，2015 年。

② 姚颖：《"反身性"与"反身性文学"》，《东北亚外语论坛》2018 年第 2 卷第 6 期。

③ 晋铭铭、罗迅：《马斯洛需求层次理论浅析》，《管理观察》2019 年第 16 期。

和正常生活状态的基本途径。部分失独者会选择继续工作，但由于失去孩子带来的精神刺激，许多人难以再像以前一样正常工作。在调研中受访者SXR说："他（失独者）是个司机，因为孩子一走打击蛮大，脑袋瓜完全不听使唤，控制不了自己了，一分神，他就容易出事……后来就调换个工作吧，调换工作后，他还是受不了，完全无法与人沟通，完全就是控制不了自己。嘴巴哆嗦，手也哆嗦，做不了事情。"① 类似的案例还有很多，从这些个案可以发现，独子的离世对于父母的打击不仅体现在精神萎靡、体能衰退上，也会使失独者的沟通能力、学习能力、自我控制能力等显著下降，经常出现精神恍惚、反应迟缓等状况。由此可见，失独者失去了大多数工作所需的核心胜任力（如：预见性、沟通、应变力、多视角等），② 无法胜任原有的工作。失独群体的生理和安全需要已难以通过自身努力得到满足。

其次，部分失独者通过做公益融入社会，但是没有得到正面的回应。出于"跨越苦难，自助助人"的理念，部分失独者选择参与公益活动来充实生活、转移注意力，从失去孩子的巨大悲痛中缓慢恢复。因为通过公益，他们可以感受爱与被爱，实现情感和归属需求，同时也得到社会的认可和尊重，实现其尊重需要。因此许多失独组织也开展公益活动，鼓励失独父母走出伤痛、增加与外界的联系、改善精神面貌、找回生命的价值和意义。但这些公益活动并没有得到社会的积极回应，如前文中提到的失独者想要去孤儿院慰问儿童、进行捐助时，只能从后门进出；又因为捐助的数量少、以捐助物品为主而受到工作人员的怠慢。事实上，大部分失独群体的经济条件并不宽裕，他们做公益却被泼冷水的事实表明，公益活动无法满足其尊重需要，反而使其感受到外界的"不尊重"，表明失独者通过公益之路融入社会也异常艰难。

最后，失独者也可以通过收养子女融入社会，但成功率极小。对于已过生育年龄的失独者而言，收养子女是使其再次成为父母的唯一途径，他们可以再次养育子女来融入社会、与其他群体相联系，同时，对于部分失独者而言，抚养孩子也是满足其自我实现需要的重要甚至唯一途径。他们希望通过再抚养孩子来"为社会做贡献"，正如丁XX所说，尽管收养之路走得艰辛，但自己不会放弃。"这么多年省吃俭用，攒下的钱完全可以抚养一个孩子，我有信心，把孩子培养成才，也算是对社会做份贡献，让

---

① 访谈记录 SXR20101125。

② 陈云川、雷轶：《胜任力研究与应用综述及发展趋向》，《科研管理》2004 年第 6 期。

自己精神有所寄托。"①

　　事实上，孤儿领养之路更加难走。许多媒体也有相关报道，"每一个福利院都是相同的说法，有些福利院甚至都见不到孩子，需要捐点钱，才能进去"。在福利院一共有 700 多名 0 到 14 岁的儿童，都是因为先天性残疾被父母遗弃收治进来的，很多孩子甚至是脑瘫，不能收养……"他们说要收养我得先去找民政局……我也给西安市民政局打过电话，工作人员让我自己去福利院收养，完了再去民政局办手续，之后电话就再也打不通"。②从材料中可以知道，失独者领养孤儿之路困难重重：福利院中健康儿童数量较少，而愿意领养孤儿的失独者数量较多；民政局、福利院相互推脱，不愿配合失独者的领养行动；领养申请无人回应，等等。各种阻碍导致失独者领养之路异常艰难，许多失独者在经历一次次闭门羹之后变得更加敏感、消极，不愿再做尝试。此外，领养孤儿的手续繁多、程序复杂且要求严格，也增加了失独者领养儿童的困难。部分地方会在失独父母领养孩子后对其停发国家补助，这无疑也加剧了失独者领养孩子的负担。③

　　失独者重新融入社会的三种主要途径都得到非对称性回应：重回工作岗位却已失去核心胜任力，难得重用；投身于公益活动时因难以提供丰厚的财物捐助而饱受怠慢；领养孤儿之路阻碍重重，鲜有成功……失独者的种种努力常常都以失败告终，难以得到社会的理解和支持。导致失独群体从较低级的生理需要、安全需要到高级的自我实现需要都无法得到满足，其重回社会的积极性不断遭到打击。

五　融入社会失败与刺猬式的收缩及非常态差序格局的出现

　　失独者大多已到迟暮之年，身体机能开始退化，学习新事物的能力、社会交通的意愿等都会随之降低，这些因素使得他们重新融入社会的努力（如上文中提到的工作、参与公益和领养孤儿）不断遭遇挫折，甚至失败。霍曼斯提出的"成功命题"告诉我们如果个体的某个行动越是经常

① 三秦都市报：《失独母亲的艰难收养之路》，https：//xw.qq.com/c/xian/20160418012105.
② 三秦都市报：《失独母亲的艰难收养之路》，https：//xw.qq.com/c/xian/20160418012105.
③ 澎湃新闻：《失独家庭再收养被停发扶助》，http：//www.hxnews.com/news/gn/shxw/201906/29/1770449.shtml.

受到报酬和奖励，那么他就越有可能经常有类似的行动。因此，个人行动的频率往往取决于得到报酬和奖励的频率以及获得报酬与奖励的方式。① 反之，当个人行动未能得到所期望的回报时，他就很可能停止继续行动。

上面的案例表明当失独群体重新振作、努力尝试重返社会时却发现政府、社区居民等主体已形成层层壁垒，自己的努力也不能得到预期的回应，这种非对称性回应加剧了失独者的相对剥离感，进一步割裂失独群体与其他群体的联系。

需要指出的是经过独生子女死亡的巨大创伤，失独者往往都患有急性应激障碍（acute stress disorder，ASD），主要表现为意识范围狭窄、意识清晰度下降、言语零乱不连贯；有些患者出现目光呆滞、表情茫然、呆若木鸡、情感迟钝、少语少动等。在这种情况下，融入社会的努力是他们巨大的进步，然而一旦碰壁对他们的打击是不言而喻的。事实上，我们观察发现非对称性回应使失独者受到沉重打击，降低了自我认同、失去开始新生活的勇气，大部分失独者因此如同刺猬收缩般缩小交际圈和交往范围，将自己退缩回原来的"同命人"团体中，重新陷入情感困境。这种遭遇在失独群体中快速传播，很快就在失独群体中形成示范效应，塑造一种"避世心态"，这样就反过来进一步加剧了失独者的边缘化。

面对一般群体的非对称性回应，失独者的内群体交往带来的"精神慰藉效应"被瞬间放大，进一步强化了失独者"刺猬式收缩过程"。在"同命人"群体中，失独者的社会交通诉求、精神慰藉需要能得到对称性的回应，这种互动效果给处于应激性心理障碍的失独者带来极大的满足，这在其融入社会努力中的回馈是无与伦比的。根据成功命题，当失独者在"同命人"群体中获得在外界无法获得的肯定、支持和理解时，参与"同命人"群体的行为就会被鼓励，因此他们会逐渐减少与其他社会群体人际交往的尝试，而是更为频繁地与"同命人"接触、参与到"同命人"团体的活动之中，返回原有的"同命人"群体；然后在这种不停的"受挫—满足"循环中，逐渐放弃融入社会的努力，并且完成刺猬式收缩的过程。

刺猬式收缩过程的推进，表明失独群体对于"同命人"群体的认同感不断增强，失独者不断排斥参加其他类型的团体活动，并逐渐在养老和

---

① 高连克：《论霍曼斯的交换理论》，《齐齐哈尔大学学报》（哲学社会科学版）2005 年第2 期。

生活交往中与其他群体划定明显的界限，并整体上被排斥在社会主流文化环境之外，① 最终在失独者与非失独者之间形成"局内人"和"局外人"二分结构；不同于传统的同心圆模式，这种结构表明失独者的人际交往逐渐呈现出"内核—外围"二分的非常态差序格局。

第二节　非常态差序格局的理论解释

正如前文所述，失独者因社会身份的改变，会经历退出社会、尝试重新融入社会以及融入社会失败后的"刺猬式"收缩等阶段，这些阶段鲜明地勾勒出了失独者人际关系结构的生成逻辑，也使失独者的人际关系结构一步步走向非常态的差序格局。然而，这种非常态的差序格局背后有着怎样的理论逻辑，如何从理论视角对其加以解读，则是本节关注的重点。笔者认为，非常态差序格局的生成与存在，外在表征为失独者人际关系网络呈现"中心—边缘"两极分化状态，而其内在理论根源则在于失独者自我认同、社会认同两个认同的改变，以及因社会身份改变而发生的一系列行为规则的变迁。

一　三种认同的改变

认同既包含态度，又包含行为模式。曼纽尔·卡斯特认为："认同是人们获得其生活意义和经验的来源，它是个体对自我身份、地位、利益和归属的一致性体验。"② 可以认为，认同涉及个体的存在感，包含个体与他者的复杂关系，即这种认同能够为个体带来"我"与他者有何共同之处与区别之处的心理体验，从而影响"我"的人际关系。为此，本节选取与自我隶属感密切相关的身份认同，与自我价值观、自我愿景实现密切相关的自我认同，与自我对所属群体资格的价值和情感倾向密切相关的社会认同，来对失独者失独前后的认同变化做出一般描述。

（一）失独者身份认同的改变

一般而言，身份认同是指个体所具有的或展现出的个性及区别性形

---

① 向德平、周晶：《失独家庭的多重困境及消减路径研究——基于"风险—脆弱性"的分析框架》，《吉林大学社会科学学报》2015 年第 6 期。

② ［美］曼纽尔·卡斯特：《认同的力量》，夏铸九、黄丽玲等译，社会科学文献出版社 2003 年版。

象，① 包含个体对自我身份、对所归属群体的情感认知及相应行为模式。而针对"我是谁？从何而来？到何处去？"等诸如此类追问的回答，都可以认为是个体对身份认同这一概念的直观诠释。在失去独生子女之后，失独者身份认同发生改变，这种变化集中体现在失独者将所属社会身份重新标签，即将个体身份在主观和客观层面上均定义为失独者、将同类人群在情感上归依"同命人"。

1. 个体身份标签的改变：从"社会人"到"失独者"

在主观认同层面上，独生子女死亡前后，失独者对个体身份的心理认知从"社会人"到"失独者"。独生子女死亡之前，一般而言，独生子女父母与普罗大众一样，具备社会人身份与相应生存需求，在情感认知上也会倾向于努力融入社会生活，努力发挥自身社会功能，进而实现自身社会价值。但当独生子女死亡之后，失独者因经历具有颠覆性、不可逆等特征的身份变化，再加上或多或少的应激性心理障碍的存在，如有些失独者会认为自己"命中无子"、认为自己是"不肖子孙"、认为未来没有希望，而在恢复生活后会强烈感知到新身份给自身带来的变化，于是反复确认这一"失独身份"，并逐渐将这种新身份内化为自我概念的一部分，由此个体身份标签在主观情感层面就逐渐演变为"失独者"并固化下来。

在客观认同层面上，独生子女死亡前后，失独者的行为特征从"社会人"行为到"失独者"行为转变。独生子女死亡之前，独生子女父母因具备社会身份，会尽力履行参加工作、赡养父母、教育子女等社会人职责，尽力维护自身在生产、生活等领域的社会关系。但当独生子女死亡之后，因个体身份从"社会人"到"失独者"转变，失独者在生活、生产、社会交往等方面的行为急剧变化，据统计数据显示，在生产领域，失独者普遍出现主动退出生产活动和主动退休的现象；在生活领域，失独者身体状况每况愈下，很多失独家庭生活难以维持；在人际交往领域，失独者则多变得敏感、多疑、自卑，不愿意与人打招呼，甚至不愿意出门，这些都是行为层面上的客观表现。②

---

① 倪世雄等：《当代西方国际关系理论》，复旦大学出版社 2002 年版。

② 本研究按照 PPS 抽样方法，在湖北省选取 8 市（武汉、宜昌、黄石、十堰、荆门、孝感、黄冈、咸宁），32 个乡镇街道，128 个村居进行调研，共回收有效问卷 307 份。未经特别说明，本书中所有的统计数据均为此次调查的数据。

2. 群体身份标签的形成：从"同为失独者"到"同为同命人"

从个体对所归属群体的认知来看，随着失独者对同类人群的浅显归类到真正认同，"同命人"概念逐渐显现，个体认同也上升到群体认同层面。"失独者"这一称谓不仅是失独者对自身失独身份的简称，更是失独者对个体身份真正认同的表现。此时，失独者与其他失独个体共同相处时，"同为失独者"是将这一新组成的失独群体与其他群体做类别划分后的一种事实称谓，还仅停留在个体身份认同层面，并未上升到失独者对所归属群体的认同层面。但当失独群体中发展出"同命人"概念的时候，失独者对所归属群体的认同也随之产生。这是因为，"同命人"这种称谓实际上体现了失独者的心理归依，即失独者认为"我与这一群体中其他失独者的命运相同""命运不幸是我们这个群体的共同特点"，也正是这种心理归依说明此时失独群体内部能共同感同身受地思考问题，说明这一群体具备群体意识，与此同时，这种对整个群体命运层次的概括性称谓，也说明失独者与其他失独者组成的群体出现了一致的价值取向，由此，个体对所归属群体的认同也得以生成。

综上可以认为，从"失独者"到"同命人"的变化，包含了一种群体意识和群体身份内化的过程，是一种从个体身份认同到群体身份认同的巧妙转换。失独者是个体层面的概念，而"同命人"则是群体层面的概念。对于这些"同命人"而言，失独身份是他们的最大特征，失独者之间的认知、理想、价值观念等都会因为独生子女死亡这一共性特征，而具有一定的相似性，这虽然不能缩小他们相互之间的空间距离，但是极大缩短了他们之间的心理距离，促使他们相互匹配与连接，由此形成群体观念。因而，对于失独者、失独群体来说，就他们个体身份认同和群体身份认同的关系而言，可以认为是失独身份的产生推动了失独者个体身份认同的转变，并加剧了群体身份认同的出现，而这种群体身份认同则是把失独者这种个体身份认同放置在群体层面上经过筛选后（一致的群体身份、群体观念、群体价值取向）而形成的集合。

（二）失独者自我认同的改变

何为自我认同？自我认同认为，自我是人把自身作为客体认识的一种能力，人可以反思自己，认识到自身属性及其所具有的社会意义，在自我基础上产生的主观感受和态度就是认同。这种认同是在一定社会背景下形成的，是在自我与社会的交互影响中建构而成，是社会性的产物。

根据吉登斯的观点，所谓自我认同，是个体以自己亲身经历为依据，在不断反思中理解到的自我。① 进一步而言，当行动者对人、对物的可靠性信心，能够对自己所思所做产生认同感，并且能够在追求目标的过程中收获自信与自尊，这即是一种"本体性安全"。但当各种风险接踵而至的时候，个体的本体性安全感就会越来越受到侵袭，从而陷入忧虑、恐惧状态，如果长期处于这种情绪，就会焦虑、无所适从，并陷入自我认同的危机。怎么形成的呢？查尔斯·霍顿·库利提出"镜中我"概念，认为每个他人都是自我的一面镜子，而每种社会关系也都反映着自我，因此自我认同是在自我与他人的互动过程中逐渐获得的。② 由此可以认为，自我认同是个体在与社会彼此建构、与他人交互影响下，认识到的自我的特殊属性和相应价值，直观表现为自我的感受、态度与行为。就失独者而言，在获得失独身份后，由于在与他人交往中"镜中我"画像的改变，即从一般人到祥林嫂、苦命人等，失独者的自我认同也发生明显改变，主要体现在价值追求和行为目标两个方面。

1. 价值观改变：从积极乐观的"主流观念"到虚无主义的"边缘思维"

正常情况下，自我认同是个体在反思性活动中惯例性地创造和维持的东西，多表现为个体能够理智地看待并且接受自己以及外界事物，能够奋发向上、热爱生活，以达到自我与现代的统一，主观与客观的统一，行动与结构的统一，从而更好地、能动地、妥善地处理人与社会的关系内容。③ 但当失独者重新确定自己在社会中的身份（即失独者）以后，失独者很容易丧失自我，并沉浸在悲叹、抱怨、悔恨等消极情绪之中。相比从前，也就是独生子女死亡之前，他们有明确的人生目标，或为子女受到更好的教育、过上更好的生活，或为了整个家庭的建设，而忙忙碌碌、积极打拼。但当独生子女死亡之后，失独者心理发生了巨大改变，疑惑自己积极努力是为了什么、挣钱又是为了什么。可以认为，这种心态与"虚无主义"十分相像，即将寻求真理的行为看成徒劳的、认为人类的存在没

---

① ［英］安东尼·吉登斯：《现代性与自我认同》，赵旭东等译，生活·读书·新知三联书店1998年版。

② ［美］查尔斯·霍顿·库利：《人类本性与社会秩序》，包凡一等译，华夏出版社1989年版，第118页。

③ 张洁、李慧敏：《社会转型时期的自我认同与教育——解读吉登斯的自我认同理论》，《河北大学学报》（哲学社会科学版）2006年第6期。

有意义，① 因此被过去的阴影所缠绕，认为做什么都无法得到幸福，从而放弃追求幸福，甚至感到绝望，放弃未来，不再相信生活的意义。以下材料就能很好地说明这个问题：

材料一：我们这里有个人，他在北京，是搞房地产的，他在那年薪也是蛮多钱的，当时他的孩子出车祸以后，他马上从北京回来。以后，他那里工资什么的，年薪什么的，他那全部都不要了，就这样，拿着一个身份证以后，然后就回来了，到现在他根本就，与同事，连电话，与同事就，全部都，都，全部都……（不联系了）（武汉市温馨港湾某被调查者的一段访谈记录）

材料二：2006 年 7 月，WCL 唯一的儿子 WR 31 岁时因病去世，一度使他陷入封闭、孤独与痛苦之中。他整天闷在家里抽烟，一天要抽好几包，十天、半个月难得下楼一次。（资料来源：《中国经济周刊》2009-06-01）

材料三：我姑娘 05 年走的，我们两个就受不了。其实我们两个都恨不得陪孩子一起走算了，真的不想活了，没什么意思了。（20101125SXR）

从上述材料可以看出，随着失独者个人身份的转变，在价值认知上，失独者从"自我肯定"和"自我实现"逐渐变为"自我否定"和"自我放弃"。在成为失独者之前，失独者并不缺乏奋发向上的动力和能力，也不缺乏努力奋斗的实践和行为，可以说他们拥有一种"主流价值观念"，与社会是相融的、情感基调是积极乐观的；但成为失独者之后，其表现出对现在的生活失去信心、对未来的生活充满恐惧，被一种"虚无主义"的边缘思维笼罩着，看待事物比较偏激和悲观，行为举止比较极端和冲动，这是失独者价值观方面较为突出的变化。

2. 家庭目标改变：从"家业兴旺"到"得过且过"

自我认同不仅包含自我了解，还包含自我实现。所谓自我实现，可大致描述为能够充分利用和开发天资、能力、潜质，以实现自我预设的理想目标。② 但这种自我实现，会随着个人经历的改变而改变。就家庭目标的

① 曾鹏：《历史虚无主义与后现代主义历史观的批判及话语体系重构》，《内蒙古社会科学》（汉文版）2019 年第 4 期。
② 贾国华：《吉登斯的自我认同理论评述》，《江汉论坛》2003 年第 5 期。

实现来说，以农民家庭为例，众多学者均指出，当前农民家庭普遍形成了"半工半耕"（通常男性成员外出务工，女性成员或年纪较大的父母留守在家务农）的经济结构。① 并且，这种结构表现出两种主要类型，一是以代际关系为基础，年轻子女外出打工、年迈父母在家务农和照顾孙儿；二是以夫妻关系为基础，男性劳动力外出务工，已婚妇女在家务农和照顾老小，与此同时这种以夫妻关系为基础的"半工半耕"会随着子女的长大成人转向以代际关系为基础的"半工半耕"结构。② 从经济的角度来看，这种分工结构，有利于合理配置家庭劳动力资源，实现家庭收入的最大化，保障家庭再生产的顺利进行，进而实现"家业兴旺"。然而，独生子女死亡之后，这种结构就悄然发生了转变，从下面的一段材料中就可以明显看出：

　　以前女儿还在的时候，上学离家比较远，她的成绩一直出类拔萃，不但在学校名列前茅，而且还被评为区的"三好学生"。老师同学们都觉得她会考上一个好的大学。为了更好地照顾她，我在学校边上租了个房子，照顾她的生活起居，洗洗衣服，做做饭，给孩子加强营养，学习很累呀，晚上下习后到学校门口接她回来……家里田土就让邻居帮忙照顾一下，农忙的时候，我就回去十几天，把收割播种等农活干完再过来，这期间她自己一个住……这孩子挺懂事的，也知道家庭的情况，哪儿也不去玩，回来就学习；她爸爸就在外面打工，那时候工资也不高，挣的钱刚好够过日子，但是想着要她考个好点的大学，我就只能先牺牲这两年，等她上了大学再找点事情做。

　　女儿走了以后，我彻底傻了，大脑转不动了，说话的时候嘴都在哆嗦，手也发抖，到现在都不知道怎么过来，就和她爸爸在一起哭……孩子的后事都是她叔叔婶婶、我的弟弟弟媳操办的……从那以后，她爸爸就不上班，不是不想上，是上不了，孩子的事对他打击太大了，他曾经去干过一段时间，但是发现和以前的人实在沟通不了，让拿个东西也会分神，人家和他说话，他都听不到，后来想想还是算了，就回来吧……现在我们两个人就靠点口粮田生活，国家每年给我们两千块钱补助，我们自己再种点东西，亲戚再贴补贴补，也差不多

① 黄宗智：《制度化了的"半工半耕"过密型农业》（上），《读书》2006 年第 2 期。
② 张建雷：《家庭伦理、家庭分工与农民家庭的现代化进程》，《伦理学研究》2017 年第 6 期。

了……现在就是挨日子。(20101025LXH)

从上述材料可以看出，在独生子女死亡前后，失独者的自我实现发生了巨大改变。在独生子女死亡之前，家庭成员心中有"奔头"，都会努力朝着"好"的方向前进。但当独生子女死亡之后，失独者因遭受巨大冲击，会在磨难中产生个人无意义感，因而在行动中表现为"得过且过"，如不上班、不社交、不关注健康、不经营生活等。

(三) 社会认同的改变

社会认同是连接个人和社会的关键纽带，强调个体所处的社会情境，源自人们在不同群体中的成员资格和身份，本质上是一种集体观念。[①] 泰费尔把社会认同定义为，个体知晓他属于特定的社会群体，而且他所获得的群体资格会赋予其某种情感和价值意义。[②] 通俗地说，社会认同指个体所属群体，及群体身份伴随而来的情感和价值上的重要知识，是一种社会类别化和自我类别化的问题。[③] 然而，社会认同不是一成不变的，随着个体进入不同的群体，引起社会角色的转变，个体的社会认同也随之转化到相应的类别，换句话说，个体的社会认同会随着生活条件、社会关系、社会存在的改变而改变。这在失独者身上就表现得尤为明显。从社会人变为失独者，再到失独者新的社会认同的生成，失独者在确立社会分类的标准、进行社会比较的情感取向、做出积极区分的实际行动等方面都发生了明显变化。

1. 社会分类：标准上从相似阶层到失独身份

就社会分类来看，随着失独者社会角色的转变，他们的内外群体分类标准也变得更加严苛与特殊。在未获得失独身份之前，失独者拥有社会人身份，而作为社会人，他们人际交往的一般目的是为获取生存和发展的资料，以促进家业兴旺、子嗣绵延，因此他们会与各种各样的社会群体进行交际。但与此同时，由于社会类别化和自我类别化的存在，[④] 他们会更多地选择靠近甚至参与那些象征社会身份、具备积极意义、携带正能量的群体或组织。也就是说，这时他们自身所处的阶层往往成为他们进入社会群

---

① 孔翠芳：《多元视角下的社会认同研究》，《中共石家庄市委党校学报》2012 年第 11 期。

② 王卓琳、罗观翠：《论社会认同理论及其对社会集群行为的观照域》，《求索》2013 年第 11 期。

③ 白亮、金露：《近十年来我国社会认同研究评析》，《当代教育与文化》2012 年第 1 期。

④ 白亮、金露：《近十年来我国社会认同研究评析》，《当代教育与文化》2012 年第 1 期。

体或被一些群体接纳的重要标准。但在获得失独身份之后，失独者从
"社会人"转变为"失独者"，他们原先为了子嗣绵延、儿女幸福而努力
工作的意义已不复存在，他们也无须模仿那些积极工作、勤劳富裕的群体
或群体中的个人，他们新的社会需求以及人际交往的主要目的，转变为如
何抚慰自我的失独伤痛、如何处理失独后的心理问题、如何带伤生存等问
题的解决。而这时，由相同失独经历而组成的失独群体，则会让失独者认
为具备共同语言与天然的亲近感，认为是抚慰伤痛、寻求人生意义的全新
社会平台，因而成为失独者走出阴影、融入社会的首选群体。也正是因为
这样的前提，失独者会将失独身份作为群体融入准则，也会将失独身份作
为内外群体划分的严格标准。

2. 社会比较：态度上从相对客观公正到倾向厚此薄彼

"认同"是一种个体心理防御机制，指代个体在心理上与群体的价值
和规范趋于同化的过程。[1] 因此，社会成员不仅会区分内群体和外群体，
更会在情感上对内群体和外群体进行比较。在未获得失独身份之前，作为
最为一般的社会系统中的一员，失独者倾向参照勤劳致富的榜样，倾向加
入积极向上的组织，普遍会同与生产和生活资料获取密切相关的群体进行
交际，此时，他们多数不会对所加入的群体以外的组织有所不满或进行攻
击，这不仅源于他们在价值或态度层面上仅仅是因为需要而选择或遗弃，
更源于社会的强流动性，致使他们在之前已经或今后将会与其他群体产生
交际，因此他们更会保持不偏不倚的客观态度，来对当前所处的内群体和
外群体作出比较性评价。但在获得失独身份之后，失独者很容易在心理上
出现落寂情绪，再加上，佛教中的"因果报应"论也很容易让失独者感
觉前世"罪孽深重"就是"因"、"独生子女死亡"就是"果"，因此感
到很自卑，甚至认同自己前世是"恶人"，于是，当他们与非失独群体相
处时，容易因比较而产生"相对剥夺感"以及负面情绪，而在与失独群
体相处时，则会因相似的经历而具备共同语言与亲近感。正是因为这些情
感与价值体验的存在，容易让失独者在对失独群体与他群体进行比较时获
得积极自尊与精神安慰。与此同时，也恰恰是因为这种积极结果，使得失
独者在对失独群体进行评价时，评价内容多为积极和正面的，而对外群体
则多给予消极负面的评价。可以说，态度上的厚此薄彼是失独者社会认同
变化的最大情感表现。

---

[1]　王卓琳、罗观翠：《论社会认同理论及其对社会集群行为的观照域》，《求索》2013 年
第 11 期。

3. 积极区分：行动上从"人际行为为主"到"群际行为为主"

社会认同不仅会将具有同种属性的许多人联系在一起，也会说明个体是怎样同群体"一致的"。[①] 而这种一致性，往往通过社会成员在行动上进行积极区分而表现出来。可以说，失独者行为取向从个人行为为主导到群体行为为主导的转变，是失独者实际生成社会认同的标志。在未获得失独身份之前，失独者具备社会身份，在日常生活中，生活圈往往是亲友群体，而交际圈多是工作伙伴群体，虽然生活圈、交际圈等不尽重合，但两者间具备共同要素，即个体通常以个人身份或个人的社会角色分工进行社交活动，而非以群体身份进行交往，并且个体在这些群体中获得不同需求，并不作严格意义上的好坏区分。但当获得失独身份之后，失独者社会关系连续统断裂，社会角色也逐渐淡化，失独者因失独群体对自身带来的积极意义（如自尊、获得感和满意度），不仅会将主要交往范围逐渐缩小为失独群体或同命人，更会在受到群体内部情绪的相互影响和价值观的相互传递之后，与失独群体融为一体，并逐渐以群体的价值理念来调整、重塑自身的言行，最后表现为多数社会交往行为以群体为名进行，如失独群体集体上访、失独群体专场文艺会演等。可以看到，这时的失独者已经将自身的个体性融入群体内部，个体理性或个体自主性逐渐丧失，思想和行为上都朝向一个方向。

二　三种认同互动型塑失独者的非常态差序格局

独生子女死亡后，失独者在经过了创伤之后，逐渐发展出了失独者的概念，体现了身份认同；此外，同质性交往增多又生成了同命人的概念，折射出失独者在分类、社会比较和积极区分基础上社会认同的转向；最后，在异质性交往中失独者通过"镜中我"又发展出"祥林嫂""苦命人""触霉头"的概念，体现了失独者自我认同的改变。"人的本质在现实上是一切社会关系的总和"，这三种认同相互影响、相互型塑的社会结构下，失独者发展出"适应性调整机制"，以社会身份为基础，通过割断一批、亲近一批、疏远一批，形成了非常态化差序格局，这种人际关系格局既满足了失独者社会交往的需要，也满足了应激心理障碍的特殊需要，照顾了失独者的特殊生命经历。具体逻辑详见图22。

---

① ［美］安东尼·吉登斯：《现代性与自我认同》，赵旭东等译，生活·读书·新知三联书店 1998 年版，第 25 页。

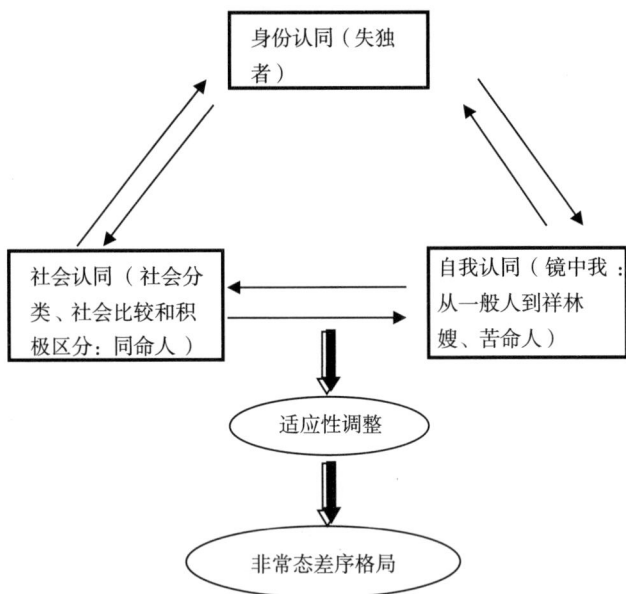

图 22　非常态差序格局生成的逻辑关系示意

（一）身份认同和社会认同的互构：从失独者到同命人

前面笔者说过失独者是个体层次的，同命人就是群体层次，这种改变表象上体现了个体行动到群体行动的变化，其实更重要的是体现了失独者心理历程的变化。对于从失独者到同命人的变化，这里我们要更加引申一层意思，即体现了从身份认同到社会认同的互构。

首先，失独者这种称谓体现了一种身份认同。独生子女死亡后，这些父母首先把独生子女死亡当作一个家庭创伤事件，家庭由于缺少了"稳定三角"中的支点而变得不稳定，代际传承或者代际反哺链条中失去了"重要一端"，彼时对这类人群的称呼还是"计划生育特殊家庭"；[①] 但随着时间的推迟，这些父母发展出"失独者"作为该群体的代名词，并为政界、媒介和社会大众所接受。请注意该名词短语中"失独"二字在前面，后面增加一个"者"，也就是说这群人用一个独生子女死亡事件来表示一群人的身份。日常生活中，我们也能见到某人总是以其他人的身份来称呼自己的情况，甚至把这种身份当作标签加以使用，但是这种情况一般

---

① 2011 年 3 月全国政协委员、辽宁省营口市副市长车竞在提案中称这种家庭为"计划生育特殊家庭"。参见人民网《车竞委员：计划生育特殊家庭需"特扶"》，http://2011lianghui.people.com.cn/GB/214383/14125673.html.

仅仅在亲密关系中，比如经常在微信群或者 QQ 群中看到"某某的丈夫""某某的妈妈"，等等，但是在本研究对象中，该群体用"失独者"自称，可见"独生子女死亡"对这群人的影响之大——在自己称呼里面加上"失独者"三个字体现了身份认同，更体现了独生子女死亡对失独者的巨大心理创伤。

其次，同命人不仅仅是心理层次变化，更是一种社会认同。"社会认同是他人赋予某个个体的属性，也可以说是表明某个个体是谁的标识，同时，社会认同也将具有同种属性的许多人联系在一起，说明个体是怎样同他人'一致的'。"① 因为"同命人"字面意思是"我跟其他人的命运相同"，"同命人"的另外一层意思就是还有一群不同命运的人，之所以会有这种认识，是因为失独者在这个时候进行了社会分类、社会比较和积极区分。② 首先进行社会分类，也就是指根据某种标准将研究对象分为内群体和外群体；然后进行社会比较，也就是说就内群体和外群体进行比较，一般给予内群体积极和正面的评价，而给外群体以消极负面的评价；最后通过语言行动进行积极区分，提高内群体成员的幸福感、获得感和满意度，从而获得内群体的社会认同，相反就会造成对其他群体的排斥。

失独者对自己的认知从最开始的"失独者"再到现在的"同命人"，这两种认知体现了身份认同和社会认同的互构。具体而言，一方面表明失独者已经完成了个体层面到群体层面的扩大化过程，体现了失独者将群体身份、概念及其外延逐渐内化的过程，并影响到社会分类、社会比较和积极区分等社会认同的过程；另一方面，社会认同在社会分类、社会比较和积极区分的基础上，强化了失独者和非失独者的差异，加深了失独者对自己身份的认知，固化了失独者的身份认同，让失独者意识到正是自己特殊身份造成了社会分类、社会比较。需要指出的是这种互构过程正是非常态差序格局连续统断裂的根源，也是失独者社会融入困境的根源。

---

① [美] 安东尼·吉登斯：《现代性与自我认同》，赵旭东等译，生活·读书·新知三联书店 1998 年版，第 25 页。

② 社会认同理论认为，社会认同是根据社会分类、社会比较和积极区分原则建立的。参见 Tajfel H. Social Psychology of Intergroup Relations. *Annual Review of Psychology*. 1982（33）：1—39. 转引自张莹瑞、佐斌《社会认同理论及其发展》，《心理科学进展》2006 年第 3 期。

（二）身份认同和自我认同的互构：从失独者到祥林嫂

自我认同"是个人依据其个人经历所形成的，作为反思性理解的自我"。① 通俗地说，自我认同是自我与他人互动过程中逐渐获得的，美国社会学家查尔斯·霍顿·库利称之为"镜中我"，该概念指出"自我是一个过程，是在同他人的交往或互动中产生的。在互动过程中，理解对方的姿态，并根据他人的反映认识自己。每个他人都是自我的一面镜子，而每种社会关系也都反映着自我"②。换句话说，个体自我意识的形成过程离不开他人，就类似于化妆不能离开镜子一样。正如笔者在本章第一节提到的，独生子女死亡后，失独者往往会遭受应激性心理障碍，在非失独者面前表现出一些"非正常"举动，比如部分失独父母总是拿着子女的遗物，见到熟人就反复讲述夭亡子女的故事；还有些失独者的衣着打扮类似于和尚尼姑，这都带给一般人非常大的联想，对失独者产生偏见隔阂，时间一长，失独者仅感觉自己被他人刻意回避，再加上失独者心理状态的长期抑郁，久而久之失独者便产生建构"祥林嫂"的自我认同。③ 此外，还有"触霉头"等自我认同，比如有些正常家庭不愿请失独者参与婚礼等社交仪式，害怕他们会给自己带来晦气。④ "晦气""触霉头"就是成为失独者"镜中我"的最先表象。这种自我认同是符合文化逻辑的——人有三大不幸"早年丧父、中年丧妻/夫、晚年丧子"，自己正是遭受最大不幸的人——失独者明白这种道理，更加确定了这种自我认同。

失独者的身份认同和自我认同形成一对互构关系。一方面，失独者的身份认同影响失独者的自我认同。用失独者称呼自己表明"独生子女死亡"对失独者的巨大心理创伤，更是因为如此失独者容易出现应激心理障碍，失独者在带病生存阶段，由各种形式的反复发生，闯入性地出现以错觉、幻觉（幻想）构成的创伤性事件的重新体验，医学称之为闪回（flash back）；患者要么给人以木然、淡漠的感觉，与人疏远、不亲切、害怕；要么就絮絮叨叨，看到一个人就不停地讲述独生子女在世的点点滴

---

① ［美］安东尼·吉登斯：《现代性与自我认同》，赵旭东等译，生活·读书·新知三联书店 1998 年版，第 58 页。

② ［美］查尔斯·霍顿·库利：《人类本性与社会秩序》，包凡一等译，华夏出版社 1989 年版，第 118 页。

③ 陈浩然、刘敏华：《从想象到现实：失独父母社会关系张力与断裂的逻辑》，《学术论坛》2016 年第 3 期。

④ 陈恩：《重建社会支持网：失独群体自组织形成机制探讨——基于上海的两个案例》，《北京社会科学》2014 年第 11 期。

滴。面对这种情况，一般非心理医学专业者不能发现失独者患应激心理障碍，更不知道如何与失独者相处，选择"回避"，尽量减少和失独者打交道。但是这种简单的处理方式容易被失独者误解或过度解读，从而认为自己"镜中我"的形象是絮絮叨叨的祥林嫂，是倒霉透顶的倒霉蛋，连亲朋好友邻居看了自己都要"躲得远远的"，从而更加强化了"祥林嫂""霉运"的自我认同。另一方面，失独者的自我认同影响其身份认同。同样处在儒家文化中的失独者，比较能够理解"触霉头"意味着什么，很容易建构出一套自己被社会排斥的逻辑关系，因此同样是处于传统文化的角度，为了避免自己的霉运给其他人带来不幸或不测，他们从"怜爱、自重、不影响他人"的逻辑出发，选择给别人带来"最小伤害"，主动选择回避，生怕什么地方弄错了给他人带来不幸。在现实生活中，这种回避的态度已经成为失独者的共识，失独父母知道"有些人认为我是霉运较重，不愿意和我们接触，生怕感染霉运；还有些人不把孩子给我们抱，认为我们这样的人，抱了孩子会影响他们孩子的成长"①。失独者在文化实践中慢慢内化了这种道德污名和霉运思维，并逐渐形成了给别人带来"最小伤害"的思考，这种思维方式在遵从文化逻辑、利他主义角度考虑完全可以理解，但是相反却强化了失独者身份认同，因为一旦和过去邻里之间的密切关系相比，当时孩子可以抱、话可以说，但现在这一切变化的根源就是独生子女死亡，从而越发加剧失独者对自己失独身份的认知；在这种情况下要获得心理慰藉和社会交往，就只能转向同命人，从而加剧失独者的身份认同。

（三）社会认同和自我认同的互构：从差序格局到非常态差序格局

在独生子女死亡后，失独者进行社会分类、社会比较和积极区分，并在这一过程中形成社区认同。首先，社会区分阶段。遭遇到"人生大不幸"的失独者，会受到包括单位领导、亲朋好友、家族血亲等若干人的关心和问候，也不乏一些反应比较快的失独者以及失独者组织。这时候失独者发现，也有一些原本和自己并不熟悉的陌生人，但同样是失独者身份的人来慰问自己。基于以前的关系网络，失独者很容易将慰问对象区分为熟人和陌生人；其次，社会比较阶段。在和其他失独者以及亲朋好友的交往过程中，失独者渐渐发现，只有同样的失独者，无论是他们说的话或是做的事情，都让其心里舒服；相反亲戚朋友虽然和自己很熟悉，但是总是感觉他们"站着说话不腰疼"，不能深入自己的心里。因此失独者心里更

---

① 访谈记录 WJY20101216。

倾向于和失独者沟通；最后是积极区分阶段。因为失独者和亲朋好友之间的慰问有显著的区别，因此失独者获得精神抚慰、谋求生存策略，更加倾向于和失独者交流，以获得精神、信息、心理的抚慰。也就是说通过社会认同，失独者的世界中出现了一个"二分类模型"，该模型的因变量有两个失独者和非失独者，且失独者回归分析结果发生比就是失独者。

　　分析需要进一步往前推进，社会认同中出现的社会区分（简单地说就是内群体和外群体），以及异质性交往的持续推进，促成了失独者自我认同的出现。虽然进行了两种区分，但面对单位领导、左邻右舍、亲朋好友的慰问，不能拒之门外，因此和他们肯定有一个互动，这其实就是异质性交往；需要指出的是，在这种异质性互动和交往过程中，失独者通过他人对自己的态度、语言、行为、动作、神态等形成自我概念，逐渐生成负向的自我认同。特别是失独者在这种交往的过程中，发现别人对自己"避之不及"，从而在观察他人的反应中，将他们作为一面镜子，建构出"祥林嫂"和"霉运透顶"的自我认同。

　　既然现有的社会认同带来社区分类，自我认同带来了负向的自我认知，那面临这种二分类结构和失独者的自我贬低，如何维系社会交往是一个十分重要的话题。"人的本质是一切社会关系的总和。"① 社会关系是人本质属性的反映，同时社会关系也是社会的基本内在结构，面对这种自我认同和社会认同，失独者总要进行人际交往，总不能到福柯所说的愚人岛上去。研究发现失独者采取了适应性调整②的过程，调整的逻辑是失独者根据自己的需要来调整自己的人际交往，这种调整的逻辑一方面保证自己存在最低限度的社会交往，以保证自己获得精神慰藉、获得应对失独创伤，以及创伤后应激障碍的经验；另一方面，也尽量保护自己的隐私，免得伤口被频繁揭开。在这种逻辑机制的作用下，失独者对自己人际关系进行了调整，具体而言就是失独者的亲属关系出现"形式化"的趋势，虚拟亲属关系出现了淡化的趋势，非亲属关系（基于地缘、业缘和趣缘）出现断裂趋势，他组织关系是"回避和博弈"，不愿意正面接触这些组织；相反，失独者与自组织之间却变得"亲密和团结"。

---

① 《马克思恩格斯选集》（第1卷），人民出版社1972年版，第18页。
② 适应性调整：指的是失独者根据自己的需要来调整自己的人际交往，这种调整的逻辑一方面保证自己存在最低限度的社会交往，以保证自己获得精神慰藉、获得应对失独创伤，以及创伤后应激障碍的经验；另一方面，也尽量保护自己的隐私，免得伤口被频繁揭开。

失独者对人际关系进行适应性调试的结果是形成了"内核—外围"的非常态差序格局，也就是说以社会身份为划分标准，具有相同身份的失独者和失独组织进入差序格局的内核，而不具备相同身份的对象则逐渐被排除出差序格局同心圆之外，比如失独者和他组织、非亲属关系断裂，和虚拟亲属关系的淡化，和亲属关系的形式化，等等；此外，这种非常态差序格局没有了传统差序格局的连续统。这个连续统非常重要，为行动融入社会铺平道路，失独者的人际关系结构失去了这样一个连续统，就意味着会出现社会交往"内卷化"困境，甚至会带来社会隔离，带来失独者的社会融入困境等。

三　三种认同转向对失独者交往规则的影响

随着失独者自我认同和社会认同的调整，他们的心理归属、参照对象等发生改变，产生非同寻常的价值观念、思维方式，进而引发其互动规则、经济规则、流动规则的变迁。

（一）互动规则的改变："同命人"成为人际选择的决定因素

根据费孝通的理论，在差序格局中，亲缘关系直接影响着人际互动的规则，而相比之下，在非常态差序格局中，失独者因失独身份而形成的"同命人"角色，则成为影响人际互动的决定因素。在非常态差序格局下，失独者在群体之间的交往边界、交往对象的筛选标准、关系亲疏的评判标准等方面都发生相应的变化，"同命人"乃至"共情人"占据失独者人际关系结构的中心位置。

第一，交往范围的改变。综合传统差序格局以及后续学者对其的增补，从关系角度进行划分，群体间的交往范围包含具备亲属关系（有血缘和姻缘关系）、虚拟亲属关系（存在虚拟血缘关系，有情感和利益联系）以及非亲属关系（如因业缘、趣缘、地缘等形成的关系）等的人群，简言之，与人的生产、生活等能够产生联系的人群都是一个独立个体的交往范围。但在非常态差序格局中，失独者因独生子女死亡而难以维系常态差序格局，与家族亲属、街坊邻居、单位同事等常态交际圈要么因缺乏共同话题、要么因敏感伤心而有意识地疏远，相比之下，与具备共同失独身份的"同命人"可彼此倾听、完成精神慰藉，于是从单位认同、社区认同、亲属认同，逐渐转向失独者认同，即"同命人"认同，而这种认同也基本决定了失独者的交际范围和交际对象，因此失独者的交往范围从以与自身生产、生活相联系为边界，逐步缩小成以共同失独身份为核心。

第二，交往对象选择标准的改变。传统差序格局理论认为，社会结构是以"己"为中心，按照亲属关系远近向外扩展的关系网络，这表明亲缘关系是传统中国社会的核心调试机制；随着社会经济的发展，利益原则逐渐成为人与人之间交往的重要砝码①，利益因素逐渐进入差序格局的关系调适机制之中。由此可以认为，"情感+利益"是一般人际选择的重要标准。而在非常态差序格局中，失独者独生子女的离去，使得他们核心家庭关系骤然破裂，"情感"这种关系筛选方式遭到重创，同时"利益"纽带也被逐渐淡化，失独者通常表现为"赋闲在家""不再与生意场上的朋友来往"等，但尤为明显的是"丧子身份"这一要素被强化，具备共同失独身份的人群往往相互结为朋友、互诉衷肠，由此较为强劲地将"身份"引入关系调试机制。透过这种"退场—入场"过程，我们可以发现身份成为人际筛选（选择和排除）的核心标准。

　　第三，关系亲疏排列标准的改变。在差序格局中，各种关系要素在同心圆结构中存在这样的排列规律，即距离圆心越近与"己"的关系越亲密，由此亲属关系要素、虚拟亲属关系要素、非亲属关系要素和他组织关系要素就由近及远地在同心圆结构中排列开来。将其放置在我们的社会生活当中来看也不难理解，通常亲属关系被认为是个体人际关系中的最重要的关系，是一种基于血缘或者姻缘关系而建立起来的"最为亲密""最为自然"的关系，虚拟亲属关系则是人们为与没有亲缘关系的人建立亲密联系而产生的以情感纽带为主、利益纽带为辅的关系，而非亲属关系最为疏远。由此可见，差序格局遵循着一种亲属规则，即通常以是否为亲属（亲属最近、虚拟亲属次之、非亲属最远）来判别人际关系的远近和亲疏。但在非常态差序格局当中，失独者对人际关系的一部分对象有意识地疏远，对一部分对象有意识地亲近，失独者（同命人）进入差序格局的核心圈层，而亲属关系则被排挤到外围圈层，非亲属和他组织则被继续向外挤，甚至完全没有被纳入失独者的人际交往范围。由此失独者人际关系要素得以重新排列，关系网络调试机制从亲缘关系转变为以身份为核心。与此同时，一些时常组织失独者活动、了解关心失独群体动态等的赢得失独者信任的"共情人"也被纳入失独者的亲密交往范围。总而言之，在非常态差序格局中，社会关系距离的远近不再成为关系亲疏的排列标准，而失独身份和失独"共情"则成为失独者确认关系亲疏的主要因素。

　　（二）经济规则的改变：对利益因素的冷漠和关照性歧视的出现

　　根据学者们对差序格局关系选择的补充研究可知，新中国成立以后，

_____

① 　折晓叶：《村庄的再造》，中国社会科学出版社 1997 年版。

尤其是改革开放以后，利益关系逐步进入差序格局的关系网络当中。① 所谓的利益关系，是指围绕物质利益的占有所发生的人与人之间的经济联系，如工作关系就是利益关联带来的直接后果。然而在非常态差序格局中，失独身份占据中心位置，失独者之间在建立新关系时，明显弱化经济要素，甚至放弃经济考量，不再存在阶层、等级以及"门当户对"的观念，在调研中我们发现，"百万富翁可以与低保户成为亲密朋友，互诉衷肠"，这表明交往的衡量标准已经从利益规则转到身份规则。

第一，交往对象从有一定阶层差异到无阶层差异。利益因素进入差序格局的选择标准后，人际关系结构发生了一个重要改变，那就是人们与大量的非亲属产生了联系，如因业缘、趣缘等联结而成的关系，但不容忽视的是，无论是因为相似职业还是因为有共同利益取向的兴趣爱好而形成的关系，所谓"物以类聚、人以群分"，人际交往更多是在相同或相似阶层上发生，换言之，人们在选择交往对象之时关注经济地位、社会地位和文化地位，刘禹锡《陋室铭》中"谈笑有鸿儒，往来无白丁"就能看到这种差异。然而在非常态差序格局中，由于家庭结构的震荡，目标功能的蜕化，失独父母缺乏经济利益驱动，在万念俱灰、生不如死、混混度日中寻找生命的意义，探寻舔舐伤口的"良药"；这时候其他失独者提供了经验借鉴，虽然他们可能来自完全不同的阶层，但却拥有共同的失独经历，这非常重要——失独者逐渐将具备共同失独身份的人群纳入"内群体"；相反，却将同事、邻居和朋友等不能推心置腹进行精神慰藉，并产生共情的人推到"外群体"。这种逻辑下无论是"穷人"还是"富人"，只要是具备共同失独身份都可以建立亲密关系，一般人际选择的阶层差异明显褪去。

第二，对社会利益往来从热衷到冷漠。改革开放以后，社会经济发生了翻天覆地的变化，人们之间的经济联系不断增多，在社会大背景以及家庭生存压力的影响下，人们自然而然地趋向于发展有利可图的人际关系，并且总是希望获得尽可能多的社会资源②。然而，父母努力获取经济和物质利益的动力绝大部分来源于孩子，平时的大多数支出用于孩子上学所需，攒下的钱为孩子将来买车买房，多余的财富留给孩子继承，父母一旦失去独生子女，其原本努力维系的经济关系就失去了意义，失独者越发认

---

① 卜长莉：《"差序格局"的理论诠释及现代内涵》，《社会学研究》2003 年第 1 期。
② 周建国：《紧缩圈层结构论——一项中国人际关系的结构与功能分析》，《社会科学研究》2002 年第 2 期。

为利益关系可有可无，也因此对利益往来变得几乎毫无兴趣。

第三，"关照性歧视"出现。一般而言，社会交往中难免存在所谓的"歧视"或"被歧视"、"看不起"或"被看不起"等心理或行为表现，如因社会地位或经济地位而发生的群体性"歧视"，这些只要在合理程度且不对人造成伤害，也是一种可以理解的社会常态。但在非常态差序格局中，这种常见的群体性歧视因子发生了转变，因为经历了人生最大不幸的失独者往往出现创伤后应激障碍，这种疾病的临床表现就是回避，回避场景、感受、话题等一切和失独相关的话题。① 在这种情况下，心理干预、直接进行精神慰藉或者经济抚恤，反而会起到反作用，让失独者更加强烈地感受到外界将自己变成了区别对待的对象，认为这种关心行为是将自己的创伤公布于众；进而出现关照越多、歧视越多的心理认知，这也正是经调研发现失独者存在"搬家的多"的关键原因。

（三）分布规则的改变：社会关系连续统的断裂与中心—边缘结构的生成

在差序格局的人际关系结构中，各个要素的排列是一个连续统，并且都能依据亲缘关系的亲疏找到相应位置。这种人际关系"以己为中心""依据亲属关系亲疏""由内向外"慢慢拓展，依次被亲属、虚拟亲属、非亲属和他组织填满，从而构成一个无间断的连续统。然而独生子女死亡后，失独者对人际关系要素进行了重大重组，并且改变以往人际关系选择标准、淡化利益关系要素，使得人际关系的构成要素发生重组：具有共同失独身份的人群因"身份认同"而跻身核心圈层，占据人际关系结构中心位置，亲属关系则退出中心圈层，被挤到中间圈层，而非亲属和他组织则在差序格局中被继续依次向外挤出，最终出现完全不同于一般社会关系差序格局的非常态格局，社会关系连续统也因此断裂。

根据周建国所提出的紧缩圈层结构论②，中国人人际交往范围存在限度，往往在"圈子内"的是自己人，而在"圈子外"的是外人，并且人们一边"以己为中心"，一边争相向财富圈、权力圈、声望圈挤，以在"圈子内"获得尽可能多的资源，这无疑是对差序格局的有益补充，形象地展示了随着经济社会的发展社会资源对于社会关系连

---

① 徐晓军、刘炳琴：《失独人群的创伤后应激障碍及其心理援助》，《武汉大学学报》（人文科学版）（现用名《新闻与传播评论》）2017 年第 2 期。

② 周建国：《紧缩圈层结构论———一项中国人际关系的结构与功能分析》，《社会科学研究》2002 年第 2 期。

续统的影响。对于失独者来说，其实也存在这种紧缩圈层，但与之存在差异的是，失独者这种变化的关键因素是独生子女死亡后带来的创伤应激障碍，具体表现为"不愿与人交往，对亲人变得冷淡"，但同时又渴望得到针对性的心理慰藉，在这种心理作用下，费孝通笔下传统社会中差序格局的连续统破裂后，以失独身份作为筛选标准而构成了中心紧缩圈层，具体而言，和失独事件无关的其他人就作为"局外人"，失独者不愿意与他们交往，即使是他们的亲戚，拥有血缘关系，失独者对他们也会变得冷淡，并将他们推向人际关系的"边缘"；相关地，具有失独身份的人，即使不是亲属关系、虚拟亲属关系，也会因为身份相似，处境相似，思维相似，获得天然的亲近感，从而被失独者作为"局内人"，快速进入人际关系的"中心"。因此独生子女死亡后，人际关系的连续统出现断裂，并最终形成"中心—边缘"简单结构，需要注意的是这种结果缺乏中间过渡带，不利于失独者的社会融入，会导致失独者的边缘化。

（四）流动规则的改变：失独身份成为进入中心圈层的关键

我们都知道差序格局是一个同心圆结构，在这个结构中行动者"自己"是中心，其他行动会被放在同心圆结构中的某一层圈层上，圈层位置一般反映别人和自己家族血缘关系的亲疏远近，越靠近中心，越容易被接纳，越容易合作。由此可见，传统社会中决定差序格局结构各要素的排列规则是"家族血缘关系"；然后，随着工业化社会的到来，城市中单位制、街居制的推进，"单位身份"成为重要的排列规则，[1] 改革开放后，市场经济体制的确立，很多学者都发现在生产、生活中不知不觉产生了利益联系，"利益要素"也成为影响差序格局人际关系排列结构的重要因素，社会资源（如财富、权力、声望等）因此加入进来影响着人际关系的排列结构。[2]

然而，在非常态差序格局的要素流动规则中，"家庭血缘关系""单位身份""利益要素"都突然失去作用，"失独身份"成为决定流动规则的核心要素，在这种规则下，失独者和失独者自组织成为失独者进入中心圈层的载体，亲戚、同事要素等被排挤到外围。与之相

---

[1] 参见李路路、李汉林《中国的单位组织——资源、权利与交换》，浙江人民出版社2000年版；翟学伟《中国人际关系网络中的平衡性问题：一项个案研究》，《社会学研究》1996年第3期。

[2] 杨善华、侯红蕊：《血缘、姻缘、亲情与利益》，《社会学》2000年第3期。

反，为什么失独者能与失独者、与失独者自组织具备亲密关系，并将他们推向关系结构的中心位置？这主要是失独者的"失独身份"发挥了作用，因为共同的身份，使他们有共同语言、相似处境，非常能够容易共情，获得精神慰藉，很容易惺惺相惜，迅速进入对方人际关系差序格局的内核。

四　非常态差序格局的功能分析

不同于血缘、社会资本等因素形成的人际交往规则，失独者人际关系结构的非常态差序格局是基于身份认同发展而来的。在不幸获得"失独者"这一身份条件前，格局中的大部分成员很少产生交集的可能，而"身份认同"这个发展基础促使失独者的人际关系发生急剧重组，体现为部分要素的向内挤压，和部分要素向外排斥，并且传统差序格局的连续统发生断裂。非常态差序格局的形成，既为失独者的个人需求和群体诉求提供了组织形式的发声路径，却也造成了个人困境发展成群体问题的隐患，呈现出"双刃剑"的特点。

（一）非常态差序格局的正功能分析

由于"失独者"这一相同的身份标签，失独者面临的现实问题往往具有同质性，个体需求便能反映出这个群体的共同需求，是群体需求的子集。虽然和传统格局不同，但这种非常态差序格局重建了失独者的"依恋关系"[1]，使得失独者摆脱了面对现实问题时的孤立无援困境，创造出一条"以群体为组织，以群体需求为目标，以群体发力为手段"解决个体需求的道路。

1. 有利于失独者突破应激性心理障碍，克服心理创伤

失去独生子女这一创伤事件，会为失独者带来应激性心理障碍。[2] 学界将应激心理障碍大致概括为急性应激障碍、创伤后应激障碍与适应障碍三大类。[3] 独生子女的死亡使失独者陷入急性应激障碍之中，如果缺乏及

---

[1]　徐晓军、张楠楠等：《提升安全感：失独父母依恋关系的重建》，《山东社会科学》2017年第6期。

[2]　彭扬帆：《社会支持视域下失独老人的心理健康援助》，《中国老年学杂志》2018年第22期。

[3]　李凌江、周建松：《ICD-10神经症、应激相关障碍及躯体形式障碍诊断标准在中国的应用情况与修改建议》，《中国心理卫生杂志》2009年第7期。

时的专业干预，三个月后便进入创伤后应激障碍阶段，[①] 这也会大概率导致失独者对于社会关系的适应障碍。失独者人际关系结构的非常态差序格局吸引众多"同命人"汇集在一起，他们都失去了独生子女，因而能理解彼此的感受，明白如何缓解新近失独的情绪，这能为新近失独者破解应激性心理障碍提供帮助。

第一，"同命人"主动上门，及时介入，帮助新近失独者发泄负面情绪。由于共同的遭遇导致了"失独者"这一特殊身份，因此"失独父母疏离非失独父母，更愿意与同命人交往"[②]，这也是"同命人"介入救助过程的身份优势。

> 他们也需要我们这样同类的家庭进行安慰，因为其他家庭去了以后，说他们劝他们，他们听不进去。我们一样的家庭说他呢，他听得进去，不管你怎么说他，他就不会怄气。(SXR20101125)

笔者以前的研究指出"同情感"机制可能失灵，在情感慰藉的时间进程上，外界相关部门应该坚持最少干预原则，发挥主要作用的应是"同命人"的"共同感受"。[③] 为避免"同情感"先于"共同感受"介入救助过程，"同命人"会先于政府部门上门，对新近失独者进行陪伴、慰问，让其哭诉、发泄。陪伴正是失独家庭心理援助的主要方式。[④] 在通过"同命人"发泄出内心压抑的情绪后，失独者才可能转变自己的认识，也才有克服应激性心理障碍的可能。

第二，"同命人"现身说法，传授面对失去独生子女这一创伤的经验。在失去独生子女后，失独者往往还要处理一些善后事宜，解决诸如"如何对外发布子女去世的信息""如何处理夭折子女的衣物"之类的问题。

> 后来我一出门，开始的时候孩子走的那天，花圈拿出来后，好

---

① 徐晓军、刘炳琴：《失独人群的创伤后应激障碍及其心理援助》，《武汉大学学报》（人文科学版）（现用名《新闻与传播评论》）2017 年第 2 期。

② 安真真、徐晓军：《社会边缘群体的生成与再生产——以失独父母边缘化研究为例》，《南方人口》2018 年第 1 期。

③ 张必春、邵占鹏：《"共同感受"与"同情感"：失去独生子女父母社会适应的机理分析——基于双向意向性中意动与认知的理论视域》，《社会主义研究》2013 年第 2 期。

④ 汪新亮：《失独家庭心理援助的十条实操》，《心理技术与应用》2013 年第 4 期。

多人都不相信啦。有人说姑娘长得又漂亮，又懂事，嘴巴又特别
甜，怎么突然之间就没了。单位里一个姓耿的同事还说搞错了吧，
这是搞错了吧。他们根本就不相信，我都不知道怎么说了。
（SXR20101125）

突发的变故让新近失独者束手无策，"失去孩子的痛苦，只有经历过
的人才能真正体会"，① 这种"共情"机制使得失独者会自发寻找"同命
人"。"同命人"与他们一样拥有"失独者"这一身份，相同的经历和心
理构建起彼此对话的基础。"同命人"采取过措施解决这些问题，因而能
给新近失独者提出相应建议，比如建议新近失独者对夭折子女的物品进行
销毁或者收拾储藏起来，减少"睹物思人"的概率，从而减轻失独者的
心理创伤。

第三，"同命人"向新近失独者传授生活和工作技能。在以家庭为主
的文化传统"反馈模式"中父母承担子女的抚养义务，子女作为回报在
父母年迈的时候承担赡养责任。② 然而，由于独生子女死亡后，"反馈模
式"支点架构缺损，导致家庭关系、家庭结构和情感联结提前解体，加
上我国社会保障体系的不健全、相关社会政策的滞后，失独者的社会生
活、社会心理、社会关系和社区融入等所有方面都陷入"断裂"之
中，③ 失独者在工作和生活等诸多方面都面临困境。

我们两个就这样，每天在屋里躲着，菜也不敢去买……在人少的
地方转一下，人一多的地方马上就回避。我在单位上搞财务工作，也
是的，完全算不了账，跟人家找钱，报账的时候，都给人家搞错，几
千块钱都搞错了，根本没办法上班了。（SXR20101125）

调查数据显示，湖北省8市仅城镇中就有70%的失独父母主动离开工

---

① 张必春、邵占鹏：《"共同感受"与"同情感"：失去独生子女父母社会适应的机理分
　析——基于双向意向性中意动与认知的理论视域》，《社会主义研究》2013年第2期。
② 费孝通：《家庭结构变迁中的老年赡养问题》，《北京大学学报》（哲学社会科学版）
　1983年第3期。
③ 方曙光：《社会支持理论视域下失独老人的社会生活重建》，《国家行政学院学报》2013
　年第4期。

作岗位，① 淮南市市区有 63.3% 的失独者表示"不愿意出门"②，失独者明显表现出对于生活或工作的回避态度。较早经历丧子事件的失独者，在克服创伤后获得了较强的社会适应力，能就这两方面为新近失独者提供具有操作性的建议。比如针对有工作的新近失独者，将会有正在工作中的"同命人"来教导如何应对工作中的状况；针对没有工作的失独者，则会鼓励他们走出家门增强社会交往；针对实在不适应工作的失独者，则会建议其调离核心工作岗位，或者内退。

2. 有利于抱团取暖，获得精神慰藉

失独群体以身份为核心、呈现非常态差序格局特点的人际关系结构，是使失独者实现由个体"自我疗伤"到群体"抱团取暖"这一转变的前提条件。"身份"要素正如一块"磁铁"，促进了从"原子化的失独者"到"组织化的失独群体"的发展，从而避免失独者"自我疗伤"的低效甚至无效，代之以"抱团取暖"的形式，高效实现失独群体的精神慰藉。

徐晓军指出，独自承受痛苦往往会让失独者更加痛苦，在悲伤情绪趋于稳定后，失独者会不自觉地寻求虚拟或实体的"精神共同体"对自己受伤的心灵进行安慰，通过"共同体"内部倾诉和互助为自己寻找依靠和支持，③ 这就体现出非常态差序格局的"抱团取暖"功能。

首先，失独群体通过网络聚集在一起，形成虚拟"精神共同体"，拓展精神慰藉的广度。互联网不仅改变了人们互动的形式、范围和方式，也极大扩展了人们活动的范围，④ 借助网络，分布在天南海北的失独者通过 QQ 群、微信群等互动软件，他们可以克服空间距离，彼此可以在虚拟空间中联络和互动。需要指出的是，失独者在现实生活中的同质性交往也发展到虚拟空间，目前网络上出现很多失独类 QQ 群、微信群，"失独者"这一身份标签是入群的唯一"资格"或"门槛"。在虚拟空间中，失独者们会畅所欲言，无拘无束，既可以抱怨也可以安慰，宣泄释放压抑的情绪，在其过程中获得精神慰藉。

---

① 张必春、江立华：《丧失独生子女父母的三重困境及其扶助机制——以湖北省 8 市调查为例》，《人口与经济》2012 年第 5 期。

② 方曙光：《断裂、社会支持与社区融合：失独老人社会生活的重建》，《云南师范大学学报》（哲学社会科学版）2013 年第 5 期。

③ 徐晓军、李大干：《组织化与增能化：失独者的"自我抗争"——基于灵性社会工作视角下的思考》，《江汉大学学报》（社会科学版）2016 年第 1 期。

④ 郝彩虹：《互联网使用与失独群体自我增能》，《中北大学学报》（社会科学版）2014 年第 1 期。

其次，失独者会在现实生活中寻找"同命人"开展"面对面"互动，构建实体"精神共同体"，拓展精神慰藉的深度。在很多时候，网络群体也会通过具体活动策划演变为现实群体，因为毕竟网络群体是虚拟的，无法进一步深化，这正如徐晓军指出的，物理距离相对较近的失独者会尝试突破"线上生活"，希望能和"同命人"面对面交流。① 成员们相同的社会身份拉近了彼此的心理距离，能克服从虚拟交流发展到现实交流所面临的信任不足等困难，以线下活动加固成员关系，抚慰成员创伤。此外，还有一种不借助互联网，直接在生活中可触及范围内搜寻"同命人"，构建实体组织，例如武汉市"温馨港湾"和"连心家园"，这类实体组织往往会安排棋牌、歌舞、旅游、聚餐等各种形式的活动，既可以加强成员之间的联系，还可以填补由于失去子女导致的不完整生活，从而获得精神慰藉。

最后，这两类"精神共同体"还可以通过成员共同努力奉献社会而获得精神慰藉。詹姆斯·科尔曼认为："不同的网络关系将提供不同类型的社会支持。因此，一个人为了保证生活需要的大量的社会支持，就必须与多种多样的人保持社会关系。"② 但是，方曙光的研究却发现，社会对失独者表现为较高的不接纳和社会排斥，③ 导致失独者的社会支持出现断裂。为此，失独者需要建立其获得社会支持的基础——社会认同。于是，一些失独群体组织会开展社会公益活动，目的是获得社会对失独群体的认同，实现失独者自身的精神满足。比如武汉市"温馨港湾"到少管所送温暖、为儿童进行心理辅导等。在将"小爱"转化为"大爱"的过程中，失独者不仅收获了社会对失独群体的认同，自身也获得了精神慰藉。

3. 有利于扩大信息获取范围，提升信息获取及时性

"养老、返贫、心理健康和精神疾病是失独家庭面临的主要问题"，④ 解决这些问题需要大量信息。然而，独生子女死亡后，失独者主

---

① 徐晓军、李大干：《组织化与增能化：失独者的"自我抗争"——基于灵性社会工作视角下的思考》，《江汉大学学报》（社会科学版）2016 年第 1 期。

② ［美］詹姆斯·科尔曼：《社会理论的基础》，邓方译，社会科学文献出版社 1999 年版，第 371 页。转引自方曙光《社会断裂与社会支持：失独老人社会关系的重建》，《人口与发展》2013 年第 5 期。

③ 方曙光：《社会排斥理论视域下我国失独老人的社会隔离研究》，《江苏大学学报》（社会科学版）2015 年第 3 期。

④ 肖霖、孙玫等：《中国失独家庭面临的困境及应对策略》，《中国老年学杂志》2016 年第 3 期。

动缩小交际圈，这种封闭导致自身获取有用信息的能力受限，形成信息与需求的不对称、不及时问题。要解决信息获取的这些问题，便需要打破失独者的封闭局面，让各种信息获取主体进入失独者交际圈。

失独者的非常态差序格局正是打破这一封闭局面的关键。因为在非常态差序格局里，具有同质性的失独者往往有着共同诉求，而诉求需要以行动落实，行动中伴随着信息互动。个体获取信息是有限的，但聚集起来的失独群体在获取信息方面有极大优势，因为他们来自各行各业且人数众多，能有效扩大信息获取范围，提升信息获取及时性，通过信息沟通彼此取长补短。这正是对"除了精神性支持外，失独群体自组织还主要为失独者提供信息性支持"① 这一结论的深刻反映。

安真真、徐晓军的研究指出，QQ 群是失独父母们相互联系的重要途径，也是他们获得活动信息、维权信息等的重要渠道。② 失独者 QQ 群等活跃在网络平台的虚拟群体不受空间限制，能极大提升成员获取信息的及时性，各失独者在了解关系到其诉求的信息后，便能在平台实现便捷沟通，方便"志同道合"的成员弥补自身信息的不足。

而在对武汉市 WXGW 这一失独者实体组织的调查中，笔者也发现成员间相互沟通补助信息、活动信息、维权信息等已是常态。"你看去年武汉市搞了一个'春风行'活动……有的社区里面根本就不知道还有这样一个活动。所以，我知道这个活动，就可以帮你、优先给你一个帮助吧！"（SXR20101125）在对该组织秘书长的采访中，笔者便了解到秘书长将武汉市"春风行"这类补贴活动的信息转达给经济困难的组织成员，帮助其减轻经济负担；在失独者聚会时，也会公布临近的活动信息；失独者自发组织的维权活动的相关信息，也往往会被其他成员得知。

（二）非常态差序格局的负功能分析

尽管非常态差序格局实现了失独者从原子化到组织化的转变，使其得以互相抚慰、抱团取暖、获取信息，然而失独者聚集带来的另一方面后果却是负面情绪的汇集。由于差序格局内同质性的社会身份拉近了失独者的心理距离，个体的负面情绪经过"发酵"转变为群体的共同负面心理的

---

① 陈恩：《重建社会支持网：失独群体自组织形成机制探讨——基于上海的两个案例》，《北京社会科学》2014 年第 11 期。

② 安真真、徐晓军：《社会边缘群体的生成与再生产——以失独父母边缘化研究为例》，《南方人口》2018 年第 1 期。

难度也就降低，进而引发家庭伦理困境、社会交往困境、社会认同困境等。

1. 诱发失独者的家庭伦理困境，出现本能和道德的错位

人的本能与生俱来，因一定条件的刺激而出现，属于本身不具有道德性的兽性。① 寻求性满足、抚育后代是人的本能反应，受家庭伦理道德限制，满足人这些本能的对象便是具有法律效应的夫妻关系。但是，失独者失去独生子女后，抚育后代的本能需求得不到满足，失独者被道德伦理压制的本能便逃逸出来，以不道德的方式满足本能需求，诱发了失独者的家庭伦理困境。在非常态差序格局中，失独者与众多"同命人"打交道，丧子这一不幸事件导致的负面效应可能经由群体交流实现强化，进一步压制失独者的道德，刺激其本能的爆发，最普遍、最直接的便是引起夫妻关系伦理问题。

首先，失独父母的离婚率奇高。早在 2009 年的调查中，失独父母的离婚率便已高达 30%。② 费孝通指出，在核心家庭中，孩子是家庭结构稳定的基础。③ 而独生子女家庭的风险性会随着母亲生育能力的逐步丧失而放大，④ 在独生子女去世且女方丧失生育能力后，丈夫却有很高的替代选择（CL_{alt}），因此失独家庭离婚风险骤增。在非常态差序格局里，"唠家常"这一普遍行为可能强化失独者因丧子导致的对伴侣的负面情绪，激化夫妻双方对彼此的不满，最终的解决途径之一便是婚姻解体即"离婚"。

其次，失独父母性生活消减。李桂梅认为，夫妻性生活状态直接影响感情关系，性生活和谐则使夫妻感情升华，使双方产生特别的亲密感和信任感，性生活不和谐往往使感情发生隔阂、产生矛盾，甚至导致婚姻危机。⑤ 由此可见，和谐性生活是维持稳定的婚姻关系的重要条件。然而，有研究发现，失独父母在失去子女后，"性压力"的

---

① 聂珍钊：《文学伦理学批评导论》，北京大学出版社 2004 年版，第 247 页。

② 参见中共湖北省政策研究室《"真空"老人需要真情关爱——一封群众来信引起的调查》，2009 年，http://hbrb.cnhubei.com/html/wlorb/20100916/hbrbll78395.html.

③ 费孝通：《论中国家庭结构的变动》，《天津社会科学》1982 年第 3 期。

④ 桂世勋、王秀银等：《对成年独生子女意外伤亡家庭问题的深层思考》，《人口研究》2004 年第 1 期。

⑤ 李桂梅：《论性、爱情和婚姻的统一》，《湖南师范大学社会科学学报》2011 年第 6 期。

存在较为普遍，① 性生活也明显减少，② 这对失独夫妻关系造成了不同程度的负面影响。非常态差序格局中，"同命人"的会集在缓解失独者情绪的同时，也可能强化其创伤，进一步强化失独者的"性压力"，消减其性生活。

最后，失独家庭中可能出现婚外情现象甚至婚外子女。《中华人民共和国婚姻法》明文规定"禁止有配偶者与他人同居"。③ 同居权是指男女双方以夫妻身份共同生活，包括满足相互间合理的性欲要求的权利，④ 夫妻身份这一前提便表明贞操义务属于双方共有。然而，独生子女的逝去却使得一些失独家庭出现婚外情甚至婚外子女的现象。笔者的一些研究表明，"一些失独父母采取忍让、退步的方式，不仅容忍第三者的存在，还容忍第三者与丈夫结婚生子，甚至愿意代其抚育丈夫的'非婚生子女'"，⑤ 不得不说是对夫妻伦理的严重背离。正如前文所述，非常态差序格局可能强化失独父母对彼此的不满情绪，而解决问题的途径可能便是"婚外情"甚至"生育婚外子女"。

2. 造成失独者的社会交往困境，不利于社会融入

失独者人际关系结构的非常态差序格局有利于失独者抱团取暖，需要注意到，这种聚集也将拥有负面情绪甚至扭曲性格的失独者聚集到一起，极有可能将个体面临的问题扩散到群体。因为这些失独者的共同点在于应激性心理障碍，他们或是正在面临这一问题，或是尚潜伏于体内，或是可能复发，而此时的非常态差序格局恰好成为最佳的"传染"渠道，个体的社会交往困境便发展成群体的交往困境。

从主观因素来看，非常态差序格局内的失独者缺乏异质性交往。由于社会身份的突然转变，失独者的心理状态也产生消极变化，甚至自卑，觉得自己属于"非正常人"，尤其害怕熟人"在伤口上撒盐"，问起与孩子

---

① Fish, W. Differences of Grief Intensity in Bereaved Parents, In T. Rando (Ed.), Parental Loss of a Child. Champaign, IL: Research Press Company, 1986, pp. 415 - 428.

② Lang, A. and L. Gottlieb. Parental Grief Reactions and Marital Intimacy Following Infant Death. Death Studies, 1993. Vol. 17 (3), pp. 233-255.

③ 参见《中华人民共和国婚姻法》(2001 年修订版) 第一章第三条。

④ 参见百度百科"同居权"词条，https: //baike. baidu. com/item/% E5% 90% 8C% E5% B1%85%E6%9D%83.

⑤ 张必春、刘敏华:《绝望与挣扎: 失独父母夫妻关系的演变及其干预路径——独生子女死亡对夫妻关系影响的案例分析》，《社会科学研究》2014 年第 4 期。

有关的事情。因此，他们不仅脱离熟人圈，更尽可能减少与异质人群的交往。"失独者对作为'同命人'的内群体存在天然的亲合力，同命人之间的心理平等使失独者倾向于在内群体重建社会支持网"，① 这决定了非常态差序格局内的失独者以同质性交往为主。失独者的非常态差序格局就像一个"小社会"，其中成员的身份具有同质性，即他们都是失去了唯一子女的苦命人。为了逃避外部世界给其带来的苦难，失独者往往会选择排斥其他身份的人，而与具有同样身份的人打交道，导致失独者社会交往异质性的缺乏甚至空白。

从客观因素来看，非常态差序格局内失独者的群体极端化现象阻塞了其人际沟通。"聚集成群的人，其自觉个性消失了，思想和感情全都采取同一个方向，形成了一种极端的集体心理"。② 在负面情绪集中地，试图以个体失独者的理性阻止或延缓群体极端化往往"独木难支"，收效甚微。失独者作为具有"相对剥夺感"③ 的高概率群体，④ 更易产生心理、思维和行动上的极端化，比如部分失独父母在上访的过程中往往带有明显的暴力倾向⑤。而且，为了强化群体归属感、获得心理安全感，失独者往往会"随大流"，这更加重了失独群体的思想和行为极端化程度，使拥有其他身份的"大社会"成员视失独者为"瘟神"，使失独者面临主动排斥和被动排斥，客观上加剧失独者的边缘化程度。

3. 形成失独者的社会认同困境，不利于社会稳定

国家的计划生育政策在一定程度上缓解了我国人口"爆炸式"增长的势头，却也置众多独生子女家庭于失独风险之下。穆光宗指出，失独是国家政策的风险所带来的代价问题，⑥ 国家理应对"失独家庭"的产生承

---

① 陈恩：《重建社会支持网：失独群体自组织形成机制探讨——基于上海的两个案例》，《北京社会科学》2014 年第 11 期。

② ［法］古斯塔夫·勒庞：《乌合之众——大众心理研究》，冯克利译，广西师范大学出版社 2007 年版，第 1 页。

③ "相对剥夺感"是指人们通过与参照群体的比较而产生的一种自身利益被其他群体剥夺的内心感受。参见郭星华《城市居民相对剥夺感的实证研究》，《中国人民大学学报》2001 年第 3 期。

④ 失独者的参照群体往往是非失独者，子女生存状态的不同决定了失独者更易产生"相对剥夺感"。

⑤ 张必春、许宝君：《失独父母的非制度化政治参与及其分类治理》，《江汉论坛》2015年第 8 期。

⑥ 穆光宗：《论失独者养老的国家责任和公民权利》，《东岳论丛》2016 年第 8 期。

担部分责任，事实上从中央到地方正在承担这种责任；然而由于地区差异的存在，失独者就有一些怨言。以非常态差序格局为信息传播和人员组织平台，零散的、弱影响的个体上访演变为集体上访甚至串访，"又因社会控制的失衡导致上访失败"①，社会矛盾程度加剧。由此可见，通过这一格局，一定程度上，个体、单个群体的社会认同困境可能发展为多个群体乃至整体失独者的社会认同困境。

首先，失独者难逃负面心理给其自身认同带来的桎梏。心理学研究发现，人类总是选择趋近有利刺激，回避有害刺激。② 这种"趋利避害"的心理导致作为利益受损者的失独群体，无论其选择只生育一个子女的原因是为响应国家计划生育政策或是因经济困难等自身因素，往往会将自己在经济、养老等方面的不幸现状归咎于国家和社会，避免归咎于自己。个体失独者的抱怨通过非常态差序格局中"交流会"等形式，唤起更多失独者对社会的不认同。而从心理层面来看，失独者的上访行为是"失独者缓解心理压力、转移丧子悲痛、克服羞耻感、转变弱者形象、获得心理归属、重获自我力量的过程"③，这便是失独群体频繁上访的原因之一。

其次，媒介对于失独群体的负面报道加剧了失独群体的社会认同困境。魏宝涛指出，当前媒介在进行话语和形象建构的过程中，对于失独群体的形象建构以消极形象为主，这会产生媒介扭曲这一群体形象的后果。④ 失独群体形象被扭曲，导致"正常"的社会人群戴着"有色眼镜"看待、对待失独者，更是强化了失独者受到"不平等待遇"的心理。经过非常态差序格局内的信息流通和交换，更多失独者也会"感同身受"，上访便成为失独群体表达自身不满的重要途径。殊不知这一行为反而为媒介制造了更多扭曲其形象的话题，也强化了失独群体在普通民众心中的消极形象。

---

①　芦亚微：《社会控制视角下的失独家庭集体上访事件研究》，硕士学位论文，河北大学，2015 年。

②　郑健、刘力等：《趋利避害相容效应的定义、理论与研究范式》，《心理科学进展》2013年第 9 期。

③　王小波、王英：《"失独者"维权行为的社会及心理分析》，《社科纵横》2019 年第7 期。

④　魏宝涛、战泓玮：《"失独家庭"的媒介话语与形象建构分析——基于知网（CNKI）报纸全文数据库的内容研究》，《重庆邮电大学学报》（社会科学版）2019 年第 4 期。

第三节 未来研究展望

如果在中国知网上输入"失独"字样，目前已经有 1439 篇文章被收录，大大超过 10 年前的数据。目前的研究主要从以下几种路径着手：第一，社会救助的视角。该视角描述了独生子女死亡后失独者的生活状况、养老困境、医疗状况，提出要发挥政府的托底作用，完善相关政策，构建失独者的社会救助系统。该视角特别强调要从政府、民间和失独者自身入手，以政府为主，构建全方位的社会救助体系；第二，社会融入的视角。该视角描述了独生子女死亡后失独者逃避社会交往、切断社会关系的现状，提出要盘活社会资源，帮助失独者重建社会支持网络，融入社会以继续生活。这一视角的重点在于运用社区、社会组织、单位及亲属等社会支持网络的力量等对失独者展开救助，加强失独者与社会其他群体的联系；第三，专业性介入视角。该视角着眼于失独者救助系统专业性不足的现状，主张充分发挥社会工作者及社工机构的专业力量，运用系统科学的方法对失独者经历丧子之痛后所面临的身体和心理困境进行治疗和救助，如"哀伤治疗"、理性情绪疗法等都是该视角下典型的工作方法。

这些视角采取的"病理观点"的思路，往往都把失独者当成救助对象和弱势群体，因此把失独者设想为急需帮助的对象，采取的是针对一般社会问题治理的方法，如针对经济状况就简单地提高计划生育特殊家庭扶助金标准，针对失独者上访问题，就简单地把他们列入信访对象；针对失独者的养老问题，就为他们联系养老院，其实这些做法都犯了形而上学的错误，没有考虑到人的内在复原，而失独群体救助的终极目的是人的变化——其实失独者的种种诉求，就是吸引社会关注，获得生存意义和生命价值的过程。[1] 这就需要我们换一个角度来看待失独者问题，接下来我们就引入优势观点。优势观点主张走出病理观点的局限，反对把案主置于有问题的情境中，认为即使是社会中需要救助的弱势群体，其自身也具备发展的潜力和能量，通过引导、发现并教会其使用自己的潜能来开启新的生活。

---

[1] 王小波、王英：《"失独者"维权行为的社会及心理分析》，《社科纵横》2019 年第 7 期。

一　优势观点崇尚实质理论，而非形式理论

从优势观点和病理观点的实质比较来看，病理观点在定位上是形式理论，它重在提供一个处遇、一个思考的架构或者具体的程序步骤：案主缺什么，我们就给他补充什么，如其身体出现状况就提供医疗帮助，心理出现状况就进行心理救助，生活贫困就进行物质补助，但是这解决不了在其他情境中的问题；而优势观点是典型的实质理论，认为个人与环境是相互依赖、共生共存的组织系统，个人与环境需维持正向交流关系以生存发展。因此，在优势视角下失独者不再是一个单纯的被救助群体，而是拥有自身资源和潜力的群体。这就跳出了某一个具体的问题情境，赋予了失独者走出困境的力量和可能性。综上所述，病理观点与优势观点实际上是一个特殊情境和多个不同情境的关系，二者的不同应用也就是授之以鱼和授之以渔的关系。相比之下，优势观点的理论价值是提供个案在不同情境下都能够解决的应用策略。

二　优势观点重视人的复原，而非物的改变

病理观点中的心理救助、社会救助都将失独者视作患者，这一氛围使失独者也把自己看作弱势群体，安于接受社会的救助。但是社会救助仅仅能够在有限的程度上解决失独者的物质困境，不能从根本上唤醒失独者的重生意识；而优势观点是回归到失独者自身，其核心是关注人的变化，强调的是人的本质特性、生活经验、知识技能、发展潜力，通过发现失独者的优点，关注其自我内心的重建，而不是依靠外部资源输入完成的暂时的表象问题的解决。也就是说，对失独者真正有效的帮助是让失独者参与其中，让他们主动寻求新生活的出路，而不是认为自己被社会所亏欠，这是一个从客观给予到主观努力的过程，包含着救助过程中行动主体的改变。综上所述，优势观点介入是一个由传统的被动接受变为主动参与的过程，由给予式救助变为共建式救助的过程。它的理论价值在于将失独群体的救助从物质给予转为优势挖掘，重视人的复原而非物的改变，帮助失独者重新发现自己的潜能，实现失独者的自醒自助。

三　优势观点着眼长远成效，而非短期困难

从病理观点到优势观点的转变实际上是一个变短期工作为长期目标实现的过程。病理观点主张头疼医头脚疼医脚，治标不治本，外界资源断开后容易让案主又陷入绝望和痛苦，它立足表面问题的解决，所呈现的是短

期的救助成效；而优势观点是抛开不足，挖掘案主的向望和优势，激发他们的权能，最终让案主从悲观绝望中走出来，这样反而有助于困难的最终化解，并会收到更大的成效。由此可见，优势观点的理论价值在于立足长远的成效，重视案主本身的复原力，这种复原力意味着即使身处困境中，每个人也都具有可塑性。虽然这种塑造过程要比直接进行问题化解漫长，但其效果是长久的。专业社会工作者应当重视和肯定个人的自我疗愈能力，发挥支持的功能，评量和发掘个人内在的复原力程度，对失独者的赋权、增能。

从上述对比的角度来看，未来的研究一定要立足优势观点角度，在坚持社会工作"助人自助"的根本原则下，[1] 跳出问题本身，通过对失独者赋权增能，指导和帮助他们重新找到自己，重新界定自己的价值，重建具有品质且满意的生活，实现人生的复原；同时更加强调需注意发现个人与环境的优点，借以建立一个"使能"的立基，使失独者可以在环境的调适互动上，获得权能感、胜任感、成就感。[2]

具体而言，未来的研究需要注重发掘失独者的能力和特长（失独者大部分是 20 世纪 70—80 年代严格执行计划生育的群体，他们大部分是体制内的成员，如果教师、医生、公务员，他们一般都有自己的技能和特长），引导他们利用自己的优势，从事社会公益活动（比如失独者中教师群体可以为孤儿院儿童开展各类兴趣班，医生可以为孤儿院儿童进行定期体检，或者医学小常识普及；也可以到社区为社区居民开展义诊、义务体检活动），从而获取一条重新融入社会的道路，而不是目前到孤儿院看望孤儿等可替代性极强的公益活动（公益需要做需求调查，然后有针对性进行公益活动，以前的公益就没有做需求调查），具体的流程是发现失独者的兴趣和特长，引导相同兴趣和特长的失独者成立兴趣类社团，然后将它们引向公益，并且能够改变自我认同和社会认同，重新融入社会。

---

① Miley, K.K., O'Melia, M., and DuBois, B., *Generalist Socila Work Practice: an Empowerment Approach*, Boston, MA: Pearson Education Inc, 2004.

② 宋丽玉、施教裕：《优势观点、社会工作理论与实务》，社会科学文献出版社 2010 年版，第 117 页。

参考文献

一 中文著作

柏杨：《丑陋的中国人》，花城出版社1986年版。

邦戈茨：《家庭人口学：模型及应用》，北京大学出版社1994年版。

陈辉、贺雪峰：《古村不古：浙西衢州古村调查》，山东人民出版社2009年版。

陈向明：《质的研究方法与社会科学研究》，教育科学出版社2000年版。

陈炎：《多维视野中的儒家文化》，山东教育出版社2006年版。

陈祖耀、张宗尧、严家明：《行政管理知识手册》，劳动人事出版社1987年版。

成伯清：《格奥尔格·西美尔：现代性的诊断》，杭州大学出版社1999年版。

成少森、叶川主编：《西方文化大辞典》，中国国际广播出版社1991年版。

崔北方、祝大安：《中国人的关系》，中国社会科学出版社2009年版。

邓伟志：《家庭社会学导论》，上海大学出版社2006年版。

窦胜功、张兰霞、卢纪华：《组织行为学教程》，清华大学出版社2009年版。

段忠桥：《当代国外社会思潮》，中国人民大学出版社1999年版。

方文：《学科制度和社会认同》，中国人民大学出版社2008年版。

费孝通：《乡土中国》，上海世纪出版集团2007年版。

费孝通：《乡土中国·生育制度》，北京大学出版社1998年版。

风笑天：《独生子女——他们的家庭、教育和未来》，社会科学文献出版社1992年版。

风笑天：《社会学研究方法》，中国人民大学出版社 2001 年版。

高春凤：《自组织理论下的农村社区发展研究》，中国农业大学出版社 2009 年版。

郭玉锦：《中国身份制及其潜功能研究——一个国企的实证分析》，黑龙江人民出版社 2002 年版。

韩国廷、陈德富：《实用公共关系》，化学工业出版社 2009 年版。

何增科：《中国社会管理体制改革路线图》，国家行政学院出版社 2009 年版。

侯钧生：《西方社会学理论教程》，南开大学出版社 2001 年版。

黄光国、胡先缙：《面子——中国人的权力游戏》，中国人民大学出版社 2004 年版。

孔颖达：《记正义》卷 61《十三经注疏》（下），中华书局 1980 年影印本，第 1680 页。

乐国安：《社会心理学理论新编》，天津人民出版社 2009 年版。

李斌：《社会学》，武汉大学出版社 2009 年版。

李建明：《社会心理学》，人民卫生出版社 2006 年版。

李景汉：《定线社会状况调查》，上海人民出版社 2005 年版。

李侃如：《治理中国从革命到改革》，中国社会科学出版社 2010 年版。

李朋主编：《话说中国礼仪》（第 3 册），天津古籍出版社 2007 年版。

李银河：《两性关系》，华东师范大学出版社 2005 年版。

林聚任：《社会信任和社会资本重建：当前乡村社会关系研究》，山东人民出版社 2007 年版。

林耀华：《金翼：中国家族制的社会学研究》，生活·读书·新知三联书店 1989 年版。

刘爱珍：《现代服务学概论》，上海财经大学出版社 2008 年版。

刘鹤玲：《所罗门王的魔戒：动物利他行为与人类利他主义》，科学出版社 2008 年版。

陆建强、陆林森：《独生父母——中国第一代独生父母调查》，上海辞书出版社 2006 年版。

马克思、恩格斯：《马克思恩格斯全集》（第 42 卷），人民出版社 1972 年版。

马克思、恩格斯：《马克思恩格斯选集》（第 1 卷），人民出版社 1972 年版。

潘鸿雁：《国家与家庭互构——河北翟城村的调查》，上海人民出版社 2008 年版。

潘允康：《家庭社会学》，重庆出版社 1986 年版。

潘允康：《社会变迁中的家庭——家庭社会学》，天津社会科学院出版社 2002 年版。

彭珮云主编：《中国计划生育全书》，中国人口出版社 1997 年版。

乔启明：《中国农村社会经济学》，商务印书馆 1946 年版。

莎伦·布雷姆等：《亲密关系》，郭辉、肖斌、刘煜译，人民邮电出版社 2005 年版。

帅学明：《公共管理学》，中国农业出版社 2008 年版。

宋林飞：《西方社会学理论》，南京大学出版社 1997 年版。

孙沐寒：《中国计划生育纪事》，红旗出版社 1987 年版。

孙沐寒：《中国计划生育史稿》，北方妇女儿童出版社 1987 年版。

仝志敏、王丽娟：《人力资源开发与管理再造工程》，党建读物出版社 2000 年版。

王官诚：《消费心理学》，电子工业出版社 2004 年版。

王如兰：《人文社会医学》，安徽科学技术出版社 2003 年版。

王小健、李小江：《中国古代性别结构的文化学分析》，社会科学文献出版社 2008 年版。

王询：《文化传统与经济组织》，东北财经大学出版社 2007 年版。

王毅杰、高燕：《流动儿童与城市社会的融合》，社会科学文献出版社 2010 年版。

王跃生：《社会变革与婚姻家庭变动——20 世纪 30—90 年代的冀南农村》，生活·读书·新知三联书店 2006 年版。

吴东民、董西明：《非营利组织管理》，中国人民大学出版社 2003 年版。

吴晶：《办事办到位》，新世界出版社 2008 年版。

邢世杰、王景海等编：《中华礼仪全书》，长春出版社 1992 年版。

徐安琪：《世纪之交中国人的爱情和婚姻》，中国社会科学出版社 1997 年版。

徐安琪：《中国婚姻研究报告》，中国社会科学出版社 2002 年版。

徐晓军：《断裂、重构与新生——鄂东艾滋病人的村庄社会关系研究》，中国社会科学出版社 2010 年版。

许烺光：《宗族·种姓·俱乐部》，华夏出版社 1990 年版。

严炬新、黄静洁：《现代人际关系》，重庆出版社 1988 年版。

言心哲：《农村社会学概论》，商务印书馆 1924 年版。

言心哲：《中国乡村人口问题之分析》，商务印书馆 1928 年版。

杨善华、沈崇麟：《城乡家庭——市场经济与非农化背景下的变迁》，浙江人民出版社 2000 年版。

杨治良、郝兴昌：《心理学辞典》，上海辞书出版社 2016 年版。

曾仕强、刘君政：《管理思维》，东方出版社 2005 年版。

瞿同祖：《中国法律与中国社会》，中国政法大学出版社 1998 年版。

翟学伟：《中国人行动的逻辑》，社会科学文献出版 2001 年版。

赵建勇：《销售要懂心理学》，中国商业出版社 2010 年版。

赵莉琴、郭跃显、李英：《组织行为学理论与案例》，中国铁道工业出版社 2005 年版。

折晓叶：《村庄的再造》，中国社会科学出版社 1997 年版。

中共中央编译局：《马克思恩格斯选集》第四卷，人民出版社 1982 年版。

中华人民共和国国家统计局编：《中国统计年鉴 2010》，中国统计出版社 2011 年版。

周大鸣：《文化人类学概论》，中山大学出版社 2009 年版。

周建国：《紧缩圈层结构论：一项中国人际关系的结构与功能分析》，上海三联书店出版社 2005 年版。

朱炳祥：《社会人类学》，武汉大学出版社 2004 年版。

朱光潜：《文艺心理学》，复旦大学出版社 2009 年版。

中国大百科全书总编辑委员会《法学》编辑委员会：《中国大百科全书》(法学卷)，中国大百科全书出版社 1984 年版。

二　中文译著

［美］马茨·艾尔维森、卡伊·舍尔德贝里：《质性研究的理论视角：一种反身性的方法论》，陈仁仁译，重庆大学出版社 2009 年版。

［美］W. A. 哈维兰：《当代人类学》，王铭铭等译，上海人民出版社 1987 年版。

［美］J. C. 斯科特：《农民的道义经济学——东南亚的反叛与生存》，程立显、刘建译，译林出版社 2001 年版。

［美］R. 罗杰斯：《家庭互动与交易：发展论观点》，转引自 J. 罗斯·埃什尔曼《家庭导论》，潘允康等译，中国社会科学出版社 1991

年版。

［美］查尔斯·霍顿·库利：《人类本性与社会秩序》，包凡一、王源译，华夏出版社 1999 年版。

［美］弗朗西斯·福山：《信任：社会美德与创造经济繁荣》，彭志华译，海南出版社 2001 年版。

［美］美国精神医学学会：《精神障碍诊断与统计手册》，张道龙、刘春宇、童慧琦等译，北京大学出版社 2014 年版。

［美］罗伯特·E. 斯泰克：《个案研究》，载诺曼·K. 邓津、伊冯娜·S. 林肯主编《定性研究：策略与艺术》（第 2 卷），风笑天等译，重庆大学出版社 2007 年版。

［美］罗伯特·K. 默顿：《社会理论和社会结构》，刘少杰等译，译林出版社 2006 年版。

［美］曼纽尔·卡斯特：《认同的力量》，夏铸九、黄丽玲等译，社会科学文献出版社 2003 年版。

［美］莎伦·布雷姆等：《亲密关系》，郭辉、肖斌、刘煜译，人民邮电出版社 2005 年版。

［英］丹尼尔·克雷格：《通过亲属关系的不朽：物质和象征地的垂直传播》，转自马文·哈里斯《文化人类学》，李培茱等译，东方出版社 1988 年版。

［英］理查德·克里斯普、里安农·特纳，赵德雷：《社会心理学精要》，高明华译，北京大学出版社 2008 年版。

［德］H. 哈肯：《信息与自组织》，郭志安译，四川教育出版社 1988 年版。

［德］乌尔里希·贝克：《风险社会》，何博闻译，译林出版社 2004 年版。

［美］米尔斯：《白领——美国的中产阶级》，杨小东等译，浙江人民出版社 1987 年版。

三　中文论文

包蕾萍：《中国计划生育政策 50 年评估及未来方向》，《社会科学》2009 年第 6 期。

北京大学人口所课题组：《计划生育无后家庭民生关怀体系研究——以辽宁省辽阳市调研为例》，《中国延安干部学院学报》2011 年第 5 期。

毕文章、马新龙：《利他主义视角下的中国传统家庭养老在社会转型情境中的代际关系转变》，《高等教育与学术研究》2009 年第 4 期。

卜长莉：《"差序格局"的理论诠释及现代内涵》，《社会学研究》2003 年第 1 期。

蔡禾、贺霞旭：《城市社区异质性与社区凝聚力——以社区邻里关系为研究对象》，《中山大学学报》（社会科学版）2014 年第 2 期。

查波、李冬梅：《上海市郊区独生子女死亡情况调查》，《人口与计划生育》2005 年第 8 期。

陈柏峰：《代际关系变动与老年人自杀——对湖北京山农村的实证研究》，《社会学研究》2009 年第 4 期。

陈长蘅：《我国土地与人口问题之初步比较研究及国民经济建设之政策商榷》，《地理学报》1935 年第 4 期。

陈恩：《重建社会支持网：失独群体自组织形成机制探讨——基于上海的两个案例》，《北京社会科学》2014 年第 11 期。

陈恩：《失独者自组织的形成及其社会治理功能》，《社会工作与管理》2016 年第 1 期。

成伟、牛喜霞、迟丕贤：《社会资本代际传递之研究》，《华东理工大学学报》（社会科学版）2013 年第 1 期。

陈浩然、刘敏华：《从想象到现实：失独父母社会关系张力与断裂的逻辑》，《学术论坛》2016 年第 3 期。

陈雯：《从"制度"到"能动性"：对亡故独生子女家庭扶助机制的思考》，《中共福建省委党校学报》2012 年第 2 期。

方曙光：《断裂、社会支持与社区融合：失独老人社会生活的重建》，《云南师范大学学报》（哲学社会科学版）2013 年第 5 期。

方文：《群体资格：社会认同事件的新路径》，《中国农业大学学报》（社会科学版）2008 年第 1 期。

风笑天、王晓焘：《从独生子女家庭走向后独生子女家庭——"全面二孩"政策与中国家庭模式的变化》，《中国青年社会科学》2016 年第 2 期。

郭虹：《亲子网络家庭——中国农村现代化变迁中的一种家庭类型》，《浙江学刊》1994 年第 6 期。

刘中一：《失独 QQ 群及失独者网络聚集现象研究》，《国家行政学院学报》2014 年第 1 期。

华道云：《大学生犯罪特征与心理分析》，《社会心理科学》2004 年第 6 期。

洪娜：《独生子女不幸死亡家庭特征对完善计生工作的启示——以苏州市吴中区为例》，《南方人口》2011 年第 1 期。

侯秀丽：《羞愧理论视角下失独群体的情感解读》，《求索》2015 年第 3 期。

胡晓红：《"80 后"家庭"零家务"的社会学反思》，《中国青年研究》2008 年第 11 期。

江立华、张必春：《丧失独生子女父母的三重困境及其扶助机制——以湖北省 8 市调查为例》，《人口与经济》2012 年第 5 期。

孔娜：《老年社会工作的伦理困境及应对原则》，《伦理学研究》2015 年第 2 期。

李汉宗：《血缘、地缘、业缘：新市民的社会关系转型》，《深圳大学学报》（人文社会科学版）2013 年第 4 期。

李兰永、王秀银：《重视独生子女意外死亡家庭的精神慰藉需求》，《人口与发展》2008 年第 6 期。

李玲：《失独家庭领养农村散居孤儿的困境研究——以湖南省失独家庭和农村散居孤儿"结对子"为例》，《法治与社会》2016 年第 9 期。

李丽媛：《民间社会中的拟亲属关系研究明》，《西北第二民族学院学报》（哲学社会科学版）2007 年第 1 期。

李敏：《同事关系对个体工作绩效的影响：基于中国情境的实证研究》，《苏州大学学报》2016 年第 2 期。

李全生：《农村干亲结拜的代际差异》，《山东农业工程学院学报》2016 年第 1 期。

李全生：《义缘关系：干亲结认现象初探》，《烟台大学学报》（哲学社会科学版）2016 年第 3 期。

李怡心：《"倒三角坍塌"下的失独之痛及出路研究》，《社会科学论坛》2014 年第 10 期。

李云智：《改革开放以来我国传统家庭养老制度的嬗变》，《学术交流》2006 年第 7 期。

廉如鉴、戴烽：《差序格局与伦理本位之间的异同》，《学海》2010 年第 3 期。

刘俊：《社会福利服务组织与政府非均衡伙伴关系研究》，《理论与改革》2014 年第 3 期。

刘岚：《独生子女伤残死亡家庭扶助与社会保障》，《人口与发展》2008 年第 6 期。

刘林平：《外来人群体中的关系运用——以深圳"平江村"为个案》，《中国社会科学》2001 年第 5 期。

刘雪明：《城市失独家庭精神慰藉关爱体系构建及政策选择》，《甘肃社会科学》2017 年第 1 期。

刘雪明、潘颖：《21 世纪以来失独家庭社会保障政策研究述评》，《社会保障研究》2016 年第 3 期。

刘绍彬、汪孟、刘丽：《文化程度对初产妇分娩镇痛时经产道试产依从性的影响》，《中国循证医学杂志》2011 年第 7 期。

刘义青、贾茂来：《农民"民告官"的障碍及其排除》，《人民论坛》2010 年第 17 期。

刘中一：《失独 QQ 群及失独者网络聚集现象研究》，《国家行政学院学报》2014 年第 1 期。

卢国显：《我国大城市农民工与市民社会距离的实证研究——以北京市为例》，载秦谱德、谭克俭主编《中国社会学会学术年会获奖论文集（2006·太原）》，2007 年。

陆敏、蔡东江：《从平房四合院到单元住宅变迁与邻里关系的变化——北京海淀区双榆树小区西里 6 号楼调查》，《道德与文明》1987 年第 5 期。

麻美英：《我国人际关系的现状与对策》，《浙江大学学报》（人文科学版）1999 年第 5 期。

谬文升、方乐：《"民告官"：概念的冷思考》，《云南行政学院学报》2005 年第 4 期。

穆光宗：《独生子女家庭本质上是风险家庭》，《人口研究》2004 年第 1 期。

牛亚东、张文斌、张栋、贾艳婷、陈丽萍、张治国：《单独家庭生育二孩意愿的分析——基于武汉市 1093 户单独家庭的调查数据》，《人口与发展》2015 年第 3 期。

潘鸿雁：《对非常规核心家庭实践的亲属关系的考察——以翟城村为例》，《新疆大学学报》（哲学人文社会科学版）2006 年第 6 期。

潘金洪：《失独哀伤过程的复杂性及其特征的多样性分析》，《人口与社会》2017 年第 1 期。

潘允康：《家庭网和现代家庭生活方式》，《社会学研究》1988 年第 2 期。

潘允康：《中国家庭网的现状和未来》，《社会学研究》1990 年第

5 期。

　　彭希哲、梁鸿：《家庭规模缩小对家庭经济保障能力的影响：苏南实例》，《人口与经济》2002 年第 1 期。

　　邱国良：《宗族认同、政治信任与公共参与——宗族政治视阈下的农民政治信任》，《国家行政学院学报》2011 年第 3 期。

　　人口研究编辑部：《对成年独生子女意外伤亡家庭问题的深层思考》，《人口研究》2004 年第 1 期。

　　尚会鹏：《中原地区的干亲关系研究——以西村为例》，《社会学研究》1997 年第 6 期。

　　邵培仁、杨丽萍：《论媒介距离的适度性及其策略》，《今传媒》2012 年第 10 期。

　　宋爱忠：《"自组织"与"他组织"概念的商榷辨析》，《江汉论坛》2015 年第 12 期。

　　宋健：《"四二一"结构群体的养老能力与养老风险——兼论群体安全与和谐社会构建》，《中国人民大学学报》2013 年第 5 期。

　　孙立平：《"关系"，社会关系与社会结构》，《社会学研究》1996 年第 5 期。

　　孙戎：《妇女地位变迁研究的理论思路》，《妇女研究论丛》1997 年第 4 期。

　　陶艳兰：《代际互惠还是福利不足？——城市双职工家庭家务劳动中的代际交换与社会性别》，《妇女研究论丛》2011 年第 4 期。

　　田凯：《武汉城市居民邻里关系的现状》，《社会》1997 年第 6 期。

　　童星、瞿华：《差序格局的结构及其制度关联性》，《南京社会科学》2010 年第 3 期。

　　汪孝宗：《再造"精神家园"——独生子女夭亡家庭生存状况调查》，《中国经济周刊》2009 年第 21 期。

　　王广州：《中国独生子女总量结构及未来发展趋势估计》，《人口研究》2009 年第 1 期。

　　王金玲：《家庭权力的性别格局：不平等还是多维度网状分布？》，《华中科技大学学报》（社会科学版）2009 年第 2 期。

　　王思斌：《经济体制改革对农村社会关系的影响》，《北京大学学报》（哲学社会科学版）1987 年第 3 期。

　　王向伟：《慈善组织与弱势群体之间的支持关系》，《社会福利》2011 年第 2 期。

王秀银、胡丽君、于增强：《一个值得关注的社会问题——大龄独生子女意外伤亡》，《中国人口科学》2001 年第 6 期。

魏道江、康承业、李慧民：《自组织与他组织的关系及其对管理学的启示》，《系统科学学报》2014 年第 2 期。

夏玉珍、刘小峰：《论"差序格局"对中国社会学理论的贡献》，《思想战线》2011 年第 6 期。

谢永才：《由形式公平走向实质公平：失独家庭扶助制度的理性选择》，《江淮论坛》2016 年第 3 期。

谢勇才：《福利多元视域下的失独群体养老困境与出路研究》，《社会保障研究》2015 年第 2 期。

谢勇才、潘锦棠：《从缺位到归位：失独群体养老保障政府责任的厘定》，《甘肃社会科学》2015 年第 2 期。

邢晓明：《城镇社区和谐邻里关系的社会学分析》，《学术交流》2007 年第 12 期。

徐安琪：《性生活满意度中国人的自我评价及其影响因素》，《社会学研究》1999 年第 3 期。

徐继敏：《成年独生子女死残的困境与政府责任》，《重庆行政》2007 年第 3 期。

徐明宏：《城市休闲的社会整合与管理创新研究——以杭州趣缘群体为例》，《浙江社会科学》2015 年第 12 期。

徐晓军、胡倩：《论失独群体的相对剥夺感及其集体行动风险》，《华中师范大学学报》（人文社会科学版）2016 年第 4 期。

徐晓军、李大干：《组织化与增能化：失独者的"自我抗争"——基于灵性社会工作视角下的思考》，《江汉大学学报》（社会科学版）2016 年第 1 期。

徐晓军：《内核—外围：传统乡土社会关系结构的变动》，《社会学研究》2009 年第 1 期。

徐晓军：《失独父母边缘化的路径、类型与社会风险——基于个体与群体关系的视角》，《华中师范大学学报》（人文社会科学版）2014 年第 6 期。

徐亚璐：《浅谈组织文化建设对社会工作服务机构发展的重要性》，《中国社会工作》2017 年第 4 期。

阎云翔：《家庭政治中的金钱与道义：北方农村分家模式的人类学分析》，《社会学研究》1998 年第 6 期。

杨宏伟、汪闻涛：《失独家庭的缺失与重构》，《重庆社会科学》2012年第11期。

杨菊华、李路路：《代际互动与家庭凝聚力——东亚国家和地区比较研究》，《社会学研究》2009年第3期。

杨莉：《武汉市民办养老院发展现状调查及对策建议》，《社会保障研究》2011年第3期。

杨善华、侯红蕊：《血缘、姻缘、亲情与利益——现阶段中国农村社会中"差序格局"的"理性化"趋势》，《宁夏社会科学》1999年第6期。

杨松岩：《农村认干亲习俗变迁研究——以豫东葛伯村为例》，《许昌学院学报》2017年第7期。

杨英、李伟：《心理授权对个体创新行为的影响——同事支持的调节作用》，《中国流通经济》2013年第3期。

叶荣、叶丽丽：《科层制下组织成员的参与自主性：困境与超越》，《中国行政管理》2006年第3期。

应星：《"气"与中国乡村集体行动的再生产》，《开放时代》2007年第6期。

翟学伟：《信任的本质及其文化》，《社会》2014年第34卷。

张必春、陈伟东：《变迁与调适：失独父母家庭稳定性的维护逻辑——基于家庭动力学视角的思考》，《华中师范大学学报》（人文社会科学版）2013年第3期。

张必春、柳红霞：《失独父母组织参与的困境、内在逻辑及其破解之道——基于社会治理背景的思考》，《华中师范大学学报》（人文社会科学版）2014年第6期。

张必春、刘敏华：《绝望与挣扎：失独父母夫妻关系的演变及其干预路径——独生子女死亡对夫妻关系影响的案例分析》，《社会科学研究》2014年第4期。

张必春、许宝君：《失独父母社会关系变迁的"差序格局"解读——基于社会身份视角的探讨》，《四川师范大学学报》（社会科学版）2015年第5期。

张俊慧：《趣缘群体发展条件及其社会影响》，《新闻世界》2015年第3期。

张维迎：《企业与信任》，《人民论坛》2002年第5期。

张希玲、高政锐：《拟亲属称谓习俗的文化特征》，《边疆经济与文化》2006 年第 7 期。

张旭升:《互助与他助:失独者精神关怀的服务创新》,《浙江社会科学》2014 年第 12 期。

张莹瑞、佐斌:《社会认同理论及其发展》,《心理科学进展》2006年第 3 期。

赵芳、许芸:《城市空巢老人生活状况和社会支持体系分析》,《南京师大学报》(社会科学版)2003 年第 3 期。

赵鹤玲:《城市独生子女死亡家庭父母的养老模式探究》,《学理论》2011 年第 34 期。

赵佳林、张宇莲、张静等:《失独父母生命意义感的影响因素分析,兼论个人应对方式的作用》,《人口与发展》2016 年第 6 期。

赵汀阳:《民主的最小伤害原则和最大兼容原则》,《哲学研究》2008年第 6 期。

赵仲杰:《城市独生子女伤残、死亡给其父母带来的困境及对策——以北京市宣武区调查数据为依据》,《南京人口管理干部学院学报》2009年第 2 期。

周积泉:《社会关系中主体的能动作用》,《东岳论丛》1985 年第4 期。

庄亚儿等:《当前我国城乡居民的生育意愿:基于 2013 年全国生育意愿调查》,《人口研究》2013 年第 3 期。

祝帼豪、张积家、陈俊:《解释水平理论视角下的心理距离》,《社会心理科学》2012 年第 7 期。

朱艳敏:《失独者养老态势与困境摆脱》,《重庆社会科学》2013 年第 8 期。

朱永新:《论中国人的恋权情节》,《本土心理学研究》1993 年第1 期。

祝哲、彭宗超:《共享危机情景认知与突发事件应对的多主体协调绩效——以上海外滩踩踏事件为例》,《风险灾害危机研究》2017 年第 6 期。

四　英文论文

Ariella, L., "Parental Grief Reactions and Marital Intimacy Following Infant Death", *Death Studies*, Vol.17, No.3, 1993, pp.233-255.

Baptiste, D., "Time-elapsed Marital and Family Therapy with Sudden Infant Death Syndrome Families", *Family Systems Medicine*, Vol.1, No.3,

1983, pp.47-60.

Campbell, D.T, "Degree of Freedom and Case Study", *Comparative Political Studies*, Vol.8, No.2, 1975, pp.178-193.

De Frain, J., "Learning about Grief from Normal Families: SIDS, Stillbirth, and Miscarriage", *Journal of Marital and Family Therapy*, Vol. 17, No.3, 1991, pp.215-223.

Denga, D. "Childlessness and Marital Adjustment in Northern Nigeria", *Journal of Marriage and Family*, Vol. 44, No.3, 1982, pp.799-802.

Dermer C.M. and J.W. Lamberti, "Family Grief", *Death Studies*, Vol. 15, 1991, pp.363-374.

Elman, C., "Intergenerational Household Structure and Economic Change at the Turn of the Twentieth Century", *Journal of Family History*, Vol.23, No.4, 1998, pp.417-440.

Fish, W., "Differences of Grief Intensity in Bereaved Parents", in T. Rando, ed. *Parental loss of a child*, Champaign, IL: Research Press Company, 1986, pp. 415-428.

Granovetter, M. S., " Economic Action and Social Structure: The Problem of Embeddedness", American Journal of Sociology, Vol.91, No.3, 1985, pp.481-510.

Gyulay, J., "The Forgotten Grievers." *American Journal of Nursing*, Vol.75, No.6, 1975, pp.1476-1479.

Herriott, R. E. and W. A. Firestone, "Multisite Qualitative Policy Research: Optimizing Description and Generalizability." *Educational Researcher*, Vol.12, No.2, 1983, pp.14-19.

Houseknecht, S. K., " Childlessness and Marital Adjustment." *Childlessness and Marital Adjustment*, Vol. 41, No.2, 1979, pp.259-265.

James, J. J., "Berea, Ved Families: A Comparison of Parents' and Grandparents' Reactions to the Death of a Child." *Omega*, Vol.25, 1992, pp. 63-71.

Johnson, S., "Sexual Intimacy and Replacement Children after the Death of a Child." *Omega*, Vol.15, No.2, 1984, pp.109-118.

Lang, A.and L.Gottlieb, "Parental Grief Reactions and Marital Intimacy Following Infant Death." *Death Studies*, Vol.17, No.3, 1993, pp.233-255.

Leoniek, W.M. and S. Margaret and S.Henk, "Couples at Risk Following the Death of Their Child: Predictors of GriefVersus Depression." *Journal and Consulting and Clinical Psychology*, Vol.73, No.4, 2005, pp.617-623.

Meij, L.W. and M. Strobe. and H.Schut, "Couples at Risk Following the Death of Their Child: Predictors of Grief Versus Depression." *Journal of Consulting and Clinical Psychology*, Vol.73, No.4, 2005, pp.617-623.

Nixon, J., and Earn, "Emotional Sequelae of Parents and Sibs Following the Drowning or Near-Drowning of a Child." *Australian and New Zealand Journal of Psychiatry*, Vol.11, No.4, 1977, pp.265-268.

Oliver, L., "Effects of A Child's Death on the Marital Relationship: A Review." *Omega*, Vol.39, No.3, 1999, pp.197-227.

Ponzetti, J. J., and M. A. Johnson, "The Forgotten Greievers: Grandparents' Reactions to the Death of Grandchildren." *Death Studies*, Vol. 15, No.2, 1991, pp.157-167.

Rodman, H., "Marital Power and the Theory of Resources in Cultural Context." *Journal of Contemporary Family Studies*, Vol.3, No.1, 1972, pp. 50-69.

Schwab, R., "Effects of a Child's Death on the Marital Relationship: A Preliminary Study." *Death Studies*, Vol.16, No.2, 1992, pp.141-154.

Schwab, R., "Effects of a Child's Death on the Marital Relationship: A Preliminary Study." *Death Studies*, Vol.16, No.2, 1992, p.148.

Talbot, K., "Mother Now Childless: Personal Transformation after the Death of an Only Child," *Omega*, Vol.38, No.3, 1998, pp.67-86.

Yi, Z. and L.K. George, "Extremely Rapid Aging and the Living Arrangements of the Elderly: The Case of China.", *Population Bulletin of the United Nations*, Vol.42, No.43, 2001, pp.255-287.

Zimmer, Z., "Health and Living Arrangement Transitions among China's Oldest-Old", *Research on Aging*, Vol.27, No.5, 2005, pp. 526-555.

五 英文著作

Albert.S. and O. Hirschman, *Essays in Trespassing: Economics to Politics and Beyond*, Cambridge University of California Press, 1981.

Blood, R. O. and D. M. Wolf, *Husbands & Wives: The Dynamics of Married Living*, Free Press, 1960.

Bowlby, J., *Attachment and Loss: Sadness and Depression*, New York:

Basic Books, 1980.

Brown, F.H., "The Impact of Death and Serious Illness on the Family Life Cycle", in B. Carter & M . McGoldrick, eds. *The Changing Family Life Cycle* (*2nd ed*), Needham Heights, MA: Allyn & Bacon, 1989.

Caroline, K.and S.Breinlinger, *The Social Psychology of Collective Action: Identity, Injustice and Gender*, London: Taylor & Francis Ltd., 1996, pp. 38-40.

Denzin, N. K., *The Research Act: A Theoretical Introduction to Sociological Methods*, Englewood Cliffs, NJ: Prentice Hall, 1989.

Dohrenwend, B.S. and B.P.Dohrenwend, *Stressful Life Events: Their Nature and Effects*, Newyork: John Wiley, 1974.

Doka, K.J., "Commentary", in K.J.Doka, ed. *Living with Grief after Sudden Loss: Suicide, Homicide, Accident, Heart Attack, Stroke. Bristol*, PA: Taylor & Francis, 1996, pp.11-15.

Froman, P.K, *After You Say Goodbye: When Someone You Love Dies of AIDS*, San Francisco: Chronic Books, 1992.

Gans, H., *The War against the Poor: The Underelass and Antipoverty Policy*, New York: Basic, 1995.

George, A.L.and A. Bennet, *Case Studies and Theory Development in the Social Sciences*, Cambridge Press, 2005.

Gerner, M., *Grandparental Grief*, Unpublished Manuscript, 1987.

Glaser, B. G. and Strauss, A. L, *The Discovery of Grounded Theory: Strategies for Qualitative Research*, Chicago: Aldine, 1967.

Gurr, Ted, *Why Men Rebel*. Princeton, NJ.: Princeton University Press, 1970, pp.22-29.

Gurr, T.R., "*Why Men Rebel*." Princeton, N.J.: Princeton University Press, 1970, p.24.

H. Haken and Synergetics, *An Introduction*, New York: Springer Verlag-Berlin, Heidelberg, 1983.

Hamilton, J., "Grandparents as Grievers", in O. J. Sahler, ed. *The Child and Death*, St. Louis: Mosby, 1978, pp.219-225.

Lang, A. and L.Gottlieb, "Marital Intimacy in Bereaved and Nonbereaved Couples: A Comparative Study", in D. Papadatou and C. Papadatos, eds. *Children and Death*, New York: Hemisphere Publishing Corporation, 1991, pp.267-275.

McCubbin, M.A.and H.I.McCubbin, "Theoretical Orientation to Family Stress and Coping", in C.R.Figley, ed. *Treating Stress in Families*, New York: Brunner/Mazel, 1989, pp.3-43.

Mckenry, P. C. and S. J Price, *Families and Change: Coping with Stressful Event and Transitions*, 五南出版股份有限公司 2008 年版, 第 130 页。

Mckenry, P. C. and S. J Price, *Families and Change: Coping with Stressful Event and Transitions*, 五南出版股份有限公司 2008 年版, 第 128 页。

Mckenry, P. C. and S. J Price, *Families and Change: Coping with Stressful Event and Transitions*, 五南出版股份有限公司 2008 年版, 第 129 页。

Minuchin, S, *Family and Family Therapy*, Cambridge, Mass.: Harvard University Press, 1974.

Ragin, C.C., "Case of 'What is A Case?' ", in Ragin, C.C. and H.S. Becker, eds. *What is Case? Exploring the Foundations of Social Inquiry*, Cambridge: Cambridge University Press, 1992.

Rando, T. ed., *Parental Loss of a Child*, Champaign, IL: Research Press, 1986.

Rando, T., *Grieving: How to Go On Living When Someone You Love Dies*, Lexington, MA: Lexington Books, 1988.

Reed Americus, *When What I think Depends on Who I am the Role of Social Identity in Consumer Attitude Formation*, Florida: University of Florida, 2000.

Robert E. and W.B.Ernest, *Introduction to the Science of Sociology Including the Original Index to Basic Sociological Concepts*, Chicago: The University of Chicago Press, 1969.

Robert E.P. and E.W.Burgess, *Introduction to the Science of Sociology Including the Original Index to Basic Sociological Concepts*, Chicago: The University of Chicago Press, 1969.

Schiff, H., *The Bereaved Parents*, New York: Crown, 1977.

Shapiro, E.R., *Grief as a Family Process: A Development Approach to Clinical Practice*, New York: Guiford, 1994.

Stake, R.E., "Case Study", in Denzin, N.K. and Lincoln, Y.S., eds. *Handbook of Qualitative Research. Thousand Oaks*, California：Sage Publications, 2000.

Turner, J.C.and M.A. Hogg & P.J.Oakes and S.D.Reicher & M.S.Wetherell, *Rediscovering the Social Group：Self - categorization Theory*, Oxford：Basil Black-well, 1987.

Vaughan, D., "Theory Elaboration：The Heuristics of Case Analysis", in Ragin, C. C. and H. S. Becker, eds. *What is Case? Exploring the Foundations of Social Inquiry*, Cambridge：Cambridge University Press, 1992.

W. Runciman, *Relative Deprivation and Social Justice*, Berkeley：University of California Press, 1966.

Yin, R. K., *Case Study Research：Design and Methods.* Newbury Park, CA：Sage, 1984.

六　报刊、网站、会议文献等

新华网：《袁伟霞呼吁让"空心家庭"老有所养》, http：//www.hb.xinhuanet.com/zhuanti/2010-03/10/content_ 19207524.htm。

楚天都市报：《更多有爱人的年轻人走进他们的内心是医治伤痛的最好药方》, 2009 年 4 月 24 日 A03 版。

楚天都市报：《孩子患病离去, 外债伤病缠身》, 载《真情奇缘牵出沉重话题, 武汉数千丧子家庭急需"疗伤良方——不是每个拨往天堂的电话都有回音"》,《楚天都市报》2009 年 4 月 24 日 A03 版。

楚天都市报：《武汉诞生"温馨苑"——孩子走了, 他们相依前行》, 2006 年 6 月 13 日。

楚天金报：《饱受老年丧子之痛 WZB 老人欲建"温馨苑"》, 2006 年 5 月 7 日。

大家文摘报：《星星港的故事》, 2006 年 9 月 18 日第 3 版。

凤凰网：《统计显示内地仅 3 省份家庭健康规模达标 逾九成不健康》, http：//news.ifeng.com/mainland/detail_ 2011_ 08/21/8567891_ 0.shtml?_ from_ ralated.

凤凰卫视：《晚年遭遇丧子之痛, 整个家庭轰然倒塌》, 2009 年 7 月 5 日, http：//v. ifeng. com/society/200907/83ba9095 - 8611 - 4f92 - 8280 - c24d1f83463b.shtml.

联合早报：《也谈中国离婚率问题》（2010-02-09）, http：//www.

zaobao.com/forum/pages2/forum_ lx100209.shtml.

瞭望东方周刊：《中国独生子女家庭面临五大风险》，http：//news. xinhuanet.com/life/2006-09/15/content_ 5094245.htm.

鲁国平：《警惕我国传统"认干亲"习俗借腐还魂》，http：//ido. 3mt.com.cn/Article/200801/show892857c14p1.html.

马寅初：《浙江温州区视察报告》，http：//news. xinhuanet. com/ politics/2011-02/18/c_ 121097776.htm.

马郑刚：《谨防"说一套，做一套"》，《前线》2002 年第 4 期。网络版 http：//www.bjqx.org.cn/qxweb/n676c52.aspx.

南方都市报：《穗城风俗之契"倒屎婆"做干娘》2010-7-9，http：//gz.gdycjy.gov.cn/WebPages/wtyl/ftrq/201079143259234.shtml.

人民网：《车竞委员：计划生育特殊家庭需"特扶"》http：// 2011lianghui.people.com.cn/GB/214383/14125673.html.

上海市星星港的网站地址 http：//xingxing.netor.com/.

石门峰名人文化公园主页 http：//www.027smf.com/index.aspx.

搜狐新闻：《南昌频现空巢老人孤死家中 难担养老院费用》，http：//news.sohu.com/20101206/n278122342.shtml.

WX 港湾：《情系灾区，WX 港湾捐善款》，《WX 港湾简报》2008 年 5 月总第 2 期。

武汉晨报：《武汉成立"WX 港湾"帮助丧子家庭》2007 年 3 月 25 日。

武汉市青山区 LX 家园联谊会主页 http：//lxjy.waheaven.com/Second-Site/temp2/Article.aspx？Id＝1468.

武汉晚报：《"WX 港湾"又有两成员签订眼角膜捐献志愿书》，《武汉晚报》2008 年 1 月 7 日第 8 版。

西安晚报：《说一套做一套》2009-12-17，http：//www.xiancn.com/ gb/topic/2009-12/17/content_ 1515527.htm，以及马郑刚：《谨防"说一套，做一套"》，《前线》2002 年第 4 期。网络版 http：//www.bjqx.org. cn/qxweb/n676c52.aspx 等。

星星港：全称"上海星星港关爱服务中心"，该中心是全国第一家失独组织，其办公地点在上海市保德路 1316 弄 66 号甲，其宗旨是"跨越苦难、重塑人生、自助助人、奉献社会"。组织网址 http：//xingxing. netor.com/.

中国经济周刊：《独生子女夭亡家庭生存状况调查：精神养老多远？》

2009 年 6 月 1 日。

中国青年网：《恩人这辈子我要好好孝敬你》，http：//www.youth.cn/ wrzn/zxgz/201112/t20111221_ 1825436.htm.

中国新闻网：《中国东西部官员考核存异"一票否决"成共同纠结》，http：//www.chinanews.com/gn/2011/12-09/3521290_ 2.shtml.

资料来源：人民网"强国论坛"http：//bbs1.people.com.cn/ postDetail.do？id=108514068.

2017 年湖北省最新人口数量统计。

http：//www.daneiedu.net/HuKouZhengCe/623926.html.

湖北省人民政府门户网站专题解读《湖北实施全面二孩生育政策》. http：//www.hubei.gov.cn/zwgk/zcsd/ztjd/zhuantijiedu/02daodu/201601/ t20160113_ 776414.shtml.

七　政策文献

中共中央、国务院：《中共中央　国务院关于全面加强人口和计划生育工作统筹解决人口问题的决定》中发〔2006〕22 号。

国家人口和计划生育委员会、财政部：《全国独生子女伤残死亡家庭扶助制度试点方案的通知》国人口发〔2007〕78 文件。

国务院：《中央批转关于国务院计划生育领导小组第一次会议的报告的通知》（中发〔1978〕69 号）。

武汉市青山区 LX 家园联谊会：《社会团体法人登记证书》〔社证字第 700041 号〕，颁发机构武汉市青山区民政局。

中共湖北省委政策研究室：《"真空"老人需要真情关爱——一封群众来信引起的调查》，2009 年 8 月 12 日。

中共中央、国务院：《中共中央　国务院关于进一步做好计划生育工作的指示》（中发〔1982〕11 号）。

中共中央、国务院：《中共中央　国务院关于认真提倡计划生育的指示》（中发〔62〕698 号）。

中共中央办公厅、国务院办公厅：中共中央办公厅、国务院办公厅转发《全国计划生育工作会议纪要》（中办发〔1982〕37 号）。

中华人民共和国：《婚姻法》第 17 条、第 20 条等相关规定。

中华人民共和国国务院令：《社会团体登记管理条例》（第 250 号），1998 年 10 月 25 日。

八　调研报告

湖北省计划生育协会的课题《湖北省独生子女伤残死亡家庭扶助机制研究》2010 年。

中共湖北省委政策研究室《"真空"老人需要真情关爱——一封群众来信引起的调查》，2009 年 8 月 12 日。

九　学位论文

侯红蕊：《中国北方农村现代化进程中家庭的作用与特点》，硕士学位论文，北京大学，1997 年。

柯仕学：《精神共同体："失独"家庭社会支持网络重建》，硕士学位论文，华中师范大学，2014 年。

李虎：《壮族拟亲属关系的研究——以广西马山县伏台屯为例》，硕士学位论文，厦门大学，2008 年。

沈亚芳：《独生子女意外伤亡家庭救助金运行机制研究——以常熟市为例》，硕士学位论文，上海交通大学，2008 年。

沈奕斐：《个体化与家庭结构关系的重构——以上海为例》，博士学位论文，复旦大学，2010 年。

附　　录

一　受访者列表

序号	受访者姓名	时间	备注
1	LXH	2010-10-25	
2	GBC	2002-10-11	转引自杨晓升《只有一个孩子》
3	GSR	2011-11-04 第一段 2011-11-04 第二段	
4	GSR 配偶	2011-11-04	
5	ZLX	2011-11-04 第一段 2011-01-11 第二段	
6	CF	2010-02-15	
7	SXR	2010-10-25	
8	HLS	2011-09-11	
9	TLH	2011-09-11	
10	LML	2011-01-12	
11	HLP	2011-11-16	干女儿
12	Z	2011-11-16	
13	XGF	2011-11-11	华中师范大学汉口分校爱心联盟主席
14	ZM	2011-12-24	
15	CWD		
16	CDB	2011-01-12	
17	HXX	2010-12-08	
18	XHZ	2010-12-08	
19	WZB	2011-02-24 第一段 2011-09-11 第二段	

序号	受访者姓名	时间	备注
20	WMS		
21	ZM	2011-12-24	
22	MSY	2010-12-10	
23	JXD	2010-11-12	
24	CGF	2012-02-25	
25	JXD	2011-11-22	
26	ZDJ	2011-11-24	
27	WTX	2010-12-13	
28	WYZ	2010-12-11	
29	LKF	2010-12-14	
30	HLY	2010-12-13	
31	YGX	2010-12-13	
32	ZZZ	2010-12-13	
33	ZCG	2010-12-13	
34	ZGY	2010-12-13	
35	LKF	2010-12-14	
36	NYC	2010-12-13	
37	YXC	2010-12-17	
38	WYX	2010-12-18	
39	CDS	2010-12-18	
40	YDF	2010-12-18	
41	QDQ	2010-12-07	
42	LZX	2010-12-08	
43	CXS	2010-12-09	
44	HYZ	2010-12-09	
45	WSH	2010-12-09	
46	QDC	2010-12-09	
47	GYJ	2010-12-09	
48	ZLR	2010-12-09	
49	HHX	2010-12-10	
50	CWB	2010-12-10	
51	ZZH	2010-12-11	

续表

序号	受访者姓名	时间	备注
52	LZH	2010-12-13	
53	LYZ	2010-12-13	
54	LXS	2010-12-14	
55	SCJ	2010-12-14	
56	TBK	2010-12-14	
57	WGM	2010-12-14	
58	QXH	2010-12-15	
59	FXZ	2010-12-16	
60	LWY	2010-12-16	
61	WMS	2010-12-08	
62	XYZ	2015-05-01	
63	QMB	2015-09-08	
64	YHW	2016-12-08	
65	WHH	2017-12-08	

致　　谢

当我坐下来写这篇致谢的时候，我忍不住回想马拉松的情景，这本书稿的付梓就像是一场马拉松的终点。书稿是在我博士论文的基础上经过多次资料更新、理论提升而成。看着样稿心中感慨万千，调研、撰写、修改和定稿过程中的种种画面不停地在脑海中浮现和切换，仿佛就在昨天，涌现出很多需要感谢的"贵人"。

首先要感谢数十位长期支持我调研和观察的叔叔和阿姨。他们因为种种变故，失去了唯一的孩子，我打心底里心疼他们。这篇论文调研和写作的过程中，我始终面临着伦理两难的困惑，一方面深入调研的过程就是再次揭开他们伤疤的过程，他们需要再次陷入深层的痛苦和煎熬中；另一方面，研究需要真实了解他们的生产、生活和心理状况，为了研究顺利开展，我需要经过他们的口述复原丧子后心路历程。在调研过程中是叔叔阿姨帮我克服了这种伦理两难，他们鼓励的动作、肯定的眼神和热情的神态给我继续下去的勇气和动力，他们是我首先要感谢的人——他们是这本著作能够呈现在大家面前的"贵人"。

其次要感谢我的三位恩师，他们是陈伟东教授、江立华教授、徐晓军教授。经过十余年的求学经历，我更加准确地理解了路遥的名句"人生的道路虽然漫长，但关键处就那么几步"。感谢三位恩师的"提携"，让我在十余年的时间内，顺利走过"读研、读博、就业"人生的关键三步，从而完成了"鲤鱼跳龙门"，活成了现在的自己。再次感谢我的三位"恩师"，他们是我们学业启蒙、发展和进步的"贵人"。

感谢全国哲学社会科学工作办公室。该成果是 2018 年国家社科基金后期资助项目的结项成果，感谢规划办公室认真组织的评审工作，我得到了学界五位通讯评审专家提出的十多页中肯的修改意见，本成果的最后一次修改主要得益于此。可以说，规划办和通讯评审专家是我学术起步阶段的"贵人"。

感谢华中师范大学政治与国际关系学院"一流学科建设经费资助"，

学院领导班子的开明和关心是本书得以付梓的重要推动力。学院数十年的厚重积淀、海纳百川的胸怀气度、勇立潮头的进取之心，以及前辈同人的教导勉励，均使我受益良多、不敢懈怠——他们是我进入工作岗位后的"贵人"。

感谢中国社会科学出版社资深编辑任明先生的辛勤劳动，任老师出任责任编辑是我的荣幸——他是这本书能够面世的"贵人"。

最后还要感谢我的家人、妻子和孩子。当然这本书的问世还有很多要感谢的人，由于篇幅的限制，这里就不一一列举。

张必春

2021 年 7 月 28 日于力学 3 号